Empirische Sozialforschung im vereinten Deutschland

Dr. Dieter Jaufmann, geb. 1953, wissenschaftlicher Mitarbeiter und Projektleiter am Internationalen Institut für Empirische Sozialökonomie (INIFES).
Dr. Ernst Kistler, geb. 1952, Gesellschafter und Projektgruppenleiter am INIFES.
Dr. Klaus Meier, geb. 1952, wissenschaftlicher Mitarbeiter am Institut für Theorie, Geschichte und Organisation der Wissenschaft (ITW).
Prof. Dr. Karl-Heinz Strech, geb. 1942, wissenschaftlicher Mitarbeiter am ITW.

Dieter Jaufmann, Ernst Kistler, Klaus Meier,
Karl-Heinz Strech (Hg.)

Empirische Sozialforschung im vereinten Deutschland

Bestandsaufnahme und Perspektiven

Campus Verlag
Frankfurt/New York

Die Veröffentlichung wurde durch den Stifterverband für die Deutsche Wissenschaft gefördert.

Die Deutsche Bibliothek – CIP-Einheitsaufnahme

Empirische Sozialforschung im vereinten Deutschland :
Bestandsaufnahme und Perspektiven / Dieter Jaufmann ...
(Hg.). - Frankfurt/Main ; New York : Campus Verlag, 1992
   ISBN 3-593-34512-9
NE: Jaufmann, Dieter [Hrsg.]

Das Werk einschließlich aller seiner Teile ist urheberrechtlich geschützt. Jede Verwertung ist ohne Zustimmung des Verlags unzulässig. Das gilt insbesondere für Vervielfältigungen, Übersetzungen, Mikroverfilmungen und die Einspeicherung und Verarbeitung in elektronischen Systemen.
Copyright © 1992 Campus Verlag GmbH, Frankfurt/Main
Umschlaggestaltung: Atelier Warminski, Büdingen
Druck und Bindung: KM-Druck, Groß-Umstadt/Semd
Printed in Germany

Inhalt

Vorwort
Harald Uhl 9

Editorial
Dieter Jaufmann/Ernst Kistler/Klaus Meier/Karl-Heinz Strech 11

I. Empirische Sozialforschung in der alten Bundesrepublik

Offene Fragen über die Schwierigkeiten, bei Umfragen offene
Fragen zu stellen
Peter Atteslander 25

Empirische Sozialforschung am Anfang der Bundesrepublik und die
Verkehrung ihres demokratischen Potentials
Ludwig von Friedeburg 37

Die Entwicklung der empirischen Sozialforschung in Deutschland -
Bericht einer Zeitzeugin
Elisabeth Noelle-Neumann 47

II. Empirische Sozialforschung in der ehemaligen DDR

Zum Verhältnis von Sozialwissenschaften und Politik in der
ehemaligen DDR
Frank Adler/Rolf Reißig 63

Zur Entwicklung der Betriebssoziologie in den ostdeutschen Ländern
Georg Aßmann 95

Sozialindikatorenforschung, Amtliche Statistik und Sozialberichterstattung in Ostdeutschland - Bestandsaufnahme und Perspektiven
Horst Berger 103

Sozialwissenschaftliche Jugendforschung in der DDR
Walter Friedrich 109

Sozialstrukturforschung in der DDR - ein Rückblick
Manfred Lötsch 121

Empirische Jugendforschung im Osten Deutschlands vor und
nach der Deutschen Vereinigung
Ulrike Six/Uta Schlegel 131

Soziologie und empirische Sozialforschung in der
Nachkriegsperiode Ostdeutschlands
Helmut Steiner 145

III. Beispielbereich Arbeit

Die Sonne der Arbeit - Arbeitseinstellungen als
Forschungsgegenstand im Transformationsprozeß
Ernst Kistler/Karl-Heinz Strech 155

Die Arbeitssituation in der Meinung der DDR-Bevölkerung
Albrecht Kretzschmar 191

Arbeitsbeziehungen im 'realen Sozialismus' - Bedingungen der
Systemtransformation
Peter Pawlowsky/Michael Schlese 203

IV. Beispielbereich Technik

Für den Fortschritt! Einstellungen zu Technik in Ost und West
Dieter Jaufmann 217

Technikambivalenz in der Ost-Wissenschaft
Klaus Meier 267

Technikeinstellungen im Wandel - Skizze zu Einstellungsänderungen
bei Ingenieurstudenten
Elenor Volprich 279

V. Umfrageforschung nach der Wende - Erfahrungen aus der Sicht der alten Bundesländer

Umfragen in einer neuen Republik
Peter Ph. Mohler 291

Rückblick auf fast ein Jahr Marktforschung in Ostdeutschland
Hans-Peter Drews 299

Von sozialistischem Methodenpluralismus zu marktwirtschaftlichem Einheitsbrei?
Helmut Jung 311

Die deutsche Revolution
Elisabeth Noelle-Neumann 329

Go east!
Vom Pioniergeist in der Sozialforschung
Bernhard von Rosenbladt 353

Demoskopie in den fünf neuen Ländern
Klaus-Peter Schöppner 365

VI. Umfrageforschung in der DDR - vor und nach der Wende

Denken über Deutschland als Gegenstand der Meinungsforschung
Peter Förster 373

Bestandsaufnahme und Perspektiven der empirisch-sozialwissenschaftlichen Forschung aus der Sicht einer akademischen Einrichtung in Berlin (Mitte)
Michael Häder 383

Institutsmarktforschung in der ehemaligen DDR - vor und nach der Wende
Herbert Koch 391

VII. Infrastrukturelle Probleme und Erfordernisse

Amtliche Statistik auf dem Gebiet der neuen Bundesländer und was sie der Markt- und Meinungsforschung bietet
Rudolf Janke 403

Die unveröffentlichte Meinung: Zur Sicherung von Umfragen aus der DDR für Sekundäranalysen
Ekkehard Mochmann 417

Erfahrungen bei der Dokumentation und Archivierung sozialwissenschaftlicher Datensätze aus der ehemaligen DDR
Dagmar Kusior 429

Datenbestände im Allensbacher Archiv
Elisabeth Noelle-Neumann 433

Zusammenfassung der Abschlußdiskussion und Ausblick
Dieter Jaufmann/Ernst Kistler/Klaus Meier/Karl-Heinz Strech 439

Vorwort

Dieses Buch schließt an ein historisches Datum an. Vor 40 Jahren hat unweit von Ladenburg, im benachbarten Weinheim a.d. Bergstraße, die erste repräsentative Tagung der deutschen empirischen Sozialforschung nach den äußeren und inneren Verwüstungen des NS-Regimes und des 2. Weltkriegs stattgefunden. Die theoretische, empirische und methodische Arbeit der deutschen Sozialforschung, ihre internationale Öffnung haben durch grundlegende Referate von *Leopold von Wiese, Theodor Adorno* und zahlreichen anderen Männern und Frauen der deutschen Nachkriegssoziologie damals entscheidende Impulse erhalten.

Die Tagung in der Gottlieb Daimler- und Karl Benz-Stiftung am 19. und 20. Februar 1991 setzt ein neues historisches Datum. Zum ersten Mal seit der jahrzehntelangen, politisch verursachten Trennung der deutschen Sozialwissenschaften durch Mauer und Stacheldraht ist es möglich gewesen, Sozialforscher aus allen Teilen des wiedervereinigten Deutschlands zur Bestandsaufnahme und zum Meinungsaustausch über Perspektiven der Einstellungs-, Markt- und Meinungsforschung zusammenzubringen. Frau Prof. *Elisabeth Noelle-Neumann* und Prof. *Ludwig von Friedeburg* stellten eine unmittelbare persönliche Brücke zur historischen Weinheimer Tagung von 1951 her. Gemeinsam mit allen anderen Mitwirkenden stellten sie nicht nur die historische Situation, sondern vor allem die historische Dimension der Herausforderung dar, der sich die deutschen Sozialwissenschaften im vereinigten Deutschland heute gegenübersehen.

Noch wird die Situation durch Fremdheit und Unkenntnis in vielen Bereichen der gesellschaftlichen und wissenschaftlichen Situation bestimmt. Allein die gegenseitige Information, der Abbau von Informationsdefiziten und auch von Distanz im gegenseitigen Umgang haben diese Tagung als wichtig erwiesen. Die Entdeckung gemeinsamer methodischer Zugänge, die Wiederaufnahme verschütteter oder nicht zugänglicher Traditionen und vor allem die gemeinsame Überzeugung, daß die deutsche Sozialforschung in gemeinsamer Anstrengung wesentliche Beiträge zur Analyse und Lösung der einzigartigen gesellschaftlichen Problembreite im wiedervereinigten Deutschland leisten kann, haben die Tagung über den Informationsaustausch und das Knüpfen neuer wissenschaftlicher Kontakte zu tragfähigen

Ansätzen für die gemeinsame Bewältigung dieser wissenschaftlichen Herausforderung geführt.

Auch für den guten Kenner der sozialwissenschaftlichen Landschaft in der Bundesrepublik in den letzten Jahrzehnten sind daher die Referate dieses Bandes mehr als eine aktuelle Situationsbeschreibung. Sie bieten Anregungen und Hinweise auf eine Fülle neuer Themen, die auf die Sozialforschung zugekommen sind, und sie bieten ermutigende Einblicke in ein hohes Maß an Kooperationsbereitschaft zwischen der Markt- und Meinungsforschung, universitären und außeruniversitären Forschungseinrichtungen sowie die in der Bundesrepublik inzwischen fest etablierten, die neuen Länder in naher Zukunft einbeziehenden Infrastruktureinrichtungen der deutschen Sozialforschung. Wichtig sind zudem die zahlreichen Hinweise, nicht in eine neue Zahlen- oder Befragungseuphorie hineinzugeraten, sondern im Interesse der soliden und seriösen Sozialforschung die qualitativen Ansprüche gerade angesichts der neuen und erfreulichen Möglichkeiten in keinem Falle zu reduzieren. Der rasche Neuaufbau der Sozialforschung in den neuen Bundesländern, der durch die Empfehlungen des Wissenschaftsrates für die Wirtschafts- und Sozialwissenschaften, durch den Bundesminister für Forschung und Technologie, durch die Länderministerien und die Markt- und Meinungsforschungsinstitute zügig vorangetrieben wird, stand verständlicherweise im Mittelpunkt aller struktureller Überlegungen.

Es wäre sicherlich verfrüht, bereits jetzt eine Bewertung der Wirkung dieser Tagung vornehmen zu wollen. Der historische Zeitpunkt, die aufgezeigten Perspektiven und die demonstrative Kooperationsbereitschaft aller Zweige der deutschen Sozialforschung lassen aber erwarten, daß diese Tagung und der sie dokumentierende Band eine dauerhafte Wirkung auf die Problemdefinitionen, das methodische Instrumentarium und die strukturelle Zusammenarbeit der Sozialforschung im vereinten Deutschland ausüben werden. Der Bundesminister für Forschung und Technologie, Dr. *Heinz Riesenhuber*, hat den Teilnehmern der Tagung seine guten Wünsche und den Dank für ihre Mitwirkung übermittelt. Als Veranstaltern ist dem Internationalen Institut für Empirische Sozialökonomie in Augsburg und dem Institut für Theorie, Geschichte und Organisation der Wissenschaft in Ost-Berlin für die Vorbereitung und Durchführung dieser zukunftsweisenden Veranstaltung zu danken.

Dr. Dr. Harald Uhl
Bundesministerium für Forschung und Technologie

Editorial

Dieter Jaufmann
Ernst Kistler
Klaus Meier
Karl-Heinz Strech

Einiges hat sich in der jüngsten Zeit zugetragen in Deutschland. Ob es 1989 eine wirkliche Revolution war oder nur ein Zusammenbruch des einen Teils davon ist noch nicht geklärt. Ein dramatischer Vorgang war es allemal. Umbrüche sollten (eigentlich mehr noch als leise, schleichende Prozesse) dazu angetan sein, über Vergangenheit und Zukunft nachzudenken.

Individuell vollziehen wir solche Umbrüche mehr oder weniger reflektiv (Gründe für Liaisonen oder auch Trennungen zum Beispiel). Gesellschaftlich fehlt uns der Erfahrungshintergrund noch viel mehr - Sozialwissenschaft ist gefordert und sollte uns Orientierungshilfe leisten. Auch wenn vieles auf dieser Ebene schwierig zu verstehen, noch mehr, genaugenommen, nicht vergleichbar ist, so bietet sich die Suche nach historischen Parallelen an. Für die deutsche Geschichte liegt ein wohl ganz anders gelagerter Umbruch nicht allzulange zurück; nicht 1933 (da besteht wohl auch schon, wie aktuellste Erscheinungen zeigen, einiges im Positiven und Negativen fort) sondern 1945. Der Umbruch in Reinkultur!

Die Frage nach der Bewältigbarkeit von Ausnahmesituationen ist aber vor allem mit der Sichtweise von Betroffenen beantwortbar. Gefordert sind auch gleichzeitig 'außenreflexive' Perspektiven.

"Die Entwicklung der empirischen Sozialforschung und der Marktforschung hatte in Deutschland nach 1933 einen schweren Rückschlag erlitten. Eine freie undogmatische Betätigung auf soziologischem Gebiet war unter den seinerzeitigen Machthabern nahezu unmöglich. Die Marktforschung aber muß verkümmern zu einer Zeit, in der fast die gesamte Produktion von zentraler Stelle aus nach bestimmten Zweckmäßigkeitsgesichtspunkten gesteuert wird. Es erübrigt sich zu sagen, daß in Deutschland zu dieser Zeit auch für die damals vor allem in den USA aufkommende politische Meinungsforschung die Voraussetzungen fehlten. Nach 1945 waren die politischen Hindernisse für eine Weiterentwicklung der empirischen Sozialforschung und der Marktforschung hinweggeräumt. In zäher Arbeit - oft ohne gesicherte wirtschaftliche Grundlage - sind einige Unentwegte zu jener Zeit daran gegangen, ihre Forschungsinstitute wieder aufzubauen oder aber neue Institute ins Leben zu rufen" (Sittenfeld 1952: 15). Diese Beschreibung der Situation der Empirischen Sozialforschung in der Bundesrepublik Deutschland nach dem Zweiten Weltkrieg vor Augen, läßt die Probleme der aktuellen Entwicklung von Einstellungs-, Markt- und Meinungsforschung in den neuen Bundesländern nach dem Umbruch 1989 in einem neuen Licht sehen und verstehen. Probleme, die nicht zuletzt auch dadurch gekennzeichnet sind, daß die empirisch arbeitenden Sozialwissenschaftler, und die Umfrageforscher ganz besonders, aus der ehemaligen DDR - in Neugründungen von Instituten oder in Resten oder Auslagerungen aus 'abgewickelten' oder aufgelösten Institutionen - sich nun gegen Forscher und Institute aus der alten Bundesrepublik behaupten müssen, die mit Vehemenz, ja fast in einer Art 'Goldrauschstimmung', in diesen neuen, nun plötzlich offenen und wirtschaftlich wie sozialwissenschaftlich hochinteressanten Markt drängen.

Die Weinheim-Tagung 1951 als Bezug und Vorbild

Die Situation seit Ende 1989 ist - nicht in jeder Hinsicht, aber in vielen Punkten - der Situation in der Bundesrepublik nach dem Zweiten Weltkrieg vergleichbar. Ähnlich wie damals die westlichen Siegermächte wissen wollten, was 'die Deutschen' denken, was sie bewegt, stellte sich die Frage jetzt bezogen auf die neuen Bundesbürger. Und auch damals waren die Fragen, was die Menschen wohl kaufen oder wählen würden, wichtige Ursachen für die rasante Entwicklung der Einstellungs-, Markt- und Meinungsforschung. Auf einer Tagung 1951 in Weinheim an der Bergstraße wagten interessierte Vertreter der in Deutschland so noch bzw. wieder recht neuen 'Empirischen Sozialforschung' aus den neugegründeten Instituten und aus den Universitäten mit Unterstützung der American HICOG einen "heute fast vergessenen und leider weitgehend folgenlosen Versuch, die getrennten Entwicklungen an Hochschulen, hochschulfreien Instituten und privatwirtschaftlich verfaßten Instituten" (Scheuch 1990: 55) in einen Dialog zu bringen. Aus der damaligen Publikation seien hier nur einige Argumente ange-

führt, die aus heutiger Sicht wieder eine besondere Bedeutung erlangt haben:
- *Hans Sittenfeld* formulierte: "Die soziologischen und ökonomischen Verhältnisse haben sich in einem solchen Umfang verschoben, daß nicht einfach die althergebrachten - inzwischen aber so lange vernachlässigten - Methoden wieder angewendet werden konnten. Auch die einfache Übernahme der in anderen Ländern entwickelten Methoden war angesichts der besonderen Gegebenheiten nur selten möglich. So mußten Methoden oft völlig neu entwickelt werden, Methoden, die noch nicht immer eine feste Form gefunden haben. Hier ist viel Suchen, Denken und auch Experimentieren notwendig. Hier liegt aber auch die Gefahr, daß Quacksalber in leichtfertiger Weise durch sensationelle 'Ergebnisse' die ganze Forschung in Verruf bringen" (Sittenfeld 1952: 15);
- *Leopold von Wiese*, der sich als 'Torhüter am Tempel der Athene' gegen theorieloses Beobachten statt Denken aussprach, billigte den Empirikern wenigstens die Notwendigkeit der "Ablösung einer spekulativen Betrachtungsweise" (von Wiese 1952: 23) zu;
- *Theodor W. Adorno* führte aus: "Die Reproduktion des Lebens unter den heutigen Bedingungen erscheint überhaupt nicht möglich, ohne daß zentralen Planungsstellen jene präzisen Angaben über die mannigfachsten sozialen Verhältnisse zugeleitet werden, die nur durch die Techniken der empirischen Sozialforschung zu erwerben sind" (Adorno 1952: 39). Sein damaliges Plädoyer für die Produktion von Verfügungs- und Orientierungswissen hat offenbar seine Aktualität behalten.

Ladenburg 1991 - Ein Versuch zum Dialog zu kommen

Vier Jahrzehnte nach dieser wichtigen und höchst spannenden Tagung in Weinheim haben die Herausgeber, Mitarbeiter des Internationalen Instituts für Empirische Sozialökonomie (INIFES), Stadtbergen bei Augsburg, und des Instituts für Theorie, Geschichte und Organisation der Wissenschaft (ITW), Berlin, im Februar 1991 eine 'Neuauflage' der Weinheimer Tagung versucht. In Ladenburg, ganz in der Nähe von Weinheim, bot sich in den gastfreundlichen Räumen der Gottlieb Daimler- und Karl Benz-Stiftung mit einer kleineren Teilnehmerzahl die Gelegenheit, führende Vertreter von Markt- und Meinungsforschungsinstituten mit universitären und außeruniversitären Sozialforschern, auch die eher 'qualitative' und die eher 'quantitative' Forschung, und zwar aus beiden Teilen Deutschlands, zusammenzubringen[1].

In der ehemaligen DDR waren Empirische Sozialforschung und Umfrageforschung bis zur Wende als 'öffentliche Wissenschaften' kaum nachgefragt, als politikberatende Instanzen vielfach verkannt und verfemt, mitunter von bestimmten Repräsentanten der Macht gar als gefährlich apostrophiert. Die wirklichen, die wirkenden historischen Zusammenhänge müssen allerdings erst noch aufgearbeitet werden - gerade auch von den Betroffenen, und wenn irgend möglich unter Einbeziehung der ehedem wissenschaftlich Mitverantwortlichen. Anklagen, Selbstbezichtigungen, Entschuldigungen, Positionsbestimmungen und -umbewertungen werden subjektiv klärend wirken - sie können aber die Aufarbeitung der Empirischen Sozialforschung im Interesse der Rekonstruktion der Befindlichkeiten der Menschen in der früheren DDR nicht ersetzen. Denn ohne ein tiefergehendes Wissen über Einstellungen und Verhalten der Bürger in der 'Vorwendezeit' lassen sich gegenwärtige und künftige Aktivitäten und Reaktionen, läßt sich der Transformationsprozeß nicht wirklich verstehen und vor allem gestalten. Hinsichtlich dieser rekonstruktiven, nun schon historischen Sozialforschung besteht dringender Handlungsbedarf, auch und gerade wenn in Betracht gezogen wird, daß inzwischen im Zuge beschleunigter Auflösung sozialwissenschaftlicher Einrichtungen der früheren DDR Forschungsunterlagen, Primärquellen und auswertende Studien unwiederbringlich verschwinden, ja z.T. schon verschwunden sind.

Ein Ziel der Tagung war es daher, vor dem Hintergrund der Entwicklungen der Empirischen Sozialforschung in der Bundesrepublik und in der DDR in den letzten Jahrzehnten Herangehensweisen, Lücken und Irrwege

---

[1] Die Konferenz wurde durch diese Zusammensetzung gleichzeitig zu einem kleinen Schritt im Zusammenwachsen der Wissenschaften der alten Bundesrepublik und der ehemaligen DDR. Die Gottlieb Daimler- und Karl Benz-Stiftung hat während der Übergangszeit der deutschen Vereinigung durch Unterstützung von wissenschaftlichen Ost/West-Arbeitstagungen in Ladenburg - zu denen auch dieses Treffen zu zählen ist - in ganz unterschiedlichen wissenschaftlichen Gebieten dazu beigetragen, die Grundlage für gemeinsames wissenschaftliches Arbeiten zu verbessern. Leitlinie bei den Treffen war, den Arbeitscharakter zu betonen und über fachliche Diskussion sowie intensive persönliche Kontakte eine Vertrauensbasis für die Zukunft zu schaffen. Nicht zuletzt die sorgfältige Beachtung zwischenmenschlicher Bedürfnisse hat bei der Durchführung auch dieser Tagung sehr geholfen.

insbesondere der Umfrageforschung gerade im Vereinigungsprozeß zu demonstrieren und zu diskutieren. Außerdem war die Frage gestellt, auf welche Ergebnisse aus der Empirischen Sozialforschung der früheren DDR zurückgegriffen werden kann - ein Punkt, der die Situation 1991 von 1951 deutlich unterscheidet, da damals ja auf fast nichts mehr direkt aufgebaut werden konnte und die Entwicklung vor allem von den Re-Emigranten geprägt wurde.

Die Empirische Sozialforschung steht vor großen Aufgaben

Die folgenreichen Veränderungen zwischen November 1989 und Oktober 1990 in der ehemaligen DDR ließen die soziale Wirklichkeit in der nun neu entstehenden Bundesrepublik Deutschland in Fluß geraten.

Die Erforschung der Konsequenzen für das Denken und Handeln der Menschen in der ehemaligen DDR aus den Erlebnissen und Erfahrungen der gesellschaftlichen Umbrüche hat zumindest wissenschaftlich einen vergleichbaren Stellenwert mit der Forschungssituation nach dem Zweiten Weltkrieg in den früheren Besatzungszonen. Und für die alten Bundesländer ist - offensichtlich recht überraschend - mit der Vereinigung eine neue Situation entstanden, die mit dem Ausdruck des 'Teilen müssens' natürlich unvollständig, aber im Kern schon ganz gut umschrieben werden kann.

Wenn auch unterschiedlich erlebt und wahrgenommen, für die Menschen in beiden Teilen - natürlich vor allem im Osten Deutschlands - ist seither kaum noch etwas so wie zuvor. Die Überwindung der Teilung fordert ihren Tribut, was einhergeht mit einer Beschleunigung des sozialen Wandels: Die handelnden Subjekte und die Gesellschaft insgesamt stehen inzwischen permanent vor neuen Problemsituationen mit ihren naturgemäßen Verunsicherungen. Der Ruf nach Lösungspotenzen und -kompetenzen wird folglich aus beiden Richtungen nachhaltig lauter.

Auch die sozialwissenschaftliche Forschung hat ihren Beitrag zu leisten. Ganz sicher sind die Sozialwissenschaften zwar nicht "das zentrale Mittel gegen die 'natürliche' Unsicherheit der Wandelgesellschaft" (Beck/Bonß 1989: 14). Zur Erforschung der Voraussetzungen, des Verlaufs und der Folgen der deutschen Vereinigung können und müssen sie aber beitragen: "Und dies, ohne ihre bisherige Orientierung auf die westeuropäische Integration, nach Osteuropa und bezüglich der Grundlagen moderner Gesellschaften und weltweiter Entwicklungsprobleme aufzugeben" (Zapf 1990: 8).

Daniel Bell schrieb im Vorwort der deutschen Ausgabe seines Buches 'Die Sozialwissenschaften seit 1945': "In der Soziologie können wir nicht umhin, uns auf einer 'soziographischen' Ebene zu bewegen, die auf empirische Verhältnisse bezogen bleibt und auf der sich kein formal-analytisches Modell konstruieren läßt" (1986: 11). Selbst wenn dem so ist, so muß das nicht zum Nachteil sein. Gerade angesichts der radikalen gesellschaftlichen Veränderungen ist es nötig empirisch nachzuzeichnen, was sich wie schnell und in welche Richtung verändert - oder eben auch nicht. Für die Empirische Sozialforschung, für die Sozialwissenschaften überhaupt, wird es zur Chance und Verpflichtung zugleich, in einer solchen Situation ihre Theorien und Hypothesen, ebenso natürlich ihre Instrumente, zu überprüfen.

Hinzu kommt, was *Theodor W. Adorno* auf der Konferenz in Weinheim das 'demokratische Potential' der Meinungsforschung nannte: "Insbesondere im 'Public Opinion Research', in dem Bereich, für den sich mittlerweile das unglückliche Wort 'Meinungsforschung' eingebürgert hat, sahen die Nazis mit gutem Instinkt ein demokratisches Potential" (Adorno 1952: 27). Ähnlich schätzte dies wohl auch die Führung der ehemaligen DDR ein - und die Einsicht, daß dies ein Fehler war, kam zu spät. So stellte *Egon Krenz* in einem Brief an *Erich Honecker* fest: "Wir neigten dazu, die Wirklichkeit von Tribünen und Präsidiumstischen aus einzuschätzen. So haben wir uns sehr vielen Täuschungen hingegeben ... Wir sind unter anderem gescheitert, weil wir nicht wirklich im Volk gelebt haben, weil wir uns eine Scheinwelt aufbauten. Die Informationen, die wir erhielten, waren geschönt, die Meinungsforschung wurde von uns gering geschätzt und das Meinungsforschungs-Institut sogar aufgelöst" (Krenz 1991: 54 f.).

Natürlich ist Vorsicht geboten, wenn Meinungsforscher *Adornos* Hinweis auf das 'demokratische Potential' ihrer Methode zu sehr betonen; dies gilt besonders im Hinblick auf die Frage nach ihren eigenen Grenzen (vgl. z.B. Converse 1987: 415). Die Geschichte der Meinungsforschung in der DDR, wie die Entwicklungen im Herbst 1989 selbst, zeigen aber, daß die Kritik an der manchmal vorkommenden Überhöhung der Vorstellung 'one man, one vote' auch überzogen sein kann: "Die Meinungsforschung lebt von dem wissenschaftlich durch nichts begründeten Vorurteil, die Meinung des 'Common man' sei für den Gang der Dinge von besonderer Bedeutung" schreibt *Hennis* (1983: 78). Ganz so, so scheint es uns, ist die Sache wohl doch nicht.

Zugegeben: Meinungsforschung birgt auch - von methodischen Fragen ganz abgesehen - ihre Probleme. In diesem Buch werden einige benannt, z.B.: Werden die Ergebnisse nicht veröffentlicht, so entsteht 'Herrschaftswissen'; werden sie (gezielt) veröffentlicht, so kann 'Echodemoskopie' entstehen, die Erforschung der öffentlichen Meinung kann, gezielt publiziert, selbige mit beeinflussen. Ein längeres Zitat von *Wilhelm Hennis* aus seiner Fundamentalkritik an der Demoskopie muß in diesem Zusammenhang angeführt werden:

"'Oboedientia facit imperantem'. Solange es politische Herrschaft gibt, haben die Herrschenden ein Interesse daran gehabt, zu wissen, was in den Köpfen ihrer Untertanen vorgeht. Seit der Einführung des allgemeinen Wahlrechts gehört es zu den Existenzbedingungen eines erfolgreichen Politikers, das 'Gras der Notwendigkeit' (Jac. Burckhardt) wachsen zu hören. Der Weg von den 'Augen und Ohren' der persischen Könige bis zu den im Auftrag von Parteien und Regierungsstellen arbeitenden demoskopischen Instituten ist weit, aber nicht unbedingt durch eine Verfeinerung der Ergebnisse gekennzeichnet. Wie reich ist die Verfassungsgeschichte an Formen, die *gravamina* der Bevölkerung Gehör zu verschaffen. Der als Lastträger verkleidete Harun-al-Raschid, überhaupt das Inkognito, das Tribunat, die Bittschriftenlinde, die Audienz des Regenten, der Hofnarr, das Petitionsrecht, der Leserbrief - alles steht in diesem Zusammenhang. Bis in das 19. Jahrhundert stand das *ius supremae inspectionis* - das Recht der allerhöchsten Einsichtnahme - an der Spitze aller Hoheitsrechte. Es diente nicht zuletzt dazu, dem Regenten Kenntnis von den Interessen seiner Bürger zu verschaffen. Weiter wissen wir, welche Bedeutung in England der *Secretary of State* als eine Art Nachrichtendienst der Krone hatte. Seit Adolf Schmidts ersten Veröffentlichungen der Berichte der 'observateurs' Fouchés sind wir über die Formen der Auskundschaftung der öffentlichen Meinung während und nach der Französischen Revolution bis in die letzten Details unterrichtet worden. Von Lothar Bucher, selber keinem Dilettanten auf diesem Gebiet, besitzen wir eine höchst anschauliche Beschreibung ihrer Arbeitsweise.

'Diese Männer hatten nichts gemein mit Polizeiagenten ... Ihre Aufgabe war nicht, Verbrechen nachzuspüren, Material zu Anklagen zu sammeln, sondern, wie sie selbst es ausdrücken, den *esprit public* zu beobachten. Sie waren Männer von einer gewissen Stellung, manche von einer Bildung, welche sie hoch über das Parteigezänk erhob, zuweilen dem Minister, der sie ausgewählt hatte, nahe befreundet. Sie besuchten öffentliche Versammlungen, die Börsen, Kaffeehäuser und Privatgesellschaften, sammelten und verglichen die Nachrichten und die Ansichten, welche sie hörten, suchten den Ursprung der Gerüchte, die Quelle der politischen Vorstellungen, den Vater eines bestimmten, auf einmal überall gehörten Raisonnements zu ermitteln, die Richtigkeit des letzteren an der Tatsache zu prüfen, und berichteten täglich'.

Welche Überlegenheit der observateurs Fouchés über die modernen Meinungsforschung" (Hennis 1957: 16 f).

Recht hat *Hennis* hier - aber in welchem Geheimdienst der Welt gibt es heute noch solche 'observateurs'? Die 'wackeren beamteten und freien' Mannen der Staatssicherheit sind da wohl keine Ausnahme gewesen.

Soziologie auf der anderen Seite gilt bei den Mächtigen auch überall als eine 'kritische' Wissenschaft. Soziologen gelten als tendenziell aufmüpfig und Meinungsforscher sind zumeist dann am beliebtesten, wenn sie hohe

Popularitätswerte und Erfolgsmeldungen ermitteln - und möglichst auch verbreiten.

Zum Stand der 'Kunst'

Westliche Meinungsforschungsinstitute sind bei ihren frühen Sondierungen und Vorstößen in die 'Noch'-DDR auf unterschiedliche Standards gestoßen. Dabei haben einige in den ersten Erhebungen die klassischen methodischen Regeln teilweise eher 'großzügig' gehandhabt. Erinnert sei an die Probleme mit Telefonumfragen oder bei face-to-face Umfragen, deren Stichproben auf der Grundlage von 'schriftlichen Unterlagen' gezogen wurden - die sich bei genauerem Nachfragen dann aber als Telefonbücher entpuppten.

Die notwendigen Warnungen vor Resultaten einer 'Schnellschuß-Demoskopie' haben im Osten Deutschlands eine noch größere Berechtigung als im Westen. Inzwischen sind signifikante Niveauunterschiede, wo es sie denn gab, aber vor allem Vorurteile abgebaut worden, und die beteiligten Meinungsforschungsinstitute West und die in den neuen Bundesländern und in Berlin verbliebenen oder gegründeten Institute arbeiten weitgehend nach den gängigen Methodenstandards.

Allerdings gilt weiterhin - für Umfragen in den alten wie auch den neuen Bundesländern - die Notwendigkeit, sich die Daten (und Ergebnisse) genau anzuschauen, denn wie *Erwin K. Scheuch* (1990: 57 f.) aus der Erfahrung des Zentralarchivs für empirische Sozialforschung heraus betont: "Tatsächlich entspricht der Zustand von Datensätzen der empirischen Forschung praktisch niemals dem, was in Lehrbüchern als Standard angestrebt wird ... Die minderjährige Witwe ist noch das geringste Problem mit den Datensätzen". Aus leidvoller eigener Erfahrung sei hinzugefügt, daß der mit fünf Frauen verheiratete 23jährige Ehemann mit 14 Kindern auch in Prozeßdatenfiles von Sozialversicherungsinstitutionen vorkommt.

Unterschiede waren und sind wohl noch für längere Zeit bei der Beantwortung von Standard-Fragen zu erwarten. Noch relativ unproblematisch dürfte die Konvergenz sprachlicher Differenzen bei sich verändernden Erfahrungsebenen verlaufen. Stichworte: Azubi, Haushaltsvorstand ... Mit der Adaption einer individuell neu erlernten Terminologie ist z.B. aber noch nicht automatisch ein Wertewandel verbunden, und auch ähnlich artikulierte Wertestrukturen in Ost und Westen müssen durchaus nicht das gleiche bedeuten. Nur ein Beispiel: Wie erklärt sich die vergleichsweise hohe Wertschätzung der Arbeit und ihr Einfluß auf das Selbstwertgefühl bei den Befragten in den neuen Bundesländern? Und was bedeutet das? Was bedeutet das vor allem angesichts der bis dahin unbekannten Problematik von Arbeitslosigkeit?

Im Zusammenhang der in den alten und neuen Bundesländern durchgeführten Erhebungen zum Wertewandel à la 'Materialismus - Postmaterialismus' wurde in Ladenburg auf Ähnlichkeiten, aber auch auf gravierende Unterschiede in den nachgefragten aktuellen Wertvorstellungen hingewiesen. Entsprechende Untersuchungen machten deutlich, wie durch den Vereinigungsprozeß in Befragungen ganz unterschiedliche Haltungen und Einstellungen der Bevölkerung zu durchaus vergleichbaren Befindlichkeiten sichtbar werden müssen. Räumt man ein, daß mögliche kulturelle Unterschiede methodisch recht undifferenziert in einheitlich strukturierten Datenmassiven fixiert werden, so kann die Warnung vor leichtfertigen Verallgemeinerungen des Urmaterials nicht laut genug sein. Wenn 'offene Antworten auf offene Fragen' unvermittelt hochgerechnet werden, muß das so entstehende Bild als entschiedene Verzerrung der erhobenen Meinungen erscheinen. Der empirische Sozialforscher sollte sich seiner Erhebungsgrundlagen immer wieder versichern, Vorsicht beim Umgang mit Daten walten lassen und sich vor unzulässigen Verallgemeinerungen hüten, lautete einer der - ja nicht unbekannten - Appelle auf der Tagung in Ladenburg.

Projekthintergrund

Die Konferenz in Ladenburg war zentraler Bestandteil einer Pilotstudie für den Bundesminister für Forschung und Technologie unter dem Titel "Bestandsaufnahme und Perspektiven der Einstellungs-, Markt- und Meinungsforschung in einem vereinten Deutschland".

Wir haben uns beim Bundesminister für Forschung und Technologie für die Förderung zu bedanken und dabei insbesondere bei Herrn *Dr. Dr. Harald Uhl*, der kurz nach der Tagung im Ministerium andere Aufgaben übernommen hat: Er war über lange Jahre ein stets kritischer, kenntnisreicher und auch durchsetzungsfähiger 'Wegbereiter und -begleiter' der Empirischen Sozialforschung!

Unser Dank gilt auch dem Campus Verlag, dem Stifterverband für die deutsche Wissenschaft sowie der Gottlieb Daimler- und Karl Benz-Stiftung, für die Unterstützung bei der Tagung bzw. der Herausgabe dieses Buches.

Ein besonderer Dank gilt den Autoren, zum größten Teil auch Tagungsteilnehmer in Ladenburg. Wir haben einige von ihnen nachträglich noch um Beiträge gebeten, die wir zur Ergänzung von bestimmten Sichtweisen, Erfahrungen oder Positionen für wünschenswert hielten.

Daß bei der Zusammensetzung der Teilnehmer auch ein gewisses Maß an Selbstdarstellung (hinsichtlich der eigenen aktuellen oder früherer Arbeiten) erfolgt, war erwartet worden. Erfreulicherweise wurden dadurch viele Informationen über bis dahin unbekannte Fakten, Details und Strategien vorgelegt, und in vielen Beiträgen wird auch über Fehler und Versäumnisse reflektiert. Ladenburg war aber nicht das Forum, die Vergangenheit der DDR-Soziologie aufzuarbeiten. Das müssen die Betroffenen zunächst unter sich selbst ausmachen. Schon von daher treffen uns vereinzelte kritische Stimmen aus den letzten Monaten nicht (Tenor: "Wie könnt ihr nur diesem 'Altkommunisten' xy ein Forum geben"). Wer den notwendigen offenen Dialog im Wissenschaftsbetrieb will, sollte so nicht argumentieren.

Das doch relativ schnelle Erscheinen dieses Buches wäre nicht möglich gewesen ohne die Bereitschaft der Autoren, ihre Beiträge relativ bald einzureichen. Großen Anteil haben unsere Sekretärinnen *Hannelore Herdegen* und *Sofie Kampichler* sowie cand.oec. *Johannes Koschnick* als studentische Hilfskraft. Auch ihnen gilt unser herzlicher Dank.

Leopold von Wieses und *Theodor W. Adornos* flammende Plädoyers 1951 für theoriegeleitetes Forschen, und ihr Anliegen, die Spaltung von universitärer und außeruniversitärer Forschung zu überwinden, haben sich in den 40 Jahren seit Weinheim auch in der alten Bundesrepublik nicht so recht erfüllt. Die Ladenburger Tagung von 1991 hat gezeigt, daß Soziologen und empirische Sozialforscher, aus dem Osten oder Westen, ob altgedient oder jung, unbefangen miteinander reden und fruchtbar streiten können. Für den notwendigen Beitrag der Gesellschaftswissenschaften zum wirklichen Entstehen des *einen* Volkes mithelfen zu können, scheinen von da her die Voraussetzungen diesmal vielleicht etwas besser zu sein. Der Bedarf ist im ablaufenden Transformationsprozeß auf jeden Fall vorhanden. Allerdings müssen dafür auch die Rahmenbedingungen bestehen. Es ist zu hoffen, daß *Karl W. Deutsch* mit seiner pessimistischen Erfahrung nicht weiterhin Recht behält, als er 1981 - dreißig Jahre nach Weinheim - auf der gemeinsamen Tagung des Arbeitskreises Deutscher Marktforschungsinstitute und der Arbeitsgemeinschaft Sozialwissenschaftlicher Institute in Heidelberg feststellte: "Wir sprechen von Grundlagenforschung und Anwendungen. Aber in Zeiten der finanziellen Knappheit ist die Versuchung überwältigend stark, sowohl in der Privatwirtschaft als auch im öffentlichen Haushalt, zunächst einmal an den Grundlagen zu sparen. Interessanterweise haben Tiere, denen die Nahrung zu knapp wird, die Gewohnheit, ihr Suchverfahren zu erhöhen. Nur Regierungen sind ein Wunder der Biologie - sie beschränken den Forschungshaushalt in Zeiten der Krise" (Deutsch 1983: 99).

Literatur

Adorno, Th.W. (1952), Zur gegenwärtigen Stellung der empirischen Sozialforschung in Deutschland, in: Institut zur Förderung öffentlicher Angelegenheiten e.V. (Hg.), Empirische Sozialforschung. Meinungs- und Marktforschung, Methoden und Probleme, Frankfurt: 27 ff.

ASI (1990), Resolution des Vorstandes der Arbeitsgemeinschaft Sozialwissenschaftlicher Institute e.V. vom 10. Dezember 1990.

Beck, U./W. Bonß (1989), Verwissenschaftlichung ohne Aufklärung? Zum Strukturwandel von Sozialwissenschaft und Praxis, in: Dies. (Hg.), Weder Sozialtechnologie noch Aufklärung? Analysen zur Verwendung sozialwissenschaftlichen Wissens, Frankfurt am Main: 7 ff.

Bell, D. (1986), Die Sozialwissenschaften seit 1945, Frankfurt/New York.

Converse, J.M. (1987), Survey Research in the United States. Roots and Emergence 1890-1960, Berkeley/Los Angeles/London.

Deutsch, K.W. (1983), Sozialer Wandel und empirische Sozialforschung, in: M. Kaase/W. Ott/E.K. Scheuch (Hg.), Empirische Sozialforschung in der modernen Gesellschaft, Frankfurt/New York: 99 ff.

Hennis, W. (1957), Meinungsforschung und repräsentative Demokratie (Recht und Staat in Geschichte und Gegenwart 200/201), Tübingen.

Hennis, W. (1983), Diskussionsbeitrag, in: M. Kaase/W. Ott/E.K. Scheuch (Hg.), Empirische Sozialforschung in der modernen Gesellschaft, Frankfurt/New York: 77 ff.

Krenz, E. (1991), "Die Karre steckte tief im Dreck", DER SPIEGEL 6: 54 ff.

Scheuch, E.K. (1990), Von der Pioniertat zur Institution - Beobachtungen zur Entwicklung der empirischen Sozialforschung, in: D. Franke/J. Scharioth (Hg.), 40 Jahre Markt- und Sozialforschung in der Bundesrepublik Deutschland, München: 43 ff.

Sittenfeld, H. (1952), Zur Einführung, in: Institut zur Förderung öffentlicher Angelegenheiten e.V. (Hg.), Empirische Sozialforschung. Meinungs- und Marktforschung, Methoden und Probleme, Frankfurt: 15 ff.

von Wiese, L. (1952), Eröffnungsrede des Präsidenten der Arbeitstagung, in: Institut zur Förderung öffentlicher Angelegenheiten e.V. (Hg.), Empirische Sozialforschung. Meinungs- und Marktforschung, Methoden und Probleme, Frankfurt: 23 ff.

Zapf, W. (1990), Einleitung in die Konferenzthematik, in: W. Zapf/G. Thurn (Hg.), Zur Lage der sozialwissenschaftlichen Forschung in der ehemaligen DDR: Wissenschaftliche Interessen, Forschungserfahrungen, Strukturprobleme, Kooperationswege. Konferenz am 05. und 06. November 1990 in Berlin, Konferenzbericht, Wissenschaftszentrum Berlin für Sozialforschung (WZB), P 90-008, Berlin: 7 ff.

I. Empirische Sozialforschung in der alten Bundesrepublik

Offene Fragen über die Schwierigkeiten, bei Umfragen offene Fragen zu stellen

Peter Atteslander

Im vergangenen Jahr haben die säbelbewehrten Mannen in der offenen Landsgemeinde in Appenzell mit wuchtigem Mehr gegen das Frauenstimmrecht in Standesfragen votiert. Angenommen, eine kurz zuvor durchgeführte Erhebung bei Bürgerinnen und Bürgern hätte ein schwaches Mehr für die Einführung des kantonalen Stimmrechtes für Frauen ergeben, müßten, um sie zu evaluieren, drei Fragen beantwortet werden:

1. Zentralität der gestellten Fragen
2. Repräsentativität der erhobenen Daten und schließlich
3. Vergleichbarkeit.

Dies sind gleichzeitig die Stichworte, mit denen ich meine Bemerkungen zum Tagungsthema zu ordnen versuche.

Das beobachtbare Verhalten der Appenzeller war eindeutig. Haben die Männer im Grunde wenig gegen das Frauenstimmrecht einzuwenden, das die Appenzellerinnen im übrigen für Bundes- und teilweise für Gemeindeangelegenheiten schon längst besitzen? Ist die Tradition der offenen Landsgemeinde so stark, daß eine Urnenwahl akzeptabel wäre, aber nicht das Erscheinen von Unbewehrten weiblichen Geschlechts? Ist man insgeheim durchaus für das Stimmrecht, möchte es aber öffentlich nicht bekunden? Kann vom Verhalten wirklich auf Einstellungen und Meinungen geschlossen werden, oder bestehen hier Normenkonflikte? Gibt es, ähnlich wie dies Meinungsforscher etwa in Polen methodologisch ausführlich untersucht und dargestellt haben, eine duale Meinungsstruktur - eine als öffentlich akzeptiert angenommene Meinung und die 'wirkliche' (vgl. Lutynski 1978; 1979)? Sind Landsgemeinden eidgenössische Relikte direktester offener Demokratie ähnlich einem politischen Wohlverhalten unterworfen, wie wir dies aus autoritären Regimen kennen?

Angenommen, ich hätte als Sozialforscher auf dem Heimweg vom Ring mit mehreren Appenzellern ein exploratives Gespräch geführt. Ich hätte sie beispielsweise daraufhin angesprochen, daß vor dem Bundesgericht in Lausanne eine staatsrechtliche Beschwerde anhängig sei. Wie sind die Aussagen zu werten, die lauten: "Natürlich habe ich gegen das kantonale Frauenstimmrecht meine Hand erhoben, obwohl ich nicht gegen das Frauenstimmrecht bin. Wahrscheinlich wird das Bundesgericht ohnehin den Frauen dieses Recht zubilligen. Aber niemand kann mir dann sagen, wir seien es gewesen".

Demnach hätte im Grunde die Umfrage die wirkliche Meinungsstruktur tatsächlich festgestellt. In diesem Beispiel habe ich vom offensichtlichen Verhalten auf Meinungsstrukturen zu schließen versucht, während üblicherweise umgekehrt verfahren wird. Nehmen wir desweiteren an, die Umfrage hätte mit den üblichen geschlossenen Fragen operiert, dann wäre das tatsächliche Stimmverhalten durch die aufgrund der Daten erfolgte Prognose zwar widerlegt worden, nicht aber die Zentralität der geäußerten Meinung, die nur in offenen Fragen zu erkunden war. Übrigens: Das Bundesgericht hat in der Tat entschieden. Die Appenzellerinnen erfreuen sich mittlerweile des Stimm- und Wahlrechts auf allen Ebenen: Gemeinde, Kanton und Bund. Ein Ergebnis, das allgemein erwartet wurde und auch allgemein akzeptiert wird.

Ich habe diese exotische Geschichte deshalb in einiger Ausführlichkeit dargestellt, weil es möglicherweise einfacher ist, über Volksstämme zu spekulieren, denen man nicht angehört. Sie ist eine Einladung, dieses Beispiel auf die Verhältnisse in den fünf neuen Bundesländern zu übertragen. Eine große Zahl von realistischen Erklärungen für das offensichtliche Ungenügen der politischen Meinungsumfragen ist denkbar. Waren die in der Eile verwendeten Instrumente überhaupt validiert? Inwiefern wurde eine duale Meinungsstruktur berücksichtigt? Ab wann verbietet es sich, die Kategorie 'weiß nicht', 'unentschieden', 'keine Antwort' hochzurechnen, wie dies mit unverfrorener Selbstverständlichkeit geschehen ist? Von welchem Konzept der Standardisierung wurde ausgegangen?

Im Rundbrief Nr. 24 vom Mai 1989 der Sektion Methoden der Deutschen Gesellschaft für Soziologie lese ich: "Standardisierung und Methode sind im gängigen Verständnis so gut wie dasselbe; jedes sozialwissenschaftliche Erhebungsverfahren 'standardisiert' Einzelfälle alltäglicher Situationen wie das Gespräch oder die Beobachtung, um sie vergleichbar, reproduzierbar, zählbar zu machen. In der Befragung sind die Mittel dazu feste Fragevorgaben und feste Antwortmuster. Sie stehen auf dem Papier. Aber in der sozialen Wirklichkeit einer Befragung ist die Standardisierung nicht so leicht gemacht. Unterschiedliche Fragen und Antwortvorgaben können beim Befragten unterschiedliche Antworten hervorrufen; und wie die Standardisierung auf dem Papier in Wirklichkeit ausfällt - darüber können Tonbandprotokolle und Telefoninterviews Auskunft geben. Die Frühjahrstagung sollte über zwei Arten von Methodenforschungen zur Standardisierung der Befragung Auskunft geben: Über experimentelle Untersuchungen zum Einfluß von Frage- und Antwortvorgaben auf die Antworten der Befragten und über Untersuchungen des Feldschicksals der Standardisierung, über Untersuchungen also, die die Standardisierung als gegeben nehmen und die Effekte ihrer Variationen experimentell prüfen, und über Untersuchungen, die dem Prozeß der Standardisierung im Feld naturalistisch nachspüren" (Deutsche Gesellschaft für Soziologie. Sektion Methoden 1989: 1). Für mich ist dies ein unmißverständliches Plädoyer, vom Mythos abzugehen, Standardisierung sei nur gewährleistet durch Interviews mit überwiegend geschlossenen Fragen, Skalen und Vorgaben.

Jenem Mai 89 folgten bekanntlich die ereignisreichen Herbst und Winter. Warum hat man die guten Vorsätze so unzureichend in der Praxis der außerordentlich hektischen Betriebsamkeit politischer Meinungsumfragen in der DDR beachtet? Warum - dies wäre ein anderes Problem - haben die Medien unkritisch und ungeprüft fast jedes noch so abenteuerlich zustande gekommene 'Ergebnis' publiziert? Darunter jene 'repräsentativen' Befragungen von Menschen, die eben durch die geöffnete Mauer in den Westen strömten; alsbald folgten 'repräsentative' Telefonumfragen in einem Lande, in dem nur ein geringer Bruchteil der Bewohner über Anschlüsse verfügte.

Im Bericht zum ersten GESIS-Mediengespräch, das am 25. September 1990 stattgefunden hat, lesen wir: "'So haben wir das nicht gemeint', mit diesem Satz beurteilen 85 % der Befragten einer USUMA-Umfrage in der 'Noch-DDR' die Entwicklung seit den Oktobertagen 1989. Die 'friedliche Menge' der ostdeutschen Bevölkerung, die im Herbst 1989 die Revolution getragen hat, hat Schwierigkeiten, die jüngsten Entwicklungen nachzuvollziehen" (Gesellschaft Sozialwissenschaftlicher Infrastruktureinrichtungen 1990: 1 ff.). Haben die Meinungsumfragen überhaupt erhoben, was die Menschen meinten, was und wie sie dachten, fühlten, lebten?

Was hat die Menschen im Herbst 1989 bei der Ablösung der ehemals Mächtigen in der DDR untereinander verbunden? Was haben sie von der bundesdeutschen Marktwirtschaft erwartet? Wie wird der Bruch zwischen

Erwartung und Realität heute erlebt? Warum ist der gesellschaftliche Konsens, der im Herbst 1989 bestand, heute aufgebrochen? Warum sind allzu viele Schaltstellen der wirtschaftlichen Macht mit 'alten Köpfen' besetzt?

Ich behaupte, daß man dem *Grad der Zentralität* der erhobenen Meinungen nicht genügend Beachtung schenkte. Die gesammelten Daten lassen systematische Rückschlüsse auf ihre Genese und auch ihren Aussagewert kaum zu. Sie können kompiliert werden, taugen indes kaum zum Vergleich. Je allgemeiner die Fragen, desto unverbindlicher die Antworten und auf umso weniger Betroffenheit darf geschlossen werden. Wie betroffen sich die zu befragenden Menschen durch den Fragegegenstand fühlen, ist weder theoretisch vorauszusagen, noch im Formulieren der Fragen selbst eindeutig zu klären.

Latente Überzeugungen bedürfen eines Anlasses, um explizit, d.h. beobachtbar oder befragbar zu werden. Damit stellt sich die Frage nach dem Grad der Zentralität von Meinungen.

Abbildung 1: Grad der Zentralität von Meinungen.

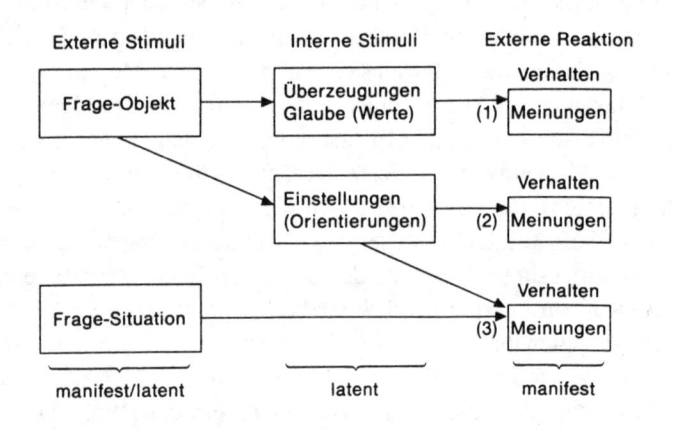

Externe Stimuli	Interne Stimuli	Externe Reaktion
Frage-Objekt	Überzeugungen Glaube (Werte)	(1) Verhalten / Meinungen
	Einstellungen (Orientierungen)	(2) Verhalten / Meinungen
Frage-Situation		(3) Verhalten / Meinungen
manifest/latent	latent	manifest

Quelle: Eigene Darstellung nach: Pierce, J.C./K.M. Beatty/P.R. Hagner (1982), The Dynamics of American Public Opinion. Patterns and Processes, Glenview, Ill. u.a.O.: 132.

Unter Zentralität ist zu verstehen einerseits der Grad der Betroffenheit, andererseits der Bezug zu wesentlichen existentiellen Überzeugungen und Glaubensvorstellungen. Je höher der Grad der Zentralität, desto wahrscheinlicher auch Übereinstimmung zwischen geäußerter Meinung und effektivem Verhalten (vgl. *Abbildung 1*).

Die Zentralität nimmt von 1 bis 3 ab. Unter Frageobjekt ist das Forschungsziel, das mit Hilfe des Instrumentes der Befragung angestrebt wird, zu verstehen. Die gesamte Fragesituation ist dabei zu kontrollieren.

Im sozialen Prozeß der Befragung sollte das Befragungsziel für den Befragten nicht manifest werden. Als latente externe Stimuli sind die kognitiven Steuerungsvorgänge der Sinneswahrnehmung zu verstehen. Erlebtes, Erfahrenes und frühere Sozialisation wirken als Filter oder Verstärkung des Wahrnehmens. Diese spezifische Sozialisation in der DDR berücksichtigten die wenigsten Umfragen.

Bei der Planung der Befragung ist zu klären, welche Zentralität der zu erhebenden Meinungen angestrebt wird. Bei der Analyse der Antworten ist zu prüfen, welcher Grad an Zentralität ihnen zugerechnet werden kann.

Was ist von Daten zu halten, über deren Zentralität wir nichts wissen, weil die Untersuchten sich dazu nicht äußern, von denen aber behauptet wird, daß sie nach den Regeln der Kunst als repräsentativ zu gelten hätten? Im allgemeinen herrscht die Ansicht vor, daß nicht-repräsentative Befunde nicht oder nur schwer verallgemeinbar seien. Verbunden mit der ebenfalls allgemeinen Bewertung, daß Gemessenes und anschließend Quantifiziertes 'wissenschaftlicher' sei, als verbal formulierte qualitative Befunde, führt dies zu einer Überbetonung quantitativer Formen von Standardisierung. Dieser Umstand sollte sowohl bei der Genese sozialer Daten wie ihrer Wirkung vermehrt untersucht werden.

Angesichts höchst unterschiedlicher Bedeutungen des Begriffes der *Repräsentativität* kann zumindest der Umkehrschluß ebenfalls zur Diskussion gestellt werden: Auf was bezieht sich die Vergleichbarkeit von Daten, denen Repräsentativität zugeschrieben wird? Werden beispielsweise unterschiedliche Grade von Zentralität miteinander verglichen? Welche Kriterien sind einzuhalten, wollten wir den Appenzeller repräsentativ in einer vergleichenden internationalen Studie erheben, mit Franzosen aus Perpignan und Sachsen aus Dresden? Kürzlich hat *Kromrey* (1987: 479 f.) ein halbes Dutzend der gängigen Bedeutungen von Repräsentativität in den Sozialwissenschaften dargestellt. Er dokumentiert mit aller Deutlichkeit, daß rein statistische und auswahlmechanische Attribute nicht genügen. Wann kann z.B. Repräsentativität als 'gut genug' gelten?

Wenn es noch relativ einfach ist, Repräsentativität als die Eigenschaft einer Stichprobe zu verstehen, die ein verkleinertes Abbild einer angebbaren

Grundgesamtheit, also eigentlich ein miniaturisiertes Spiegelbild für alle bedeutsamen Merkmale und Merkmalskombinationen bei einem bestimmten Untersuchungszweck darstellen soll, wird es unendlich kompliziert, wenn die soziale Lage einbezogen werden soll. *Holzkamp* (1964: 31 ff.) versteht darunter nicht nur angemessene Repräsentation von Untersuchungsobjekten, sondern erweitert Repräsentativität erheblich, indem er sie in Subjekt-, Handlungs- und Erlebnisrepräsentanzen untergliedert. Wie aber können wir eine 'Erlebnisrepräsentanz' erreichen, ohne daß wir zuvor in ausgiebiger Weise mit offenen Fragen und qualitativen Annäherungen in diese Erlebniswelt einzelner Menschen einzutreten versuchen?

Festzuhalten ist, daß einfache, weitgehend auf Volkszählungsunterlagen beruhende Auswahlverfahren sich weiterhin nur für ganz bestimmte Fragestellungen, vornehmlich im sozioökonomischen Bereich, bewähren werden. Im Vorschlag für die Gründung einer deutschen Einrichtung für universitäre Sozialforschung (DEUS) auf dem Gebiet der fünf neuen Bundesländer im Rahmen der GESIS wurde zurecht als eine der vordringlichen Aufgaben die Forschung über die Wahl adäquater Erhebungseinheiten genannt: "Damit verbunden seien vielfältige, auch praktische Probleme, wie z.B. die Definition von Populationen, den Stellenwert von Individualaussagen in Gruppenkontexten usw." (ZUMA 1990: 9; vgl. auch: Müller/Wilsdorf 1991: 37 ff.; Häder 1990: 134 ff.). Nach meiner Einschätzung ein weiteres Plädoyer für reaktive Methoden, mithin für offene Fragen. Das Attribut 'repräsentativ' wird nicht mehr sozusagen als Gütesiegel akzeptiert werden. Statistische Sicherheitsformeln erhalten erst dann Sinn, wenn nachvollziehbare Angaben vorliegen, worauf sich Repräsentativität bezieht.

Möglicherweise stellt sich das Problem der *Vergleichbarkeit* als noch komplizierter dar. Standardisierung des Instruments - als Verwendung eines identischen Fragebogens in verschiedenen Ländern und in unterschiedlichen gesellschaftlichen Situationen - bedeutet beispielsweise gerade nicht, daß durch das Instrument bereits der Forschungsvorgang selbst als standardisiert gelten kann. Vorbedingung wäre eine 'Standardisierung' der Zentralität und der Repräsentativität. Lediglich als Illustration darf ich an zwei Beispielen zeigen, wie Zahlenwerte oft aus ihren Forschungsberichten herausgenommen und verkürzt dargestellt werden.

Die im internationalen Vergleich befragten Erwerbstätigen wurden zwar nach den allgemeinen Regeln bzw. üblichen Merkmalen repräsentativ ausgewählt. Ob und inwiefern ihre Aussage durch weitere Fragen Rückschlüsse auf deren Zentralität erlauben würden, bleibt dahingestellt.

Tabelle 1: Einstellung zur Technik generell - vor und noch Tschernobyl. Angaben in v.H.

"Glauben Sie, daß die Technik alles in allem eher ein Segen oder eher ein Fluch für die Menschheit ist?"

	März/April 86	Juni/August 86
Segen	44	44 (+ 2 im Febr. 87)
Fluch	15	12 (- 2 im Febr. 87)
Weder/noch	34	34
Kein Urteil	7	10

Quelle: Institut für Demoskopie Allensbach (Noelle-Neumann, E./J. Hansen) (1987), Medienwirkung und Technikakzeptanz. Allensbacher Bericht über ein Forschungsprojekt für das BMFT, unv. Bericht, Allensbach: 8a und Schaubild 2.

Zur Bewertung, mithin zum Vergleich aber müßten die völlig unterschiedlichen gesellschaftlichen Situationen, in denen diese Fragen gestellt wurden, mitberücksichtigt werden. Es ist ein großer Unterschied, ob ich als Arbeitnehmer in der 'Hire and Fire'-Praxis in den USA lebe, oder in Ländern mit höchster Arbeitsplatzsicherheit - Schweden oder die Bundesrepublik Deutschland.

Die Darstellung der Bilanzfrage zur Technologie stipuliert Vergleiche in einer Zeitreihe. Wohl am bekanntesten ist die seit über einem halben Jahrhundert regelmäßig gestellte Frage in den USA zur Einstellung zu der jeweiligen US-Präsidentschaft. Die Frage sei erlaubt, ob Zeitreihen nur dann einen Vergleich ermöglichen, wenn nach Meinungen von geringer Zentralität gefragt wird.

Wie vergleichen wir 'unspezifische' Meinungen? Ist standardisiert erhebbar nur, was sich polarisiert formulieren läßt? Ein Merkmal der Postmoderne ist tatsächlich die Tendenz zur Polarisierung von Meinungsstrukturen (vgl. Atteslander 1989: 285 ff.). Unsere Gesellschaft lebt geradezu in der Spannung "... zwischen wenigen allgemein geteilten und vielen partikularen Werten und Normen" (Hondrich 1988: 121 f.). Diese Spannung wird tagtäglich durch die Massenmedien bewirkt. "Daß die Dinge geschehen, ist

Tabelle 2: Einstellung zur Arbeit. Angaben in v.H.

Berufstätige 1982	BRD	USA	ISRAEL	SCHWEDEN	GB
Ich setze mich in meinem Beruf ganz ein	42	68	79	56	66
Ich tue das, was von mir verlangt wird	41	24	18	36	30
N =	741	845	964	1128	825

Quelle: Noelle-Neumann, E./B. Strümpel (1984), Macht Arbeit krank? Macht Arbeit glücklich? Eine aktuelle Kontroverse, München/Zürich: 110 und Tabelle 5.5.

nichts, daß sie gewußt werden, ist alles", schrieb *Egon Friedell* in seinen Aphorismen in den 30er Jahren. Heute müßte man wohl zutreffender schreiben: Daß sie veröffentlicht werden, ist alles.

In keiner vormodernen Gesellschaft standen dem Individuum so viele Wahlmöglichkeiten offen - bei gleichzeitig wirkenden Verhinderungsfaktoren, sie auch zu nutzen - wie in der heutigen. Auf die Gesamtgesellschaft bezogen, ist individuelles Verhalten in steigendem Maße durch Wahrnehmungsdefizite geprägt. Dies führt zunehmend zu Realitätskonstruktionen. *Ulrich Beck* (1986) hat aufgezeigt, wie die fortschreitende Technologie und ihre Auswirkungen unsere Gesellschaft zu einer Risikogesellschaft werden läßt, wobei die meisten Risiken für einzelne Menschen gar nicht mehr wahrnehmbar sind. Nicht das Risiko als Realität, sondern das Risiko als Konstrukt, und dieses medial verbreitet, kann allenfalls Einstellungen beeinflussen.

In Zukunft wird somit in zunehmender Weise nicht das Wissen, sondern das Nicht-Wissen verhaltensprägend. Wesentlich wird dabei die Erkundung des Verhältnisses zwischen Wissen und Nicht-Wissen. Das Nicht-Wissen als Schutzfunktion, überhaupt handeln zu können, bleibt bis heute weitgehend unerforscht. Somit stellt sich die Frage, ob und wie die üblicherweise verwendeten Methoden empirischer Sozialforschung diese Dimension überhaupt erfassen können. Um dies zu leisten, sind reaktive Situationen zu schaffen, sind offene Fragen unabdingbar.

Das Erkunden des Verhältnisses zwischen Wissen und Nicht-Wissen kann sich nicht nur auf das strategische Verwenden einzelner Forschungstechniken beziehen, sondern richtet sich nach forschungsleitenden Theorien insgesamt. Dies hat *Touraine* (1986: 15 ff.) mit unzweifelhafter Deutlichkeit ausgedrückt. Er sieht die traditionelle Soziologie insgesamt als unfähig an, entscheidende moderne soziale Bewegungen in ihrem Wesen zu ergründen. *Geser* (1986: 643 ff.) hat darauf hingewiesen, daß zumindest die bisherigen Handlungstheorien sich zur Erklärung moderner Verhaltens-weisen als inadäquat erweisen. Er kritisierte die bisherige Überbetonung des menschlichen Handelns. Die Erforschung offensichtlicher Erscheinungen dieses Handelns würde an Bedeutung verlieren angesichts der gesellschaft-lichen Strukturen, die immer stärker nicht durch sichtbares, aktives Handeln von Menschen geprägt werden, sondern durch das Unterlassen, das Nicht-Handeln-Wollen, ja das Nicht-Handeln-Können oder Nicht-Handeln-Dürfen.

Die Gesellschaft der Nach-Moderne zeichnet sich nach *Geser* aus durch eine höhere Spezialisierung bei gleichzeitiger Nivellierung. Die Spezialisierung beruht auf kollektiv erforderlichen Aktivitäten, die Nivellierung sieht er als Funktion des Unterlassens. Das Nicht-Handeln hat offensichtlich ähnliche Schutzfunktionen wie das Nicht-Wissen. Angesichts neuer gesellschaftlicher Risiken und Gefahren kann das Nicht-Wissen-Wollen eine Verengung der Selektionsfilter beim einzelnen bewirken und so zu einer Einschränkung des Handelns führen, möglicherweise zu einer Verfestigung des Verhaltens, das sich in vielen Fällen als schmerzliche Fehlanpassung erweisen kann. Die offensichtlich wachsende Bedeutung der Bereiche des Unterlassens und Nichtwissens ist ebenfalls nur durch qualitative Erhebungsmethoden, durch ein hohes Maß an Reaktivität, mithin durch offene Fragen erhebbar.

Unbeeinflußt von kritischen Hinweisen scheint indes der Boom von international vergleichenden Untersuchungen unbekümmert zu wachsen. Der 'Eurobarometer' erfreut sich u.a. offensichtlich wachsender Beliebtheit. Müßte man nicht den periodischen Berichten gleichsam als Motto die Warnung von *Alex Inkeles* (1989: 102) beigeben: "All of the pitfalls in the use of survey data for domestic research are present when that material is used cross-nationally, plus other peculiar to cross-national research. Of the latter none is more troublesome than the issue of equivalence, the question of whether the meaning and the stimulus value of a word such as 'prestige' or 'conformist' or of a concept such as 'being independent', are still basically the same after being translated into other languages and transported to a different cultural context ... all users of survey date have become painfully aware, namely that the single question can be and very often is treacherous, and that it is almost indispensable for placing people reliably on any matter to have multiple measures of the same issue". Mehr offene Fragen sind demnach notwendig.

Es ist *Reuband* zuzustimmen, der darauf hinweist, daß empirisch die Frage der Kenntnis von Meinungsverteilungen erst in Ansätzen aufgegriffen worden sei und dies vor allem im Zusammenhang mit der Sichtbarkeit politischer Einstellungen in der primären und sekundären Umwelt. Auch sein Schlußsatz im Artikel 'Interviews, die keine sind', ist bedenkenswert: "So gesehen hat die Methodenforschung zwangsläufig auch Implikationen für die inhaltliche Forschung 4ebenso wie inhaltliche Forschung mit methodischen Impliktionen einhergeht" (Reuband 1990: 730).

In diesem Sinne habe ich nicht eine übliche Abhandlung über Vor- und Nachteile, offene Fragen zu stellen, vorgenommen. Ich erhebe vielmehr ganz allgemein das Postulat, für vermehrte Reaktivität der Untersuchten zu sorgen. Reaktivität ist nur durch häufigere Verwendung offener Fragen in kontrollierten Interviewsituationen zu erreichen. Dies bedeutet u.a., daß der Interviewerschulung viel größeres Gewicht beizumessen ist, als dies gemeinhin praktiziert wird. Dies verlangt freilich auch erheblich höheren Mitteleinsatz bei Vorbereitung, Durchführung und Verifikation von Umfragen.

Ziel der Sozialforschung ist nach wie vor Erfassen von Realität und nicht Produktion von Artefakten. Die Genese sozialer Daten bestimmt deren Qualität, die auch durch noch so ausgeklügelte mathematisch-statistische Verfahren lediglich überprüft, nicht aber verbessert werden kann. Bevor wir über die oft verkürzte Darstellung unserer sozialwissenschaftlichen Daten lamentieren, sollten wir selbst verkürzte Verfahren bei ihrem Entstehen zu vermeiden suchen.

Literatur

Atteslander, P. (1989), Soziologie - eine freundliche Wissenschaft? Empirische Sozialforschung zwischen Überforderung und Mißachtung, Soziale Welt 1/2: 284 ff.
Beck, U. (1986), Risikogesellschaft, Frankfurt.

Deutsche Gesellschaft für Soziologie. Sektion Methoden (1989), Frühjahrstagung der Sektion in Bremen 'Probleme der Standardisierung in der Befragung', Rundbrief 24: 1 ff.

Gesellschaft Sozialwissenschaftlicher Infrastruktureinrichtungen e.V. (GESIS) (1990), Erstes GESIS-Mediengespräch, 25. September, hekt. Ms.

Geser, H. (1986), Elemente zu einer soziologischen Theorie des Unterlassens, Kölner Zeitschrift für Soziologie und Sozialpsychologie 4: 643 ff.

Holzkamp, K. (1964), Theorie und Experiment in der Psychologie, Berlin.

Häder, M. (1990), Nun kann auch die soziologische Methodik zusammenwachsen, ZA-Information 27: 134 ff.

Hondrich, K.O. (1988), Risikosteuerung durch Nichtwissen. Paradoxien und Alternativen der Aids-Politik, in: E. Burkel (Hg.), Der Aids-Komplex, Frankfurt/Berlin: 121 ff.

Inkeles, A. (1989), National Character Revisited, in: M. Haller/H.-J. Hoffmann-Nowottny/W. Zapf (Hg.), Kultur und Gesellschaft, Frankfurt/New York: 98 ff.

Institut für Demoskopie Allensbach (Noelle-Neumann, E./J. Hansen) (1987), Medienwirkung und Technikakzeptanz. Allensbacher Bericht über ein Forschungsprojekt für das BMFT, unv. Bericht, Allensbach.

Kromrey, H. (1987), Zur Verallgemeinerbarkeit empirischer Befunde bei nichtrepräsentativen Stichproben, Rundfunk und Fernsehen 4: 478 ff.

Lutynski, J. (1978), Apparent Activities, The Polish Sociological Bulletin 1: 47 ff.

Lutynski, J. (1979), A Question as Tool in Social Survey Research, The Polish Sociological Bulletin 3: 39 ff.

Mühler, K./S.H. Wilsdorf (1991), Die Leipziger Montagsdemonstration - Aufstieg und Wandel einer basisdemokratischen Institution des friedlichen Umbruchs im Spiegel empirischer Meinungsforschung, Berliner Journal für Soziologie, Sonderheft 1: 37 ff.

Noelle-Neumann, E./B. Strümpel (1984), Macht Arbeit krank? Macht Arbeit glücklich? Eine aktuelle Kontroverse, München/Zürich: Piper.

Pierce, J.C./K.M. Beatty/P.R. Hagner (1982), The Dynamics of American Public Opinion. Patterns and Processes, Glenview, Ill. u.a.O.: Scott & Foresman.

Reuband, K.-H. (1990), Interviews, die keine sind - 'Erfolge' und 'Mißerfolge' beim Fälschen von Interviews, Kölner Zeitschrift für Soziologie und Sozialpsychologie 4: 706 ff.

Touraine, A. (1986), Krise und Wandel des sozialen Denkens, in: J. Berger (Hg.), Die Moderne - Kontinuitäten und Zäsuren, Soziale Welt, Sonderband 4, Göttingen: 15 ff.

ZUMA Arbeitsgruppe 'Neue Bundesländer' (1990), Vorschlag für die Gründung einer Deutschen Einrichtung für universitäre Sozialforschung (DEUS) auf dem Gebiet der fünf neuen Bundesländer im Rahmen der GESIS, hekt. Ms.

Empirische Sozialforschung am Anfang der Bundesrepublik und die Verkehrung ihres demokratischen Potentials

Ludwig von Friedeburg

Wer in den ersten Jahren nach dem Zusammenbruch des Nationalsozialismus an den Universitäten der westdeutschen Länder ein Soziologiestudium aufnehmen wollte, suchte vergeblich. Insbesondere fand er dort kaum eine Möglichkeit, sich in empirischer Sozialforschung auszubilden. Im Unterschied zu den meisten anderen Disziplinen, die nach der Wiedereröffnung der Hochschulen ihren Betrieb weiterführten, wobei die Kontinuität der Lehrenden die Kontinuität der Ausbildung bestimmte, bot das Vakuum im Feld der Soziologie und der Politikwissenschaft größere Chancen für einen Neuanfang. Vertriebene Gelehrte fanden, wie beispielhaft in Frankfurt am Main, Köln, Göttingen, München oder Berlin, nicht nur größere Aufnahmebereitschaft, sie konnten im weiteren auch die Entwicklung ihrer Fachgebiete entscheidend beeinflussen. Aber das dauerte seine Zeit. Die Ende der vierziger Jahre an Soziologie und empirischer Sozialforschung interessierten Studierenden mußten zunächst auf andere Fächer ausweichen.

Der damals zu gewinnende Eindruck, der dann lange Zeit die Fachgeschichtsschreibung bestimmte, daß die Herrschaft des Nationalsozialismus aller Soziologie in Deutschland, zumal der empirischen Sozialforschung, ein Ende bereitet habe, hielt jedoch späterer Forschung nicht stand. Eine Reihe jüngerer Soziologen hat im letzten Jahrzehnt die selektive Verfolgungspraxis des Regimes dokumentiert, auf die Vielzahl der weiterhin unter dem Namen der Soziologie arbeitenden Wissenschaftler hingewiesen und die Funktion einer praxisorientierten, angewandten Soziologie für das nationalsozialistische Herrschaftssystem betont.

Strittig aber sind Wirkung und Einfluß dieser angewandten Soziologie und der Sozialforscher, die sie betreiben, für die Nachkriegszeit. Am weitesten geht *Carsten Klingemann* (1991: 32), der das Aufblühen der empirischen Sozialforschung in der Bundesrepublik nicht einer 'Amerikanisierung der deutschen Soziologie' zuschreibt, sondern der Aktivität von

Empirikern, die im NS-Staat tätig waren: "Über Fachwissenschaftler, ihre Institutionen und Kontakte zum politisch-administrativen Apparat wurde bereits im 'Dritten Reich' eine sozialwissenschaftliche Infrastruktur geschaffen, die sich in der Bundesrepublik einflußreich entfalten konnte. ... Nicht die sich langsam und spärlich entwickelnde kritische Tradition der Sozialwissenschaften, sondern der durchsetzungsstarke Aktivismus der auch zahlenmäßig dominierenden Ordnungs-Soziologen mit NS-Erfahrung war in den ersten Jahrzehnten nach dem Krieg in der Bundesrepublik spürbar".

In der Tat gab es damals Empiriker mit NS-Erfahrung und außeruniversitäre Institute, die während des nationalsozialistischen Regimes gegründet worden waren. Aber ihr Einfluß war sehr begrenzt. Nicht nur fanden sie kaum Zugang zu den akademischen Zentralen, an denen sich die sozialwissenschaftliche Lehre und Forschung entfaltete. In ihrer praktischen Tätigkeit wurden sie durch die sich jetzt erst entwickelnde repräsentative Umfrageforschung in den Schatten gestellt, für die es vordem keine Möglichkeit gegeben hatte und die nun von den Besatzungsmächten, insbesondere den Amerikanern, gefördert wurde (vgl. Kern 1982; Atteslander 1991[6]).

Über den frühen Stand der empirischen Sozialforschung in der werdenden Bundesrepublik gaben die ersten Soziologentage kaum Auskunft. Aufschlußreicher war die erste, eigens der empirischen Sozialforschung gewidmete Tagung in Weinheim Mitte Dezember 1951, getragen von dem Frankfurter Institut zur Förderung öffentlicher Angelegenheiten, auf Anregung und nach intensiver Vorarbeit des Reactions Analysis Staff, HICOG, unter der Leitung von *Leo Crespi*. Die Tagung gab einen Überblick über den Entwicklungsstand der empirischen Sozialforschung, vor allem auch der Markt- und Meinungsforschung, und sie sollte die auf diesen Gebieten in der Bundesrepublik tätigen Gruppen und Personen zusammenführen und dabei den Graben zwischen den Universitäten und den privaten Umfrageinstituten überbrücken. In Weinheim hielt ich zur Frage der Verweigerungen bei Umfragen mit Quotenstichproben mein erstes Tagungsreferat in der von *Elisabeth Noelle-Neumann* geleiteten Fachsitzung über Erhebungs- und Auswertungsverfahren.

Nach Weinheim waren auch 'Ordnungs-Soziologen mit NS-Erfahrung' wie beispielsweise *Karl Valentin Müller* oder *Ludwig Neundörfer* eingeladen worden. Aber entweder sagten sie, wie der Volksbiologe Müller, kein Wort, oder sie dokumentierten ihre Außenseiterposition wie der Soziograph Neundörfer.

Unter den Vertretern der Universitäten spielten *Leopold von Wiese*, der den Vorsitz der Versammlung innehatte, und *Theodor W. Adorno*, der das Einführungsreferat zur Stellung der empirischen Sozialforschung in Deutschland hielt, eine herausragende Rolle. Beide betonten, wie sehr soziologische Theorie und empirische Forschung aufeinander angewiesen sind. Während auf der Tagung vornehmlich die Arbeitsfelder der Umfrageforschung dargestellt und deren Methodenprobleme diskutiert wurden, hob *Adorno* gleich zu Beginn seines einleitenden Referates ihr demokratisches Potential hervor: "Der Typus Wissenschaft, den diese Tagung vertritt und für den es an einem Namen fehlt, während das Gemeinsame unverkennbar ist, dieser Typus Wissenschaft ist in Deutschland erst in den letzten Jahren stärker hervorgetreten. Vor dem Ersten Weltkrieg und während der Weimarer Republik gehörten ihm nur Einzelenqueten an, ohne daß er als solcher, als Disziplin eigener Art konstituiert gewesen wäre. Während der Hitlerdiktatur war er, nach dem damals üblichen Jargon, unerwünscht. Insbesondere im 'Public Opinion Research', in dem Bereich, für den sich mittlerweile das unglückliche Wort 'Meinungsforschung' eingebürgert hat, sahen die Nazis mit gutem Instinkt ein demokratisches Potential. Daß der statistischen Auswertung jede Stimme gleich viel gilt, daß der bei der Bildung von Querschnitten so wichtige Begriff des Repräsentativen kein Privileg kennt, erinnerte allzu sehr an die freie und geheime Wahl, mit der denn auch die einschlägigen Erhebungen den Namen 'Poll' teilen. Der amerikanische Einfluß seit 1945, das starke, wenngleich unartikulierte Bedürfnis der Menschen, ihre Urteile, Wünsche und Bedürfnisse nicht bloß auf dem Stimmzettel geltend zu machen, kam den Methoden des 'Social Research' im Nachkriegsdeutschland entgegen. Dahinter steht in dem zerstörten und ökonomisch desorganisierten Land das administrative Bedürfnis nach einer Kenntnis der Verhältnisse, die anders als durch kontrollierte empirische Methoden nicht zu gewinnen wäre: etwa der sozialen Lage der Flüchtlinge und der gesellschaftlichen Konsequenzen der Bombenzerstörungen. Entscheidend mitgespielt hat die Tendenz der Wirtschaft, Risiken so weit wie möglich herabzusetzen. Anstatt die eigenen Dispositionen nachträglich dem Verdikt des Marktes zu unterwerfen, will man vorher mit hoher Wahrscheinlichkeit ermitteln, wie Angebot und Nachfrage sich zueinander verhalten, und danach disponieren; eine Tendenz, die übrigens mit dem Funktionswechsel des Marktes selbst im Wirkungsbereich der großen Konzerne unmittelbar zusammenhängt" (Adorno 1952: 27 f.).

Das demokratische Potential der empirischen Sozialforschung bezeichnete *Adorno* angesichts deren vielfältiger Verwendbarkeit als ihre oberste Verpflichtung. Ihr kritischer Impuls dürfe in der Praxis nicht verkümmern. Dieses Postulat blieb in den folgenden Jahrzehnten weithin unerfüllt, so gut es gelang, eine andere auf der Tagung erhobene Forderung einzulösen, nämlich den Vorsprung der angelsächsischen Länder in der Entwicklung der Umfrageforschung aufzuholen. Die kritische Analyse ihres politischen Potentials blieb überall vornehmlich Außenseitern überlassen, deren geringe Fachkompetenz den Experten die Abwehr unerwünschter Einmischung erleichterte. Das öffentliche Urteil über die Meinungsforschung verkannte im allgemeinen das methodenkritische Vermögen der seriösen Umfrageforschung, also deren Selbstkontrolle, wirkungsvoll ergänzt durch die Konkurrenz zwischen den Forschungsinstituten. Zehn Jahre nach Weinheim war erkennbar: "Das zentrale Problem politischer Umfrageforschung in der modernen Gesellschaft liegt nicht so sehr in der Möglichkeit, das komplizierte Verfahren fahrlässig fehlerhaft oder vorsätzlich inkorrekt zu handhaben, nicht also in der Ermittlung falscher Informationen über die Bevölkerung, sondern gerade im Gegenteil in der Möglichkeit: richtige Informationen falsch zu *verwenden*, höchst erreichbare Zuverlässigkeit und Objektivität des Instrumentariums in den Dienst mächtiger Interessen zu stellen. Zunehmend benutzen Regierungen, Parteien und Interessenverbände Befunde repräsentativer Bevölkerungsumfragen über ihre eigenen Mitglieder und Wähler wie über die gegnerischer Gruppen und Organisationen nicht als Informationshilfen für ihre Politik, die durch Veränderungen und Verbesserung objektiver Verhältnisse den Interessen ihrer Anhänger Rechnung zu tragen sucht und dabei auch die Interessen neutraler und oppositioneller Gruppen berücksichtigt, sondern vielmehr dazu, Anhänger wie Gegner zu manipulieren" (v. Friedeburg 1961: 210).

Anschauungsmaterial für die Bundesrepublik präsentierte damals vor allem *Gerhard Schmidtchen*, der in seiner Untersuchung über den 'Einfluß der Meinungsforschung auf die Politik' aus der Arbeit des Allensbacher Instituts für Demoskopie berichtete. Allerdings beschäftigte ihn das Problem der Manipulation kaum, wie es auch sonst in der einschlägigen Literatur wenig beachtet wurde. Vielmehr stellte *Schmidtchen* die Kontemplation bei der Datenanalyse ausdrücklich ins Abseits. Theoretisch hochinteressante Sachverhalte, die nicht zu beeinflussen wären, wären in der Regel politisch irrelevant: "Die Politik ist an empirischen Auskünften vorweg unter manipulativen Gesichtspunkten interessiert. Es gilt also, die Faktoren namhaft zu machen, die der Politiker in Bewegung setzen oder zum Stillstand bringen kann und muß, wenn er ein bestimmtes Ziel erreichen will" (Schmidtchen 1959: 193). Zum Beispiel eine Wahl zu gewinnen; zum Beispiel mit manipulierter Preisbewegung. Anschaulich berichtete *Schmidtchen*: "Der Zusammenhang zwischen den Reaktionen der Bevölkerung auf Preisbewegungen und der parteipolitischen Orientierung war schon vor der Bundestagswahl von 1953 bekannt. Dieses Wissen führte zu einer bemerkenswerten Konsequenz: Am 08. Juni 1953 trat das Gesetz zur Senkung der Tabaksteuer in Kraft und am 24. August 1953 das Gesetz über die Senkung der Verbrauchssteuern für Kaffee und Tee. Beide Gesetze gehen auf Anträge der CDU/CSU-Fraktion zurück, die durch Umfrageresultate motiviert waren. Daß gerade diese Verbrauchsgüter für eine Steuersenkung ausgewählt wurden, hängt ebenfalls mit demoskopischen Erfahrungen zusammen. Eine günstige Wirkung auf die politische Stimmung können vor allem Preissenkungen bei Genußmitteln und Gütern des täglichen Massenbedarfs hervorrufen. Auch vor der Wahl von 1957 hat die Kenntnis dieser Zusammenhänge verschiedene politische Entscheidungen ausgelöst: ... Mit der Industrie wurden sogenannte 'Stillhalte-Absprachen' getroffen mit der Maßgabe, alle eventuell erwogenen Preiserhöhungen zurückzustellen bis nach der Wahl. Eine Reihe prominenter Firmen der Markenartikelindustrie verpflichtete sich öffentlich, durch Anzeigen in der Tagespresse, die Preise stabil zu halten" (Schmidtchen 1959: 160).

Was für die Verwendung von Umfragen zur Planung wahltaktischer Zugeständnisse gilt, bestimmt erst recht die Wahlpropaganda. Sie soll das nachweisbar angenehme Detail, das gut 'ankommt', für das Ganze ausgeben, um die unangenehmen Momente, die auf Widerstand stoßen, in den Hintergrund treten zu lassen. Wie in der sonstigen Marktforschung, so werden auch bei der Erkundung des politischen Marktes mit den Mitteln empirischer Sozialforschung Werbesprüche und Verpackungen ausgeknobelt und getestet. Nicht daß die Wahlbevölkerung eines demokratischen Landes durch Propaganda, scheinbare Zugeständnisse und wahltaktische Täuschungen beliebig beeinflußbar wäre. Wohl aber gilt, daß Umfrageergebnisse in diesem Zusammenhang vornehmlich zum Zwecke der Manipulation verwendet werden und sich das demokratische Potential empirischer Sozialforschung damit in sein Gegenteil verkehrt.

Als sich die Hochrechnungstechniken mit der elektronischen Datenverarbeitung entfalteten, wurde das Wahlgeschehen mit der Sozialforschung in der Wahrnehmung einer breiten Öffentlichkeit immer enger verknüpft. Zunehmend blieben Verlautbarungen über Befunde nicht mehr den Auftraggebern überlassen, sondern die Forschungsinstitute übernahmen selbst die Rolle öffentlicher Berichterstattung und Interpretation, nicht nur nach, sondern auch vor den Wahlen. Dieses Zusammenspiel von Umfrageforschung und Massenmedien griff im Sommer 1990 *Elisabeth Noelle-Neumann* unter dem Stichwort 'Demoskopie und Propaganda' auf. Die Rolle der Demoskopie in der Demokratie sei doppelschneidig und noch kaum aufgeklärt. Die Umfrageforschung lasse sich als Erkenntnismittel verwenden und ergänze die Information über die Bevölkerung, wie sie die Massenmedien darbieten. Auf der anderen Seite könne man sie aber auch anwenden "... als Waffe der Propaganda, am wirksamsten im Wechselspiel mit einflußreichen Medien. Die Demoskopie nimmt in diesem Fall den Medientenor auf; sie zeigt in einer Art von Echo-Demoskopie die Resonanz bei der Bevölkerung; diese Ergebnisse werden veröffentlicht und unterstützen und verstärken ihrerseits damit den Medientenor" (Noelle-Neumann 1990a: 7). Als Beleg führte *Noelle-Neumann* das Zusammenwirken eines anderen Instituts, Infas in Bad Godesberg, mit der Medienforschung des ehemaligen Deutschen Fernsehfunks in Ost-Berlin an, bei der, abgesehen von der mangelnden Repräsentanz der befragten Telefonbesitzer für die Gesamtheit der Bevölkerung in der früheren DDR, die Auswahl und Formulierung der Fragen Anlaß zu Kritik gaben, zum Beispiel in der Frage im Februar 1990 nach der künftigen Staatsform der DDR die Gegenüberstellung der 'Demokratie nach westlichem Vorbild' und eines 'demokratischen und sozialistischen Staates mit menschlichem Antlitz'.

Eindrucksvoller konnte man dann allerdings die Echo-Demoskopie am Zusammenwirken von *Elisabeth Noelle-Neumann* und der Frankfurter Allgemeinen Zeitung im weiteren Verlauf des Jahres studieren, nämlich in ihrer Artikelserie 'Deutschland vor der Wahl' vom Oktober bis Dezember 1990. Gegen die Miesmacherei der Sozialdemokraten und die Diskussion der Vereinigungskosten einschließlich der notwendigen Steuererhöhungen waren Optimismus und Zuversicht eines erneuerten Nationalbewußtseins seit längerem die Parole der Frankfurter Allgemeinen Zeitung. Also fragte die Echo-Demoskopie danach, ob Deutschland noch einmal zu den mächtigsten Staaten der Welt gehören wird (im Oktober 1990 glaubten daran nach den Allensbacher Befunden 56 Prozent in den alten und 75 Prozent in den neuen Ländern), und *Elisabeth Noelle-Neumann* stellte, zunächst noch gedämpft, fest: "Ein verhaltener Optimismus bei dieser Rückkehr des nationalen Selbstbewußtseins zeichnet sich ab" (Noelle-Neumann 1990b: 5).

Wenn im weiteren Wahlkampfverlauf die Umfragebefunde nicht immer hergaben, was die Autorin sich wünschte, wurden sie durch Spekulationen ergänzt: "Nicht nach den demoskopischen Ergebnissen, aber atmosphärisch scheint ein Triumphzug der Unionsparteien bei der Bundestagswahl bevorzustehen" (Noelle-Neumann 1990c: 5).

'Optimismus und Zuversicht' rückten in der folgenden Woche in die Überschrift ihrer Darstellung des 'hoffnungsträchtigen' Wahlkampfes, der für die Unionsanhänger 'wohl der glücklichste seit der Erhard-Bundestagswahl 1965' sei. Über die Echo-Demoskopie wurde wie folgt berichtet: "'Die Union strahlt Optimismus und Zuversicht aus', sagten in der ersten Novemberhälfte 49 Prozent der Befragten im Westen, 48 Prozent im Osten. Von der SPD behaupten das nur 21 Prozent im Westen und 18 Prozent im Osten ... Dennoch sieht man bei den Unionsanhängern bisher keine Anzeichen von Bequemlichkeit, etwa ein Zurückbleiben in der Absicht, wählen zu gehen. Wahrscheinlich spüren sie, daß sie weiter kämpfen müssen, nicht nur wegen der handgreiflichen Bedrohung durch beschmierte und zerrissene CDU-Wahlplakate - besonders in Norddeutschland und in Berlin -, sondern auch wegen der Unwägbarkeiten im Meinungsklima" (Noelle-Neumann 1990d: 5). An die Resonanzverstärkung knüpfte sich der Durchhalteappell: Demoskopie und Propaganda. Am Tag vor der Wahl zog *Noelle-Neumann* Bilanz: "Koalition und Kanzler vorn ... Im Rückblick auf die zehn Wochen lange Beobachtung, wie sich die Wahlentscheidung herausbildet, muß man sagen: Nie zuvor haben wir einen Wahlkampf wie diesen erlebt. Das beherrschende Thema war die durchtragende Empfindung von dem historischen Erlebnis der Wiedervereinigung und der Entschlossenheit, den wirtschaftlichen Wiederaufbau im Osten zu schaffen" (Noelle-Neumann 1990e: 5). Von künftig höheren Steuern war sowenig die Rede wie vom bevorstehenden Verfall der Arbeitsplätze in den neuen Ländern.

Die Nachbetrachtung zum Wahlsieg trug die triumphierende Überschrift: "Der Optimismus hat gesiegt" (Noelle-Neumann 1990f: 5). Er hielt bekanntlich nicht lange an, weder in den neuen noch in den alten Ländern. Die Quittungen bei den folgenden Landtagswahlen aber änderten nichts mehr daran, daß um der Propaganda im Bundestagswahlkampf willen kostbare Monate ungenützt verstrichen waren. Empirische Sozialforschung hatte dabei Hilfsdienste geleistet. Wieder war nicht ihr demokratisches Potential gefragt gewesen, sondern die Ergebnisse wurden zum Zweck der Manipulation benutzt. *Elmo Roper* hat einmal gefordert, die Umfrageforscher müßten die Politiker zum moralischen Gebrauch der Forschungsergebnisse erziehen, sie gingen sonst schlimmen Zeiten entgegen (vgl. Roper 1960: 525 f.). Wie gering man die Erfolgschancen auch einschätzen mag, vorauszusetzen ist, daß sich die Umfrageforschung nicht selbst als Manipulationsinstrument mißversteht.

Literatur

Adorno, Th. W. (1952), Zur gegenwärtigen Stellung der empirischen Sozialforschung in Deutschland, in: Institut zur Förderung öffentlicher Angelegenheiten e.V. (Hg.), Empirische Sozialforschung. Meinungs- und Marktforschung, Methoden und Probleme, Frankfurt am Main: 27 ff.

Atteslander, P. (1991[6]), Methoden der empirischen Sozialforschung, Berlin/New York.

Friedeburg, L. v. (1961), Zum politischen Potential der Umfrageforschung, Kölner Zeitschrift für Soziologie und Sozialpsychologie 2: 201 ff.

Friedeburg, L. v. (1989), Die deutsche Universität nach 1945, in: E. Holtmann (Hg.), Wie neu war der Neubeginn? Zum deutschen Kontinuitätsproblem nach 1945, Erlangen: 70 ff.

Institut zur Förderung öffentlicher Angelegenheiten e.V. (1952) (Hg.), Empirische Sozialforschung. Meinungs- und Marktforschung, Methoden und Probleme, Frankfurt am Main.

Kern, H. (1982), Empirische Sozialforschung. Ursprünge, Ansätze, Entwicklungslinien, München.

Klingemann, C. (1990), Sozialwissenschaften in Frankfurt während der NS-Zeit, in: H. Steinert (Hg.), Die (mindestens) zwei Sozialwissenschaften in Frankfurt und ihre Geschichte. Studientexte zur Sozialwissenschaft, Sonderband 3, Frankfurt am Main: 101 ff.

Klingemann, C. (1991), Die deutschen Sozialwissenschaften zwischen den beiden Weltkriegen. Mythos und Realität von Entwicklungsbrüchen, in: G. Göhler/B. Zeuner (Hg.), Kontinuitäten und Brüche in der deutschen Politikwissenschaft, Baden-Baden: 23 ff.

Noelle-Neumann, E. (1990a), Demoskopie und Propaganda, Die politische Meinung 3: 6 ff.

Noelle-Neumann, E. (1990b), In der historischen Woche ein Schub für die Koalition, FAZ Nr. 242: 5.

Noelle-Neumann, E. (1990c), Könnte es zu einem "Umschwung in letzter Minute" kommen?, FAZ Nr. 266: 5.

Noelle-Neumann, E. (1990d), Für die Union ein Wahlkampf wie vor 25 Jahren, FAZ Nr. 271: 5.

Noelle-Neumann, E. (1990e), Wahlprognose: Keine Verschiebungen, FAZ Nr. 280: 5.
Noelle-Neumann, E. (1990f), Der Optimismus hat gesiegt, FAZ Nr. 283: 5.
Roper, E. (1960), Two Ways of Covering the 1960 United States Election, in: AAPOR, Proceedings of the Fifteenth Annual Conference, The Public Opinion Quarterly XXIV: 465 ff.
Schmidtchen, G. (1959), Die befragte Nation. Über den Einfluß der Meinungsforschung auf die Politik, Freiburg im Breisgau.

Die Entwicklung der empirischen Sozialforschung in Deutschland - Bericht einer Zeitzeugin

Elisabeth Noelle-Neumann

"Ihr Beitrag würde, aus der historischen Zeitzeugen-Erfahrung heraus, die Entwicklung der Demoskopie in der Bundesrepublik Deutschland seit Weinheim 1951 kritisch reflektierend nachzeichnen," schrieb mir einer der Herausgeber dieses Bandes, *Dieter Jaufmann*.

Zeitzeuge bin ich in der Tat, und als Zeitzeuge versuche ich diesen Bericht zu schreiben. Ich möchte nicht nur der kritisch reflektierende Chronist sein - das auch - , sondern ich will Dokumente einschließen, die bisher nicht veröffentlicht worden sind.

In Weinheim 1951 leitete ich die vierte Sitzung. Dort referierte *Ludwig von Friedeburg* über ein bis heute aktuelles Thema, die Verweigerung von Interviews bei Quotenumfragen, und es berichtete der Gründer des Emnid-Instituts, das seit Frühjahr 1948 Umfragen machte, *Karl von Stackelberg*, über "Die Frage und ihre Formulierung", und mein Allensbacher Kollege seit 1948 und bis heute, 1991, *Friedrich W. Tennstädt*, sprach über "Kontrollen des Repräsentativcharakters der Stichproben bei Bevölkerungsumfragen." Alle drei Themen sind heute, 40 Jahre später, nicht weniger diskussionsbedürftig als damals.

Allerdings, die Diskussion damals nahm ein brüskes Ende. Der Bericht über die Weinheimer Tagung hat über den damaligen Verlauf dieser vierten Sitzung ein barmherziges Schweigen gelegt. Etwa in der Mitte der Diskussion entglitt mir die Leitung der Sitzung. Einer der anwesenden Statistiker warf das Stichwort 'Schweinezyklus' in die Diskussion und vertrat dazu eine Theorie, an die ich mich nicht erinnere. Es zeigte sich aber schnell, daß er einen Fehdehandschuh in den Raum geworfen hatte. Wutentbrannt fiel ein anderer Statistiker über den ersten her, ein dritter rief dazwischen, ein vierter mischte sich ein, alle natürlich, ohne daß ich ihnen das Wort erteilt hatte. Es herrschte ein heilloses Durcheinander, und ich vermochte nicht, die Ordnung wiederherzustellen. Da ergriff der wortmächtige Präsident des statistischen Bundesamtes *Dr. Gerhard Fürst* das Wort, oder besser gesagt, er übernahm gleichsam den Vorsitz und donnerte die über den Schweinezyklus streitenden Statistiker an. Im Weinheimer Tagungsbericht heißt es über das Ende dieser Sitzung: "Nachdem noch einzelne technisch-statistische Fragen besprochen worden waren, mußte die Diskussion wegen der fortgeschrittenen Zeit abgebrochen werden" (Institut zur Förderung öffentlicher Angelegenheiten e.V. 1952 (Hg.): 212). So lange er lebte, bis zu seinem Tod 1988 bin ich dem Präsidenten *Fürst* dankbar verbunden geblieben.

Ein sehr guter Zeitzeuge bin ich nicht, das weiß ich, seitdem ich für das von dem Chef des englischen Instituts MORI, *Robert Worcester*, herausgebene Buch über "Political Opinion Polling" das Kapitel über Deutschland geschrieben habe (vgl. Noelle-Neumann 1983: 44 ff.). Es sei darin, kritisierte *Worcester*, zuviel von Allensbach die Rede. Warum das so ist, kann man erklären, wenn man einen Bericht von *Professor O.W. Riegel* liest, den dieser bekannte amerikanische Sozialwissenschaftler für das Department of State, Washington D.C., unter dem Datum vom 30. Oktober 1950 geschrieben hat.

Riegel war vom amerikanischen Außenministerium beauftragt, auf einer Rundreise im Sommer 1950 sich einen Eindruck von der deutschen Meinungsforschung zu verschaffen. Unter dem Titel "Public Opinion Research and Training in West Germany, June/September 1950" beschrieb *Riegel* alles, was es damals in der jungen Bundesrepublik an Umfrageinstituten gab. Von Seite 90 bis 97 beschreibt er engzeilig das Allensbacher Institut. Ich kenne seine übrigen Texte nicht, aber ganz offenbar wäre es für einen Historiker der deutschen Meinungsforschung sehr wichtig, dieses Dokument zu erhalten.

Über das Allensbacher Institut, damals mit 27 Mitarbeitern, schreibt er: "Meiner persönlichen Meinung nach ist 'Demoskopie' das führende deutsche Umfrageinstitut". Zur Begründung seiner persönlichen Meinung führte er an:

"Moral: 'Demoskopie' macht tatsächlich den Eindruck, eine 'Gesellschaft' (deutsch im Original) zu sein, eine Gesellschaft von enthusiastischen jungen Leuten, die völlig in ihrer Arbeit aufgehen und begierig sind zu experimentieren und zu lernen. Die Lage des Ortes, relativ abgelegen in einem Dorf, mag zu den günstigen Umständen beitragen; das Institut erinnert an die moralische Situation in der Sozialforschungsstelle in Dortmund, wo ebenfalls eine Gruppe von begeisterten Sozialforschern in relativer Isolation zusammenlebt und arbeitet".

"Die Beziehung zu den Interviewern: 'Demoskopie' verwendet anscheinend große Mühe auf die Kompetenz, das Training, die Moral seiner 1200 Interviewer. Bevor sie endgültig in das Panel aufgenommen werden, müssen die Bewerber eine Serie von Probeinterviews machen, damit man beurteilen kann, ob sie ihre Aufgabe verstehen, ob sie verläßlich und ehrlich sind, ob sie genug Interesse für die Arbeit mitbringen und Eignung ganz allgemein. Um optimale Interviewerleistung zu erreichen, behauptet das Institut, daß es die Interviewer rotiert, bei der einzelnen Umfrage rund 400 benutzt. Es behauptet auch, daß es dem einzelnen Interviewer nicht mehr als 10 bis 12 Interviews pro Umfrage überträgt, und zwar mit der Begründung, daß sie herausgefunden haben, daß bei mehr als 12 Interviews die Leistung nachläßt. Es wird angegeben, daß die Interviewer pro Interview eine bis fünf DM Honorar erhalten, je nach Schwierigkeitsgrad (Random oder Quota), mit einem Durchschnittshonorar von zwei DM".

"Herr *Kulkies* im sogenannten 'Interviewerbüro' pflegt die Beziehungen zu den Interviewern. Er lädt die Interviewer ein, ihm ausführlich zu schreiben mit eingehenden Erfahrungsberichten über Interview-Erfahrungen und Probleme. Ein monatlicher Rundbrief wird an die Interviewer ausgesandt, in dem über die Aktivitäten des Instituts berichtet wird und über Umfrageergebnisse".

Es folgt dann eine Beschreibung der finanziellen Situation des Instituts und der Umfragen, die es durchgeführt hat, bis hin zu den monatlichen Mehr-Themen-Umfragen (Omnibus).

Weiter schließt sich unter dem Stichwort 'Experimentelle Studien' die folgende Schilderung an: "Von besonderer Bedeutung ist das zweifellos große Interesse in diesem Institut, die Methoden der Umfrageforschung zu untersuchen und zu verbessern, wie begrenzt immer diese Anstrengungen sein mögen, verglichen mit den heutigen amerikanischen Umfrageforschern. *Noelle-Neumann* klagt darüber, wie schwierig es sei, ohne finanzielle Mittel systematische Experimente durchzuführen, aber es ist eine Tatsache, daß ihr Institut mehr solcher Experimente durchführt als irgend ein anderes deutsches kommerzielles Institut. Dieser Teil der Arbeit ist mehr oder minder ein Nebenprodukt, zum Beispiel werden die Daten, die bei der Brot- und Butter-Arbeit anfallen, neu ausgewertet und analysiert".

"Demoskopie's unablässige Analysen der Arbeit ihrer Interviewer-Organisation und die Leistungsvergleiche sollen in diesem Zusammenhang erwähnt werden. Eine Sichtkartei aller gestellten Fragen wird auf dem laufenden gehalten. Sie bemühen sich, sich ständig über neue Bücher und Artikel in Fachzeitschriften zu informieren. *Noelle-Neumann* hat eine originelle optische Analysemethode entwickelt, um wichtige Korrelationen im Umfragematerial aufzudecken...".

"Demoskopie hat auch begonnen, mit Universitätseinrichtungen zu kooperieren. Die Ergebnisse der 'kleinen Kinsey-Umfrage' zum Beispiel sind *Professor Robert Heiß*, Professor für Psychologie an der Universität Freiburg, zur Verfügung gestellt worden. Einer seiner Studenten hat in diesem Sommer im Demoskopie-Institut an diesem Material gearbeitet".

"Das Institut hat mit verschiedenen akademischen Einrichtungen Vereinbarungen getroffen, daß Studenten im Institut achtwöchige Praktika machen können, im allgemeinen während der Semesterferien".

"Schließlich ist zu erwähnen, daß Demoskopie zweifellos eine treibende Kraft ('potent force') in der Förderung des Interesses für Meinungsforschung in Deutschland gewesen ist. Die Öffentlichkeitsarbeit ist gut ('skillful'), ausserdem gewinnt man den Eindruck, daß das Institut viel besucht wird, besonders durch Unternehmer und Wissenschaftler. Es ist ein gutes Zeichen, daß das Institut solche Besuche begrüßt und seine Arbeitsweise anscheinend mit 'complete candor' darlegt".

"Einen Einblick in die wissenschaftlichen Interessen und Kompetenz von *Noelle-Neumann* gibt ein Vortrag von ihr, den sie bei einer Veranstaltung des 'Instituts zur Förderung öffentlicher Angelegenheiten e.V.', Frankfurt am Main, gehalten hat. In diesem Vortrag werden solche Fragen behandelt wie der Einfluß vorangegangener Fragen auf die Antworten auf folgende Fragen, Einfluß des Ortes, an dem das Interview durchgeführt wird, eine kritisch vergleichende Untersuchung von Quota- und Random-Methode".

Riegel widmet dann mehr als zwei Seiten politischen Vorwürfen, die von Amerikanern und Franzosen gegen *Noelle-Neumann* erhoben würden, die aber in Deutschland nicht geteilt würden. Er endet mit der Feststellung: "Es ist einigermaßen ironisch, daß eine führende deutsche Umfrageforscherin, die gute Aussichten hat, das Feld zu beherrschen ('dominating') von den Amerikanern keine Unterstützung erhält und auch praktisch keinerlei Beachtung durch Amerika erfährt. Sie ist in einem ganz umfassenden Sinne self-made. Was sie auf diesem Gebiet kann, hat sie sich durch eigenes Trial and Error und durch das Lesen der Fachliteratur erarbeitet. Das mag für die Entwicklung der deutschen Umfrageforschung vorteilhaft sein, aber es erscheint nicht besonders günstig für eine Verstärkung des amerikanischen Einflusses auf die Entwicklung der deutschen Umfrageforschung".

Diese Schilderung erklärt, warum wir uns ganz auf die Allensbacher Arbeit konzentrierten, warum ich ein schlechter Zeitzeuge bin, über andere Institute der 50er, 60er, 70er, 80er Jahre zu berichten.

Was *Professor Riegel* von der Allensbacher Methodenentwicklung beschreibt, wurde 1964 von mir als Taschenbuch in der Reihe Rowohlt's Deutsche Enzyklopädie veröffentlicht unter dem Titel "Umfragen in der Massengesellschaft. Einführung in die Methoden der Demoskopie" und in den folgenden Jahren in französischer, spanischer, russischer, holländischer und tschechischer Übersetzung veröffentlicht (vgl. Noelle 1964, 1976[7]).

Der von *Professor Riegel* erwähnte Student von *Professor Heiß*, Freiburg, war übrigens *Ludwig von Friedeburg*. Auch dazu gibt es ein unveröffentlichtes Dokument, einen Brief, den ich am 28. November 1954 an *Adorno* geschrieben habe. *Horkheimer* und *Adorno* hatten mich 1951 eingeladen, mich an der Universität Frankfurt/Main zu habilitieren. Ich schrieb:

"Lieber Herr Professor Adorno, zum Wochenende bin ich nach Tübingen gefahren, um hier in dem angenehmen Zimmer zwischen Stift und Hölderlinturm zwei Tage zu verbringen. Wie üblich hat die eifersüchtige Arbeit es in Allensbach hartnäckig unmöglich gemacht, Ihnen zu schreiben. Ich bitte um Ihre Vergebung. Was die Habilitationspläne betrifft, so sollten sie - wenn ich dies, ohne ungebührlich in Ihre Überlegungen einzugreifen, sagen darf - auf Friedeburg übertragen werden. Wieviel mir an einer engen Verbindung zwischen Frankfurt und Allensbach, einer kontinuierlichen Zusammenarbeit liegt, möchte ich Ihnen nicht nur sagen, sondern auch zeigen, wo immer sich die Gelegenheit bietet. Bis zum 1. Januar schaffe ich es nicht, Ihnen einen Beitrag für Ihre Zeitschrift zu schicken. Aber zum nächsten Termin für das darauffolgende Heft würde ich gern etwas für Sie schreiben. Als Thema wählte ich am liebsten 'Interviewerprobleme'; Sie wissen, daß mich 'die schwächste Stelle' unserer Arbeitsmethode besonders interessiert: Befrager und Befragter. Die preoccupation mit der Fragebogenformulierung, die jahrelang alles andere für mich zurücktreten ließ, galt der ersten Entlastung dieser schwachen Glieder. Zunehmend habe ich mich nun seit Beginn dieses Jahres mit neuen Verfahren zur Auswahl und Kontrolle der Interviewer abgegeben, um von dieser Seite aus weiter die bedenklichen Stellen abzustützen. Aber ob ein solcher Gegenstand in Ihr Programm paßt? Ich müßte das erste Heft sehen. - Lassen Sie mich danken für Ihren Anruf und Ihre Zeilen. So mißmutig Sie meiner festen Überzeugung nach die demoskopischen Verfahren betrachten (und darum mit Freude Stackelberg aufs Podium stellten!), so liebenswürdig ist es doch, daß Sie mir mit Freundschaft begegnen".

Adorno nahm den Vorschlag an, und *Friedeburg*, der seit 1950 in Allensbach gearbeitet hatte, ging nach Frankfurt.

Ich bin keine gute Berichterstatterin über die Entwicklung der deutschen Institute - aber doch, wie gewünscht, eine kritisch reflektierende Zeitzeugin der Entwicklung nicht nur der deutschen Umfrageforschung, sondern auch der internationalen Entwicklung, die von Anfang an mit Schwierigkeiten kämpfte, die bis heute nicht gelöst sind.

1979 feierte der International Social Science Council sein 25-Jahre-Jubiläum, und ich schrieb für den Band, den der damalige Präsident *Stein Rokkan* aus diesem Anlaß herausgeben wollte, als Präsidentin der World Association for Public Opinion Research (WAPOR) von 1978 bis 1980, den Bericht über die Entwicklung der Umfrageforschung seit 1946 (vgl. Noelle-Neumann 1979: 279 ff.). Dieser Bericht ist in deutsch nie veröffentlicht worden. Ich zitiere daraus, weil er bis heute, 1991, aktuell ist.

"Beim Versuch, die Entwicklung der Erforschung der öffentlichen Meinung in den letzten 25 Jahren zu beschreiben, beschleicht einen die Empfindung, vor einer Ruine zu stehen. Dennoch erscheint es nicht sinnlos, eine Bilanz zu versuchen, ist es doch eine Chance, wenigstens der Frage nachzugehen: Was erklärt denn die Fehlschläge, die Stagnation? Und warum sehen die Sozialwissenschaftler aller Disziplinen, wie sie auch im International Social Science Council repräsentiert sind, dieser Stagnation, dieser 'Nichtexistenz' so kalt zu?".

"Ein Bericht über die Entwicklung der letzten 25 oder 30 Jahre aus der Perspektive von WAPOR muß in erster Linie ein Bericht über die Fortentwicklung der Methodenlehre sein. Der Berichtszeitraum wird übrigens besser für dreißig Jahre gewählt, die 'Gründerzeit' der internationalen Bewegung setzte unmittelbar nach dem Zweiten Weltkrieg ein, beginnend mit der ersten internationalen Konferenz über Meinungsforschung in Central City, Colorado (USA), im September 1946 und dauerte bis etwa 1951. 1951 - das scheint symptomatisch - erschien der letzte Jahrgang der von *Laszlo Radvanyi*, Professor der National University of Mexiko, seit 1947 herausgegebenen Zeitschrift 'International Journal of Opinion and Attitude Research', dem offiziellen Organ der WAPOR nach einem Beschluß von 1948. Männer mit großem Namen hatten sich in diesen ersten fünf Jahren zusammengefunden: *Paul Lazarsfeld* und *George Gallup*, *Otto Klineberg* und *Elmo*

Wilson (Mitglieder des Internationalen Umfrage-Komitees von WAPOR), *André Siegfried, Gunnar Myrdal, Gordon Allport, Rensis Likert* (Mitglieder des WAPOR-Beirats), *Mark Abrams* (Vorsitzender des Komitees für die Statuten), *Jean Stoetzel* und *Hadley Cantril*. Eine wissenschaftliche Disziplin wird zunächst durch Personen begründet, dann aber braucht sie eine Infrastruktur, das war damals vielen in diesem Kreis bewußt: eine wissenschaftliche Zeitschrift braucht man, das war das Motiv zur Gründung des 'International Journal'; eine Mitgliederorganisation, das war WAPOR; man braucht einen Kodex, verbindliche Berufsnormen - diese Aufgabe von WAPOR war im ersten Artikel als Zweck der Organisation ausdrücklich hervorgehoben - und außerdem wurde 1947 ein Komitee für Berufsethik und Normen gegründet! Man braucht eine Dokumentation von international zusammengetragenen Ergebnissen: modellhaft brachte *Hadley Cantril* den monumentalen Band 'Public Opinion 1936 to 1946' heraus und hoffte, der werde der Anfang eines WAPOR-offiziellen 'Princeton Index' sein, der Begriff 'Datenzentrum' existierte noch nicht. Ein internationales Meinungs- und Stimmungs-Barometer sollte begründet werden: 'Regierungsstellen oder andere Institutionen könnten diesen Service durch Jahresabonnements unterstützen - so wie sie Reuters abonnieren oder andere Nachrichtenagenturen - und dafür das Recht erwerben, Fragen vorzuschlagen und zuerst Ergebnisse zu erhalten'.

Mindestens drei internationale Umfragen wurden in dieser Gründungszeit durchgeführt: eine im Frühjahr 1948 in zehn Ländern (*Elmo Roper, Julian Woodward, Eric Stern*), eine von *Hadley Cantril* im Auftrag von UNESCO in zwölf Ländern zum Thema 'Spannungen, die sich auf die Völkerverständigung auswirken'; und mehrere, bei denen 12 Gallup-Institute Fragen koordinierten, das heißt, sich verabredeten, in ihren aktuellen Umfragen gleiche Fragen zu stellen.

In den 50er und 60er Jahren gibt es nur noch ganz vereinzelte internationale Umfragen, kein 'Barometer'; keinen 'Princeton-Index'. In der am ehesten vergleichbaren Einrichtung, dem Roper Center in Williamstown, Mass., (USA), reichten die Mittel nicht, um ausländische Kartensätze durch Index zu erschließen. Es gibt keine Zeitschrift der WAPOR, das WAPOR-Komitee für Berufsethik und Normen ist eingestellt. Warum schlugen die Bemühungen in eine Infrastruktur fehl? Mehrere Hindernisse haben, scheint es, zusammengewirkt.

1. Die Bezeichnung Meinungsforschung ist doppeldeutig, halb ist die Methode gemeint, halb der Gegenstand, der unter anderen Gegenständen

mit dieser Methode beobachtet wird; das blieb ungeklärt, trug aber dazu bei, von der Notwendigkeit abzulenken, wissenschaftliche Energie auf die Entwicklung der Methoden zu konzentrieren. Diesen Mangel des Begriffs 'Meinungsforschung' hatte *Stuart Dodd* vor Augen, als er 1946 für den neuen Wissenschaftszweig Demoskopie vorschlug. Er wurde von dem 1947 gegründeten Allensbacher Institut aufgegriffen und im Namen übernommen, wurde damit im Deutschen ein allgemeines Wort, setzt sich aber erst allmählich in den letzten Jahren international durch.

2. Die Methode der repräsentativen Umfrageforschung ähnelt so sehr dem individuellen menschlichen Gespräch, daß sie als Methode wissenschaftlicher Erkenntnis nur partiell - nämlich nur in bezug auf Stichprobenstatistik, Datenverarbeitung und mathematisch-statistische Analysetechniken - verstanden wurde. Die tatsächlich ausschlaggebende Bedeutung der Übersetzung der Untersuchungsaufgabe in Untersuchungsmodelle, Fragebogen und Tests blieb so unbekannt, daß bis heute dieser Teil der Methode nicht entwickelt und nicht klassifiziert ist. Dieser Punkt scheint so zentral für das bisherige Mißlingen, das Potential der Methode für die Sozialwissenschaft zu erschließen, daß er weiter unten ausführlicher behandelt wird.

Wenn man etwas für leicht hält, was in Wirklichkeit kompliziert ist, wenn man etwas für fertig hält, was in Wirklichkeit mit großem Aufwand an Zeit und Geld von Wissenschaftlern erst geschaffen werden müßte, ist Stagnation die natürliche Folge.

3. Was Meinungsforschung oder Umfrageforschung heißt, ist von Anfang an in das Spannungsfeld von Universität und Kommerz geraten. Diese Spannung scheint so virulent, daß sie heute nicht weniger als vor 30 Jahren die Diskussion vergiftet. Ein Zusammenstoß, der vor 30 Jahren stattgefunden hat, ist geeignet zur Illustration dessen, was sich heute mit gleichen Fronten zuträgt.

In der Sitzung 'Probleme der Vergleichbarkeit von Meinungs- und Haltungsforschung in verschiedenen Ländern' (14.09.1948, WAPOR-Konferenz in Eagles Mere, Pennsylvania, (USA)) greift *Alfred McClug Lee*, Professor für Soziologie an der Wayne University, die damals kürzlich veröffentlichten ersten internationalen Umfragen der Roper- und Gallup-Organisation an. Gleich einleitend macht er seine überlegene Position klar: '... ein akademischer Kritiker ohne kommerzielles Interesse an der Umfrageforschung ...'. Seine Kritik richtet sich gegen die Unschärfe der benutzten statistischen Kategorien für 'wirtschaftliche Lage', die oberflächlichen, stereotypen Fragetexte, das ungelöste Problem, wie stark der Interviewer die Antworten beeinflußt, die Abhängigkeit der Interpretation, der Resultate vom Analytiker, vieles, was man wissen möchte, fehlt, besonders bedauerlich, daß keine Interviews in Rußland, in China, in Indien, in Afrika und in arabischen Staaten gemacht wurden.

Die angegriffenen Wissenschaftler - unter anderem *Jean Stoetzel* und *Julian Woodward* - weisen die Kritik zurück: sie sei ressentimentgeladen gegen sogenannte kommerzielle Institute, ohne Kenntnis, wie sie wirklich arbeiteten; stamme aus höchst oberflächlicher Beschäftigung mit den Resultaten, verdrehe die Fakten, mißverstehe die Ziele, zeige in den Forderungen 'extreme Naivität' über die tatsächlichen Schwierigkeiten im gegenwärtigen Entwicklungsstadium (lohnend, hier einzufügen, daß noch 1975/76 eine Gallup-Umfrage in mehr als 60 Ländern die Sowjetunion und China nicht einschloß). *McClung Lee* antwortet, er als öffentlicher Professor an der Universität habe die Aufgabe, für das öffentliche Interesse einzutreten. Dieses sei mindestens so wichtig wie der Umstand, daß Meinungsforscher 'mit solchen Unternehmungen Geld verdienen'. Die Situation erinnere ihn an die 'gequälten Aufschreie' der Nahrungsmittelindustrie, als die öffentliche Kritik sich in den letzten 50 Jahren zunehmend auf sie richtete; ganz so verhielten sich jetzt die 'Vertreter des kommerziellen Umfragekults'.

Der vor allem angegriffene *Julian Woodward* war der Vorsitzende des WAPOR-Komitees für Berufsethik und Normen. Als Wissenschaftler war er so integer und eindrucksvoll, daß die American Association für Public Opinion Research (AAPOR) - etwa die Hälfte ihrer Mitglieder waren Universitätswissenschaftler - nach seinem Tod die *Julian Woodward*-Medaille zur Auszeichnung wissenschaftlicher Leistung in der Umfrageforschung gründete. Diese Details werden nur angeführt, um die Schärfe einer Auseinandersetzung aufzuzeigen, die nicht in Personen begründet ist und keineswegs normal, und die so nicht existiert mit dieser Diffamierung der außerhalb der Universität Tätigen als vor allem profitorientiert zwischen medizinischen Fakultäten und praktischen Ärzten, juristischen Fakultäten und Rechtsanwälten, Architektur-Fakultäten und Architekten.

Hadley Cantril, sensibler internationaler Beobachter, wies in einer Diskussion bei dem WAPOR-Jahreskongreß 1948 auf die Beziehung zwischen Universitäten und Umfrageinstituten als ein Gefahrenzeichen hin. Die Nichtanerkennung der wissenschaftlichen Möglichkeiten der Methode drückt sich in dem Nichtvorhandensein etablierter Beziehungen zwischen Universitätsinstituten und außeruniversitären Umfrageinstituten in Europa aus, sagt er. In dem Verhältnis zwischen Universität und nichtuniversitätsgebundenen Umfrageinstituten sah er den Schlüssel zur Entfaltung der Methode: Wir haben keinen Grund, es heute anders zu sehen. Die Abgeneigtheit zwischen den beiden Welten ist nur schärfer geworden, weil sie - unvermeidlich - schließlich gegenseitig wurde.

Wenn sich über 30 Jahre hinweg eine bestimmte Spannungskonstellation hält, dann muß sie begründet sein in Besonderheiten der Umfrageforschung. Eine dieser Besonderheiten liegt eindeutig im finanziellen Bereich. *Eric Stern*, Koordinator der frühen internationalen Umfragen für TIME in Europa, hat das beim WAPOR-Kongreß 1948 angedeutet.

Um Umfrageforschung durchzuführen, bedarf es eines relativ großen Apparates von Wissenschaftlern, Technikern und Verwaltungskräften sowie Hunderter von Interviewern, weil sich das Problem des Interviewereinflusses nur durch Verteilen der Interviews auf eine sehr große Zahl von Interviewern lösen läßt. Ein solcher Apparat hat hohe Gemeinkosten, die nur aufgebracht werden können bei kontinuierlicher Beschäftigung.

Für Universitäten sind die laufenden Kosten zu hoch, um die für Umfragen benötigten Organisationen einzurichten. Damit war es den Sozialwissenschaftlern in der Universität praktisch unmöglich, ihre Probleme mit Umfrageforschung in der notwendigen Breite zu bearbeiten, es fehlten ihnen die Daten für ihre Analysen, es fehlte ihnen aber auch die Sicherheit, mit dieser Methode - die viel komplizierter ist und viel mehr Erfahrung und Überblick braucht, als die meisten Sozialwissenschaftler wissen - umzugehen. Andererseits sammelte sich bei den Umfrageinstituten außerhalb der Universitäten die Erfahrung und das Datenmaterial; aber dort wieder stand man so stark unter dem Druck der Bedingungen, die die Auftraggeber setzten, finanziell und zeitlich, daß es zu keiner systematischen Methodenentwicklung und zu keiner durch wissenschaftliches Erkenntnisstreben gesteuerten Analyse kam.

Außerdem zogen die relativ hohen Beträge, die bei Umfrageforschung umgesetzt werden, einige unseriöse Elemente an. Auch diese Gefahr war 1948 schon gut zu erkennen, und zwar in der Diskussion um die endgültige Textfassung der WAPOR-Satzung, Artikel 1, Zweck der Association. Im Entwurf hieß es, WAPOR solle 'ehrliche und sorgfältige' Umfragen unterstützen. Einwand in der Diskussion: Es gehe doch nicht so sehr um 'ehrlich und sorgfältig', sondern um 'tiefschürfend und nützlich'. Antwort des secretary treasurer Professor *Stuard Dodd*: 'ehrlich und sorgfältig' sei erforderlich, es bestehe die Gefahr, daß WAPOR erobert werde von Personen ohne wissenschaftliches Interesse, die ihre Mitgliedschaft nur für Reklame nutzen wollten. Die Mitgliederversammlung beschloß, die Worte 'ehrlich und sorgfältig' stehen zu lassen und 'nützlich' hinzuzufügen.

Zu den drei bisher behandelten Hindernissen der Entwicklung der Umfrageforschung ist schließlich hinzuzufügen:

4. Besorgnis über die Verwendung und den Einfluß der Ergebnisse. Dies ist natürlich keine Besonderheit der Meinungsforschung, sondern begleitet wissenschaftliche Entwicklung in vielen Bereichen. Bei der Meinungsforschung zielte die Besorgnis vor allem in zwei Richtungen: Erstens wurde gefürchtet ein möglicher Einfluß auf den demokratischen Prozeß in einer Richtung, die von der Verfassung nicht gewollt, also illegitim sei, oder Wissenschaftlern, Politikern und Journalisten nicht opportun erschien. Zweitens fürchtete man Manipulation des Menschen mit Hilfe der neuen Methode, zum Beispiel beim Gebrauch in der Werbung.

Vor 26 Jahren, im Sommerheft 1951 des letzten Jahrgangs des 'International Journal' veröffentlichte *Donald T. Campbell*, Professor für Psychologie der Universität von Chicago, einen Aufsatz, in dem bis in Einzelheiten der konkreten Planung und Finanzierung ein kontrolliertes Feldexperiment beschrieben ist, mit dem die Auswirkung der Veröffentlichung von Wahlprognosen auf das Wahlergebnis zuverlässig untersucht werden konnte. Eindringlich erklärt er, daß nur durch eine solche Untersuchungsanlage diese Streitfrage geklärt werden könnte. Die Kosten veranschlagte er auf US-Dollar 75.000 und fügte bitter hinzu: Der Betrag möge manchem entsetzlich hoch erscheinen; es gebe jedoch keinen a priori Grund, anzunehmen, sozialwissenschaftliche Forschung koste weniger als naturwissenschaftliche Forschung, im Gegenteil: 'Tatsächlich gibt es eine ganze Menge guter Argumente für die entgegengesetzte Behauptung'. Dabei ist es dann während der letzten 26 Jahre geblieben."

Wer heute unter dem Eindruck des ständigen Stroms von Informationen über Ergebnisse der Meinungsforschung steht, der in den letzten 30 Jahren systematischer Bestandteil der aktuellen Nachrichten geworden ist, könnte den hier vorgelegten Bericht für ganz ungerechtfertigt pessimistisch halten. Es handelt sich aber bei diesem Nachrichtenstrom um keinen wissenschaftlichen Fortschritt. Unter allen Zielen, die bei dem WAPOR-Kongreß von 1948 der Meinungsforschung für die Zukunft gesetzt wurden, sei nur eines erreicht worden, das formuliert wurde von dem Norweger *Leif Holbaek-Hanssen*, heute Professor an der Norwegischen Hochschule für Wirtschaftswissenschaften und Betriebswirtschaft in Bergen und Vorsitzender

der Programmkommission für den WAPOR-Kongreß 1978 in den USA. Er nannte als Aufgabe, als eine mögliche Wirkung der Meinungsforschung: "Der Bevölkerung eine direktere Regierungsbeteiligung dadurch geben, daß man ihre Meinung und Kritik auch zwischen den Wahlen bekannt macht ..., dient generell als ein organischer Bestandteil des politischen Systems. Zum Beispiel, wenn der Gesetzgeber gegen die öffentliche Meinung zu regieren scheint, sollte eine Möglichkeit gefunden werden, diese Kritik aufzuklären und die 'Wünsche der Bevölkerung und ihrer Repräsentanten' in Einklang zu bringen".

"Welche Folgerungen lassen sich aus diesem Bericht über 30 Jahre Umfrageforschung ziehen? Zwei Welten - Universitäten und außerhalb der Universität tätige Institute für Umfrageforschung - müssen planmäßig miteinander verbunden werden, hier liegt, wie der Princeton-Professor Hadley Cantril 1948 sagte, der Schlüssel. Erfahrung, organisatorische Voraussetzungen für regelmäßige Durchführung von Umfragen, Trainingsmöglichkeiten für den wissenschaftlichen Nachwuchs in Umfrageinstituten, Datenarchive, Forschungsziele der Sozialwissenschaft müssen zusammengeführt werden; und da die Schwierigkeiten eines solchen Vorhabens inzwischen erkannt sind, so müßten Wissenschaftler so oft wie möglich eine Doppelrolle übernehmen, 'Doppel-Engagement' nannte es *Paul Lazarsfeld*, um persönlich diese Verknüpfung zu bewirken".

Der Vorwurf der Manipulation demokratischer Wahlbürger durch Demoskopie wird bis heute aufrecht erhalten, und noch immer fehlen die vergleichenden experimentellen Untersuchungen über den Einfluß der tonangebenden Medien und den Einfluß der Demoskopie auf die Meinungsbildung.

Immerhin liegt eine große Chance darin, Manipulation durch Demoskopie aufzufangen durch die Pluralität der Institute und der Medien, die demoskopische Berichte veröffentlichen, monatliche Emnid-Ergebnisse im SPIEGEL, monatliche Ergebnisse der Mannheimer Gruppe Wahlen im ZDF und der Süddeutschen Zeitung und seit kurzem monatliche Berichte des Allensbacher Instituts in der FAZ.

Oft sind diese demoskopischen Berichte für regelmäßige Fernsehzuschauer und Zeitungsleser ganz unglaubhaft, laufen ganz ihren Erwartungen zuwider, zum Beispiel der Allensbacher Befund, der für die Deutschen Ost und West zwischen April 1990 und August 1991 Monat für Monat gezeigt wurde, daß alles, was mit der Wiedervereinigung zusammenhängt, mehr Freude als Sorge ist (diese Ergebnisse sind dokumentiert in meinem Beitrag 'Die deutsche Revolution' in diesem Band); oder daß im August

1991 bei der Frage, ob man den nächsten sechs Monaten mit Hoffnungen oder Befürchtungen entgegensehe, die Bürger der neuen Bundesländer die Westdeutschen in den Hoffnungen überflügelten (vgl. Noelle-Neumann 1991: 5).

Vor einigen Jahren war *Klaus Bölling* in einer Fernsehdiskussion sehr überrascht, als ich sagte, wirkliche Pressefreiheit gebe es in einem Land nur, wenn Medien und Demoskopie beide zu Wort kämen und sich gegenseitig ergänzten. Diese These kann man gerade seit dem Fall der Mauer im November 1989 und dem Zusammenwachsen der so lange getrennten Teile Deutschlands belegen.

Literatur

Institut zur Förderung öffentlicher Angelegenheiten e.V. (1952) (Hg), Empirische Sozialforschung. Meinungs- und Marktforschung, Methoden und Probleme, Frankfurt am Main.

Noelle, E. (1964, 1976^7) Umfragen in der Massengesellschaft. Einführung in die Methoden der Demoskopie, Reinbek bei Hamburg.

Noelle-Neumann, E. (1979), International and interdisciplinary Perspectives, in: St. Rokkan (Hg.), A Quarter Century of International Social Science. Papers and Reports on Developments 1952-1977, Paris: 279 ff.

Noelle-Neumann, E. (1983), Political opinion polling in Germany, in: R.M. Worcester (Hg.), Political Opinion Polling. An International Review, London: 44 ff.

Noelle-Neumann, E. (1991), Der Einigungsprozeß wirft einen langen Schatten, FAZ 211 vom 11.09.1991: 5.

II. Empirische Sozialforschung in der ehemaligen DDR

Zum Verhältnis von Sozialwissenschaften und Politik in der ehemaligen DDR

Frank Adler
Rolf Reißig

Dieser Artikel ist Teilergebnis eines BISS-Projektes zur kritischen und differenzierten Analyse der Rolle der Sozialwissenschaften in der früheren DDR.

Hier soll nun zunächst das Verhältnis von Sozialwissenschaften, sozialwissenschaftlicher Forschung und Politik seit Mitte der 80er Jahre etwas näher untersucht werden. Theoretische Defizite und Leistungen werden nur unter diesem Gesichtspunkt, nicht aber gesondert analysiert. Dabei begrenzen wir uns auf Entwicklungstendenzen in der Soziologie und der Politikwissenschaft, nicht zuletzt aus Sicht und unter Berücksichtigung der persönlichen Erfahrungen der Autoren. Wir beziehen uns in der Analyse und Wertung vorwiegend auf jene kleinen Gruppen von Individuen, die - wie eben auch an der Akademie für Gesellschaftswissenschaften beim ZK der SED - in offiziellen Strukturen tätig, innerhalb dieser und aus diesen heraus für eine Modernisierung und Reformierung der DDR-Gesellschaft agierten.

Ihr letztendlich systembedingtes und auch subjektiv verschuldetes Scheitern ist uns ebenso Anlaß, den damit verbundenen Fragen genereller Art wie denen nach den zugewiesenen und tatsächlich wahrgenommenen Funktionen der Sozialwissenschaftler im realsozialistischen System der DDR, nach dem Verhältnis von Sozialwissenschaften als Rechtfertigungsdisziplinen und ihrer Teilnahme an moderner Wissenschaftsentwicklung, nach ihren kritischen Forschungs- und ideologischen Legitimationspotentialen, nach den verbliebenen Leistungen und Erfahrungen sowie der notwendigen Umgestaltung und Neukonstituierung der Sozialwissenschaften nachzugehen.

Funktionszuweisung an die Sozialwissenschaften im realsozialistischen System - zwischen Anspruch und Wirklichkeit

Unterstellt man zunächst, daß es in den Sozialwissenschaften der früheren DDR tatsächlich seit Mitte der 80er Jahre ernstzunehmende gesellschaftliche Reform- und Modernisierungsbestrebungen gegeben habe, so war die Ausgangssituation dafür nicht ganz einfach. Das poststalinistische Herrschaftssystem schien alles in allem noch fest verankert, zumindest vielfältig nach innen und außen abgesichert. Die DDR wurde, mehrheitlich auch bei ihren scharfen Kritikern, sogar für relativ stabil und in Grenzen für entwicklungsfähig wahrgenommen. Den Gesellschaftswissenschaften waren darin konstitutive und unverzichtbare Funktionen zugewiesen. Nach Vorstellungen der SED-Führung sollten sie - wie es im Parteiprogramm festgeschrieben wurde - "das theoretische und politisch-ideologische *Instrument* der Arbeiterklasse und ihrer revolutionären Kampfpartei bei der weiteren Gestaltung der entwickelten sozialistischen Gesellschaft sowie in der Auseinandersetzung mit dem Imperialismus und der bürgerlichen Ideologie" sein (Sozialistische Einheitspartei Deutschlands 1976: 46). Der im Stalinismus endgültig von oben vollzogene Bruch zwischen sozialer (Emanzipations-)Bewegung und Wissenschaft, bei *Marx* noch als Bündnis gedacht, gehörte auch in der DDR zu den historischen Voraussetzungen des Wirkens der Sozialwissenschaften (vgl. Röhr 1991: 431).

Die Unterordnung der Sozialwissenschaften unter den Führungsanspruch und die Regulierungsgewalt der Staatspartei betraf alle Sozialwissenschaften, die einzelnen Disziplinen und ihre Teilbereiche jedoch auch sehr unterschiedlich. Und die konkreten Wirkungen dieser Unterordnungsbestrebungen waren ebenfalls ambivalent und hingen nicht unwesentlich auch von den sozialwissenschaftlichen Akteuren selbst ab.

An der Spitze der ihnen zugedachten Funktionen stand die *Legitimation* des Systems, der herrschenden Eliten und ihres Machtapparates. Da sich diese Legitimation, trotz ambivalenter Loyalität und Zustimmung in Teilen der Bevölkerung, nie auf demokratische Wahlen stützen konnte, bedurfte sie um so mehr der 'Begründung' aus dem 'Geschichts- und Gesellschaftsprozeß'. Die Herrschaft der Politbürokratie ("Avantgarde der Arbeiterklasse") als 'Verkörperung des gesetzmäßigen Sieges des Sozialismus infolge der progressiven Abfolge sozialökonomischer Gesellschaftsformation' war ein Grundpfeiler dieses Legitimationsschemas. Ausgehend vom uneingeschränkten Wahrheitsmonopol der SED hatten die Gesellschaftswissenschaftler ferner den Auftrag, 'sozialistisches Bewußtsein' in die Massen zu tragen, vor allem durch *Propagierung* der Parteibeschlüsse als den jeweils höchsten Stand wissenschaftlicher Erkenntnis und sozialen Denkens. Natürlich sollten die Gesellschaftswissenschaftler in festgelegten Grenzen auch *Herrschaftswissen* liefern und durch bestimmte *Erkenntnisfortschritte* die Funktionsfähigkeit der DDR und ihre internationale Reputanz erhöhen.

Diese Funktionszuweisung an die Gesellschaftswissenschaften war nicht nur formal deklariert, sondern durchaus ernst gemeint. Und ein ganzes System an aufeinander abgestimmten Institutionen und Maßnahmen diente deren praktischer Durchsetzung. Das Politbüro als letzte Wahrheitsinstanz, die zentralen Forschungspläne für die Gesellschaftswissenschaften (ZFP), ein von oben nach unten durchorganisierter Wissenschaftsapparat zur Kontrolle der Gesellschaftswissenschaften, die Konzentration großer Wissenschaftspotentiale direkt beim ZK der SED (u. a. Institut für Marxismus-Leninismus, Parteihochschule 'Karl Marx', Akademie für Gesellschaftswissenschaften, Institut für sozialistische Wirtschaftsführung), die Bildung zentraler Wissenschaftlicher Räte zur Regulierung aller Disziplinen, eine spezifische, parteigelenkte Kaderpolitik (von den Auswahlprinzipien für sozialwissenschaftliche Studiengänge bis zur Berufungspolitik), Zensur aller wesentlichen Publikationen, Unterdrückung 'abweichender' Auffassungen und eines uneingeschränkten, öffentlichen wissenschaftlichen Diskurses, selektive Informations- und (West-)Literaturzuteilung und Verweigerung des Zugangs zu bestimmten Daten, Fakten und Quellen, Disziplinierung und Entfernung systemkritischer Wissenschaftler, Forschungsverbot für spezifische Forschungsfelder (z. B. Meinungsforschung), für einzelne Themen (z. B. zentraler Herrschaftsapparat) oder Sachverhalte (z. B. Armutsproblematik in der DDR) bzw. Nichtzulassen ganzer Disziplinen (z. B. Politikwissenschaft), direkte oder indirekte Resultatsvorgaben (z. B. "Überlegenheit des Sozialismus", "führende Rolle der Arbeiterklasse und 'ihrer' Partei" ...) sind nur Stichworte dafür.

Die Dominanz dieser repressiven Seite im DDR-Wissenschaftssystem ist eindeutig. Aber selbst hier schon war der Wirkungsmechanismus auch ambivalent. Die zentralen Forschungspläne (für je fünf Jahre beschlossen) z. B. wurden in der Praxis weitestgehend von unten nach oben ausgestaltet. Es gab hier für die Sozialwissenschaftler durchaus Möglichkeiten, ihre Forschungsthemen, bei etwas 'geschickten' Formulierungen, 'einzubringen'. Oder die 'Zentralen Wissenschaftlichen Räte': Gedacht zur straffen Leitung und zur Festlegung der Sozialwissenschaften auf die vorgegebene Linie der

SED waren die konkrete Arbeit und die Wirkungsweise der einzelnen Räte doch recht unterschiedlich. Es gab Räte und Problemräte - wie auch jene, in denen die beiden Autoren tätig waren -, wo ernsthafte und konstruktive wissenschaftliche Diskussionen stattfanden, beachtliche Forschungsergebnisse erzielt wurden und auch über partielle politische Alternativen nachgedacht wurde. Freilich - ganz 'ungezwungen' geschah letzteres nie, schon wegen der sehr unterschiedlichen politischen Ambitionen (trotz gemeinsamer SED-Mitgliedschaft) und Verhaltensweisen der im 'Rat' vertretenen Institutionen und Personen.

Die eindeutig gezogene Grenze war die 'Anerkennung' der 'Führungsrolle' der SED, 'darunter' gab es aber durchaus Möglichkeiten ernsthaften theoretischen und praktischen Wirkens der Sozialwissenschaftler, die jedoch sehr unterschiedlich genutzt wurden.

Mit den repressiven Seiten im DDR-Wissenschaftssystem waren integrative eng verbunden. Verwiesen sei hier auf die materiellen Zuwendungen für die Wissenschaftsentwicklung in bestimmten Bereichen, die spezifischen sozialen Sicherungen für die 'Intelligenz', die Privilegierungen besonders der machtnahen Teile der Wissenschaften, die Gewährung von Nischen und Freiräumen zur wissenschaftlichen Forschung, bestimmte Möglichkeiten zur Erarbeitung kritischer Analysen und Studien für die politischen Entscheidungsträger.

Die insgesamt systemkonforme Rolle der Sozialwissenschaften in der DDR allein auf 'gesellschaftliche Umstände', auf 'äußere Zwänge' zurückzuführen, wie es heute nicht selten unter ehemaligen DDR-Sozialwissenschaftlern zu hören ist, ist nach unseren Erfahrungen nur die halbe Wahrheit. Eine Mehrheit der Sozialwissenschaftler hat die ihr systemoffiziell zugedachte Funktion aus 'sozialistischen Grundüberzeugungen', aus 'Parteidisziplin', verbunden mit dem Glauben an 'aufklärerische Wirkung' ihrer Arbeit in der 'Partei- und Staatsführung' und in der gesellschaftlichen Öffentlichkeit akzeptiert, vielfach sogar sozialisiert. Neben der offiziellen Zensur gab es deshalb auch eine wirksame Selbstzensur.

Staatliche Kontrolle war deshalb oft gar nicht erforderlich. Mehr noch: Die begrenzten Möglichkeiten und Freiräume sozialwissenschaftlicher Forschung nutzend, die Hoffnung, die Forschungsresultate in Richtung Reformierung und Modernisierung - bei ständiger Auseinandersetzung - politisch wirksam machen zu können und gleichzeitig an einer nichtkapitalistischen Alternative mitzuwirken - das konnte lange Zeit für einen (relativ) kritisch eingestellten Sozialwissenschaftler identitätsstiftend wirken. Die Vorstellung, gesellschaftlich etwas mit 'verändern' zu können - z. B. durch öffentliches Auftreten oder durch 'zentrale Studien' in Vorbereitung von SED-Parteitagen - wirkte für viele von uns lange Zeit mobilisierend. Daß sich das alles als Illusion offenbaren sollte, ja als Mitverantwortung an einem autoritären Herrschaftssystem war so bei den einzelnen Wissenschaftlern nicht von vornherein angelegt.

Es kann nicht überraschen, daß dies alles prägend auf die Gesellschaftswissenschaften, auf den Typ Gesellschaftswissenschaftler, auf ihren Forschungsprozeß einwirkte. Der Schaden, der dadurch den Wissenschaften im allgemeinen und den Gesellschaftswissenschaften im besonderen zugefügt wurde, ist groß. In diesem von der SED-Führung geprägten 'verschwörungstheoretischen Klima' stieß ernsthafte, zumal empirisch fundierte Sozialforschung auf vielfältige Barrieren. Die traditionell aufklärerische und herrschaftskritische Funktion von Sozialwissenschaften wurde weitgehend eliminiert (vgl. Kaase 1991). So gab es keine ernsthaften empirischen oder theoretischen Analysen und Studien zum realen Herrschaftssystem, seinen Mechanismen und seinen Entscheidungsstrukturen, den Machteliten sowie den Unterdrückungsapparaten. Die Frage nach der Partei, die die tatsächliche Monopolstellung innehatte, wurde in der politikwissenschaftlichen Forschung nirgendwo wirklich kritisch untersucht. Grundlegende soziologische Phänomene wie Machtverteilung und Eigentumsstrukturen, obwohl gerade auch im Marxismus präsent, blieben inhaltlich ausgespart. Damit wurden auch gesellschaftliche Ungleichheiten wie z. B. Armut, Parasitismus, regionale Verödungen, doppelte Währung nicht oder nur ausnahms- bzw. ansatzweise zum Gegenstand soziologischer Forschung. Eine politische Soziologie gab es im Prinzip nicht (vgl. zur Kritik an theoretischen Positionen und 'Leerstellen' der DDR-Soziologie u.a.: Peter 1991; Thomas (i.E.)).

Gesellschaftswissenschaftliche Arbeit wurde auf weiten Strecken in eine dogmatische Richtung und zur Apologie einer fehlerhaften Politik, schließlich eines durch und durch deformierten Systems gedrängt.

Auch wenn die Sozialwissenschaften politisch in das bestehende Herrschaftssystem integriert waren und über weite Strecken instrumentalisiert wurden, eine feste, zuverlässige Stütze des dirigistischen Kommandosystems waren sie in ihrer Mehrheit u. E. seit Mitte der 80er Jahre nicht mehr. Die beständigen Vorbehalte der Herrschenden ihnen, ihren Ergebnissen und ihrem öffentlichen Auftreten gegenüber, ihre seit Ende 1987 *zunehmende* Kontrolle durch die Apparate waren *ein* Symptom dafür.

Schon die konkrete Ausfüllung der *verordneten* Funktionen vollzog sich innerhalb eines permanenten Spannungsverhältnisses. Der Bedarf der politischen Führung z. B. nach praktisch verwertbarem Wissen war eine entscheidende Voraussetzung und Möglichkeit auch für konkrete, empirische Forschungen. Diese Auseinandersetzung mit der DDR-Realität, diese Wissensproduktion war mit Lernprozessen unter den Beteiligten verbunden, mit wachsender Distanz zur offiziellen Propaganda und den 'Vorgaben', was wiederum das Mißtrauen im Parteiapparat gegenüber den Sozialwissenschaften verstärkte. Die Initiative zur Bereitstellung des gewonnenen empirischen Wissens ging dabei in aller Regel von den Wissenschaftlern selbst aus und auch dies wurde von den Adressaten nie ganzheitlich akzeptiert. In den letzten Jahren z. B. konnte selbst das von der SED-Führung gegenüber einer empirisch begründeten Politikwissenschaft verhängte Tabu durchbrochen werden. Sogar auf dem 'heißesten Eisen' sozialwissenschaftlicher Forschung, auf dem Gebiet des politischen Systems wurde begonnen, Daten zu sammeln, Befragungen durchzuführen, konkretere Analysen zu erstellen (vgl. Segert 1991: 113).

Oder: Als die SED-Führung in den 80er Jahren dem Druck der neuen Themen der globalen Weltentwicklung, der neuen Dimension der Friedensfrage, der Menschenrechte, der Perestroikapolitik in der Sowjetunion und Reformpolitik in Ungarn und Polen nicht mehr völlig ausweichen konnte, mußte sie solche neuen Themen der Forschung - wie Friedens- und Konfliktforschung, vergleichende Analysen zwischen sozialistischen Ländern, Ansätze von Menschenrechtsforschung (ein Begriff, der bis dahin untersagt war) - zustimmen, freilich immer darauf bedacht, daß legitimatorische Ansätze und die Apologetik der DDR-Verhältnisse gewahrt bleiben. Und dennoch gelang z. B. in diesem Zeitraum (1983-1987) den Sozialwissenschaften auf dem Gebiet der Friedensforschung ein gerade auch im Westen damals anerkannter und gepriesener theoretischer Paradigmenwechsel (vgl. Hutmacher 1989 und Ziegler 1989).

Eine weitere Folge dieser Entwicklung seit Mitte der 80er Jahre war die *zunehmende* Differenzierung auch unter den Sozialwissenschaftlern der DDR. Während z. B. noch im August/September 1989 im 'Neuen Deutschland' führende Parteitheoretiker die 'Dynamik' der 'entwickelten sozialistischen Gesellschaft' und den 'unaufhörlichen Übergang der Menschheit vom Kapitalismus zum Sozialismus' begründeten und die These kolportierten, daß die "Kommunisten immer Recht hatten und haben" (vgl. z.B. die Artikelserie von Gesellschaftswissenschaftlern im 'Neuen Deutschland' ab

08./09. August, 30. August, 01. September 1989, jeweils S. 3), traten andere jetzt verstärkt (Gruppen der Humboldt-Universität, der Akademie der Wissenschaften, der Akademie für Gesellschaftswissenschaften) mit Reformüberlegungen zum Wirtschaftsmechanismus, zum Leistungsprinzip, zum Rechtssystem, zur sozialistischen Demokratie und einige (Humboldt-Universität) selbst mit weitreichenden und völlig neuen Sozialismusvorstellungen auf.

Die Gesamtheit der Existenzbedingungen sozialwissenschaftlicher Forschung war mithin ambivalent, die politische Regulierungspraxis widersprüchlich. Auch im Realsozialismus wurde zwischen Propaganda und Wissenschaft unterschieden. Und Legitimation war nicht nur Legendenbildung, sondern ermöglichte zugleich ernsthafte wissenschaftliche Ergebnisse und schloß diese selbst auch ein.

Eine Bejahung sozialistischer Entwicklung bedeutete für den einzelnen auch nicht Denkverbot und ist noch kein Urteil über wissenschaftliche Potenzen und Ergebnisse. Nur eine historische, konkrete und differenzierte Analyse wird die Ideologie-Zirkulation - nun mit unterschiedlichen Vorzeichen - durchbrechen und zur künftigen wissenschaftlichen Urteilsbildung über diese Phänomene beitragen.

'Systemkonformität' = Totalverlust gesellschaftskritischen Denkens?

'Sozialismuskonform' waren wohl alle in staatlichen Institutionen tätigen Sozialwissenschaftler: Grundwerte des Sozialismus galten als erstrebenswert und - unter bestimmten Voraussetzungen - realisierbar. Insofern der Realsozialismus - ohne vorurteilsfreie wissenschaftlich-kritische Prüfung - als eine Gesellschaft wahrgenommen wurde, in der zumindest 'entwicklungsfähige Elemente, institutionelle Grundlagen, Chancen für die Verwirklichung sozialistischer Ideale gegeben sind bzw. die bloße Abwesenheit kapitalistischer Verhältnisse, Basisinstitutionen a priori als 'historisch fortschrittlicher' bewertet wurde, ist wohl auch das Etikett '*systemkonform*' zutreffend (in diesem allgemeinen Sinne - Akzeptanz wesentlicher Basisinstitutionen moderner Gesellschaften und ihre Bewertung als entwicklungsfähig', frei von prinzipiellen Schranken zur Problembewältigung - ist wohl das Denken der Mehrzahl der Sozialwissenschaftler überhaupt nicht frei von 'Konformität').

Diese Schranke vorbehaltlos wissenschaftlich-kritischen Denkens war primär eine innere; sie mußte gegenüber den im o. g. institutionellen Gefüge tätigen Sozialwissenschaftlern nicht permanent durch äußere Denkverbote reproduziert werden, sondern sie erwuchs einer Überzeugung, die als hinreichend wissenschaftlich begründet galt. Dies ist auch eine Interpretationsmöglichkeit deutscher Geschichte - insbesondere des Faschismus. Insofern korrespondiert diese Überzeugung mit dem auch in Teilen der Bevölkerung, vor allem in Gruppen der Intelligenz, stärker verbreiteten Glauben an die historische Legitimität von Sozialismus.

Ein weiteres generelles Merkmal im Verhältnis von offizieller Sozialwissenschaft und DDR-Realität: eine öffentliche ('nachlesbare'), frontale Kritik an der zentralen Politik, an wesentlichen gesellschaftlichen Zuständen gab es im o. g. Kreis von Sozialwissenschaftlern bis zum Sommer '89 nicht; das gilt im wesentlichen auch für interne ('Panzerschrank'-)Ausarbeitungen. Diese Grenze wissenschaftlicher Kritik war anders konstituiert als die verinnerlichte Denkschranke 'Systemkonformität'. Hierbei spielten 'äußere' Faktoren, vor allem die indirekt ausgeübte Zensur, und ein abgestuftes Instrumentarium von Sanktionen eine weitaus größere Rolle. Daß diese Barriere auch von jenen nicht durchbrochen wurde - sei es durch Publikationen in westlichen Medien, durch Ausstieg aus dem offiziellen Wissenschaftssssystem oder 'Schubladenproduktion' -, die willens und fähig waren zu dieser Art von Kritik, hängt mit einer eigentümlichen Mischung von Illusionen, nibelungenhafter Parteidisziplin bzw. -treue, Anpassungsbereitschaft zusammen: Angst vor Verlust jeglicher wissenschaftlicher Arbeits-, Forschungs-, begrenzter (mündlicher) Wirkungsmöglichkeiten im Rahmen des offiziellen Wissenschaftsssystems; Furcht vor partiellem Statusverlust oder totalem sozialen Abstieg, aber auch vor Liquidation von Forschungspotentialen; tief verinnerlichte Reste von Feindbildern schreckten bis zuletzt vor Gebrauch westlicher Medien ab, zumal man sich nicht für andere (als die einer Reform des Sozialismus) politische Zwecke instrumentalisieren lassen wollte; sich 'vorbereiten und bereithalten' für die erhoffte 'bessere Zeit' nach der (biologischen) Auflösung der Sklerose, die ja unausweichlich kommen mußte ...

Innerhalb dieser - auch und gerade nach *Marx*' moralischer Maxime 'unbefangener Wissenschaft' fatalen - Gemeinsamkeiten, gab es jedoch eine *Differenzierung* unter den Sozialwissenschaftlern hinsichtlich des kritischen

Eindringens in die Zustände, Defekte, 'Disfunktionalitäten' des Realsozialismus, des Nachdenkens über innersozialistische Alternativen sowie der Courage, sich an den Grenzen zu reiben und die gewonnenen Einsichten in mehr oder weniger taktisch 'entschärfter' Form zu verbreiten. Sie läßt sich von außen, nach gängigen wissenschaftlichen Verfahren - etwa an Hand von Publikationen - nur begrenzt erschließen. Für die 80er Jahre ergibt sich für uns in etwa folgende 'Typologie':
- Unkritisch naiv *Gläubige*, die zwar durchaus auch Probleme registriert haben, diese aber mit zweit- oder drittrangigen Faktoren 'erklärt' haben und ihre 'Lösung' in einer "effektiveren Durchsetzung von an sich richtigen Beschlüssen und Linien", einer wirksameren politischen Erziehung oder besseren Detailregelungen sahen.
- *Kritische Spezialisten*, die in bezug auf ihr Forschungsgebiet kritikwürdige Zustände analysierten, bereichs- oder prozeßspezifische Ursachen, Irrationalitäten aufdeckten und z. T. weitreichende 'konstruktive Alternativen' anboten, dabei jedoch bewußt (z. B. Wissenschaftler, die schon einmal 'angeeckt' waren und die 'Instrumente gesehen haben') oder unbewußt ('Spezialistentum') generelle Ursachen für die von ihnen kritisch registrierten Phänomene ausblendeten (damit zugleich die basalen Rahmenbedingungen für die Realisierung ihrer Veränderungsvorschläge).
- Wissenschaftler, die zur Einsicht gelangt waren, daß eine Veränderung des Gesamtsystems Voraussetzung für seine Fortexistenz ist, diesen Wandel jedoch hauptsächlich als (bruchlose) *Vervollkommnung* der existierenden Prinzipien, Mechanismen dachten und sich dabei oftmals (auch innerlich) auf kleine, 'machbare', für die Führung akzeptable Schritte beschränkten (ein Teil davon - und er sollte makabrerweise Recht behalten - ging davon aus, daß Realsozialismus ohnehin nur als poststalinistisches System 'haltbar' ist; sie verteidigten vor allem das absolute Machtmonopol der Partei, der sie zumeist auch ihren Aufstieg verdankten).
- Über diese Vorstellung gingen einzelne Sozialwissenschaftler - wir wollen sie 'Reformer' oder '*Modernisierer*' nennen - hinaus. Sie sahen in tiefgreifenden Reformen auf nahezu allen Gebieten die Voraussetzung für eine existenz- bzw. wettbewerbsfähige sozialistische Alternative; Demokratisierung, Abbau des Machtmonopols, Anerkennung der Vielfalt der Interessen gesellschaftlicher Subjekte und Akteure, gesellschaftlicher Dialog waren in etwa der gemeinsame Nenner. Hinsichtlich der gesellschaftstheoretischen Fundierung ihrer Alternativvorstellungen, der

Rezeption moderner westlicher Theorieansätze, ihrer kommunikativen Vernetzung, der persönlichen Konsequenz und Risikobereitschaft bestanden beträchtliche Unterschiede, die vor allem ab Sommer '89 deutlich hervortraten.

Zieht man noch jenen Personenkreis in Betracht, der wissenschaftspolitische Funktionen ausübte, so lassen sich zumindest drei Verhaltenstypen abheben: Couragierte *Förderer* alternativ-kritischen Denkens insbesondere bei jungen Wissenschaftlern, die ihre Spielräume (z. B. bei der Erteilung von Publikationsgenehmigungen) an der oberen Grenze nutzten. Andere tolerierten mehr oder weniger unkonventionelle Ideen, übernahmen sie auch, wenn ihnen die Zeit reif schien, taktierten mit 'mittlerem Risiko' zwischen 'politisch-ideologischen Vorgaben' und 'riskanten Ideen'; sie bremsten aktiv meist nur auf Grund von äußerem (z. B. vom Propaganda-Apparat ausgehenden) Druck, um 'größeren Schaden' zu vermeiden, mühsam errungene Spielräume (z. B. für empirische Forschungen) zu erhalten.

Aber es gab auch (eher außerhalb des eigentlichen Wissenschaftssystems) *repressives* Verhalten aus eigenem Antrieb gegenüber (systemimmanenter, partieller) Kritik - sei es in dogmatisch-gralshüterischer oder pragmatisch-karrieristischer Intention.

Modernisierungsabsichten und -effekte

'Konformität' gegenüber institutionellen Grundlagen der realsozialistischen *Gesellschaft* der DDR bedeutete also keineswegs, daß sich die Gesamtheit der Sozialwissenschaftler auch unkritisch, distanzlos, ohne eigene Vorstellungen von der weiteren Entwicklung, 'Modernisierung' dieser Gesellschaft in den Dienst der *Machtzentrale* (vgl. Peter 1991: 96 f.) und ihrer Politik stellten. Gerade aus der Identifikation mit bestimmten Momenten des Realsozialismus, vor allem aber seinen vermuteten Entwicklungspotentialen erwuchsen verstärkt ab Mitte der 80er Jahre Ansätze eines kritischen Nachdenkens. Sie beschränkten sich nicht mehr auf punktuelle Phänomene oder einzelne Handlungen der politischen Führung, sondern bezogen sich klarer auf politische und Machtstrukturen, generelle Funktionsweisen. In ihnen sah eine wachsende Minderheit von Sozialwissenschaftlern ein Entwicklungshemmnis, sehr spät auch ein Existenz-Risiko für eine sozialistische Alternative. Sie mündeten in Ansätze für Reformvorstellungen, die zumeist im o. g.

Sinne systemkonform blieben. Gleichwohl lagen sie in ihren immanenten Konsequenzen 'quer' sowohl zur Realität der Machtverteilung und Steuerung gesellschaftlicher Prozesse als auch zur offiziell gültigen, im SED-Programm (1976) festgeschriebenen Sozialismus-Konzeption und 'Gesellschaftsstrategie'.

Die Impulse für diese Entwicklung waren vielfältig: sie wurde ermutigt durch die Perestroika in der SU, auch die Reformen in Ungarn wirkten für viele anregend; einige Wissenschaftler hatten sich bereits früher im Ergebnis eigener Forschung an die Einsicht herangetastet, daß eine Vielzahl konstatierter Probleme eine gemeinsame Wurzel hatten, die mit kosmetischen 'Vervollkommnungen' im Rahmen vorgegebener 'Linien' nicht zu beheben sind; das Selbstverständnis vieler Sozialwissenschaftler zielte auf wissenschaftliche Teilnahme an gesellschaftlicher Veränderung, schrittweise Einlösung der humanistischen Gehalte Marx'scher Gesellschaftsutopie. Somit schuf die Taubheit der Machtzentrale für Diskussionsangebote, Reformideen, insbesondere die rigide Beschränkung der öffentlichen Artikulation von Problemen eine kritische Distanz.

Die Reform-Ansätze der 'Modernisierer' gingen im wesentlichen von drei generellen *Prämissen* aus, die sich aus heutiger Sicht weitgehend als illusionär darstellen:

1. Der Sozialismus ist - bei all seinen unübersehbaren Mängeln, Defekten, Irrationalismen - partiell in seiner Realität und Wirkung auf das Weltgeschehen, vor allem jedoch hinsichtlich seiner 'brachliegenden' Potenzen für freie und gleiche Entwicklungschancen aller, die hoffnungsvollere, zukunftsfähigere Gesellschaft; zumindest aber ist ein vitaler Sozialismus als Partner und Konkurrent der westlichen Gesellschaften unabdingbar für die Bewältigung der globalen Existenzprobleme.

Dieser Glaube stützte sich empirisch hauptsächlich auf zwei Momente von Realität: Zum einen schien uns dieser Typ von Gesellschaft ein höheres Maß an sozialer Gleichheit, Sicherheit, Chancengerechtigkeit, solidarischem Verhalten, Garantien gegen soziale Randlagen mit ihren politisch-extremistischen Gefährdungspotentialen etc. zu verbürgen oder zu ermöglichen. Einschränkungen persönlicher Freiheitsrechte, der politischen Chancengleichheit wurden als vorübergehend und reparabel betrachtet. Zum anderen schrieben wir dem Realsozialismus ein höheres Maß an Friedensfähigkeit zu. Letzteres war wohl der umfassendste Konsens, auf den das Identifikationspotential mit dieser Gesellschaft, das Verständnis ihrer tatsächlich wirkenden 'Vorzüge' immer stärker zu-

sammenschrumpfte. Diese Bewertung schien sowohl durch die Nachkriegsentwicklung - insbesondere die Politik der USA (Vietnam-Krieg, Reaktion auf sowjetische Abrüstungsinitiativen etc.) bestätigt, als auch historisch und theoretisch fundiert durch die Ursachen-Analyse der Weltkriege, die Abwesenheit ökonomischer Interessen an Rüstungsproduktion im Sozialismus etc.
Darüber hinaus schien das institutionelle Grundgerüst des Realsozialismus - durch Reformen modernisiert und ergänzt - besser als eine auf Privateigentum, Marktmechanismen, 'Interessen-Partikularismus' etc. gegründete Gesellschaft gewappnet, um die globale ökologische Katastrophe, Ausbeutung und Unterentwicklung der Dritten Welt etc. abzuwenden.
2. Der Realsozialismus ist in seinem gegenwärtigen *Zustand* weder hinreichend attraktiv für seine Bürger, noch auf Dauer eine lebensfähige Konkurrenz bzw. Partner des Westens. Als die gravierendsten Symptome für Stagnation und Sklerose, für die Gefährdung einer eigenständigen sozialistischen Alternative wurden empfunden: die zunehmende technologische Lücke zum Westen, ökonomische Ineffizenz und Irrationalismus, Städte-Verfall, aktive Abstinenz der Führung gegenüber 'Glasnost' und Demokratisierungsprozessen in der SU, ihre Konzeptionslosigkeit in bezug auf die 'Ausreise-Problematik' etc. Die Ursachen dieser Krisenphänomene wurden jedoch von jenem Teil der Sozialwissenschaftler, von dem hier die Rede ist, nicht mehr 'partikularisiert' (auf einzelne Bereiche bzw. Politikfelder begrenzt, in denen sie manifest werden) und schon gar nicht subjektiviert oder personalisiert, sondern auf grundlegende Mechanismen der Machtverteilung und -ausübung, insbesondere die unkontrollierte Herrschaft der Spitze des Machtapparates als Evolutionshemmnis zurückgeführt. Die zumeist implizit bleibende Folgerung, zu der Analysen unterschiedlicher Probleme und Prozesse gelangten, lautete: Nicht taktische Korrekturen, die 'Vervollkommnung' im Rahmen des Gegebenen, sondern eine tiefgreifende Demokratisierung aller gesellschaftlichen Bereiche ist die allgemeine Rahmenbedingung für weitere Evolution; nur dadurch können die individuellen und kollektiven Akteure und ihre Interessen solche Artikulations- und Entfaltungschancen erhalten, die andersartige, jedoch gleichwertige Antriebskräfte und Entwicklungsmöglichkeiten freisetzen, wie sie bei Dominanz von Privateigentum, Markt, Konkurrenz gegeben sind.
Daß eine solche Reform real möglich ist, schien duch die sowjetische

Entwicklung hinreichend belegt ("Wenn schon die besonders versteinerten sowjetischen Strukturen zum Tanzen zu bringen sind, warum dann nicht jene in der DDR, wo doch vieles 'reifer' für Perestroika und Gorbatschow ist"). Zudem vermittelte eine Fülle von Indizien aus allen Schichten der Bevölkerung den Eindruck, als sei es allgemeine Überzeugung: "So wie bisher kann es nicht weitergehen, die Reform-Bewegung wird auch um die DDR keinen Bogen machen". Überdies bestärkte bei manchen die Entwicklung in der SU, aber auch in Ungarn die 'Gewißheit', daß die Verkrustungen eines realsozialistischen Systems leichter zu durchbrechen seien als die Irrationalitäten und Gefährdungspotentiale, die der Dominanz der Kapitallogik erwachsen.

3. Als die wahrscheinlichen Akteure von Reformen und Modernisierungsprozessen und damit als hauptsächliche Adressaten von entsprechenden sozialwissenschaftlichen Vorschlägen wurden angesehen: der für reformwillig und -fähig gehaltene Teil der SED, der 'aufgeklärte' Teil des Leitungsapparates, verschiedene Gruppen der Intelligenz. Der 'breiten Masse' war die begrenzte Rolle eines kontrollierbaren Katalysators von 'Druck' auf den Apparat, der die konservativen Kräfte paralysieren sollte, zugedacht. Im Resultat der Reformen sollten sich die Spielräume für Engagement und Initiative aller erheblich erweitern - jedoch waren diese Antizipationen weit entfernt vom tatsächlichen Wirken der 'Volksmassen' ab Herbst '89.

Daß der SED - genauer ihrem als hegemoniefähig bewerteten reformorientierten Teil - zugetraut wurde, Hauptakteur einer demokratischen Reformbewegung zu sein, hat verschiedene Gründe: Analysen, Gespräche, Diskussionen auf nahezu allen Leitungsebenen ließen diesen Eindruck entstehen, ganz zu schweigen von der Stimmung bei vielen 'einfachen' SED-Mitgliedern; letztlich war die Reformbewegung als ein 'von oben' initiierter und gesteuerter Erneuerungsprozeß angedacht; sie zielte auf eine Vitalisierung der für originär sozialistisch bewerteten Basisinstitutionen - Dominanz von 'Gemeineigentum', demokratische Planung, des 'Bündnisses von Wissenschaft und Politik', eines 'gesunden Maßes' von Zentralismus etc.; und gewiß hat auch das Agieren in 'Machtnähe' zu dieser Illusion beigetragen.

Aus diesen Prämissen und Diagnosen sowie den in ihnen 'eingelassenen' ideologischen Hintergrundannahmen (z. B. von der Fortschrittlichkeit und Überlegenheit sozialistischer Basisinstitutionen, von der Erklärungskraft marxistischer Gesellschaftstheorie, die szientistische Überzeugtheit von der verändernden Kraft von rationalen Ideen bzw. eines 'Bündnisses' von Wissenschaft und 'aufgeklärter' Macht etc.) mit ihren theoretischen und psychologischen Blockaden ergab sich für die sozialwissenschaftlichen 'Modernisierer' als *Hauptproblem*: Wie kann diese Gesellschaft reformiert werden, ohne daß einerseits durch eine ökonomische, soziale, politische Destabilisierung die Existenzgrundlagen einer modernen sozialistischen Entwicklung gefährdet werden, andererseits aber auch zunächst die offene Konfrontation mit den (noch) mächtigen, unberechenbaren, konservativen Kräften, damit die mögliche Zerschlagung von Reform-Ansätzen vermieden wird? Die generelle taktische Antwort im Selbstverständnis der Akteure war eine Art 'Doppelstrategie'; verbal anknüpfen an offizieller Rhetorik, insbesondere an ökonomisch-technologischen Modernisierungszielen (ökonomisches Wachstum und moderne Technologien als Voraussetzung für 'sozialen Fortschritt und politische Stabilität') und friedenspolitischen Prioritäten, selbst das Existenzinteresse des Machtapparates in Rechnung stellend, zugleich aber durch wissenschaftlich fundierte, empirisch gestützte Argumentationsketten zur impliziten Konsequenz hinführen: Die verkündeten Ziele sind letztlich nur um den 'Preis' einer weitgehenden Modernisierung - vor allem Demokratisierung - *gesellschaftlicher* Strukturen zu haben. Mit der Kraft von Reformideen - vermittelt in den offiziellen Kanälen, deren begrenzte Spielräume offensiv (aber unterhalb der Schwelle direkter politischer Konfrontation und Polemik) nutzend - werden die Strukturen 'aufgeweicht', wird die Situation 'geöffnet'. Führung, Apparat lassen sich aus verschiedenen Gründen (Druck der 'Basis', 'Sachzwänge', 'Selbsterhaltungstrieb' etc.) auf erste, für die Machtstrukturen zunächst ungefährlich erscheinende Modernisierungsschritte ein. Dieser Prozeß gewinnt jedoch eine Eigendynamik, die von den Konservativen nicht mehr gebremst werden kann. Im Ergebnis von Demokratisierung, breiter öffentlicher Diskussion, aktiver Mitwirkung der Sozialwissenschaften werden strukturverändernde Reformen in Gang gesetzt ...

Aus dieser Problemsicht ergaben sich zwei Fragestellungen und motivierende Zielpunkte wissenschaftlicher Arbeit:
1. Wie kann/sollte in groben Konturen eine modernisierte sozialistische Gesellschaft aussehen bzw. welche antiquierten Vorstellungen von Gesellschaft, Sozialismus, Evolution etc. sind ad absurdum zu führen?
2. Wie kann der Weg in diese Richtung geöffnet werden? Welchen Beitrag kann sozialwissenschaftliche Forschung dabei leisten?

Ad 1.: Erste Ansätze zu einer Modernisierung, zumindest partiellen 'Entrümpelung' des Sozialismus-Konzepts wurden bereits Ende der 70er, zu Beginn der 80er Jahre entwickelt. Zunehmend spürbarer Druck auf ökonomische Effizienzsteigerung und technologische Modernisierung einerseits und die parteioffizielle These, daß es nunmehr - nachdem die sozialistischen Produktionsverhältnisse 'gesiegt' hätten, alle wesentlichen Elemente einer sozialistischen Gesellschaft existierten - gelte, die 'Triebkräfte und Vorzüge' dieser Gesellschaft wirksamer zu entfalten, wurde eine Art 'funktionalistischer Wende' in Teilen der Sozialwissenschaften eingeleitet[1]. Mit dem Anspruch, soziale Triebkräfte, Voraussetzungen, Rahmenbedingungen für intensives ökonomisches Wachstum, für technologische Innovationen aufzudecken - auch Hemmnisse für die 'Effektivierung' des Sozialismus zu benennen - wurde es möglich, bestimmte vorgedachte konzeptionelle Ideen, die sich gegen Vereinfachungen und Mystifizierungen richteten, öffentlich zu artikulieren. Es konnten Denkweisen, Leitungsmethoden als veraltet (nicht den 'Erfordernissen umfassender Intensivierung' oder der 'Bewältigung der wissenschaftlich-technischen Revolution entsprechend') funktionalistisch kritisiert werden; in empirischen Untersuchungen wurden Dysfunktionalitäten, 'strukturelle Defekte' problematisiert.

Auf diese Weise wurde eine Reihe von charakteristischen 'Argumentationsketten'[2] entwickelt, die (zumeist unausgesprochen) in ihren Konse-

---

1 Diesen durch das technokratisch-ökonomistische Modernisierungskonzept der Führung erweiterten Spielräumen für sozialwissenschaftliche Modernisierungsideen folgten zwei weitere politisch induzierte Schübe:
Als die DDR zu Beginn der 80er Jahre Ansätze einer aktiven, eigenständigen Friedens-, Sicherheits- und Abrüstungspolitik entwickelte, die Verhinderung eines atomaren Infernos und die Herstellung denkbar 'breitesten Bündnisses aller an Friedenserhaltung interessierten Kräfte' als vorrangiges politisches Ziel verkündete, eröffneten sich günstigere Chancen, realistischere, differenziertere Sichtweisen in bezug auf 'Kapitalismus', 'Bourgeoisie', 'Klassenkampf', 'bürgerliche Ideologie' zu entwickeln und zu verbreiten, die den Dogmatikern der 'reinen Lehre' als 'erzrevisionistisch' galten.
Und schließlich machten Glasnost und Perestroika in begrenztem Maße auch ein öffentliches Nachdenken über demokratische Modernisierungen des politischen Systems möglich.

2 Die für weite Bereiche der DDR-Soziologie in den 80er Jahren charakteristischen funktionalistischen - oftmals 'ökonomistischen' - Argumentationsmuster haben verschiedene Ursprünge: Einerseits war es bewußte Taktik, verbale Anpassung an ein ökonomistisch und technokratisch verkürztes Modernisierungskonzept der politischen Führung. D. h., um den generellen Gedanken "Ohne modernere politische und soziale

quenzen quer lagen zu herrschenden Ideologemen, Fortschrittskriterien und gültigen Prinzipien. Also z. B.: Wenn ökonomisches Wachstum und 'technischer Fortschritt' (über ihre sozialen Effekte etc.) für den Sozialismus existenzentscheidend im 'Wettstreit der Systeme' sind, so sind soziale Eigentümlichkeiten und Lagen von Gruppen, das Gefüge horizontaler und vertikaler Differenzierungen vor allem auch daraufhin zu befragen, zu bewerten und zu gestalten, inwiefern sie den produktiven Funktionen dieser Gruppen entsprechen, inwiefern sie den Individuen attraktive Anreize und Aufstiegschancen bieten etc. Dementsprechend gilt es, funktionell notwendige, leistungs- und qualifikationsabhängige soziale Differenzierungen gegebenenfalls auszuprägen, kann die Einebnung sozialer Unterschiede schlechthin kein eigenständiges, aktuelles Fortschrittsziel sein, noch weniger soziale Homogenität und Uniformität.

Und: Wenn die wissenschaftlich-technische Intelligenz eine Schlüsselfunktion bei der 'lebensnotwendigen' Bewältigung der wissenschaftlich-technischen Revolution inne hat, so muß sich dies in der gesellschaftlichen Stellung dieser Gruppe niederschlagen, sind effiziente wissenschaftsspezifische Leistungsbedingungen, -anreize, Mitwirkungs- und Entscheidungsspielräume, funktionelle Autonomie, kompetenzgerechte Aufstiegswege unabdingbar, dann muß es sozial attraktiv sein, in diese Gruppe aufzurücken,

---

Strukturen können auch nicht die offiziell verkündeten ökonomisch-technologischen Modernisierungsziele realisiert werden" publikationsfähig und - angesichts vorherrschender ökonomistischer Denkweisen 'überzeugungskräftig' - zu entwickeln, wurden soziale Eigenwerte, 'Zielgrößen' als Funktionsbedingungen für Effizienzsteigerung dargestellt (In analoger Weise wurde im friedenspolitischen 'Argumentationsstrang' Toleranz gegenüber Andersdenkenden als innere Bedingung eines breiten Konsens aller 'Friedenskräfte' begründet, wohl wissend, daß es sich hierbei um einen 'Grundwert' an sich handelt). Zugleich hatte diese Denkweise in einem sich mehr oder weniger legitim auf Marx stützenden Verständnis der 'fundamentalen Rolle der Produktivkräfte' ihre theoretische Wurzel. Diese wiederum verband sich mit der Überzeugung, daß ein eigenständiger sozialistischer Entwicklungspfad hauptsächlich durch die zunehmende technologisch-ökonomische Rückständigkeit des Realsozialismus gefährdet sei. Aus dieser Perspektive erschien dann die Frage nach den gesellschaftlichen Voraussetzungen und 'Triebkräften' bzw. Hemmnissen für technologische Innovationen und ihre effizientere Diffusion in der Tat 'primär', wichtiger gegenüber kritischen Reflexionen über die Ambivalenz technischen Fortschritts überhaupt, auch in zeitlicher Hinsicht ("Darüber können wir nachdenken, wenn wir annähernd das technische Niveau des Westens erreicht haben"), zumal ein bestimmter Typus sozialer Probleme technologisch-ökonomischen Strukturwandels (Arbeitslosigkeit, soziale Unsicherheit) politisch ausgeschlossen war.

bedarf es Institutionen, welche die spezifischen Interessen dieser Gruppe artikulieren ... Deshalb sind Denkweisen und Praktiken der Nivellierung und des 'Abschleifens' intelligenztypischer Besonderheiten, - legitimiert mit der Führungsrolle der Arbeiterklasse, sozialer Annäherung an sie, zentraleinheitlicher Leitungsprinzipien etc. - dysfunktional. Oder: Wird Kreativität zu einem erstrangigen 'Wachstumsfaktor', wachsen zudem die Spielräume für eigenständiges, verantwortliches, initiativreiches Handeln in vielen Arbeitsprozessen, so bedarf es in *allen* gesellschaftlichen Bereichen eines anregenden, schöpferischen Klimas, das Individualität, kritisches Denken ermutigt, dies nicht in Nischen verbannt oder konformistisch 'überzieht'.

Diese Aufzählung ließe sich fortsetzen. In der Quintessenz ging es um Elemente eines Sozialismus-Verständnisses, die konsequent fortgedacht und verknüpft eine modernere Alternative zum offiziell gültigen, propagierten, in Denk- und Funktionsweisen praktisch wirkenden Sozialismus-Konzepts verkörpern. Zum Beispiel:
- die tatsächlichen Interessen individueller und kollektiver Akteure in ihrer Vielfalt und Widersprüchlichkeit (gewissermaßen zaghafte Begründungen eines politischen Pluralismus) als die entscheidenden Antriebskräfte sozialen Handelns vs. 'objektiver' (in ihrer 'Berechtigung' erst von der Zentralgewalt 'bestätigungsbedürftiger') Interessen bzw. eines primitiven Modells der Außenregulation sozialen Verhaltens durch ideologische Appelle, administratives 'Durchstellen', finanzielle Anreize etc.;
- gesellschaftliche Anerkennung, Vermittlung, Austragen von Interessenunterschieden in modernen Formen (Recht, Öffentlichkeit, demokratische Interessenorganisationen, marktförmige Regulative, Leistungsprinzip etc.) mit einem höheren Maß von Autonomie, Selbstregulation vs. vertikaler, administrativer Steuerung bzw. Verhaltenskontrolle;
- gruppentypische Besonderheiten, Vielfalt von Lebensweisen und -stilen als gesellschaftlicher Reichtum und produktive Potenz vs. Homogenisierung, Uniformität;
- transparente leistungs- und kompetenzgerechte soziale Differenzierungen (nach objektivierbaren, demokratisch ausgehandelten Leistungskriterien und Differenzierungsspannen), Statuszuweisungen etc. auf der Grundlage gleicher Zugangschancen zu Bildung und Qualifikation vs. Nivellierung (und Privilegierung), unübersichtlicher Inkonsistenz mit ihren demotivierenden und demoralisierenden Wirkungen, 'Kaderarbeit' nach politischen Kriterien bzw. anderen Formen von Fremdbestimmung persönlicher sozialer Entwicklung;

- Betonung funktioneller Autonomie *und* Interdependenz, horizontaler Vernetzungen, Gleichrangigkeit gesellschaftlicher Funktionsbereiche vs. 'Primat der Politik', vertikal-zentralistischer 'politischer Führung' ökonomischer, kultureller ... Prozesse bzw. ökonomisch-technizistischer Verengungen.

Der wohl einzige Fall, in dem es gelang, öffentlich, sogar noch quasiparteioffiziell, Konturen eines alternativen Konzepts zu verdeutlichen, war das SED-SPD-Papier (August 1987). Wesentliche Aussagen im 'Streitpapier' standen im direkten Bezug zur inneren DDR-Entwicklung und widersprachen der politischen Praxis. So die Forderung nach einer neuen politischen Kultur des Streits, nach freier Information und offener Kritik, nach freier Diskussion über den 'Wettbewerb der Systeme', nach öffentlich vergleichender Bilanz dieses Wettbewerbs und Übernahme von Bewährtem der anderen Seite, nach Austausch von Zeitungen und anderen Publikationen, nach Einbeziehung der zivilen Gesellschaft in den Dialog, nach gegenseitigen Besuchen der Menschen, gemeinsamen wissenschaftlichen, kulturellen und sportlichen Veranstaltungen. Was seit dem Herbst 1989 als verblaßt und überholt erscheint, besaß für die damalige Situation in der DDR eine ungeheure Brisanz. Im diametralen Gegensatz zu den in der SED noch immer geltenden, dogmatischen marxistisch-leninistischen ideologischen Positionen befanden sich auch andere, weitreichende Thesen. So u. a. die vom Dialog und dem Abbau der Feindbilder contra der vom ideologischen Klassengegner und -kampf; die von der Friedens- und Reformfähigkeit kapitalistischer Systeme contra der von der Gesetzmäßigkeit der Aggressivität des Imperialismus und von der Verschärfung der allgemeinen Krise des Kapitalismus; die von der friedlichen Koexistenz als universelle und zeitlich unbegrenzte Norm in den internationalen Beziehungen contra der von der friedlichen Koexistenz als spezifischer Form des Klassenkampfes; die von der Akzeptanz der gesellschaftlichen Systeme contra der vom revolutionären Weltprozeß; die vom friedlichen Systemwettbewerb und der Offenheit seines Ausgangs contra der von der historischen Überlegenheit des Sozialismus und dem Charakter der Epoche als gesetzmäßigem Übergang der Menschheit vom Kapitalismus zum Sozialismus.

Dennoch: Ein in sich stimmiges, gesellschaftstheoretisch durchgearbeitetes, zugleich operationales - bestehende Institutionen bzw. ihre Funktionsweise in Frage stellendes, neue antizipierendes - auf einen andersartigen Typus von Regulation und Evolution zielendes modernes Sozialismus-Konzept, wie es etwa von der Projekt-Gruppe der Humboldt-Universität ansatzweise erarbeitet und im Herbst '89 konkretisiert wurde (vgl. Brie/Land/ Segert 1989), hat die Akademie für Gesellschaftswissenschaften *nicht* hervorgebracht. Die 1989 in Vorbereitung des nie abgehaltenen XII. Parteitages der SED erarbeitete 'Sozialismus-Studie' (vgl. Akademie für Gesellschaftswissenschaften beim ZK der SED 1989) war zwar insofern ein Novum, als formell erstmalig der Sozialismus insgesamt Gegenstand der Analyse war. Aber im Grunde blieb es eine Zusammenstellung von bereichs- und prozeßspezifischen Teil-Analysen, ohne durchgängige *neue* Leitidee. Der rote Faden hieß eher 'Vervollkommnung', nicht - worauf eine Minderheit drängte - 'neue Qualität des Sozialismus'. Darin reflektierte sich zumindest zweierlei: ein eklatantes Defizit an Grundlagenforschung (deren Installation mit geringem Risiko möglich gewesen wäre); der selbst 1989 noch mehrheitlich im Leitungsgremium internalisierte Mechanismus, nur solche Vorschläge der politischen Führung anzubieten, die zwar Bestehendes transzendieren, Leitungsmethoden kritisch hinterfragen, zugleich aber weiterreichende Kritik mit der Frage "Geht das auch durch?" abzublocken. Letzteres verdeutlicht ein generelles Problem, wenn nicht gar *die* Achillesferse des Verhältnisses von Sozialwissenschaft und Politik im Realsozialismus: Sozialforschung und ihre Akteure traten der Politik nicht als autonomer Partner gegenüber, souverän auch in der Gewißheit, sich jederzeit in einer kritischen Öffentlichkeit artikulieren zu können, sondern sie schlüpften selbst in die Rolle des Politikers.

Ad 2.: Über welche *Einflußkanäle* und Effekte sollte nun eine allmähliche 'Öffnung' des Systems für Reformen befördert, zumindest aber offenkundigen Fehlentscheidungen und -entwicklungen entgegengewirkt werden? Was wurde tatsächlich - insofern das überhaupt annäherungsweise bewertbar ist - ausgerichtet?

Erfolgreiche (korrigierende) *Politikberatung* auf der wirklich strategischen Entscheidungsebene (Politbüro, z. T. auch Abteilungen des ZK) gelang nur in Ausnahmefällen. Der uns bekannte markanteste Fall im untersuchten Zeitraum bezieht sich auf die Agrarpolitik. Offenkundig haben agrarsoziologische Forschungsergebnisse, in denen für eine Politik der Anerkennung bzw. Profilierung von sozialen und sozialpsychischen Besonderheiten agrarischer, dörflich-ländlicher, (genossenschafts-)bäuerlicher Arbeits-, Wirtschafts-, Lebens-, Denkweisen, Traditionen mit sozialen und ökonomischen Argumenten votiert wurde, einen Anteil daran, daß eine 'konsequent' auf 'Industrialisierung' der Landwirtschaft, 'Verproletarisierung' der Bauern, völlige Verstaatlichung des formal genossenschaftlichen

Eigentums, 'Verstädterung' der Dörfer (ideologisch legitimiert, weil Industrie, Arbeiterklasse, staatliches Eigentum etc. per se 'sozialistischer', fortschrittlicher seien) zielende Landwirtschaftspolitik korrigiert werden konnte. Dies ist dem seltenen Zusammentreffen einer Reihe von Umständen zuzuschreiben: an die Stelle eines autoritär-selbstherrlichen, dogmatischen ZK-Sekretärs für Landwirtschaft trat ein neuer, 'zuhörender', für wissenschaftliche Analysen und Vorschläge aufgeschlossener; eine Teildisziplin, Forschungsrichtung (Agrarsoziologie) hatte ein direktes Pendant in der Struktur des ZK (Sekretärsbereich bzw. Abteilung 'Landwirtschaft'), was auf Grund des bereichsorientierten Aufbaus des ZK, wechselseitiger Abschottung der Abteilungen etc. für übergreifende Querschnittsanalysen (z. B. der Sozialstrukturforschung) nicht gegeben war; soziologisch begründete (über nachlassende Interessiertheit, Landflucht etc. wirkende) Gefahren für ökonomische Effizienzverluste wurden vergleichsweise sensibel von den Führungskräften aufgenommen, weil eine stabile Versorgung der Bevölkerung mit Nahrungsmitteln als 'strategisches Politikum' eingestuft wurde. Diese Faktoren - insbesondere der 'persönliche' - hatten auf Grund der extremen Konzentration von Macht, Entscheidungsbefugnissen an der Spitze des Parteiapparates ein solches Gewicht, zumal öffentliche Artikulationschancen wissenschaftlicher Kritiken und Vorschläge als Alternative und Korrektiv zur 'Taubheit' von Politikern fehlten.

Als Höhepunkt sozialwissenschaftlicher, 'strategischer' Politikberatung galten vor allem die sogenannten 'Parteitagsstudien'. In ihnen wurden die analytische Quintessenz der Forschung zu gesellschaftlichen Bereichen, Prozessen, Politikfeldern seit dem vorangegangenen Parteitag zusammengefaßt, Entwicklungstendenzen und Probleme benannt und daraus mehr oder weniger weitreichende Veränderungsvorschläge für die Leitung und Gestaltung dieser Prozesse formuliert. Diese Studien (allein zum letzten Parteitag der SED 1986 wurden dem Politbüro weit über 100 derartige Papiere vorgelegt) wurden zumeist von den beteiligten Wissenschaftlern mit hohem Engagement erstellt; war es doch möglich, Fakten und Probleme offener darzulegen, verknüpft mit der Hoffnung auf verändernde Mitgestaltung. Zugleich wirkten auch hier bereits wissenschaftsimmanente Hemmschwellen: der selbstzensierende Mechanismus, Folgerungen aufzuschreiben, die auch 'durchgingen'; ein Teil der Wissenschaftler blieb auch in den letzten Jahren bei einer oberflächlichen Ursachenanalyse und dementsprechend halbherzigen Konsequenzen (das Bestehende etwas besser machen, die Leute wirksamer von seiner Richtigkeit überzeugen) stehen. Jene, die zur

Erkenntnis vorgedrungen waren, daß es übergreifende Strukturen und Mechanismen der Machtverteilung und Regulationsweise sind, die Entwicklung in den verschiedenen Bereichen hemmen, sahen sich mit dem (zunehmend demotivierend wirkenden) Dilemma konfrontiert, für derartige (oft auch nur verschlüsselt formulierten) Botschaften keinen Adressaten zu finden. Die Resonanz der Zentrale auf solche Analysen bewegte sich im Spektrum von Ignoranz bzw. Sprachlosigkeit (worauf eben nicht mit einer Publikation der Studie reagiert werden konnte), wohlwollendem Interesse (z. B. Einladung zu Diskussionen) bis zur Aufnahme von Ideen und Formulierungen in die einschlägigen Dokumente und Beschlüsse.

Auf den nachgeordneten Ebenen der Machthierarchie (Bezirks- und Kreisleitungen der SED, Ministerien etc.) sahen wir einerseits günstigere Wirkungschancen für Politikberatung, die hierbei zumeist im Zusammenhang mit empirischen Analysen im jeweiligen Territorium bzw. Verantwortungsbereich erfolgte: das Verhältnis war partnerschaftlicher (zumal man sich - soweit möglich - wissenschaftsfreundliche Partner aussuchte), die entsprechenden Leitungen suchten z. T. den Rat der Wissenschaft (was an der Machtspitze die exotische Ausnahme war, dort war eher die Überzeugung vorherrschend, ohnehin alles zu wissen, nötige Analysen mit dem eigenen Stab ohne den störenden Fremdkörper Sozialwissenschaft 'konkreter, praxisnäher' erstellen zu können), vor allem aber erhofften sie Unterstützung für ihre Anliegen gegenüber der Zentrale durch die (oft überschätzte) Autorität (machtnaher) Wissenschaft und ihrer empirischen Befunde; die Diskussionsatmosphäre bei der Auswertung der Daten war offener, es konnten komplexere, verschiedene Bereiche betreffende Folgerungen abgeleitet werden (z. B. wenn Untersuchungsergebnisse mit der gesamten Leitungsspitze eines Bezirkes oder Kreises diskutiert wurden, was allerdings recht selten war). Zugleich aber waren im streng zentralisierten, überschaubaren System die Spielräume innerhalb der gegebenen Rahmenbedingungen begrenzt, konnten selbst mit dem 'aufgeklärtesten' 'Bezirks'- oder 'Kreisfürsten' (der sich zudem auch gegenüber 'Betonköpfen' in den eigenen Gremien mit ihren Verbindungen zur Zentrale absichern mußte) alternative Modelle, strukturelle Reformen (soweit sie ansatzweise erdacht waren) nicht experimentiert werden. Zuweilen lösten kritische Analysen - entgegen den Intentionen der Wissenschaftler und ihrer Partner - problematische Reaktionen der Zentrale für die Untersuchungsbereiche aus. Die dort aufgedeckten, zumeist allgemeingültigen Probleme wurden zu speziellen Mißständen, Ausnahmen deklariert, die der schlechten Leitungstätigkeit der zuständigen Stellen, der inkonsequenten Durchsetzung der 'richtigen Linie' der Führung geschuldet seien.

In der DDR bedurfte offizielles gesellschaftspolitisches Handeln zumeist formell stets der Legitimation bzw. 'Rückversicherung' durch identifizierende Bezugnahme auf 'höhere Texte' (von den 'Klassikern des Marxismus-Leninismus' über das Parteiprogramm, die Dokumente des Parteitages, bis hin zur jüngsten Rede des Generalsekretärs oder zu 'Grundsatz-Artikeln' im Zentralorgan). Damit verbundene makabre Prozeduren belächend, wurde gleichwohl auch in der Mitwirkung an der *Programmatik* eine begrenzte Chance gesehen, Mystifikationen oder ökonomistische Verengungen schrittweise zugunsten realistischer Einschätzungen, modernisierter Ideen zurückzudrängen und damit weitere Effekte zu ermutigen. Auf entsprechende Formulierungen konnten sich dann kritische Geister in Diskussionen, praktischen Handlungen, in Lehre und Forschung etc. stützen, sie z. T. noch interpretativ erweitern und damit Spielräume vergrößern. Allerdings waren sowohl der Einfluß auf die Programmatik selbst wie auch die erhofften Wirkungen gering: Nur selten wurden Wissenschaftler mit eigenen Ideen und Rückgrat in die Erarbeitung wichtiger Texte einbezogen bzw. 'abweichende' Thesen überlebten nicht die zahlreichen Überarbeitungsrunden; lösten neue Ideen tatsächlich öffnende Diskussionen, politische Impulse, weitergehende Fragen aus - wie dies beim SED-SPD-'Streitpapier' der Fall war (s. u.) - so zögerte die Führungsspitze nicht, sich von Geist und Buchstaben repressiv zu verabschieden. Bei den legitimatorischen Um-Interpretationen wurde ihr von einem bestimmten Typ von 'Parteitheoretikern' beflissen assistiert.

Etwa ab Ende '87 wurde recht deutlich[3], daß die anstehenden strukturellen Reformen keineswegs mit der existierenden Machtzentrale und ihrer Führungsspitze einzuleiten sind (obwohl dort immer noch dieser oder jener

---

3 Dieser Schnittpunkt wurde Ende 1987 insbesondere an der Haltung der SED-Führung zum SED-SPD-Papier und den damit ausgelösten innergesellschaftlichen Dialog sichtbar. Im August 1987 noch im Politbüro 'gebilligt' und öffentlich gepriesen wurde alsbald mit der 'Umfunktionierung' seiner Hauptaussagen (Reden Hagers im Oktober 1987) begonnen, mit der Zurechtweisung von Autoren des Papiers und insbesondere mit der repressiven Unterbindung des einsetzenden gesellschaftlichen Dialogs (vor allem zwischen kritischen SED-Sozialwissenschaftlern, Kirchenvertretern und den Bürgerbewegungen) und den offenen Angriffen auf demokratische Oppositionskräfte (u. a. polizeiliches Vorgehen gegen die Zionskirche, gegen systemkritische Kräfte im Zusammenhang mit der Liebknecht-Luxemburg-Demonstration am 15. Januar 1988).

'Hoffnungsträger' vermutet wurde). Scheute man dennoch den offenen Bruch, hielt aber am Anspruch fest, unmittelbar an der gesellschaftlichen Vorbereitung des unumgänglichen Wandels mitzuwirken, so blieb eigentlich nur noch der Hoffnungsschimmer, in Vorträgen, Diskussionsveranstaltungen *aufklärerisch* zu wirken. Immerhin erreichten besonders gefragte Referenten und Diskussionspartner - und das waren immer weniger die Apologeten, sondern kritische Geister mit Denkanstößen, die Gültiges problematisierten - bis zu mehrere Tausend Zuhörer im Jahr. Zunehmend wurde dieser Wirkungskanal bei jenen Sozialwissenschaftlern, die den Sinn ihrer Arbeit wesentlich mit dem Anspruch auf Gesellschaftsveränderung verknüpften zu einer letzten Motivationsquelle. Sie sahen hier eine Chance für eine Reihe von Impulsen: Durch realistische empirisch fundierte Analysen von Zuständen, stagnativen Tendenzen - oftmals verbunden mit Vergleichen zur Bundesrepublik und gekoppelt mit Ansätzen einer Ursachenanalyse und möglichen Auswegen - sollten ernüchternde *Warnsignale* (z. B.: "Wenn sich nicht bald etwas ändert, ist die DDR hoffnungslos abgeschlagen, wird sie zu einem hochentwickelten europäischen Entwicklungsland ...") der beschwichtigenden Erfolgspropaganda entgegengesetzt werden. Diese Botschaft war einerseits an Funktionsträger des Systems gerichtet, in der Hoffnung, damit reformorientierte Denkweisen und Kräfte zu ermutigen, den Blick auf 'tieferliegende' gesellschaftliche und politische Ursachen für kritisch reflektierte Phänomene zu schärfen, Argumente gegen Konservative bereitzustellen, damit auch Differenzierungsprozesse innerhalb des Machtapparates und der SED zu befördern. Zugleich sollte dadurch der Druck von der 'Basis' auf Apparat und Führung verstärkt werden. Auch resignativer Abwendung von Politik und gesellschaftlichen Engagement ("es ändert sich doch nichts", "ich kann ohnehin nichts bewirken") sollte entgegengewirkt werden, indem innersozialistisch alternative Ansätze angedeutet wurden. Nicht zuletzt zielten derartige Diskussionsveranstaltungen darauf ab, weit verbreitete (auch bei Sozialwissenschaftlern) 'naive' Denkweisen zu überwinden, die etwa die immer offenkundiger werdende Misere einzelnen Personen, der schlechten Informiertheit der Führung, 'Fehlern' in einzelnen Politikfeldern etc. zuschrieben.

Diese und andere den Sozialwissenschaften bzw. -wissenschaftlern zugedachten 'eingreifenden', 'aufklärerischen' Funktionen, Wirkungschancen prägten auch maßgeblich das Verhältnis zur *empirischen Forschung*, die Anlage von Untersuchungen und die Nutzung ihrer Resultate. In einer Gesellschaft, deren offizielles geistiges Leben maßgeblich von ideologischpropagandistischen Mythen bestimmt war, hatten selbst elementare Abbild-Funktionen empirischer Analysen eine kaum zu überschätzende Bedeutung. Obgleich kritische Daten kaum publiziert - z. T. auch nur schwer ermittelt - werden konnten, waren die meisten empirischen Analysen in den 80er Jahren kritisch angelegt, und wichtige Befunde, Aussagen erreichten trotz (oder wegen) ihrer Einstufung als 'vertraulich' oder 'intern' einen beachtlichen Verbreitungsgrad. Eine wichtige Zielstellung empirischer Forschung war es, die o.g. Absichten zu unterstützen. So wurde die 'ernüchternde' oder 'mahnende' Absicht auf doppelte Weise flankiert: durch Daten zur objektiven Situation (Städteverfall, Infrastruktur, Arbeitsbedingungen, soziale Rahmenbedingungen für technologische Innovationen, nivellierte Einkommensstrukturen usw.) und zur subjektiven Befindlichkeit (Unzufriedenheiten, Erwartungen etc.) von Bevölkerungsgruppen. Zum Teil wurden Forschungsprobleme und Untersuchungsfelder direkt mit der Absicht ausgewählt, politischen Linien, Einseitigkeiten, dem offiziellen Zeitgeist entgegenzuwirken. So wurde die letzte große Erhebung des Instituts für Soziologie der Akademie für Gesellschaftswissenschaften u. a. mit dem Ziel konzipiert, der 'hochtechnologischen Euphorie' eine Analyse der Arbeitssituation der Mehrheit, einschließlich der in völlig veralteten, z. T. unter menschenunwürdigen Bedingungen tätigen Arbeiter entgegenzuhalten. Die von *L. Peter* zu Recht kritisch vermerkte Dominanz von quantitativen Methoden (vgl. Peter 1991: 31), insbesondere von standardisierten Befragungen, hat in solchen Absichten eine ihrer Wurzeln: es sollten möglichst überzeugende, plausible Daten gewonnen werden.

Ein weiteres Anliegen empirischer Analysen war es, die Dringlichkeit und 'Machbarkeit' von Veränderungen zu verdeutlichen. Dies geschah auf unterschiedliche Weise: gesamtgesellschaftlich relevante, als solche jedoch tabuisierte Probleme (wie Demokratisierung, Defizit an kritischer Öffentlichkeit) wurden auf die Ebene von Betrieben, Kommunen etc. 'heruntertransformiert' und durch vergleichende Fall-Analysen (Leitungsstil etc.) wurden Daten und Argumente für Reform-Absichten gewonnen; Erwartungs- und Unzufriedenheits-Daten konnten teilweise die Dringlichkeit von Veränderungen belegen; Argumente gegen bestimmte Modernisierungen (z. B. daß eine Vertiefung transparenter, leistungsabhängiger Einkommensdifferenzierungen von den Beschäftigten nicht akzeptiert würde) konnten z. T. mit empirischen Befunden entkräftet werden.

Insgesamt jedoch trifft der Vorwurf unzureichend 'subversiv-kritischer' Analyse (vgl. Ettrich 1990: 14) auch die empirische Forschung. Mit mehr

Courage und taktischem Geschick wäre es u. E. durchaus auch möglich gewesen - sei es mit verdeckten Methoden - sich noch näher an besonders 'heiße' Felder wie Macht- und Entscheidungsstrukturen heranzutasten.

Gescheiterte Modernisierungsabsichten - Demokratischer Umbruch ohne Sozialwissenschaften?

Die angestrebte Reformierung und Modernisierung der DDR-Gesellschaft gelang bekanntlich nicht. Mehr noch - der demokratische Umbruch führte nicht nur konsequenterweise zum Ende des Herrschaftssystems, sondern auch zum Zusammenbruch der DDR und zu ihrem alsbaldigen Ende. Damit veränderten sich auch die Rahmenbedingungen für die DDR-Sozialwissenschaften grundlegend.

Obwohl die Sozialwissenschaften einen festen Platz in der Ideologieproduktion der DDR einnahmen, bildeten sie keine tragende Säule des Herrschaftssystems und ihr politischer Einfluß war trotz mancher Ansätze von Politikberatung gering. Sie konnten deshalb nicht die Hauptkraft einer Reformierung und Modernisierung sein. Aber selbst ihre zaghaften Bestrebungen einer solchen Reformierung und Modernisierung scheiterten am Ende. Offiziell verbreitet wird nun die These, wonach die DDR-Sozialwissenschaftler beim Umbruch des Systems überhaupt keine Rolle gespielt hätten.

Natürlich - auch die reformorientierten Kräfte in den Sozial- und Politikwissenschaften haben die Radikalität des Bruchs mit der Gesamtheit der Herrschaftsstrukturen nicht vorausgesagt und so nicht ernsthaft vorgedacht. Nur kann auch keine sozial- bzw. politikwissenschaftliche Theorie im Westen, die die Entwicklung des Sozialismus zu erklären versuchte, - weder die systemimmanente noch die Konvergenz- oder die Totalitarismustheorie - dies für sich in Anspruch nehmen. Mit ihren - zugegebenermaßen begrenzten und im grundsätzlichen gescheiterten - Reform- und Modernisierungsbestrebungen haben kritisch orientierte Sozialwissenschaftler den geistigen Boden für Veränderungen in der DDR dennoch mit vorbereitet. Seit 1985/86 vollzog sich eine schrittweise *geistige* Unterhöhlung und schließliche Entmachtung des konservativen Blocks in der SED, wenngleich dieser *praktisch* bis zum Herbst 1989 die Reformer klar dominierte und die offizielle Politik eindeutig bestimmte. Für diese ambivalenten, geistigen Erosionsprozesse sprechen (wie gesagt) die Veränderungen im Denken an der

'Basis' (keineswegs in der SED-Führung) und die Erkenntnis der Notwendigkeiten einer grundlegenden Reform des Sozialismus, der Systemkooperation und der Inangriffnahme der globalen Menschheitsprobleme.

Sozialwissenschaftler haben mit ihren Forschungsergebnissen, ihren Publikationen, mehr noch mit ihrem Auftreten daran einen bescheidenen Anteil.

Auch an den praktischen Auseinandersetzungen in der SED waren sie beteiligt (vgl. Reißig 1991: 29 ff.). Dafür soll hier nur ein, freilich wohl auch markantes Beispiel stehen - das von einigen DDR-Sozialwissenschaftlern gemeinsam mit SPD-Politikern und -Theoretikern erarbeitete Papier 'Der Streit der Ideologien und die gemeinsame Sicherheit' (veröffentlicht am 27. August 1987). Obwohl das Politbüro der SED am Zustandekommen und der Ausarbeitung des Papiers nicht unmittelbar beteiligt war, 'billigte' es dieses in einer gesonderten Diskussion. Für das Politbüro war dieses Papier von taktischem Interesse wegen der äußeren Friedens- und Dialogpolitik. Innenpolitisch hatte man offensichtlich gehofft, daß durch ein 'gemeinsames Dokument' mit der SPD ("so etwas kann noch nicht einmal Gorbatschow vorweisen") die eigene Legitimation und Reputation gestützt werden könnte, nicht zuletzt durch den Schein 'neuen Denkens' und signalisierter 'Dialog- und Reformbereitschaft'.

Natürlich gab es deswegen zunächst Unsicherheiten über die Taktik der SED-Führung und Hoffnungen, sie werde dem Wunsch nach gesellschaftlichem Dialog und Reformen zumindest schrittweise nachgeben. In diesem Sinne war die Wirkung des Papiers und seiner Autoren zunächst auch ambivalent.

Es sollte sich aber bald zeigen, daß schon die mit dem Streit-Papier verbundenen Intentionen zwischen der Führung der SED und Teilen der SED-Basis doch recht verschieden waren, die schließlichen Wirkungen aber direkt entgegengesetzt bewertet wurden. Die Aufnahme des Papiers in der SED übertraf alle Erwartungen. Es rief eine Diskussion und geistige Auseinandersetzung *in* der SED hervor, wie sie seit Jahren, vielleicht seit 1968 nicht mehr stattgefunden hatte (vgl. Phillips 1989).

Die Aussagen wie der Geist des Streitpapiers wurden von vielen kritischen (und auch weniger kritischen) Kräften in der SED als Signal verstanden und aufgegriffen für eine schrittweise Öffnung, Reformierung und Demokratisierung der DDR, für einen Einstieg in eine 'DDR-spezifische' Perestroika. Genau das war Absicht und Wille auch einiger DDR-Autoren.

Das Streitpapier stärkte nachweislich die Reformkräfte in der SED und war bis dahin das erste Dokument in der DDR, das eine solche breite Zustimmung fand, die von den sozialistischen Reformern in und außerhalb der SED über die Kirchen bis zum größten Teil der oppositionellen Bürgerrechtsgruppen reichte. Das Politbüro hatte mit dieser Wirkung des Papiers nicht gerechnet und ging mit allen Mitteln dagegen vor. Zuwiderhandelnde Sozialwissenschaftler wurden 'zurückgepfiffen', gemaßregelt oder auch von Kollegen als 'sozialdemokratische Abweichler' bezichtigt. Allerdings haben auch die Autoren und Befürworter dieses Streitpapiers in der SED längst nicht alle Möglichkeiten genutzt, die dieses Papier bot, für die öffentliche, gesellschaftliche Diskussion über die notwendige Demokratisierung und Reformierung in der DDR und besonders nicht für die öffentliche Auseinandersetzung mit der mehr als ambivalenten Haltung des SED-Politbüros. Darüberhinaus gab es unter diesen Sozialwissenschaftlern beachtliche Meinungsverschiedenheiten über Sinn, Funktion und vor allem Umsetzung des SED-SPD-Papiers in der DDR. Am Ende schwenkten auch aus dem Kreis dieser Sozialwissenschaftler noch welche ab, die das Streitpapier ursprünglich unterstützt und zunächst auch euphorisch propagiert hatten. Doch das alles konnte schon nicht mehr verhindern, daß die Wirkung dieses Papiers in der SED und in der DDR insgesamt den "Prozeß der politischen Wende beförderte" (vgl. Schmude 1989: 3 f.).

Reformkräfte in den Sozialwissenschaften haben aber auch unmittelbaren Anteil am demokratischen Umbruch des Herbstes 1989. Sozialwissenschaftler reihten sich - freilich wie die Mehrheit der DDR-Bevölkerung erst sehr spät - in die oppositionell demokratische Herbstbewegung ein. Sie setzten gemeinsam mit der kritischen Parteibasis die Überwindung der konservativen SED-Führung und -Politik selbst auf die Tagesordnung (vgl. z.B. Aufsätze mit dem Titel 'SED-Professor rüttelt an der Machtfrage' in den Zeitungen 'Hannoversche Allgemeine Zeitung' und 'Die Welt' vom 19. Oktober 1989). Das Politbüro und das ZK wurden nicht zuletzt im Gefolge dieser Aktivitäten, Demonstrationen und Belagerungen des ZK abgesetzt. Sozialwissenschaftler der Humboldt-Universität spielten hier im ständigen Kontakt mit Sozialwissenschaftlern der Akademie der Wissenschaften und der Akademie für Gesellschaftswissenschaften auch praktisch eine besonders aktivierende Rolle. Und das bis dahin weitreichendste Reform-Papier in der SED (noch vor der Maueröffnung) wurde dann unter maßgeblicher Federführung von Sozialwissenschaftlern Anfang November 1989 veröffentlicht. Doch trotz der sich jetzt rasch vollziehenden Lernprozesse konnten diese Sozialwissenschaftler angesichts der Dynamik der Ereignisse und aufgrund der nachwirkenden theoretischen und praktischen Schwächen keine vorwärtsdrängende Rolle spielen.

Wie immer man Stärken und Einfluß der reformerischen Kräfte und die darin enthaltene zahlenmäßig noch kleine Opposition in der SED beurteilen mag, dürfte u. E. feststehen: Ohne diese Gruppen, ohne diese Auseinandersetzung in der SED wäre der (von ihr nicht eingeleitete) Umbruch so, d. h. gewaltlos, friedlich, ohne größere Gegenwehr der SED und damit der von ihr geleiteten Herrschafts- und Sicherheitsapparate wohl nicht möglich gewesen, denn die SED war zu jener Zeit noch immer zugleich die Staatspartei, das gesamtgesellschaftliche Herrschafts- und Machtmonopol.

Und wenn eine adäquate, konkrete Analyse der Entwicklung der Sozial- und Geisteswissenschaften in der DDR vorgenommen wird, dann ist vor allem nicht zu ignorieren, daß seit den 60er Jahren *in* verschiedenen Disziplinen, durch einzelne Forscherteams und Wissenschaftler Leistungen entstanden sind, die sich sehen lassen konnten und auch international Anerkennung fanden und selbst in der 'Evaluierungsphase' nicht ganz zu negieren waren (vgl. u.a.: Wissenschaftsrat 1991; Bleek 1990: 11).

Warum aber scheiterten die oben umrissenen konzeptionellen Ansätze in den Sozialwissenschaften und wurden nicht stärker gesellschaftlich wirksam? Die Gründe dafür sind vielgestaltig und bedürfen überdies einer weiteren Analyse und Diskussion. Wir wollen hier aus unserer Sicht nur auf folgendes verweisen.

Das Reform- und Modernisierungskonzept war selbst - zumindest in unseren Kreisen - nur begrenzt ausgearbeitet. Zu unseren wesentlichen theoretischen Defiziten gehörte, daß die institutionelle Grundstruktur der früheren DDR-Gesellschaft bis 1988/89 nicht wirklich kritisch thematisiert, sondern gewissermaßen als normativ gegeben vorausgesetzt wurde.

Eine wesentliche Quelle dieser theoretischen Schwächen lag in der Unterwerfung unter ein doktrinäres System des Marxismus-Leninismus, das mit kritischer Marx'scher Gesellschaftsanalyse nichts, mit autoritärer Staatsideologie aber sehr viel gemein hatte. Ein 'geschlossenes' Welt- und Gesellschaftsbild prägte das Denken der Sozialwissenschaftler in ihrer Mehrheit. Die Abschottung der DDR nach außen verhinderte vor allem seit Ende der 80er Jahre den Anschluß an die internationale Fachdiskussion. Es wirkte eine deterministische Fortschritts- und Epochenauffassung, die - bei aller Kritik an den realsozialistischen Verhältnissen - sie immer wieder auch an *dieses* Sozialismussystem band, wurde es doch - trotz aller Mißstände und

Übel - als gesetzmäßiger Fortschritt gegenüber dem Kapitalismus verstanden. Schwerwiegender noch als die theoretischen fielen die ideologischen und politischen Blockierungen bei den Reformern selbst ins Gewicht. Eine besondere Rolle spielte dabei das historisch geformte Partei- und auch verinnerlichte Disziplinverständnis. Eine Vernetzung der Reformkräfte und eine Solidarität mit gemaßregelten Kollegen gab es nur punktuell. Kritische Papiere wurden in Zirkeln diskutiert, in Vorträgen vorgestellt, kaum aber an die gesellschaftliche Öffentlichkeit gebracht. Ein Zusammengehen mit den oppositionellen Bürgerbewegungen fand - von individuellen Ausnahmen abgesehen - nicht statt, ihr Reformpotential wurde negiert oder unterschätzt. Immer wieder wurde dem Druck der Apparate nachgegeben.

Und im Nachhinein erwies sich die Hoffnung, man könne innerhalb der SED-Führung und des zentralen Apparates Adressaten für eine Reform- und Modernisierungskonzeption finden, als *die* Illusion. Im Unterschied zu anderen regierenden Kommunistischen Parteien formierte sich in der SED-Führung entgegen unseren Hoffnungen bis zum Umbruch auch kein nennenswerter Reformflügel. Wie unsere Interviews nach dem Umbruch belegen, wurden kritische Analysen und Studien im Politbüro oder dem 'gewählten' ZK *nie* diskutiert; ja noch nicht einmal eine ernsthafte Beratung der sogenannten zentralen und selbst schon gereinigten Parteitagsstudien der Akademie für Gesellschaftswissenschaften gab es in diesen Gremien (im Unterschied zu verschiedenen ZK-Abteilungen). Darin spiegelte sich die fehlende kritische Selbstreflexion des Systems, die Negierung eines Denkens in Varianten und Alternativen. Es dominierte in der SED-Führungsspitze das dogmatisch erstarrte Welt- und Feindbild der 20er und 30er Jahre. Die Lernfähigkeit dieses Herrschaftssystems war strukturell und personell bedingt völlig blockiert - und damit waren aber auch die Vorstellungen, eine Reformierung und Modernisierung der Gesellschaft über die SED zu realisieren, auf Sand gebaut. Doch die meisten von uns hofften auch dann noch auf eine innere Wandlungsfähigkeit des Systems, auf eine demokratisch-sozialistische Transformation, wo der Bruch mit den herrschenden Strukturen und mit dieser SED schon auf der Tagesordnung stand. Auch diese demokratisch-sozialistische Entwicklungsvariante mußte scheitern.

Erfahrungen ohne Wert?

Die Entwicklung der Sozial- und Geisteswissenschaften in der DDR vollzog sich in einer verwobenen Einheit von Rechtfertigungsdisziplinen und Trends moderner Wissenschaftsentwicklung. Wie die frühere Forschungstätigkeit in aller Regel nun nicht einfach fortgesetzt werden kann, so stehen die Sozialwissenschaftler der ehemaligen DDR u. E. auch nicht beim Punkt 'Null'. Die zu vollziehende Um- und Neuorientierung geschieht nicht voraussetzungslos, aber sie ist ein notwendiger, tiefgreifender, schmerzhafter Prozeß, der Themenwechsel, Empirie, Theorie, Methoden, internationale Kooperationen umfaßt. Nicht zuletzt berührt diese Veränderung nachhaltig das Selbstverständnis, die Identität jedes Sozialwissenschaftlers.

Doch allein die Analyse des bislang einmaligen Umstrukturierungs- und Wandlungsprozesses in der früheren DDR sowie des deutschen Transformationsprozesses kann nicht ohne Experten, die Gesellschaft und politisches System der DDR aus eigener Forschung kennen, bewerkstelligt werden (vgl. Kaase 1991). Diesen Weg wollen auch die Sozialwissenschaftler des im Umbruch der DDR Anfang März 1990 neu gegründeten unabhängigen Berliner Instituts für Sozialwissenschaftliche Studien (BISS) gehen (vgl. Berliner Institut für Sozialwissenschaftliche Studien 1991).

Aus unseren persönlichen Erfahrungen ziehen wir u. a. die Schlußfolgerung, sozialwissenschaftliche Forschung nun endlich frei von Indoktrination und politisch-ideologischer Ausrichtung und in herrschaftskritischer Distanz und aufklärerischer Verantwortung zu entwickeln. Daß hierbei neue Barrieren zu überwinden sind, zeigen schon unsere ersten praktischen Erfahrungen. Und: Fernab von der Konstruktion neuer, komplexer, abstrakter Gesellschaftsentwürfe, von Anti-Welten wollen wir dennoch nicht 'nur' die gegebene Gesellschaft beschreiben. Durch konkrete, empirisch fundierte Sozialforschung und theoretische Arbeiten sollte zur Beförderung kritischer Öffentlichkeit, von Pluralismus, Demokratie und Humanismus, zur gesellschaftlichen Evolution entsprechend den neuen sozialen Erfordernissen und globalen Herausforderungen beigetragen werden. Diese neuen Herausforderungen werden wohl unter den Sozialwissenschaftlern auch im Westen ganz neue methodische, inhaltliche, theoretische Überlegungen erfordern und könnten den *gegenwärtigen* sozialwissenschaftlichen Diskurs in Deutschland über Krise, Neuformierung und Anschluß der ostdeutschen Sozialwissenschaften bald verdrängen und möglicherweise zu einem generellen Paradigmenwechsel führen.

Literatur

Akademie für Gesellschaftswissenschaften beim ZK der SED (1989), Sozialismus in den neunziger Jahren, Studie (unveröffentlicht), Berlin.

Berliner Institut für Sozialwissenschafltiche Studien (1991), BISS public 1.

Bleek, W. (1990), Der Aufbau der Politikwissenschaften in der ehemaligen DDR, Deutschland-Archiv 11: 1678 ff.

Brie, M./R. Land/D. Segert u.a. (1989), Konzeption für einen modernen Sozialismus, Berlin.

Ettrich, F. (1990), Die Wende hat nicht stattgefunden, Forum Wissenschaft 1: 13 ff.

Hutmacher, H.A. (1989), Friedensfähigkeit des Imperialismus, Aspekte einer aktuellen Ideologiediskussion der DDR (Friedrich-Ebert-Stiftung, Forschungsinstitut, Hg.), Bonn: 1 ff.

Kaase, M. (1991), Auferstehung aus Ruinen. Zur Lage der Politikwissenschaft und der Soziologie in den neuen Ländern, Frankfurter Allgemeine Zeitung vom 02. Mai 1991: 35.

Peter, L. (1991), Dogma oder Wissenschaft? Marxistisch-leninistische Soziologie und staatssozialistisches System in der DDR, Frankfurt/Main.

Phillips, A.L. (1989), Seeds of Change in the German Democratic Republic: The SED-SPD Dialogue, American Institute for Contemporary German Studies: 1.

Reißig, R. (1991), Der Umbruch in der DDR und das Scheitern des 'realen' Sozialismus, in: Ders./G.-J. Glaeßner (Hg.), Das Ende eines Experiments. Umbruch in der DDR und deutsche Einheit, Berlin: 12 ff.

Röhr, W. (1991), Entwicklung oder Abwicklung der Geschichtswissenschaft, Initial 4: 425 ff.

Schmude, J. (1989), Ein 'kleiner Schritt', der richtig bleibt, Sozialdemokratischer Pressedienst vom 15. Dezember: 3 f.

Segert, D. (1991), Die langen Schatten der Vergangenheit, in: B. Giesen/C. Leggewie (Hg.), Experiment Vereinigung, Berlin: 111 ff.

Sozialistische Einheitspartei Deutschlands (1976), Programm, Berlin.

Thomas, M. (i.E.), Vernachlässigte Dimensionen soziologischer Analyse, in: Ders. (Hg.), Abbruch und Aufbruch. Sozialwissenschaften im Transformationsprozeß: Erfahrungen-Ansätze-Analysen, Berlin.

Wissenschaftsrat (1991), Stellungnahme zu den außeruniversitären Forschungseinrichtungen in den neuen Ländern und in Berlin. Sektor Wirtschaft- und Sozialwissenschaften, Mainz.

Ziegler, U. (1989), DDR und Menschenrechte, Teil I: Intersystemarer Menschenrechtsdialog (Friedrich-Ebert-Stiftung, Forschungsinstitut, Hg.), Bonn: 1 ff.

Zur Entwicklung der Betriebssoziologie in den ostdeutschen Ländern

Georg Aßmann

Die Entwicklung der Soziologie und ihre Perspektiven sollten im Kontext der gesellschaftlichen Transformationsprozesse betrachtet werden, die sich in dem ehemaligen Gebiet der DDR und in Deutschland überhaupt vollziehen. Wenn man die Ausgangspunkte und die Ziele der makrostrukturellen Umwälzungen in etwa charakterisieren will, so kann man sie zunächst als Übergang vom Staatssozialismus zum politischen Pluralismus und zur sozialen Marktwirtschaft einer offenen Gesellschaft beschreiben. Hierzu ist es möglich, im ersten Zugriff eine Reihe von Veränderungen festzustellen und auch deren soziale Problematik sichtbar zu machen. Es scheint, daß die Alltagserfahrungen in den neuen Bundesländern inzwischen auch so von den Verantwortung Tragenden und durch Wahlen legitimierten Politikern zur Kenntnis genommen und zum Ausgangspunkt von öffentlichen Überlegungen mit dem Ziel der Gegensteuerung gemacht werden. Diese Wandlungen zu beschreiben, macht es notwendig, sie nicht nur in ihren Grundlinien, sondern auch ihre Facetten in den verschiedenen Bereichen und Ebenen zu erfassen. Dazu bedarf es gründlicher empirischer Analysen. Das ist besonders nötig, kann man doch gegenwärtig auch eine über den alltäglichen politischen Rahmen hinausgehende neue Form von Ideologisierung beobachten. Soziale Erscheinungen werden ideologisch erklärt und bewertet, ohne ihre strukturellen Bedingungen aufzudecken, wodurch die tatsächliche Problematik verdeckt und ihre Lösung erschwert wird. Als Beispiel soll folgendes dienen:

In den Medien, in Reden von manchen Politikern in Vorbereitung der Wahlen findet man als Erklärung für die wirtschaftliche Lage in der ehemaligen DDR oft die Zauberformel von den alten Seilschaften. Es fällt auf, daß ein aus der Planwirtschaftszeit gut bekanntes Argumentationsmuster eingesetzt wird, das darauf zielt, Schwierigkeiten zu personifizieren, sie als Folge persönlicher Unzulänglichkeiten dieses oder jenes Funktionsträgers zu erklären und damit systemimmanente und strukturelle Mängel zu verdecken.

Es wird so getan, als ob die gegenwärtig verantwortlichen betrieblichen Leiter in den ehemaligen Volkseigenen Betrieben sich selbst ernannt hätten. Man findet kaum Informationen darüber, daß die Geschäftsführer alle einen zeitweiligen Arbeitsvertrag mit der Treuhandanstalt haben, der nach Zustimmung der entsprechenden Betriebsräte ausgestellt wurde.

Hinzu kommt, daß die Lage der leitenden Mitarbeiter sozial nicht sicher ist. Es liegt auf der Hand, daß sie bei nicht erfolgreicher Sanierung ihre Stelle verlieren. Im Falle einer erfolgreichen ökonomischen Entwicklung steht am Ende die Privatisierung. Da ist es ebenfalls offen, ob der künftige Eigentümer die leitenden Mitarbeiter übernimmt, weil nicht in allen Fällen das bisherige Konzept fortgeführt wird.

Strukturell ist ihre Funktion also so angelegt, daß sie auch bei erfolgreicher Arbeit ihre Existenz zumindest in Frage stellen.

Bei Entscheidungen, die z.B. Entlassungen beinhalten, sind ernsthafte Spannungen nicht zu vermeiden, vor allem dann nicht, wenn für betriebliche Sozialmaßnahmen kaum Mittel zur Verfügung stehen und die regionalen Bedingungen ebenfalls desolat sind. Dabei ist es von der faktischen Wirkung unerheblich, wer die Kündigung ausspricht - ob 'importierte' Manager oder ehemalige Leiter Volkseigener Betriebe. In der Regel sind die Gründe für Entlassungen oder andere unpopuläre Maßnahmen auch nicht im betrieblichen Management zu suchen. Die ökonomische Situation ist für die meisten Betriebe kompliziert. Geistige Unruhe in bezug auf das Suchen nach effektiven Strategien und Wegen unter Beteiligung vieler ist mehr denn je erforderlich. Dazu sind sozialer Frieden und kooperatives Miteinander nötig. Das schließt die Artikulation und das Aushandeln unterschiedlicher Interessen nicht aus, sondern hat sie zur Voraussetzung. Es sollte daher alles vermieden werden, was zusätzliche soziale Spannungen produziert und ökonomisch-effektives Zusammenwirken stört.

In den Betrieben der neuen Bundesländer vollzogen und vollziehen sich seit Anfang des Jahres 1990 strukturelle Änderungen, die darauf gerichtet sind, die kooperative Zusammenarbeit den marktwirtschaftlichen Bedingungen entsprechend zu gestalten. Es handelt sich um systemische Rationalisierungsprozesse (vgl. Baethge/Oberbeck 1986: 22). Die Veränderungen zielen darauf ab, durch eine Neugestaltung der Strukturen Voraussetzungen für das Überleben in den nächsten Monaten zu schaffen und damit günstige Bedingungen für die Gewinnung möglicher Kooperationspartner, die über notwendige Investitionsmittel verfügen, zu gestalten bzw. die Türen zu Banken zu öffnen. Die alten strukturellen Bedingungen, die bis in die erste

Hälfte 1990 das Handeln bestimmten, sind in einem langen historischen Prozeß gewachsen. Sie spiegeln Bedingungen industrieller Massenproduktion und vor allem stabile Märkte wider. Vor allen Dingen sind sie mit der Planwirtschaft verknüpft, die in den letzten Jahren durch zunehmende Zentralisierung gekennzeichnet war. Der schnelle strukturelle Umbruch in den Betrieben als ein Ausdruck der Veränderung in der ehemaligen DDR ist empirisch forschend kaum begleitet und dokumentiert worden. Das verlangt um so mehr, mit den wenigen empirischen Erhebungen und Dokumenten die sich vollziehende Herausbildung dieser Strukturen wissenschaftlich zu begleiten und im Vergleich mit stabilen westdeutschen Betrieben zu neuen Erkenntnissen und gemeinsam mit den in den Betrieben Verantwortung Tragenden zu wirklichen neuen Lösungen zu kommen und so einen Beitrag zum wirtschaftlichen Aufschwung zu leisten. Das angekündigte Wirtschaftswunder läßt sich nicht herbeireden und auch nicht durch die einfache Kopie des bisher Üblichen erreichen.

Inwieweit ist die Soziologie aber auf diese Transformationsprozesse eingestellt?

Bei der Beantwortung dieser Frage beschränke ich mich hier vor allem auf die Betriebssoziologie.

Die Wiederentdeckung des organisationssoziologischen Paradigmas

Etwa ab 1984 wurde das organisationssoziologische Paradigma, um dessen Einführung in die DDR-Soziologie sich *Kurt Braunreuther* und *Hansgünter Meyer* (vgl. u.a. Braunreuther/Meyer 1967) Mitte der 60er Jahre verdient gemacht haben, aufgegriffen und als Grundlage für die Forschung und Lehre an der Humboldt-Universität wieder produktiv gemacht. Die organisationssoziologische Richtung wissenschaftlichen Arbeitens wurde aus Gründen, die nicht bei den Wissenschaftlern zu suchen sind, Ende der 60er Jahre wieder abgebrochen. Indem man sich auf Auffassungen berief, die von DDR-Autoren - *Braunreuther* war ein Wiedergründer der Soziologie in der DDR - publiziert waren, entzog man sich dem Vorwurf, bürgerliche Konzeptionen zu übernehmen. Gegen organisationssoziologische Ansätze, die eben auch die Beziehungen 'Betrieb - Umwelt', also 'Betrieb - wirtschaftsleitende Organe', das gesamte Wirtschaftssystem einschlossen, gab es großen Vorbehalt. Noch 1987 wurde die Ablehnung auf ein Publikationsangebot zum Thema 'Der Betrieb als soziale Organisation' von den Zuständigen eines großen Verlages mit folgenden Bemerkungen begründet: "Mir scheint, daß der Versuch, hochaktuelle, wirtschaftspolitische und ökonomische Problemstellungen und Vorgehensweisen zu ihrer Lösung unter dominierend organisationssoziologischem Aspekt zu behandeln, unvertretbar hoch risikobehaftet ist". Soweit der zuständige Lektor.

Bei verschiedenen Untersuchungen, die in den 70er und 80er Jahren in Betrieben durchgeführt wurden und die Fragen der Mitsprache bei der Einführung neuer Technik zum Gegenstand hatten (vgl. Edeling), wurden die engen Grenzen eines mehr verhaltens- und persönlichkeitsorientierten Herangehens deutlich. Soziales Handeln, Ordnung sozialen Handelns sind aus der Perspektive des Arbeitsplatzes, der Arbeitsorganisation, der Arbeitskollektive oder der Persönlichkeit eben nur zu erklären, wenn die strukturellen Bedingungen des Handelns in die Analyse einbezogen werden.

Ressortverhalten und Ressortgeist z.B., als eine im borniertem Sinne gemeinte bereichs- und funktionsbezogene Aufgabenerfüllung und -bewertung, wurde seit Jahren immer wieder festgestellt. Untersuchungen aus den Jahren 1967 und 20 Jahre später im gleichen Betrieb, die von meiner Gruppe durchgeführt wurden, brachten ähnliche Ergebnisse. Das Vorherrschen von Ressortverhalten, von den Leitern und auch von zentralen Wirtschaftsorganen immer wieder bemängelt, war aber mit Appellen und Bereden oder nur durch guten Willen nicht zu überwinden. Sie hatten ihre Ursachen in der begrenzten Aufgabenzuweisung und ihrer entsprechenden Kontrolle und Bewertung. Sie wurden in der täglichen betrieblichen Leitungspraxis immer wieder reproduziert, wobei das mit dem volkswirtschaftlichen Leitungsmechanismus eng verknüpft war. Das wurde aber als Erklärung weithin ausgeklammert. Festgestellte Mängel wurden aus Defiziten in der Tätigkeit bzw. Einstellung von Leitern oder anderer Funktionsgruppen erklärt und verbesserte Erziehungsarbeit als Ausweg proklamiert.

Bei den Untersuchungen, die jeweils in Form von betrieblichen Fallstudien durchgeführt wurden, wurde offenbar, daß die im Prozeß der Implementation neuer Technik entwickelte netzwerkartige Zusammenarbeit zwischen den verschiedenen Bereichen und Leitungsebenen nach der Einordnung in den betrieblichen Reproduktionsprozeß wegfiel und hochgradige Formalisierung und Hierarchisierung des Handelns wieder dominierten. Die betrieblichen Strukturen waren hochgradig durch das zentralisierte volkswirtschaftliche Leitungssystem präformiert. Die Zentralisierung und ein entsprechendes engmaschiges Kontrollsystem hat sich in den letzten Jahren immer stärker ausgeprägt. Der permanente Mangel produzierte die Zentralisierung, die wiederum verhinderte, die ökonomische Lage zu verändern. Ich möchte dazu folgendes anmerken:

a) Unsere Forschungsgruppe forderte Änderungen des volkswirtschaftlichen Leitungssystems hinsichtlich mehr Eigenverantwortung und betrieblicher Entscheidungskompetenz zwar ein, aber recht zaghaft und immer in den Grenzen sozialistischer Planwirtschaft.

Bei den offiziellen staatlichen und politischen Institutionen gab es in bezug auf kritische Bemerkungen an zentralen Leitungsorganen eine außerordentliche Empfindlichkeit, was sich auch in der Politik von Publikationsorganen widerspiegelte. So wurde das Referat auf der Konferenz 'Organisations- und Technikinnovation', die im Januar 1989 stattfand, von einer führenden wirtschaftswissenschaftlichen Zeitschrift nicht akzeptiert, da die dort erläuterte These "Weniger Hierarchie und weniger Formalisierung - mehr netzwerkartige Zusammenarbeit und mehr Handlungsspielraum" in den Betrieben angeblich die Abschaffung der Leitung überhaupt beinhalte.

b) Die wissenschaftliche Arbeit von mir und meiner Gruppe - das kann man für die Soziologen der DDR insgesamt sagen - erfolgte im Rahmen der Planwirtschaft. Sie war also darauf gerichtet, die vorhandenen Handlungsmöglichkeiten auszufüllen und nicht zu zerbrechen.

Die Alternative, der Übergang zur sozialen Marktwirtschaft, wurde nicht formuliert und war bei uns nicht im Visier. Diese Alternative war auch bei breiten Kreisen der politischen Opposition in den ersten Wochen nach der Wende nicht verbreitet, wie die damals entwickelten wirtschaftspolitischen Konzeptionen zeigen.

c) Bei den von unserer Forschungsgruppe durchgeführten standardisierten Erhebungen wurden - unter Beachtung dieser Mimosität und auch der rigiden Genehmigungspraxis - Fragen zur Tätigkeit der SED oder zentraler Wirtschaftsorgane nicht aufgenommen. Es fand insofern eine Selbstzensur statt.

d) Bei aller verbalen Anerkennung der Existenz von Interessenunterschieden verschiedener Ebenen und Gruppen wurden durch Soziologen der DDR die Erscheinungsformen der existierenden Interessenwidersprüche und die ihnen zugrunde liegenden Bedingungen ungenügend transparent gemacht.

Trotz der immer wieder festgestellten Existenz von Interessengegensätzen wurde nicht frontal der Auffassung von der prinzipiellen Übereinstimmung von persönlichen, kollektiven und staatlichen Interessen entgegengetreten. Es gab einerseits die Akzeptanz von Interessenwidersprüchen und andererseits die Forderung, die angeblich objektive Interessenübereinstimmung erlebbar zu machen. Die Beziehungen zwischen staatlichen, kollektiven und persönlichen Interessen wurden meistens als hierarchisches Gefüge, bei eindeutiger Dominanz der staatlichen Interessen, aufgefaßt, die oft noch zu gesamtgesellschaftlichen Interessen deklariert wurden. Die Auffassung von einer notwendigen Interessenübereinstimmung als Bedingung für effektives Handeln ist stark verinnerlicht, auch weil praktische Politik im Betrieb oft darauf gerichtet war, Widersprüche zu verdecken und Kompromisse auszuhandeln.

e) In den letzten Jahren wurde durch empirische Befunde immer deutlicher, daß außerbetriebliche Interessen wie Freizeitbedingungen, Bedingungen für die Erklärung betrieblichen Handelns, ein zunehmend größeres Gewicht erhalten haben.

Mit diesen Bemerkungen sollten knapp bestimmte Änderungen im Forschungsdesign der Soziologen angedeutet werden, die wichtige Ausgangspunkte sind, die gegenwärtig ablaufenden Prozesse zu erfassen. In unserem Berliner Institut wurden die Veränderungen in der Forschung seit 1986 von einer Umgestaltung in der Lehre begleitet, die auf Modernisierung, Professionalisierung und Internationalisierung der Ausbildung gerichtet waren. Diese Veränderungen haben die Neugestaltung der Ausbildung nach der Wende relativ problemlos gestaltet, wobei die kooperativen Beziehungen zwischen Lehrkörper und Studenten - das umschließt auch die Forschung - sich produktiv auswirkten und bis heute erhalten sind.

Methodische Probleme wurden bei den Darlegungen ausgespart. Die Beziehungen zwischen den quantitativen und qualitativen Methoden, die Rolle der Alltagserfahrung für die Forschung und ihre Perspektive, die Entscheidung zwischen induktivem und deduktivem Vorgehen in der Forschung sind Fragen, die im Forschungsprozeß entsprechend den verschiedenen Objekten immer wieder neu zu beantworten sind. Das ist eingebettet in die Diskussion um die fruchtbare Integration der mehr kontingenztheoretischen bzw. rationellen Erklärungsmodelle und der organisationskulturellen Ansätze. Wenn wir die Reorganisation ostdeutscher Betriebe beim Übergang zur Marktwirtschaft in der künftigen Zeit weiter untersuchen, kann man sich dabei auf

Untersuchungen stützen, die im Juni 1990 in vier Betrieben durchgeführt wurden. Das erfolgte auf folgenden Ebenen:
1. Die Reorganisation der Betriebe auf der Ebene des Arbeitsplatzes,
2. auf der Ebene von Betrieb und Unternehmen und
3. im Zusammenhang mit dem Wirtschaftssystem.

Jede Analyseebene kann nicht für sich allein betrachtet werden. Ihre Betonung bedeutet eine unterschiedliche Akzentuierung, nicht aber ein isoliertes Vorgehen. Das schließt nach unseren gegenwärtigen Überlegungen drei Eckpunkte der grundlagentheoretischen Orientierung der Betriebssoziologie ein:
1. Eine gesellschaftstheoretische Perspektive, die Betrieb und Unternehmen in der DDR als Elemente einer staatssozialistischen Gesellschaft begreift und in den Merkmalen einer staatssozialistisch bestimmten sozialen Organisation untersucht;
2. Eine system- und kommunikationstheoretisch basierte Perspektive, die Struktur und Wandel von Betrieb und Unternehmen organisationssoziologisch im Kontext der gesellschaftlichen Umwelt und der innerbetrieblichen Aushandlungs- und Rationalisierungsprozesse thematisiert;
3. Eine methodische Perspektive, die den Übergang vom Staatssozialismus zur offenen Gesellschaft nicht als Angleichung der sozialen Organisation ostdeutscher Betriebe an westdeutsche Vorbilder versteht, und Entwicklung damit festschreibt, sondern als einen Akkulturationsprozeß, der funktional äquivalente Strukturen innerhalb einer offenen Gesellschaft einschließt, mithin einen Forschungsansatz verlangt, der offen für neue Entwicklungen ist und auf historische Gesetze und Prophezeiungen verzichtet.

Die erfolgreiche Bewältigung dieses Forschungsansatzes macht die Zusammenarbeit mit Kollegen aus den alten Bundesländern notwendig. Schon die gemeinsame Diskussion zu sozialen Problemen und theoretischen Konzeptionen hat sich in der Vergangenheit als außerordentlich produktiv erwiesen.

Anzustreben sind aber gemeinsame Forschungsteams, die zeitweilig zusammenarbeiten. Dabei wäre es nützlich, wenn die gegenwärtig häufig praktizierte Arbeitsteilung vermieden würde, daß nämlich die Wissenschaftler in ihrem jeweiligen Herkunftsgebiet die Erhebungen durchführen und die Ergebnisse interpretieren und dann austauschen und miteinander diskutieren. Gerade bei betrieblichen Untersuchungen in den neuen und alten Bundesländern ist es produktiv, wenn Wissenschaftler aus beiden Teilen der BRD von der Konzipierung bis zur Interpretation der Forschungsergebnisse zusammenarbeiten. Zweifelsohne verlangt die Interpretation der empirischen Daten und das Aufdecken des Mechanismus in den Betrieben Insiderkenntnis. Zugleich sind die Erfahrungen und Systemkenntnisse der Wissenschaftler wichtig, die unter anderen Bedingungen geforscht und gelebt haben. Diese Vorzüge für die wissenschaftliche Arbeit sollten nicht vertan werden.

Literatur

Baethge, M./H. Oberbeck (1986), Zukunft der Angestellten, Frankfurt/New York.

Braunreuther, K./H. Meyer (1967), Zu konzeptionellen Fragen einer marxistischen Organisationstheorie, in: Probleme der politischen Ökonomie, Bd. 21.

Edeling, Th., Zur Entwicklung der Betriebssoziologie, Institut für Soziologie der Humboldt-Universität zu Berlin.

Sozialindikatorenforschung, Amtliche Statistik und Sozialberichterstattung in Ostdeutschland - Bestandsaufnahme und Perspektiven

Horst Berger

Moderne empirische Sozialforschung ist ohne Sozialindikatorenforschung nicht denkbar. Die 'Social Indicators Movement', die Ende der 60er Jahre in den USA entstanden war und bereits Anfang der 70er Jahre in Westdeutschland eine starke Resonanz fand (SPES-Projekt), erreichte Mitte der 70er Jahre auch die DDR-Soziologie. Eine intensive Beschäftigung mit Sozialen Indikatoren und der Sozialberichterstattung war indessen erst nach Gründung des Instituts für Soziologie und Sozialpolitik (ISS) im Jahre 1978 an der vormaligen Akademie der Wissenschaften der DDR möglich. Die verspätete Rezeption dieser neuen Forschungsstrategie, die sowohl die empirische Sozialforschung als auch die Amtliche Statistik in vielen modernen Ländern nachhaltig beeinflußte, hatte gesellschaftliche, institutionelle, wissenschaftsinterne und personelle Gründe, die hier nicht näher ausgeführt werden sollen. Inzwischen gibt es über die Sozialindikatorenforschung in der DDR-Soziologie umfangreiche Darstellungen (vgl. Berger/Priller 1989; Noll 1990; Timmermann 1990 (Hg.)). Trotz intensiver Beschäftigung mit Sozialen Indikatoren, Kennziffern der Sozialstatistik und Grundlagen der Sozialberichterstattung blieb die gesellschaftspraktische Wirkung der Sozialindikatorenforschung und ihr Einfluß auf eine verstärkte kritische Analytik der empirischen Sozialforschung gering.

Die in jüngster Zeit geäußerte Kritik an der normativ-ideologischen Ausrichtung und der begrenzten Leistungsfähigkeit der Soziologie in der DDR, vor allem hinsichtlich einer kritischen makrosoziologischen Analytik, hat sicher ihre Berechtigung (vgl. Lepsius 1990; Peter 1990). Grundlegende Entwicklungszusammenhänge von Politik, Wirtschaft und Gesellschaft blieben subtiler soziologischer Forschung verschlossen. Die empirische Sozialforschung und insbesondere die Soziologie befanden sich vor allem seit Ende der 70er Jahre in einem Dilemma. Einerseits ergaben die empirisch begründeten soziologischen Studien, daß die proklamierte 'Einheit von

Wirtschafts- und Sozialpolitik', als deren Ziel die Verbindung von wissenschaftlich-technischem Fortschritt, dynamischem Wirtschaftswachstum und sozialem Fortschritt deklariert wurde, sich mehr und mehr als Phrase herausstellte und sich vielmehr die Widersprüche zwischen ökonomischer, technologischer und sozialer Entwicklung verschärften; andererseits sollte der 'wissenschaftliche Nachweis' einer fortschreitenden gesellschaftlichen Entwicklung erbracht werden. Einerseits wurden die Soziologen aufgefordert, fundierte Informationen über theoretische und praktische Probleme der gesellschaftlichen Entwicklung zu liefern; andererseits wurde die Durchführung empirischer Analysen erheblich erschwert. Besonders repräsentative Bevölkerungsbefragungen wurden faktisch unterbunden, sie bedurften der Bestätigung durch den Ministerrat.

Die statistische Grundversorgung der Sozialwissenschaften war nicht gewährleistet. Die Amtliche Statistik unterlag als umfassende Informationsquelle gesamtgesellschaftlicher Dimension starken Restriktionen und wurde teilweise als Instrument politischer Lüge mißbraucht (Bsp.: Veröffentlichte wirtschaftliche Berichterstattung). Natürlich hat sich die Soziologie der DDR auch selbst ideologische, theoretische und methodologische Schranken gesetzt - die entscheidenden Schranken indessen waren politischer Natur. Datenzugang und Datennutzung erwiesen sich als zentrales Problem der empirischen Sozialforschung. Makrosoziologische Analysen der institutionellen Struktur der DDR-Gesellschaft waren nicht möglich, daher konzentrierte sich die empirische Sozialforschung auf Fallstudien in verschiedenen Bereichen der Gesellschaft. Es galt die Devise, nur solche Makrodaten zu veröffentlichen, die bereits veröffentlicht worden waren - also Daten der Statistischen Jahrbücher. Den Soziologen war der Zugang zu internen Statistiken und Daten repräsentativer Bevölkerungsbefragungen (Statistik des Haushaltsbudgets, Einkommensstichprobe, Zeitbudgeterhebungen) aber auch der Volkszählung weitestgehend verwehrt. Einen Mikrozensus gab es nicht.

Es gab verschiedene Versuche, eine sozialwissenschaftliche Infrastruktur zu entwickeln. Besonders mit der Gründung des Soziologisch-Methodischen Zentrums (SMZ) am Institut für Soziologie und Sozialpolitik waren Hoffnungen zur Durchführung soziologischer Gesellschaftsanalysen verbunden. Das SMZ hatte einen ähnlichen strukturellen Aufbau wie das Zentrum für Umfragen, Methoden und Analysen e.V. (ZUMA) in Mannheim.

Das von einer Forschungsgruppe des SMZ konstruierte Indikatorensystem konnte zwar publiziert werden (vgl. Berger u.a. 1984), die beabsichtigte empirische Umsetzung indessen war unter den damals gegebenen gesellschaftspolitischen Bedingungen nicht möglich - echte Programmforschung als Gesellschaftskritik wurde unterbunden. Die Methodik des entwickelten Indikatorensystems wurde aber immerhin bei der Erweiterung der Kennziffernsammlung 'Sozialstatistik' des ehemaligen Statistischen Amtes der DDR (1990a) berücksichtigt und bildete den methodologischen Rahmen für interne Lebenslagestudien des Instituts für Soziologie und Sozialpolitik (1985, 1987, 1988 und 1989) und die nach dem gesellschaftlichen Umbruch veröffentlichten Sozialreporte (vgl. Winkler 1990a (Hg.); Winkler 1990b (Hg.); Berger u.a. 1990; Schwitzer 1990: 262 ff.).

Während es in Westdeutschland gelang, im Anschluß an das SPES-Projekt Ende der 70er Jahre, innerhalb eines Sonderforschungsbereiches (Sfb 3) der DFG eine Mikrodatenstrategie zu begründen und durchzusetzen, auf diese Weise eine solide Mikrodatenbasis und leistungsfähige sozialwissenschaftliche Infrastruktur aufzubauen (GESIS), geriet die empirische Sozialforschung und insbesondere die Sozialindikatorenforschung in der DDR immer mehr ins Hintertreffen. Die Zusammenarbeit zwischen empirischer Sozialforschung und Amtlicher Statistik litt unter zunehmender Informationsunterdrückung des 'realsozialistischen' Systems in der DDR. Das Scheitern des praktizierten bürokratisch-administrativen Gesellschaftssystems hat auch zu tun mit mangelnder Erkenntnisfähigkeit sozialer Widersprüche und Probleme bzw. mit Ignoranz konkret-historischer Entwicklungspotenzen, Entwicklungsmöglichkeiten und Entwicklungsschranken des jeweiligen Gesellschaftstyps. Es ist makaber: Einerseits gab es eine totale Ausspionierung durch die Stasi und andererseits eine völlig unzureichende Informationsinfrastruktur der Sozialwissenschaften. Die normativ geprägte Politik hatte eine Realitätsferne erreicht, die unbeschreiblich ist - das System brach endgültig zusammen, als der Widerspruch zwischen objektiver sozialer Wirklichkeit und Mediendarstellung ein unerträgliches Maß erreicht hatte. Amtliche Statistik und empirische Sozialforschung waren gehalten, vor allem 'Werte und Errungenschaften' zu propagieren. Sozialberichterstattung im Sinne kritischer Gesellschaftsanalyse hatte keine Chance. Die im Laufe der Jahre zunehmenden Restriktionen lassen sich an den jeweiligen Statistischen Jahrbüchern verfolgen, deren Struktur und Datenfonds sich in bestimmten Zeitabschnitten veränderten; in den ersten Jahren der DDR waren diese Veränderungen zumeist mit der Absetzung des jeweiligen Leiters der ehemaligen Zentralverwaltung für Statistik verbunden. Dennoch, die Datenproduktion der Amtlichen Statistik war umfangreicher als aus einschlägigen Veröffentlichungen sichtbar. Aber auch die publizierten Spezialstatistiken und Kennziffernsammlungen waren oft nur einem bestimmten Bezieherkreis zugänglich. Bemerkenswert ist in diesem Zusammenhang, daß selbst das Institut für Soziologie und Sozialpolitik 1984 von der Bezieherliste der 'Kennziffernsammlung Sozialstatistik' gestrichen worden ist.

In Westdeutschland hingegen erlebte die Produktion sozialer Daten durch Amtliche Statistik und sozialwissenschaftliche Institutionen in den 80er Jahren nachgerade einen Boom. Dieser Tatbestand sollte bei einer Beurteilung der Leistungsfähigkeit der Soziologie in der DDR berücksichtigt werden. In dieser schwierigen Zeit wurde versucht, im Rahmen eines Projektes 'Strategien soziologischer Informationsgewinnung' einen methodologischen Beitrag zum weiteren Ausbau der Informationsgrundlagen für vertiefte Gesellschaftsanalysen zu leisten.

Die im Rahmen dieses Projektes erarbeiteten Vorschläge zur Vervollkommnung des Systems sozialer Informationen wurden in einer Studie zusammengefaßt (vgl. Berger/Gladitz/Priller 1989) und den damaligen politischen Entscheidungsträgern im Juni 1989 unterbreitet:
1. Vervollkommnung der Sozialstatistik.
2. Ergänzung bislang durchgeführter repräsentativer Bevölkerungsbefragungen der Statistik (Statistik der Haushaltsbudgets, Einkommensstichprobe, Zeitbudgeterhebungen) durch einen regelmäßig durchzuführenden Mikrozensus.
3. Mehrfachnutzung vorhandener Informationsfonds des zentralen und fachlichen Berichtswesens.
4. Durchführung repräsentativer soziologischer Untersuchungen ähnlich dem ALLBUS, SOEP und Wohlfahrtssurvey.
5. Aufbau eines zentralen Datenarchivs empirisch-soziologischer Untersuchungen.

Diese Vorschläge konnten erst nach der gesellschaftspolitischen Wende in der DDR umgesetzt werden und wurden auch vom damaligen Statistischen Amt der DDR aufgegriffen (vgl. Statistisches Amt der DDR 1990b). Zur Neugestaltung von Rechtsvorschriften auf dem Gebiet der Bevölkerungsbefragungen und der Meinungsforschung hat die Forschungsgruppe Sozialindikatoren/Sozialstatistik entsprechende Grundsätze erarbeitet (vgl. Gesetzblatt der DDR 1990).

Die langjährigen methodologischen Vorarbeiten zur Sozialindikatorenforschung und zur Sozialstatistik ermöglichten es, relativ schnell soziologische Gesellschaftsanalysen auf der Grundlage repräsentativer Erhebungen durchzuführen (z.B.: empirische Untersuchung des ISS 'Leben in der DDR' im Januar 1990) und an der Vorbereitung der DDR-Basiserhebung des Sozio-ökomomischen Panels (SOEP-Ost vom Mai/Juni 1990) mitzuwirken. Angesichts des Systemwandels in den gesellschaftlichen Rahmenbedingungen beim Übergang von der zentralistischen Direktiv- und Planwirtschaft zur sozialen Marktwirtschaft in den ostdeutschen Ländern und den damit verbundenen Umbrüchen in der sozialen Lage stehen Sozialindikatorenforschung und Amtliche Statistik vor großen Herausforderungen. Die empirische Sozialforschung hat mit den durchgeführten Repräsentativerhebungen SOEP-Ost (2. Welle begann im März 1991) und Wohlfahrtssurvey (Oktober/November 1990) erste empirische Grundlagen für solide soziologische Gesellschaftsanalysen geschaffen und auch die Amtliche Statistik hat entsprechende Vorbereitungen getroffen (Durchführung eines Mikrozensus in den ostdeutschen Ländern im April 1991 vgl. auch den Beitrag von Janke in diesem Band). Aber auch im Prozeß der Schaffung eines europäischen Sozialraumes kommen sowohl den Statistikern als auch den Soziologen wichtige Aufgaben zu, die die Vervollkommnung be-stehender Instrumente und die Schaffung neuer Instrumente betreffen (vgl. Eurostat 1989). Das von einer Initiativgruppe erarbeitete Schwerpunktprogramm 'Sozialer und politischer Wandel' im Zuge der Integration der DDR-Gesellschaft ist eine wichtige Voraussetzung, um die Transformations- und Wandlungsprozesse in der ehemaligen DDR auf sozialwissenschaftlicher Grundlage untersuchen können.

Literatur

Berger, H./Th. Hanf/E. Priller/D. Rentzsch/W. Hinrichs (1984), System sozialer Indikatoren der sozialistischen Lebensweise, Berlin.

Berger, H./J. Gladitz/E. Priller (1989), Zum weiteren Ausbau der Informationsgrundlagen für vertiefte Gesellschaftsanalysen (Interne Studie), Institut für Soziologie und Sozialpolitik der AdW der DDR im Juni, Berlin.

Berger, H./E. Priller (1989), Sozialindikatorenforschung in der DDR - Erfahrungen, Aufgaben und Perspektiven, hekt. Ms., International Conference on Social Reporting, September, Wissenschaftszentrum Berlin.

Berger, H./H. Boldt/E. Priller/R. Trettin (1990), Sozialreport Ost-Berlin - Daten und Fakten zur sozialen Lage, Berlin.

Eurostat Mitteilungen (1989), Das Europäische System der Statistischen Information nach 1992, Sondernummer.

Gesetzblatt der DDR Teil I (1990), Bekanntmachung über Maßnahmen zur Neugestaltung von Rechtsvorschriften auf dem Gebiet der Bevölkerungsbefragungen und der Meinungsforschung vom 09. Februar 1990, Nr. 17, Berlin.

Lepsius, M.R. (1990), Zur Lage der Soziologie an den Universitäten der DDR, Kölner Zeitschrift für Soziologie und Sozialpsychologie 2: 313 ff.

Noll, H.-H. (1990), Zustand und Wandel der Lebensbedingungen in der DDR, Informationsdienst Soziale Indikatoren (ISI) 4: 1 ff.

Peter, L. (1990), Legitimationsbeschaffung oder "machtkritische Subkultur?". Marxistisch-leninistische Soziologie und Systemverfall in der DDR, Kölner Zeitschrift für Soziologie und Sozialpsychologie 4: 611 ff.

Schwitzer, K. (1990), Altenreport '90, Blätter der Wohlfahrtspflege 10 + 11: 262 ff.

Statistisches Amt der DDR (1990a), Kennziffernsammlung Sozialstatistik, Berlin.

Statistisches Amt der DDR (1990b), Übersicht über die regelmäßigen repräsentativen Bevölkerungsbefragungen des Statistischen Amtes der DDR, Berlin.

Timmermann, H. (1990) (Hg.), Lebenslagen - Sozialindikatorenforschung in beiden Teilen Deutschlands, Saarbrücken.

Wagner, G./J. Schupp (1990), Das Sozio-ökonomische Panel im sich einenden Deutschland, Arbeitspapier Nr. 326 des Sonderforschungsbereichs 3 'Mikroanalytische Grundlagen der Gesellschaftspolitik', Frankfurt/Mannheim.

Winkler, G. (1990a) (Hg.), Sozialreport '90, Berlin.

Winkler, G. (1990b) (Hg.), Frauenreport '90, Berlin.

Sozialwissenschaftliche Jugendforschung in der DDR

Walter Friedrich

Autoritäre Systeme haben zumeist ein sehr distanziertes und skeptisches Verhältnis zu exakten Sozialanalysen, besonders zu quantitativen empirischen Daten. Folglich auch zu den Datenproduzenten, also zu jenen Wissenschaftlern, die methodenbewußt und kritisch empirische Arbeiten leisten. Sie erscheinen den Herrschenden suspekt, werden ins Abseits gedrängt oder ständig diszipliniert, mit harten Sanktionen bedroht.

Dieses Verhältnis von Politik und Sozialwissenschaften resultiert aus der ideologischen Weltsicht der Politiker: Die Gesellschaft wie die Individuen sollen sich gemäß ihrer ideologischen Visionen und Dogmen entwickeln, sich ihnen immer mehr annähern, schließlich einen idealen Harmoniezustand erreichen. Eine Widerspiegelung der Realität, der Prozesse des wirklichen Lebens, wird nur dann als nützlich und notwendig erachtet, wenn damit auf Anpassungserfolge oder in den Augen der Politiker schlimmstenfalls auf einige Widersprüche, die 'im Voranschreiten' leicht korrigierbar erscheinen, verwiesen werden kann.

Der Sozialwissenschaftler soll nicht Unruhestifter sein (obwohl das gelegentlich auf Parteitagen proklamiert wurde), er hat Ruhestifter zu sein und seiner Legitimierungsfunktion, als Instrument der Partei, gerecht zu werden.

Je rigider, dogmatischer und machtbesessener der Herrschaftsstil praktiziert wird, desto härter wird dieses Funktionsmodell gegenüber den Sozialwissenschaften durchgesetzt. Das haben die Sozialwissenschaftler in der früheren DDR zu spüren bekommen. Die wissenschaftsablehnende Haltung des SED-Politbüros wurde in den letzten Jahren wohl nur vom Regime in Rumänien übertroffen.

1966 wurde das Zentralinstitut für Jugendforschung (ZIJ) in Leipzig gegründet. Die Gründung dieses Instituts fiel in die Phase einer gewissen politischen Öffnung gegenüber den Gesellschaftswissenschaften: Soziologie und Sozialpsychologie konnten sich Mitte der 60er Jahre nach heftigen und langwierigen Auseinandersetzungen etablieren, ihr Daseinsrecht gegenüber

Dogmatikern in Politik, Philosophie, Wissenschaftlichem Sozialismus behaupten. Der Jugend sollte damals mehr Aufmerksamkeit geschenkt werden. Man war sich ihrer besonderen Anpassungsfähigkeiten und Flexibilität sicher.

Außerdem war 1964 in München das Deutsche Jugendinstitut ins Leben gerufen worden. Dies war für manche Politiker ein zusätzlicher Grund, für ein 'Zentralinstitut für Jugendforschung' in der DDR einzutreten.

Das ZIJ hat von Anfang an eine Vielzahl von empirischen Jugenduntersuchungen organisiert. Einbezogen wurden Schüler, Studenten, Lehrlinge, junge Arbeiter, vorwiegend im Alter von 12 bis 25 Jahren. Wir haben uns vor allem den speziellen Lebenslagen, Lebensweisen und Mentalitäten der genannten Jugendschichten bzw. anderen demographischen Gruppen wie Landjugend, junge Eheleute, junge Intelligenz/Hochschulabsolventen etc. zugewandt.

Überwiegend haben wir mit der Methode der schriftlichen Befragung im Gruppenverband gearbeitet, jedoch auch andere soziologische Erhebungsmethoden angewandt. Diese Methodenpräferenz war vor allem finanzökonomischen Überlegungen geschuldet, doch bestärkte sie uns auch in der Bewertung der Zuverlässigkeit (der Glaubwürdigkeit) der gewonnenen empirischen Informationen. Die Anonymität konnte damit verläßlich gesichert werden. Die Ausfallquoten waren stets sehr gering, etwa um 1 v.H. bis 3 v.H.

Um eine gute wissenschaftliche Aussage- und Vergleichsfähigkeit der Forschungsergebnisse zu gewährleisten, haben wir uns bemüht, eine weitgehende Annäherung an die Repräsentanzkriterien in den einzelnen Jugendschichten zu erreichen. Wir haben die Untersuchungspopulationen entsprechend den vorhandenen Sozialstatistiken ausgewählt bzw. durch Gewichtungsverfahren eine Übereinstimmung mit den Kennziffern der betreffenden Grundgesamtheiten hergestellt. Gleichzeitig haben wir großen Wert auf standardisierte Forschungsinstrumente gelegt, zahlreiche Indikatoren, Indikatorbatterien, psychologische Tests in ihren Standardformen eingesetzt.

Die Hauptziele unserer Vergleichsforschungen waren:
1. Vergleiche zwischen den verschiedenen Schichten/Teilpopulationen der Jugend, also zwischen Schülern, Lehrlingen, Studenten, jungen Arbeitern/Angestellten in vielen Merkmalen ihres Denkens, Wertens und Verhaltens herzustellen. Die spezifischen Lebenslagen, Lebensweisen, Einstellungen und Probleme dieser Schichten wurden ja am ZIJ in speziellen Abteilungen untersucht. Die Forschungen dieser Abteilungen muß-

ten in bestimmtem Grade die Vergleichsfähigkeit der Ergebnisse sichern.
2. Zeitgeschichtliche Vergleichsstudien zu organisieren. Nicht nur einzelne Standard-Indikatoren und Tests, sondern auch größere Themenbereiche aus komplexen Untersuchungen wurden in gewissen, meist längeren Zeiträumen wiederholt, um historische Wandlungsprozesse in der Lebensweise und Mentalität von Jugendkohorten zu verfolgen. Ich nenne beispielsweise die vergleichenden Studentenstudien, die seit 1969 im Zehn-Jahres-Abstand wiederholt wurden. In *Student '69*, *Student '79*, *Student '89* wurden jeweils mehrere Tausend Studenten verschiedener Universitäten und Hochschulen einbezogen. Die 4. Untersuchung dieser Art haben wir bereits im Jahre 1990 durchgeführt, um die Wirkungen des gesellschaftlichen Umbruchs zu diagnostizieren. Erstmalig konnte ein Ost-West-Vergleich (mit StudentInnen aus Marburg und Siegen) arrangiert werden. Ebenfalls erwähnenswert sind die Studien zum Partner- und Sexualverhalten der Jugend aus den Jahren 1970, 1980, 1989/90, aber auch verschiedene Studien zum Wandel des politisch-ideologischen Bewußtseins der Jugend, ihrer Lebens- und Wertorientierungen, zu Veränderungen nationaler Stereotype u.a.
3. Biographische Entwicklungen durch Längsschnittstudien zu analysieren. Das ZIJ hat mehrere Längsschnittstudien, meist in Jahresintervallen und vorwiegend bei 12- bis 18jährigen Schülern, Lehrlingen/Gymnasiasten durchgeführt. Die erste sehr komplex angelegte Studie dieser Art wurde bereits 1968 bei über 1200 Leipziger Schülern aus 6. Klassen gestartet und sogar bis zum 24./25. Lebensjahr der identischen Population fortgeführt. Eine ähnliche Intervallstudie folgte 1980 bis 1985 mit teilweise vergleichbarer Methodik bei 12- bis 18jährigen. Seit 1985 werden zwei Kohorten ehemals 10- bzw. 12jähriger Schüler von uns begleitet, die sich jetzt in 10. Klassen bzw. in der Berufsausbildung befinden. Also Jugendliche der Übergangsgeneration, die die Endzeit der SED-Herrschaft, die politische Wende und nun die Integration in das neue Gesellschaftssystem unmittelbar miterlebt haben bzw. miterleben. Eine wohl einmalige Chance für die Jugendforschung.

Darüber hinaus wurden am ZIJ 1970 und 1982 zwei großangelegte Intervallstudien bei Studenten organisiert (begonnen kurz nach der Immatrikulation, bei Teilpopulationen bis Jahre nach dem Studium als postalische Befragung fortgeführt). Eine andere erstreckte sich über die ersten 5 Ehejahre bei jungen Eheleuten. Weitere Schülerpopulationen haben wir mit begrenzter Thematik über 2 bis 3 Jahre hinweg begleitet.

Zu einigen inhaltlichen Ergebnissen

Unsere zeitgeschichtlichen Vergleichsforschungen widerspiegelten ganz charakteristische Trendprozesse im Wertebewußtsein, in den politischen Identifikationen, den kulturellen Interessen, im Alltagsverhalten der DDR-Jugend.

Bis Mitte der 70er Jahre haben wir eine wachsende Akzeptanz der sozialistischen Werte und Ziele, eine zunehmende persönliche Identifikation mit der DDR und soziale Integration in diese Gesellschaft bei der Mehrheit der Jugendlichen beobachtet. Der Glaube an die Zukunftsfähigkeit der DDR, des sozialistischen Gesellschaftssystems überhaupt, herrschte vor, er war verknüpft mit der Bereitschaft, der politischen Weltinterpretation der eigenen Propaganda zu folgen. Zwar nicht unkritisch, aber eben in der gutgläubigen Hoffnung, die Überlegenheit des sozialistischen Systems werde sich schon noch erweisen, trotz aller zeitweiligen Rückstände und Mängel. Eine gewisse Negativwertung und Kritik westlicher Politik, besonders der Rüstungs- und Konfrontationspolitik, sowie mancher Symptome der Marktwirtschaft (Arbeitslosigkeit) war damit verbunden.

Danach stellte sich eine mehrjährige Stagnationsphase ein. Im politischen Bewußtsein der Jugend (sicher auch der erwachsenen Bevölkerung) ließen sich über längere Zeit keine klaren Trendprozesse diagnostizieren. Erst Ende der 70er/Anfang der 80er Jahre war eine Trendwende nicht mehr zu übersehen. In einzelnen Einstellungsbereichen/Wertorientierungen traten deutlich regressive Trends zutage. Nach 1986 verstärkten sich diese Trends ganz massiv und erfaßten immer mehr politische Wertbereiche. Ein Werteverfall wurde offensichtlich; er erreichte 1988/89 sein dramatisches Endstadium. Die *Tabellen 1-3* sollen der Veranschaulichung dieser Trends dienen.

Während sich in zahlreichen Untersuchungen übereinstimmend herausstellte, daß das ideologische Gebäude des Marxismus-Leninismus schon seit Ende der 70er Jahre merklich an Bedeutung verlor, als persönliche Lebensphilosophie von immer weniger Jugendlichen akzeptiert wurde, traten vergleichbare Regressionsprozesse bezüglich der Perspektive des Sozialismus und der DDR-Gesellschaft erst viel später, nach 1986, in Erscheinung.

Tabelle 1: Identifikation mit dem Marxismus-Leninismus (Lehrlinge). Angaben in v.H.

Zeitpunkt	Grad der Identifikation		
	voll-kommen	mit Einschränkung	kaum/überhaupt nicht
1975	46	40	14
1979	33	49	18
1981[1]	28	50	22
1985[1]	14	40	46
1988	13	46	41
1989 - Mai	9	35	56
1989 - Oktober	6	32	62

Anmerkung:
1) Nur männlich.

Tabelle 2: Identifikation mit der DDR vor der Wende (Lehrlinge). Angaben in v.H.

Zeitpunkt	Grad der Identifikation[1]		
	voll-kommen	mit Einschränkung	kaum/überhaupt nicht
1970	41	50	9
1975	57	38	5
1979	40	50	10
1983	46	45	9
1985	51	43	6
1986	48	46	6
1988 - Mai	28	61	11
1988 - Oktober	18	54	28
1989 - September[2]	16	58	26
1989 - Oktober	15	60	25

Anmerkungen:
1) Bis 1979 lautete der Standardtext "Ich bin stolz, ein Bürger unseres sozialistischen Staates zu sein"; ab 1983: "Ich fühle mich mit der DDR eng verbunden". Ein Vergleich ist nur bedingt möglich.
2) Nur männlich.

Tabelle 3: Einstellung zur historischen Perspektive des Sozialismus. Angaben in v.H.

"Der Sozialismus wird sich in der ganzen Welt durchsetzen".

Zeitpunkt	Grad der Zustimmung		
	voll-kommen	mit Einschränkung	kaum/überhaupt nicht
Lehrlinge			
1970	46	36	18
1975	63	28	9
1979	50	35	15
1983	47	45	8
1984	50	42	8
1988	10	32	58
1989 - Oktober	3	27	70
Schüler 8.-10. Klasse			
1979	45	40	15
1988	9	31	60
Studenten			
1975	78	20	2
1989	15	39	46

Wie sich dann allerdings im Jahre 1989 die psychische Befindlichkeit der Jugend darstellte, davon vermittelt die *Tabelle 4* einen Eindruck.

Der weitaus größte Teil der Jugend hatte kein Vertrauen, keine Solidarität mehr zu dieser Gesellschaft, fühlte sich nicht mehr heimisch, war geistig bereits emigriert; immer mehr taten es auch praktisch, suchten nach einem Fluchtweg.

Seit mindestens Mitte der 70er Jahre konnten wir jedoch auch in anderen, sehr ich-zentralen Mentalitätsbereichen starke Wandlungsprozesse feststellen. Unsere Vergleichsuntersuchungen signalisierten ein deutliches Anwachsen der Bedürfnisse/Ansprüche nach Selbstbestimmung, Unabhängigkeit, nach Selbstgestaltung des eigenen Lebens, nach kritischer Distanz von formellen Autoritäten und unglaubwürdig erscheinenden Medien bzw. Medieninformationen bei den jungen Leuten. Die eigene Individualität, die selbständige Bewertungs- und Entscheidungskompetenz wurden betont sowie gegen Bevormundung und soziale Widerstände durchzusetzen versucht.

Tabelle 4: Persönliche Erfahrungen Jugendlicher im Alltag der DDR (Lehrlinge, September 1989). Angaben in v.H.

"Wie oft haben Sie selbst in den letzten Jahren die folgenden Erfahrungen gemacht?"

	sehr oft	oft	ab und zu	selten/ nie
Ich habe die Erfahrung gemacht:				
daß meine ehrliche Meinung in der Gesellschaft gefragt war	13	20	30	37
daß sich hohe Leistungen für die Gesellschaft auch für mich selbst ausgezahlt haben	11	26	32	31
daß die Gesellschaft mir Vertrauen schenkte und Verantwortung übertragen hat	9	24	35	32
daß mein Beitrag zur Entwicklung der DDR gebraucht wurde	5	17	31	47
daß ich Einfluß auf gesellschaftliche Entscheidungen hatte	3	14	27	56
daß der Marxismus-Leninismus mir Antworten auf wichtige Lebensfragen gegeben hat	2	12	27	59

Mitte der 80er Jahre traten diese Ansprüche verstärkt und profilierter hervor. Zweifellos ist darin eine wichtige psychische Komponente des politischen Widerstandes, des aktiven Herbeiführens der Wende und des überraschend schnellen Zusammenbruchs der Strukturen des SED-Regimes zu sehen.

Auch das Bedürfnis nach Lebensgenuß und Spannung, nach Reisen, Geltung, Abenteuern, nach Liebesglück und Sexualgenuß wird seit Mitte der 70er Jahre von jungen Leuten intensiver erlebt. Ein Trend zu hedonistischer Lebensauffassung ist unverkennbar. Kommt hier ein zeitlich um 10 Jahre verspäteter Wertewandlungsschub von materialistischen zu postmaterialistischen Werten zum Ausdruck?

Man darf sich die Antwort nicht zu leicht machen. Einerseits haben sich tatsächlich die Strebungen nach Selbstentfaltung, Emanzipation, Gleichberechtigung, nach Selbst- und Mitbestimmung ebenso wie die nach Lebensgenuß und spannenden Erlebnissen in den vergangenen 15 Jahren viel stärker ausgeprägt. Andererseits ist aber auch das Streben nach materiellen Werten, nach harter Währung und privatem Besitz wertvoller Konsumgüter in der DDR der 80er Jahre nachweisbar stark angestiegen. Zweifellos ein Resultat der lange ertragenen Mangelwirtschaft, die keine Aussichten auf grundlegende Veränderungen bot, sowie des prosperierenden Wohlstands im anderen Teil Deutschlands, an dem man ja den eigenen Lebensstandard maß.

Das Streben nach Wohlstand und materieller Sicherheit dürfte gegenwärtig eine ganz dominante Funktion im Bewußtsein und in der Lebensgestaltung der ostdeutschen Jugend/Bevölkerung besitzen. Gleichzeitig ist aber auch der Lebenswert 'Arbeit', der intrinsische Bezug zu ihr, vor allem in den letzten zwei Jahren beträchtlich angestiegen. Die materiellen Bedürfnisse können hauptsächlich nur über qualifizierte und angestrengte Arbeit befriedigt werden. Die Unsicherheit des Arbeitsplatzes erhöht zusätzlich die persönliche Wertschätzung der Arbeit.

Die Wertetrends lassen sich also nicht einfach auf das Übergangsschema von materialistischen zu postmaterialistischen Werten reduzieren. Der Wertewandel unter den Lebensverhältnissen der ehemaligen DDR wie der neuen Bundesländer verlief und verläuft in sehr komplexen und durchaus spezifischen Strukturen. Er verdient eine differenzierte soziologische wie psychologische Analyse.

Man darf gespannt sein, wie sich diese Wertetrends bei Jung und Alt in den ostdeutschen Ländern weiter entwickeln werden. Die Erfahrungen mit der Marktwirtschaft (voraussichtlich bald über vier Millionen Arbeitslose), wie auch mit den neuen politisch und ökonomisch Mächtigen, mit mangelnder Gleichberechtigung und wachsenden sozialen Ungleichheiten, mit enormen Differenzen zwischen West- und Ostdeutschland, sind für die Bürger in den neuen Bundesländern höchst problematisch und schwer zu verkraften. Wie sie künftig darauf reagieren werden, welche Folgen dies für ihre Mentalitätsentwicklung haben wird, bleibt abzuwarten. Es scheint, daß größere soziale Konflikte und Proteste vorprogrammiert sind.

Nach der Wende eröffneten sich dem ZIJ ganz neue Arbeitsmöglichkeiten und Perspektiven. Die Untersuchungen konnten jetzt inhaltlich so konzipiert und gestaltet werden, wie die Forscher es für richtig hielten. Es gab

Übersicht 1: Repräsentative Meinungsumfragen des ZIJ zwischen November 1989 und Dezember 1990.

Umfrage	Zeitpunkt	Gesamtzahl der Befragten
M 1	Ende November 1989	ca. 1500
M 2	Anfang Februar 1990	ca. 1800
M 3	Anfang März 1990	ca. 1300
M 4	Ende April 1990	ca. 1400
M 5	Mitte Juni 1990	ca. 1300
M 6	Ende Juli 1990	ca. 1200
M 7	Mitte August 1990	ca. 1300
M 8	Ende September 1990	ca. 1200
M 9	Ende November/ Anfang Dezember 1990	ca. 1350

keine Tabuthemen mehr, Vorschriften und Anweisungen von der politischen Zentrale blieben aus. Forschungsergebnisse konnten ohne politische Zensur veröffentlicht werden. Mit Kollegen aus den westdeutschen Bundesländern wurden schon Anfang 1990 gemeinsame Forschungsprojekte vereinbart und noch im selben Jahr realisiert (z.B. mit Kollegen der Universitäten Bielefeld, Siegen, Marburg, vom Deutschen Jugendinstitut München).

Auch der repräsentativen Meinungsforschung stand nichts mehr im Wege - nur an den finanziellen Mitteln mangelte es. Mit Unterstützung des Leipziger Marktforschungsinstituts organisierten wir bereits Ende November '89 unsere erste DDR-repräsentative Meinungsumfrage zu politischen Themen. Bis Dezember '90 folgten acht weitere Umfragen, die wir teilweise mit spezielleren Jugendstudien verknüpft haben, wie *Übersicht 1* zeigt.

In mehrere Umfragen wurden darüber hinaus zusätzliche Jugendpopulationen einbezogen:

M 1: 1200 Schüler 10. Klassen
     1500 Lehrlinge
     1100 Studenten
M 2: 1450 Schüler 10. Klassen Lehrlinge und Studenten

M 4:   725 Schüler 10. Klassen
       650 Lehrlinge
       650 Studenten
Die Umfragen waren repräsentativ für die Merkmale:
- Altersgruppen
- Geschlecht
- Ortsgröße
- Bezirke der ehemaligen DDR
- soziale Gruppen (soweit objektive Parameter vorhanden).

Tabelle 5: Ausprägung des Zukunftsoptimismus im Trend seit Jahresbeginn 1990. Angaben in v.H.

"Wie sehen Sie Ihre persönliche Zukunft?"
1 = optimistisch
2 = eher optimistisch als pessimistisch
3 = eher pessimistisch als optimistisch
4 = pessimistisch

Zeitpunkt	1	2	(1+2)	3	4
Gesamtbevölkerung 15/18-65 Jahre					
M 2	23	39	(62)	30	8
M 3	33	40	(73)	22	5
M 4	36	40	(76)	20	4
M 5	34	38	(72)	22	6
M 6	34	36	(70)	22	8
M 7	38	34	(72)	19	9
M 8	36	37	(73)	20	7
M 9	29	42	(71)	23	6
Jugendliche 15-24 Jahre					
M 2	30	41	(71)	26	3
M 3	35	41	(76)	17	7
M 4	34	47	(81)	16	3
M 5	38	41	(79)	18	3
M 6	34	42	(76)	19	5
M 7	45	38	(83)	11	6
M 8	40	46	(86)	11	3
M 9	34	50	(84)	12	4

Auch im Rahmen der Meinungsforschung haben wir uns bemüht, mit Hilfe von methodischen Standards zeitgeschichtliche Wandlungsprozesse präzis abzubilden. Hier soll nur beispielhaft auf den Wandel der Zukunftseinstellung der Gesamtbevölkerung sowie der Jugendkohorte im Jahre 1990 verwiesen werden (vgl. *Tabelle 5*).

Nach dem Zusammenbruch des realsozialistischen Systems und den daraus resultierenden Unsicherheiten, den turbulenten Ereignissen Ende 1989, hat sich bereits ab März 1990 ein bestimmtes Optimismus-Niveau der individuellen Zukunftseinstellung eingepegelt, das danach nur geringfügigen Schwankungen unterlag. Ein kleiner Zuwachs deutet sich im August 1990 (M7) an, vielleicht durch intensive Urlaubserlebnisse - erstmalig mit der DM an bisher unerreichbaren Orten - bedingt. Junge Leute sind durchweg etwas optimistischer als ältere Jahrgänge, was sich aus ihrer weiten Lebensperspektive ergibt. Allerdings lassen besonders die Ergebnisse der letzten Umfrage auf eine beginnende Optimismus-Regression schließen. Sollte sich dies künftig bestätigen, könnte der Grund dafür nur in der Verschlechterung der objektiven Lebenslage der Bevölkerung in den neuen Bundesländern gesucht werden.

Das Zentralinstitut für Jugendforschung wurde am 31.12.1990 aufgelöst. Es fiel einer politischen Entscheidung zum Opfer. Jedenfalls ist es nicht wegen eines Mangels an Produktivität (den konnte ihm niemand vorwerfen), noch wegen eines Mangels an Forschungsaufgaben geschlossen worden.

Die Probleme, die das Hineinwachsen der ostdeutschen Jugend in das neue Wirtschafts- und Sozialsystem des geeinten Deutschlands mit sich bringt, hätten es verdient, durch ein erfahrenes, mit Insider- und Systemwissen ausgerüstetes Forscherteam systematisch analysiert zu werden.

Sozialstrukturforschung in der DDR - ein Rückblick

Manfred Lötsch

Die soziologische Beschäftigung mit dem Thema 'Sozialstruktur' begann in der DDR Ende der sechziger/Anfang der siebziger Jahre. Ihr war (sowohl im zeitlichen als auch im thematisch-logischen Sinne) der Versuch vorausgegangen, das Thema 'Organisation' soziologisch aufzuarbeiten (vgl. dazu auch den Beitrag von Aßmann in diesem Band). Aus der begründeten Annahme heraus, daß Themen wie 'Entscheidungsprozesse', 'Kompetenzverteilung' etc. zunächst besser nicht im gesamtgesellschaftlichen Kontext angegangen werden sollten, wählten wir unter dem Oberbegriff 'Organisation' zunächst die betriebliche Perspektive - wohl auch in der Annahme, daß die seinerzeit versuchte Etablierung einer 'marxistisch-leninistischen 'Organisationswissenschaft' solchen Versuchen einen gewissen Spielraum böte (vgl. als 'gescheiterten' Versuch: Lötsch/Meyer 1970). Mit den zentralen Begriffen 'Struktur und Funktion' als Organisationsprinzipien' war bereits abgesteckt, daß der betriebliche Blickwinkel durch einen übergreifenden, auf das gesellschaftliche Ganze gerichteten Gesichtspunkt zumindest ergänzt werden müßte.

Es ist heute schwer zu beurteilen, ob im auszustehenden 'Druckgenehmigungsverfahren' Borniertheit oder eine Art verquerer Weitsicht die ausschlaggebende Rolle spielte; jedenfalls kam es wohl zum Druck des Textes, aber nicht zu seiner Auslieferung. Wenn auch auf sanfte Weise und ohne persönliche Konsequenzen für die Autoren mußte das Manuskript, um mit *Marx* zu sprechen, "der nagenden Kritik der Mäuse" überlassen werden. In der Sache waren damit schon entscheidende Tabuzonen abgesteckt: Entscheidungsprozesse, hinter denen sich allemal Machtstrukturen verbergen, konnten einer soziologischen Durchleuchtung (was per se empirische Betrachtungen einschließt) nicht überlassen werden. In erstaunlicher Naivität meinte ich damals, mit dem Thema 'Sozialstruktur' ein ideologisch weniger belastetes Thema aufgreifen zu sollen, was sich schnell genug als Irrtum herausstellte. Auch dieses Thema hatte zu Macht, Herrschaft und Herrschaftslegitimation genügend Berührungspunkte.

1. Das konzeptionelle Dilemma: Was soll Sozialstrukturforschung erklären?

Das Dilemma zeigte sich in zumindest zwei fortwährend diskutierten Streitfragen.

Erstens: Soll die 'Klassenstruktur der sozialistischen Gesellschaft' das übergreifende Themenfeld der Sozialstrukturforschung abgeben - oder geht es eher um die Analyse sozialer Unterschiede in ihren quantitativen Ausmaßen und qualitativen Determinanten?

Zweitens: Soll eine soziologische Legitimation der Machtverhältnisse abgeliefert werden (ideologisch verklärt als 'führende Rolle der Arbeiterklasse' etc.) - oder geht es darum, die reale Funktionsweise der (sozialistischen) Gesellschaft aufzuhellen? Die konzeptionellen Gegensätze manifestieren sich im Spannungsfeld solcher Leitbegriffe wie 'Klassenstruktur' oder 'funktionale Strukturen im Kontext der gesellschaftlichen Arbeitsteilung' (vgl. Autorenkollektiv 1980) oder 'Annäherung der Klassen und Schichten' versus 'Reproduktion funktional wirkender sozialer Unterschiede' (darauf wird weiter unten näher eingegangen).

2. Der Ansatz "zwei + 1 + S"

In offiziellen (und diesen nahestehenden) Darstellungen erschien die Sozialstruktur der sozialistischen Gesellschaft, spartanisch einfach, als gesellschaftliche Gliederung nach 'zwei Klassen + einer Schicht': der 'Arbeiterklasse', der Klasse der 'Genossenschaftsbauern' und der 'sozialen Schicht der Intelligenz' (vgl. Autorenkollektiv 1988); Handwerker, Gewerbetreibende etc. wurden summarisch als 'Sonstiges (S)' gefaßt. Dieses 'Modell' weist zumindest fünf grundlegende methodologische Defekte auf.

Erstens zeichnet es sich durch eine geradezu spartanische Einfachheit aus, indem es versucht, die Sozialstruktur einer modernen Gesellschaft (die der Sozialismus in einer gewissen Hinsicht ja doch war) mit einem Modell abzubilden, das der Komplexität und Kompliziertheit des Gegenstandes in keiner Weise gerecht wird.

Zweitens ist seine Legitimationsfunktion offensichtlich. Im Kontext des Postulats von der 'führenden Rolle der Arbeiterklasse' kamen soziale Gruppen, die in der Tat 'führende Rollen' innehatten, einfach nicht vor oder wurden ideologisch verhüllt - wie etwa mit dem Postulat, den politischen Apparat der Partei (und hier nur der SED) als 'Teil der Arbeiterklasse'- zu deklarieren.

Drittens beruhte das Modell auf einigen anachronistischen Grundannahmen:
- der Behauptung, die Arbeiterklasse sei nicht nur die 'politische und soziale Hauptkraft der sozialistischen Gesellschaft', sondern ebenso auch die der wissenschaftlich-technischen Revolution (auf die praktischen Konsequenzen dieses Dogmas wird noch zurückzukommen sein);
- der Behauptung, die 'Klasse der Genossenschaftsbauern' sei der 'Hauptbündnispartner der Arbeiterklasse' - was über die bloße ideologische Unsinnigkeit hinaus die Konsequenz hatte, daß die 'soziale Schicht der Intelligenz' auch handfest praktisch an die dritte Stelle der gesellschaftlichen Wertehierarchie geriet.

Viertens ist das Modell im methodologischen Sinne ein eklatanter Verstoß gegen die Grundregel der konzeptionellen Äquivalenz, weil es offensichtlich zwei sehr verschiedenartige Strukturprinzipien vermischt: Während sich die beiden 'Klassen' immerhin noch insofern nach der Stellung zum Eigentum an den Produktionsmitteln voneinander unterscheiden lassen, als die 'Klasse der Genossenschaftsbauern' tatsächlich auf einer spezifischen Eigentumsform beruht, unterscheidet sich die 'soziale Schicht der Intelligenz' von beiden Klassen auf eine völlig andere Weise; allgemein gesprochen nach ihrer spezifischen Funktion in der gesellschaftlichen Arbeitsteilung oder, was die besondere Gruppe der 'Intellektuellen' angeht, nach ihrer spezifischen Funktion im Gefüge von Basis und Überbau. "Der verbreitetste methodische Fehler", schrieb *Gramsci* (1980) schon Anfang der dreißiger Jahre, "scheint mir zu sein, daß dieses Unterscheidungsmerkmal in der Spezifik der intellektuellen Tätigkeiten gesehen wurde (in der soziologischen Literatur der DDR dann oft als 'vorwiegend geistige Arbeit' trivialisiert; Anm. d. Verf.) und nicht im ganzen System der Beziehungen, in dem sie und damit die Gruppen, die sie repräsentieren, als Teil des Gesamtkomplexes der gesellschaftlichen Beziehungen ihren Platz finden". Mit der Zusammenfassung zweier 'Klassen' und einer Schicht in *einem* Strukturmodell, das obendrein in der Summe 100 ergeben soll (was, wie der Kenner entsprechender Bräuche weiß, zu endlosen Zuordnungs- und Abgrenzungsdebatten geführt hatte) vermischen sich, um mit *Marx* zu sprechen: Notariatsgebühren, rote Rüben und Musik; das Modell ist konzeptioneller Eklektizismus.

Fünftens schließlich ist der Ansatz auch im quantitativen Sinne kurios: Während die Arbeiterklasse 75-80 v.H. der Berufstätigen umfassen soll (Nichtberufstätige kamen im Modell interessanterweise überhaupt nicht vor!), teilten sich die anderen Gruppierungen in die verbleibenden 20-25 v.H. (vgl. Autorenkollektiv 1988; Lötsch/Lötsch 1989).

3. Die Tabus

Wie erwähnenswert statistisch-quantifizierende Kontroversen auch immer sein mögen - die entscheidenden Defekte des Ansatzes 'zwei Klassen, eine Schicht' liegen auf anderen Ebenen: Defizitär ist nicht so sehr, was geschrieben, sondern was verschwiegen wurde. Es soll hier offenbleiben, ob sich die Soziologie westlicher Länder diesem Thema immer mit hinreichender Deutlichkeit genähert hat: Wer im Glashaus sitzt, soll nicht mit Steinen werfen. In der Soziologie der DDR kam 'Macht' als Analysegegenstand nicht vor; allerdings hielten sich auch Verklärungen ideologischer Art in einigermaßen vertretbaren Grenzen.

Andererseits konnte eine absolute Tabuisierung derart wesentlicher Strukturdimensionen nicht einfach hingenommen werden. Ein Versuch, diesen Strukturaspekt doch noch irgendwie in soziologische Modelle zu integrieren, bediente sich der Begrifflichkeit 'gesellschaftliche Arbeitsteilung' (vgl. Autorenkollektiv 1980), in welchem Kontext 'Macht' dann als 'vertikale Arbeitsteilung' umschrieben wurde. Wenn diese Darstellungsweise auch von einer realen Betrachtung gegebener Machtverhältnisse um einiges entfernt war, so war sie doch immerhin wirklichkeitsnäher als postulierte Darstellungen von Machtstrukturen als 'Klassenmacht der Arbeiter im Bündnis mit den werktätigen Bauern'.

Ein zweites wesentliches Tabufeld hängt mit dem Gesamtkomplex sozialer Ungleichheit zusammen. Wie man weiß, wurde der 'reale Sozialismus' formationstheoretisch als 'erste Phase der kommunistischen Gesellschaftsformation' definiert, was neben anderem zur Folge hatte, daß entsprechende

Ziel- und Entwicklungskriterien auf die gegebenen gesellschaftlichen Zustände übertragen wurden. Wenn nun erstens der Kommunismus als Gesellschaft definiert wird, in der soziale Gleichheit bestehen wird, und zweitens der Sozialismus als 'erste Phase der kommunistischen Gesellschaftsformation', dann muß logischerweise der Grad des gesellschaftlichen Fortschritts im Grad der Annäherung an diese zweite Phase gesehen werden. Was bis hierhin noch ziemlich geschichtsphilosophisch erscheinen mag, hatte durchaus sehr reale praktische Konsequenzen. Sozialstrukturell galt dann folgerichtig das Maß an Unterschiedslosigkeit als Maß des gesellschaftlichen Fortschritts und erschien umgekehrt die Entfernung von dieser 'zweiten Phase der Formation' als um so größer, je tiefer und umfassender bestehende soziale Unterschiede waren.

Andererseits wurden etliche durchaus ernstgemeinte Versuche unternommen, dem Leistungsprinzip, damit auch dem Prinzip der Verteilung nach der Leistung, Geltung zu verschaffen (vgl. Autorenkollektiv 1980). Sie blieben, wie man weiß, durchwegs im Vorfeld stecken, und dies aus mehreren Gründen.

Ein erster und augenscheinlich auf der Hand liegender Grund hängt mit dem Grad der Einsichtsfähigkeit der Träger entsprechender Entscheidungsprozesse zusammen. Wie inzwischen deutlich wurde, hatte sich das Weltbild der politischen Führungsspitze dieses Landes etwa in den zwanziger Jahren als ein Konglomerat simplifizierter Klassenkampfvorstellungen herausgebildet und seitdem nicht wesentlich verändert. Tragende Säulen dieses Weltbildes waren:
- vereinfachte Gleichheitsvorstellungen im Sinne der Feindseligkeit und Ablehnung gegenüber Lebensstilen, die mit der Vorstellung 'proletarischer' Einstellungen und Verhaltensmuster nicht übereinstimmten;
- die Erhebung der Arbeiterklasse zur 'gesellschaftlichen Hauptkraft', auch zur 'Hauptkraft des wissenschaftlich-technischen Fortschritts'; und schließlich
- ein tief verwurzeltes Mißtrauen gegenüber der Intelligenz als sozialer Schicht und gegenüber dem Intellektuellen als Verhaltenstypus.

Es ist nicht zufällig, daß sich die Konflikte in den siebziger Jahren anbahnten und in den achtziger zuspitzten. Mit der 'Arbeiterklasse als Hauptkraft' ließen sich Prozesse vorwiegend extensiven Wirtschaftswachstums noch leidlich bewältigen; d.h. Prozesse, die weniger von Innovationsfähigkeit etc. abhingen, sondern eher vom extensiven Einsatz an Zeit und Kraft. Mit geradezu zwingender Logik bahnte sich die Krise der DDR an und spitzte sich zu, als es darum gegangen wäre, andere Wachstumsfaktoren zu mobilisieren: Innovationsfähigkeit, Einfallsreichtum, kritische Grundhaltung gegenüber Verfahren, Techniken etc., die sich jahrzehntelang 'bewährt' hatten. In dieser Phase, als es darum gegangen wäre, ein neues wirtschaftliches Wachstumsmodell und mit ihm ein neues Gesellschaftskonzept zu bewältigen, traten zumindest folgende strukturell-funktionale Grunddefekte deutlich hervor:

Erstens erwies es sich, daß mit dem Mittel der 'zentralen Planung und Leitung' der dann 'intensiv-erweiterte Reproduktion' genannte Wachstumstyp nicht beherrscht werden konnte.

Zweitens wurde deutlich, daß ein anderer Wachstumstyp das Schwergewicht auf andere soziale Träger verlagert - während sowohl gesellschaftstheoretisch als auch praktisch-politisch versucht wurde, Innovationsfähigkeit und neue Wachstumsschübe in erster Linie mit der 'Hauptkraft Arbeiterklasse' zu erzeugen.

Drittens traten die verhängnisvollen Konsequenzen einer gleichmacherischen, auf Nivellierung gerichteten Gesellschaftskonzeption und Sozialpolitik nun endgültig hervor: Mit einer Intelligenz, die sich so weitgehend wie irgend möglich an die Arbeiterklasse angenähert haben sollte, waren die erforderlichen Einstellungen und Verhaltensweisen nicht hervorzubringen.

Viertens schließlich gehörte zu den Defiziten im Kontext 'Verletzung des Leistungsprinzips' auch das fast völlige Fehlen von Sanktionen gegenüber Leistungsverweigerungen oder anderen Formen des Fehlverhaltens. Das Arbeitsrecht der DDR war, jedenfalls in seiner praktischen Anwendung, in der Grundtendenz parteilich zugunsten des 'Werktätigen'. Eine Folge davon war, daß sich beispielsweise in wissenschaftlichen Einrichtungen (dabei vor allem gesellschaftswissenschaftlichen) eine beträchtliche Konzentration von Mittelmäßigkeit herausbilden konnte. Zu den Merkwürdigkeiten in der Auslegung des 'Leistungsprinzips' gehörte auch, daß in politiknahen Bereichen der Wissenschaft ein (wirklicher oder vermeintlicher) Fehler härter bestraft als eine Leistung belohnt wurde. Was zur Folge hatte, daß sich im Zweifelsfalle Gesellschaftswissenschaftler lieber zurückhielten, anstatt etwa mißliebige Thesen zu riskieren. Bei Themen, die (wie eben 'Sozialstruktur') durch Politik besetzte Gebiete besonders berührten, galt dies natürlich um so mehr.

4. Versuch eines neuen sozialstrukturellen Ansatzes Mitte der achtziger Jahre

Im Laufe der Zeit hatte die theoretische und empirische Beschäftigung mit dem Thema 'Sozialstruktur' zumindest folgende verallgemeinerte Einsichten hervorgebracht:

Erstens: Das Modell 'zwei Klassen + eine Schicht' war nicht operationalisierbar zu machen. Dies nicht nur wegen seiner Nähe zur Ideologie, sondern (was damit zusammenhängt) weil es sich nicht als adäquates Abbild von Wirklichkeit anwenden ließ. Neue sozial-strukturelle Ansätze konnten nicht als eine Modifikation dieses Modells entwickelt werden; sie waren auf grundsätzlich anderen Wegen zu suchen.

Zweitens: Wenn die ideologische Vorstellung von der Arbeiterklasse als der 'politischen und sozialen Hauptkraft der sozialistischen Gesellschaft' schon nicht grundsätzlich in Frage gestellt werden konnte, so konnte zumindest ein konzeptioneller Ansatz gesucht werden, der ohne dieses 'Paradigma' auskam.

Drittens: Wenn auch soziale Gleichheit als ein durchaus wünschenswertes Ziel angesehen werden kann, so muß doch theoretisch und praktisch-sozialpolitisch genauer bestimmt werden, was darunter zu verstehen sein soll und was nicht. Es erwies sich als grundsätzlich erforderlich, dieses Ziel von Simplifizierungen strikt zu trennen - vor allem von Konzepten, wie sie aus der sowjetischen Gesellschaftswissenschaft und der dortigen gesellschaftlichen Praxis, wenn auch in dieser oder jener Hinsicht modifiziert, herübergekommen waren. 'Gleichheit', so unser Grundgedanke, ist etwas völlig anderes als soziale Gleichförmigkeit; in der sowjetischen Literatur gefaßt als 'odnorodnost', wofür 'Gleichförmigkeit' eine sehr viel genauere Übersetzung ist.

Diese Grundüberlegungen bildeten den Hintergrund für das nachfolgend skizzierte und Mitte der achtziger Jahre in die Diskussion eingebrachte Modell (vgl. Lötsch/Lötsch 1985).

Soziale Unterschiede sind eine vielschichtige und mehrdimensionale Erscheinung. Ihre wissenschaftliche Klassifikation und gesellschaftspolitische Behandlung muß davon ausgehen, daß sich innerhalb der Gesamtheit sozialer Verschiedenartigkeiten unterschiedliche Qualitäten bestimmen lassen, denen zwei sehr unterschiedliche Kriteriensysteme zugrunde liegen.

Nach dem *Kriterium der sozialen Gerechtigkeit* lassen sich zunächst Unterschiede finden, die diesem Kriterium nicht entsprechen: Differenzierungen, die nicht aus dem Prinzip der 'Verteilung nach der Leistung' (Leistungsprinzip) hervorgehen, sondern aus anderen Determinanten. In diesem Kontext muß 'Armut' (die es zumindest als relative Armut in der DDR gegeben hat) als ein strukturelles Phänomen angesehen werden, das sich mit selbstgesteckten Zielen einer sozialistischen Gesellschaft nicht vereinbaren läßt. Soziale Unterschiede, so die Argumentationslinie, die einerseits sozialen Grundwerten und andererseits dem Ziel, eine attraktive Alternative zu westlichen Gesellschaftsmodellen hervorbringen zu wollen, nicht entsprechen, müssen zielstrebig verringert werden. Die einzige Begrenzung, der dieses Ziel unterliegen kann, ergibt sich aus den wirtschaftlichen Möglichkeiten.

Die strukturellen Kriterien, die hier anzulegen wären, sind: das Maß an struktureller Konsistenz (d.h. des Zusammenfallens mehrerer ungünstiger Aspekte der Lebenslage, wie z.B. schwere körperliche Arbeit, geringe Entlohnung, geringe Mobilitätschancen, schlechte Wohnbedingungen, niedrige fachliche Qualifikation etc.) und das Maß der Unterschiede selbst (wie z.B. Ausmaße von Einkommensunterschieden, Ausmaße von Unterschieden in den Wohnbedingungen etc.).

Nach dem Kriterium der *Funktionalität des Gesamtsystems* ergibt sich ein anderer Blickwinkel. Hier ist zunächst zwischen einer funktionalen und disfunktionalen Wirkungsweise sozialer Unterschiede zu differenzieren. Soziale Unterschiede wirken funktional, wenn sie übergreifende 'Systemfunktion' erfüllen - und sie wirken disfunktional, wenn sie diesen widersprechen.

Daraus folgt weiterhin, daß die Bewertung sozialer Unterschiede übergeordnete Bezugssysteme voraussetzt: Was aus der Sicht vereinfachter Gleichheitsvorstellungen wünschenswert erscheinen mag (wie etwa ein möglichst geringes Ausmaß sozialer Unterschiede in jeder Hinsicht), kann sich aus der Sicht der Systemfunktion 'Innovationsfähigkeit' als disfunktional erweisen. Nicht nur Verletzungen des Leistungsprinzips, sondern beispielsweise auch Mechanismen der sozialen Mobilität, die eine 'Eigenreproduktion der sozialen Schicht der Intelligenz' verhindern und damit die Formierung einer wissenschaftlichen oder im weiteren Sinne intellektuellen Leistungsspitze, ohne die, wie man inzwischen weiß, gesellschaftliche, wirtschaftliche und wissenschaftlich-technische Innovationsprozesse nicht hergestellt werden können.

Folgerichtig ergibt sich, so das Konzept, als Zielkriterium das der 'Transformation disfunktionaler Unterschiede in funktionale', etwa in Gestalt der Bildung echter Leistungseliten anstelle nicht mit Leistung zusammenhängender politischer 'Eliten' (die genauer als Scheineliten zu bestimmen wären).

Dieses Konzept wurde in der DDR-Soziologie selbst nur partiell zur Kenntnis genommen und, was nicht verwunderlich sein kann, in der gesellschaftspolitischen Praxis vollständig ignoriert. Es wurde hier lediglich erwähnt, um zu zeigen, daß es in der Soziologie der DDR durchaus Ansätze gegeben hat, die sich mit der Formel einer bloß 'legitimistischen' Funktion der DDR-Soziologie nicht angemessen beurteilen ließen.

Heute wissen wir, daß solche Ansätze noch wichtiger waren, als sie uns selbst seinerzeit erschienen. Es ist das Scheitern der DDR selbst, das nachträgliche Bewertungsmaßstäbe hinzugefügt hat. Was dieses Ereignis angeht (eben das Scheitern der DDR), so stellen politische Defekte (deren Gewicht nicht bestritten werden soll) lediglich die Spitze des Eisberges dar. Politische Unzufriedenheit an sich, d.h. Unzufriedenheit mit politischen Verhältnissen und Strukturen, ist immer eine minoritäre Angelegenheit. Unzufriedenheit wird zur Massenerscheinung und erzeugt Massenbewegungen, wenn sie aus alltäglichen Lebensverhältnissen hervorgeht. Insofern läßt sich das Scheitern der DDR, über nur politische und politologische Deutungen hinaus, in einer Art Kausalkette darstellen:

* Nivellierte soziale Strukturen erzeugen ein Defizit an Leistungsorientierungen;
* Defizitäre Leistungsorientierungen erzeugen (zusammen mit Defekten im Wirtschaftsmechanismus generell) defizitäre Entwicklungen hinsichtlich Wirtschaftswachstum, Innovationsfähigkeit etc.;
* Über kurz oder lang wirken sich solche Defizite im sozialen Alltag aus, alles in allem als 'Mangelwirtschaft', vor allem hinsichtlich solcher Güter, die ohne innovative Wirtschaftsmechanismen und -strukturen nicht zu haben sind (nicht zufällig entzündeten sich viele alltägliche Unzufriedenheiten an solchen Dingen wie endlosen Warteschlangen für einen PKW etc.).

So hat, alles in allem, der 'reale Sozialismus' in der DDR (und weit über sie hinaus) *Marx* auf verquere Weise bestätigt, der die Entwicklung der Produktivkräfte "eine absolut notwendige praktische Voraussetzung" nannte, "weil ohne sie nur der Mangel verallgemeinert, also mit der Notdurft auch der Streit um das Notwendige wieder beginnen ... müßte" (Marx/Engels 1962: 34 f.).

Literatur

Autorenkollektiv (1980), Gesellschaftliche Arbeitsteilung und Sozialstruktur, Thematische Information und Dokumentation der Akademie für Gesellschaftswissenschaften beim ZK der SED, Berlin.
Autorenkollektiv (1988), Sozialstruktur der DDR, Berlin.
Gramsci, A. (1980), Zu Politik, Geschichte und Kultur, Leipzig.
Lötsch, I./M. Lötsch (1985), Soziale Strukturen und Triebkräfte. Versuch einer Zwischenbilanz und Weiterführung der Diskussion, Jahrbuch für Soziologie und Sozialpolitik: 159 ff.
Lötsch, I./M. Lötsch (1989), Kontinuität und Wandel in der Sozialstrukturforschung der DDR, Jahrbuch für Soziologie und Sozialpolitik: 231 ff.
Lötsch, M./H. Meyer (1970), Organisation, Berlin (Gedruckt und in der gesamten Auflage verboten ... Ein Exemplar beim Autor!)
Marx, K./F. Engels (1962), Werke. Bd. 4 (Deutsche Ideologie), Berlin: 34 ff.

Empirische Jugendforschung im Osten Deutschlands vor und nach der Deutschen Vereinigung

Ulrike Six
unter Mitarbeit von Uta Schlegel

1. Zentralismus und Jugendbegriff in der DDR-Jugendforschung

Die Praxis der Jugendforschung in der ehemaligen DDR läßt sich als Beispiel für die *zentralistische* - zentral steuernde und kontrollierende - (Wissenschafts-)Politik der DDR verstehen, mit der Folge, daß eine Darstellung der am früheren Zentralinstitut für Jugendforschung in Leipzig (ZIJ) durchgeführten Jugendforschung (vgl. auch die Beiträge von Friedrich und Förster in diesem Band) gleichzeitig einen Einblick in die Jugendforschung der DDR insgesamt ermöglicht: Das ZIJ wurde 1966 (nicht zuletzt als Reaktion auf die Gründung des Deutschen Jugendinstituts München (DJI)) auf Vorschlag des seit 1964 beim Amt für Jugendfragen des Ministerrates der DDR bestehenden 'Wissenschaftlichen Beirats für Jugendforschung' und auf Anordnung des Ministerrates der DDR als *Zentrale* für Jugendforschung gegründet. Seine Aufgaben lagen damit nicht nur in der Forschung selber, sondern auch in der Koordinierung und Leitung von Jugendforschung in der DDR sowie der Erstellung von Grundlagen zur Nutzbarmachung ihrer Ergebnisse für die (Jugend-)Politik (und deren Legitimierung).

Gleichzeitig bestand für diese *zentrale* 'staatliche wissenschaftliche Einrichtung' mit Monopolcharakter die Möglichkeit wie auch die Aufgabe, eng mit nahezu allen anderen in Wissenschaft, Politik und Praxis mit Jugend befaßten Personenkreisen und Einrichtungen in der DDR sowie auch des übrigen Ostblocks zu kooperieren[1].

---

1   Zu genaueren Angaben hierzu sowie zu Literaturangaben für diesen Beitrag insgesamt vgl. Schlegel 1991.

Hieraus ergibt sich nicht nur eine hohe Übereinstimmung zwischen der Jugendforschung am ZIJ und der DDR insgesamt, sondern es wird in diesem Zentralismus und seinen Folgen gleichzeitig einer der Unterschiede zwischen der Situation der Jugendforschung in der ehemaligen DDR und der damaligen und heutigen BRD sowie zwischen den beiden Instituten ZIJ und DJI deutlich.

Ein weiterer bereits hier zu erwähnender Unterschied liegt im *Jugendbegriff*: Anders als im Westen Deutschlands war er durch das DDR-Jugendgesetz für die Jugendforschung begrenzt auf das Alter von 14 bis 25 Jahren und schloß dabei lange Zeit die Einbeziehung der Schülerpopulation weitgehend aus (auf die vorrangig die Arbeit der Akademie der Pädagogischen Wissenschaften (APW) gerichtet war); ebenfalls weitgehend ausgenommen waren Forschungsarbeiten zum Kindesalter (hiermit war neben der APW das Institut für die Hygiene des Kindes- und Jugendalters (IHKJ) beauftragt). Doch wurde bei bestimmten Forschungsschwerpunkten diese starre Begrenzung durchaus aufgehoben: So wurde etwa mit einer jüngeren Alterskohorte in Untersuchungen zur Fähigkeits- und Begabungsentwicklung begonnen oder etwa in Studien zu Studenten- und Berufsbiografien und deren Prognosen sowie zu Eheverläufen weit über das 25. Lebensjahr hinausgegangen.

2. Politische Reglementierung und Gratwanderung der DDR-Jugendforschung

Die zentralistische Steuerung und Kontrolle der ZIJ- und DDR-Jugendforschung implizierte gleichzeitig eine - bei einzelnen Schwerpunkten unterschiedlich ausgeprägte - Gratwanderung zwischen politischer Reglementierung und wissenschaftlicher Verantwortung: Die Projektfragestellungen und empirischen Untersuchungen sowie ihre Forschungsinstrumente bis hin zu einzelnen Fragebogenitems und Antwortskalen mußten von den 'zentralen Leitungen' genehmigt und alle Ergebnisse stets kurzfristig mitgeteilt werden. Die Nutzung wissenschaftlicher Ergebnisse war 'monopolisiert'; publiziert werden durften sie kaum. Eine vom ZIJ ab 1967 herausgegebene Schriftenreihe ('Jugendforschung') wurde schon 1971 verboten. Verlage und Redaktionen wurden in Einzelfällen angewiesen, Beiträge (von ZIJ-MitarbeiterInnen) nicht zu veröffentlichen. Zu bestimmten Themen durfte generell nicht publiziert werden. So waren kritische Trenduntersuchungen unerwünscht und Erhebungen zu politischen Einstellungen, zur Nutzung westlicher Medien oder zur Wehrbereitschaft verboten; bei anderen Themen unterlagen die Ergebnisse und Schlußfolgerungen besonderen Geheimnisschutz-Stufen; teilweise mußten fertiggestellte Publikationen dem Reißwolf übergeben werden. Konkrete Details aus Einzeluntersuchungen sowie allgemeinere Aussagen zu Trends in der Jugendentwicklung, die häufig im Widerspruch standen zu den Einschätzungen und Veröffentlichungen durch Ministerien, Partei und Jugendverband, führten in vielen Fällen zu offenen Konfrontationen, zu politischen/wissenschaftlichen Diskreditierungen einzelner WissenschaftlerInnen, zu dem Verbot für das ZIJ durch die Ministerin für Volksbildung (*Margot Honecker*), Erhebungen im Bereich Volksbildung (Schülerpopulation) durchzuführen, bis hin zur Androhung der Schließung des ZIJ.

Und dennoch wurden zahlreiche 'unliebsame' Projekte und Untersuchungen durchgeführt, 'unerwünschte' Ergebnisse herausgearbeitet und weitergeleitet, Bücher und Artikel publiziert: Nicht-genehmigte Erhebungen wurden teilweise 'getarnt' als nicht offiziell nachgewiesene Unterprojekte innerhalb genehmigter Projekte z.T. anderer Institutionen. Zusatzbögen mit nicht-genehmigten Fragen oder Antwortskalen wurden in genehmigte Fragebögen nachträglich 'hineingeschmuggelt'. *Kritische Daten und Ergebnisse lagen insofern durchaus vor.* Publiziert wurden sie z.T. unter Pseudonym; andere wurden dann sofort veröffentlicht, wenn eine Publikation in der Einleitung auf ein entsprechendes Regierungszitat aktuell verweisen konnte. Ebenfalls wurden viele nicht zur Veröffentlichung freigegebenen Ergebnisse und Schlußfolgerungen, z.T. unter erheblichem Risiko, mündlich weitergeleitet - bei zahlreichen Vorträgen, Vorlesungen und Seminaren an Universitäten und Hochschulen, bei wissenschaftlichen Tagungen und bei Diskussionen mit FDJ-Funktionären etc. Eine weitere Konsequenz, die aus Zensierungen und Verboten in besonderen Restriktionszeiten gezogen wurde, war die zeitweilige Zuwendung zu solchen Themen, die aus Regierungssicht weniger 'brisant' waren bzw. vermeintlich der Empirie fernstanden - so etwa die Zwillingsforschung, die Auseinandersetzung mit Intelligenz-, Begabungs- und Gruppentheorien oder mit Methoden der Empirischen Sozialforschung. Wie selbst solche Aktivitäten zu staatlich unerwünschten Ergebnissen und Risiken für die ForscherInnen führten, läßt sich etwa an einem zu extremen Kontroversen ausgeuferten Ergebnis festmachen, das die Bedeutung der sozialistischen Erziehung und Umwelt für die Intelligenzentwicklung (Anlage-Umwelt-Diskussion) in Frage stellen ließ.

Bei alledem war die Kritik von seiten dieser Forschung eher eine produktive als eine destruktive, da ihre Ergebnisse weniger das System (etwa die FDJ als Einrichtung) insgesamt in Frage stellten, sondern auf Ziele und konkrete Veränderungserfordernisse aufmerksam machten, die hätten realisiert werden können im Sinne einer Veränderung der Jugendpolitik zur Verbesserung der Lebenssituation und -chancen Jugendlicher.

3. Schwerpunkte und Kategorien von Studien der früheren (ZIJ-)Jugendforschung-Ost

Gerade weil die (ZIJ-)Jugendforschung trotz aller Hindernisse und Risiken insofern durchaus kritisch und in ihren Daten und Ergebnissen keineswegs nur legitimierend und 'verzerrt' war, lohnt es sich an dieser Stelle sehr wohl, ihre inhaltlichen Schwerpunkte und anschließend einige Kategorien von Untersuchungen zu nennen - wie es sich gleichzeitig heute geradezu gebietet, vorliegende Daten und Forschungsergebnisse allgemein zugänglich zu machen sowie ausgewählte Teile von Untersuchungen fortzuführen.

Insgesamt liegen weit über 1000 Forschungsberichte aus etwa 500 Studien vor. Als *thematische Orientierungen*, die in groß angelegten Untersuchungen immer wieder einbezogen wurden, lassen sich folgende *Forschungsschwerpunkte* zusammenfassend nennen:
- Wertorientierungen und Lebensziele aller Teilpopulationen Jugendlicher (Schüler, Lehrlinge, 'Landjugend', junge Arbeiter, Studenten, 'junge Intelligenz', jeweils beider Geschlechter);
- Berufs- bzw. Studienwahl und -verlauf sowie hierauf bezogene Mobilität;
- Freizeitinteressen und -verhalten einschließlich Mediennutzung Jugendlicher sowie entsprechende Bedingungen;
- Einfluß der Herkunftsfamilie auf Jugendliche;
- Leistungs- und Bildungsverhalten Jugendlicher;
- Jugendliches Partner-, Ehe- und Sexualverhalten;
- Körperliche und psychische/psychosomatische Entwicklung;
- Gesundheitsverhalten (v.a. Ernährungsverhalten, Alkoholgebrauch und Rauchen);

- Abweichendes Verhalten einschließlich aggressiver Tendenzen (hier zuletzt auch Rechtsextremismus);
- Politische Einstellungen und Partizipation sowie nationale Stereotype;
- Weltanschauungen und religiöse Einstellungen.

Hinzukommen weitere Themenbereiche, die nicht regelmäßig oder stets in komplexen Quer-/Längsschnittstudien bearbeitet wurden. So etwa:
- Studien zum Übergang von Schule in Berufsausbildung und Erwerbsarbeit, zu Arbeitseinstellungen etc., zuletzt auch zur Jugendarbeitslosigkeit; dabei wurden in den 80er Jahren speziell auch Studien zur Erwerbstätigkeit und Leistung von (jungen) Frauen durchgeführt;
- im Bereich 'Landjugend' neben Untersuchungen zur spezifischen Lebens- und Problemlage dieser Gruppe hier u.a. auch Studien zur Migrationsthematik;
- im Rahmen der Partner- und Sexualforschung Studien zu Aids, Schwangerschaftsabbruch und Homosexualität;
- im Bereich 'Medien- und Kulturforschung' u.a. auch Studien zur Kunstsoziologie;
- im Bereich 'Jugend und Politik' Studien zu Geschichtsbewußtsein und nationaler Identität;
- im Rahmen von Meinungsumfragen auch repräsentative Befragungen in der Gesamtbevölkerung ab 14 Jahren, durchgeführt ab Oktober 1989 in Abständen von nur wenigen Wochen, zur Erfassung von Einstellungen zur deutschen Vereinigung, von Parteipräferenzen, Problemerleben etc. während der 'Wende'.

Die entsprechenden Studien lassen sich - abgesehen von eben diesen inhaltlichen Kategorien - auf unterschiedliche Dimensionen kategorisieren.

Methodologisch lassen sich zunächst einmal die zahlreichen am ZIJ durchgeführten Längs- und Querschnittuntersuchungen unterscheiden. Besonders hervorzuheben, weil für Deutschland geradezu einmalig, sind dabei die umfangreichen *Längsschnittuntersuchungen*, die in bestimmten Zeitintervallen an identischen Stichproben durchgeführt wurden und somit individuelle, biographische Entwicklungsverläufe belegen können (so wurde z.B. 1968 eine Untersuchung an 1400 12-13jährigen Schülern begonnen und mit dieser Stichprobe bis in die 80er Jahre fortgeführt). Besonders wichtig für aktuelle Fragestellungen zur Übergangsproblematik im Osten Deutschlands sind dabei solche Längsschnittstudien, die Lebens- und Problemlagen Jugendlicher lange vor der 'Wende' analysiert haben und bis in die Wendezeit hinein fortgeführt wurden (einige solcher Studien werden auch weiterhin fortgeführt, vgl. hierzu einige Ausführungen weiter unten). Solche echten Längsschnitte sind unter westlichen Maßstäben eine besondere Rarität. Sie wurden v.a. ermöglicht durch die (wissenschaftspolitische) Stellung des ZIJ und seine zentrale Finanzierung sowie durch die im Vergleich zu westlichen Forschungseinrichtungen geringe Fluktuation von MitarbeiterInnen (ohne deren kontinuierliche Beteiligung solche Langzeitanalysen nicht möglich gewesen wären). Gleichzeitig wurden zahlreiche große *Querschnittuntersuchungen* weitgehend vergleichbar durchgeführt. Solche Untersuchungen mit teilweise identischen Indikatoren dienen v.a. der zeitgeschichtlichen Jugendforschung, der Analyse historisch bedingter Unterschiede in der Entwicklung und Sozialisation von Alterskohorten. So wurden etwa im Rahmen der Studentenforschung Querschnitterhebungen an jeweils mehreren tausend Studenten 1969, 1979 und zuletzt 1989/1990 vorgenommen. In manche *Repräsentativerhebungen* (z.B. Begabungsuntersuchungen) wurden nicht nur Jugendliche, sondern die DDR-Bevölkerung als Grundgesamtheit einbezogen, so daß Besonderheiten bei der Stichprobe Jugendlicher gegenüber anderen Altersgruppen ausgemacht werden konnten. Parallel zu solchen Großstudien wurden auch regelmäßig kleinere Studien durchgeführt, die teilweise Überschneidungen mit ersteren aufweisen und z.T. *Regionalvergleiche* zulassen.

Auf einer weiteren Dimension lassen sich die vorliegenden Studien klassifizieren in solche, die (a) reine Auftragsforschung für die Regierung oder (b) für andere Institutionen darstellten; weiterhin in Studien, (c) die vom ZIJ initiiert und dann von den 'zentralen Leitungen' genehmigt waren oder aber (d) in einer der oben beschriebenen Weisen 'inoffizielle' Erhebungen und Analysen beinhalteten.

Weiterhin lassen sich die Untersuchungen auf einer forschungstechnologischen Dimension differenzieren nach ihren jeweils eingesetzten Methoden und Verfahren. Dabei stellten *quantitative Erhebungen mit standardisiertem Fragebogen und anonymer schriftlicher Befragung*, zumeist im Gruppenverband, die größte Kategorie von Untersuchungen dar. Die meisten dieser Erhebungen enthielten neben Fragen mit vorgegebenen Antwortskalen oder auch standardisierten (v.a. psychologischen) Testbatterien einige offene Fragen. Darüberhinaus wurden in manchen Untersuchungen standardisierte Interviews durchgeführt. Schließlich kamen in vergleichsweise wenigen Studien - wie z.B. teilweise bei solchen zum Kultur- und Medienverhalten, zum Freizeitbereich oder zum Partner- und Sexualverhalten - auch qualitative Verfahren v.a. in Form qualitativer Interviews zum Einsatz.

Schließlich lassen sich die Studien auch nach ihrer Vergleichbarkeit mit Daten und Ergebnissen aus der westlichen oder internationalen Jugendforschung klassifizieren (zur Vergleichbarkeit s. Abschnitt 4).

4. Qualität und Vergleichbarkeit von Studien und Daten der früheren (ZIJ-)Jugendforschung-Ost

Bei einer Gesamtbetrachtung der Datenlage ergibt sich der besondere Wert vorliegender Daten und Ergebnisse aus der früheren (ZIJ-)Jugendforschung im Osten Deutschlands einerseits bereits aus der *großen Anzahl an komplexen Längsschnittstudien*, die teilweise *über 15 Jahre an einer über die Zeit nahezu identischen Stichprobe* fortgeführt wurden und im internationalen Kontext vergleichsweise selten sind. Gerade in der aktuellen Umbruchsituation in Deutschland sind sie zudem von besonderer Bedeutung. Einen zweiten positiven Faktor stellen andererseits die *Stichprobengrößen* in den einzelnen Studien dar, denn neben Repräsentativerhebungen basierten auch andere Längs- und Querschnitterhebungen auf einer Fallzahl von mehr als tausend bis hin zu einigen tausend Jugendlichen (so wurde 1986 bei 1300 Leipziger Schülern im Alter von 12-13 Jahren eine Längsschnittuntersuchung zu Begabungen und Fähigkeiten, Freizeitverhalten, Interessen, Wertorientierungen, Berufswünschen etc. begonnen und in jährlichem Abstand (6. Welle 1990) fortgeführt; eine weitere und modifizierte Erhebung soll an dieser - dann zu erweiternden - Stichprobe 1992 durchgeführt werden). Aber auch bei einer Betrachtung auf der Ebene einzelner Studien ergibt sich ein positives Bild der Datenlage dahingehend, daß - wie bereits erwähnt - im Regelfall *standardisierte Fragebogen, getestete Batterien und Skalen* eingesetzt wurden, die in Einzelfällen durch offene Fragen oder qualitative Verfahren ergänzt wurden. Dabei handelte es sich gleichzeitig zumeist um *anonyme Befragungen*, was sicherlich gerade in der DDR ein wesentlicher Faktor für valide Erhebungen war. Zudem konnte gerade in der DDR davon ausgegangen werden, daß bei allen Ängsten solche anonymen Befragungen bei Jugendlichen eine Art Ventilfunktion erfüllten, indem sie wenigstens hier ihre Meinungen, Ängste, Wünsche etc. offen und ohne Risiko äußern konnten (worauf sie z.T. auch in den Instruktionen aufmerksam gemacht wurden). Im übrigen wurden auch Validitätsuntersuchungen vorgenommen, die über die Qualität der Datenlage Auskunft geben[2].

Bezogen auf die *Vergleichbarkeit* der Studien, ihrer Daten und Ergebnisse lassen sich verschiedene Kategorien ausmachen: So sind bei manchen Untersuchungen Vergleiche mit dem Westen Deutschlands oder auch mit Westeuropa möglich, bei anderen nur Vergleiche mit dem übrigen Ostblock; bei anderen wären anhand der Datenlage Vergleiche möglich, wenn man den jeweils unterschiedlichen gesellschaftlichen und historischen Hintergrund vernachlässigen würde; schließlich besteht bei einer weiteren Gruppe von Erhebungen keinerlei Vergleichbarkeit. Gut vergleichbar sind solche Daten, die mit vollständig gleichen Instrumentarien wie im Westen erhoben wurden und mögliche Unterschiede feststellen lassen zwischen Auswirkungen des ehemaligen DDR-Systems und denen im Westen. Dies gilt etwa für Untersuchungen zu Intelligenz und Begabungen, in denen die auch im Westen häufig eingesetzten Testverfahren verwendet wurden. Bei anderen Studien ist eine unmittelbare Vergleichbarkeit erschwert, wenn auch indirekte Vergleiche und Interpretationen auf einer generalisierenderen Ebene möglich und sinnvoll sind. Ein Beispiel für solche Studien, die weniger in direkter Weise mit dem Westen vergleichbar sind, wiewohl gleiche Variablen auf beiden Seiten erhoben wurden, sind Daten zur politischen Partizipation Jugendlicher und ihrer Zugehörigkeit zu Jugendorganisationen; hier reduzieren nicht nur z.T. unterschiedliche methodische Verfahren eine Vergleichbarkeit, sondern auch der unterschiedliche gesellschaftliche Background, vor dem Antworten gegeben wurden und zu interpretieren sind. Für eine weitere Kategorie von Studien - etwa zu Werten, Lebenszielen und Interessen - reduziert sich die Vergleichbarkeit durch unterschiedliche Realisierungsmöglichkeiten (z.B. bei Fragen zu Freizeitinteressen, zu Berufsinteressen oder zum Tourismus) und Bedeutsamkeiten (z.B. bei Fragen zur Religion oder zur Abtreibung) sowie in Verbindung damit durch die auf beiden Seiten jeweils unterschiedlich realisierten Ausgangsbedingungen für

---

2 Auf diese Weise ist auch der, zuweilen an Längsschnittstudien und ihren Ergebnissen zum Wandel der DDR-Jugend geäußerten, Kritik zu begegnen, wonach sich politische Meinungen Jugendlicher, ihre Einstellungen zum gesellschaftlichen System, ihr Nationalbewußtsein etc. weniger geändert hätten als vielmehr festgestellte Veränderungen durch zunehmend offene Antworten erklärbar wären. Neben den o.g. Faktoren spricht gegen eine solche Kritik auch die bekannte Tatsache, daß Jugendliche mit zunehmendem Alter über differenziertere und kognitiv mehr vernetzte Informationen verfügen und ein stärkeres Kritikbewußtsein haben und äußern.

eine Stellungnahme (z.B. bei Fragen zu konkreten Zukunftszielen wie dem Streben nach dem Besitz eines eigenen Autos oder Computers) und/oder durch ein historisch im Vergleich zum Westen zeitversetztes gesellschaftliches Bewußtsein für die angesprochene Thematik (z.B. bei Fragen zum Umweltschutz). Problematisch sind weiterhin Vergleiche bei Fragen zum 'Fortschritt', insbesondere zu Kenntnissen über und Einstellungen zu neuen Technologien: Hier wurden zum einen in der ehemaligen DDR vergleichsweise wenige Untersuchungen durchgeführt; zum anderen basieren - nach bisheriger Durchsicht - die Daten großenteils auf nicht mit westlichen Studien vergleichbaren Instrumenten und einer unterschiedlichen Definition neuer Technologien; bestimmte technische Neuerungen und damit einige im Westen einbezogene Einstellungsobjekte existierten im Osten kaum/nicht. Und generell müßte bei Vergleichen zu diesem Thema berücksichtigt werden, daß im Osten Deutschlands keine 'Technikdebatte' wie in westlichen Industrienationen begonnen hatte (vgl. dazu auch den Beitrag von Dieter Jaufmann in diesem Band). Schließlich liegt bei einer weiteren Kategorie von Erhebungen keinerlei Vergleichsmöglichkeit vor, wenn etwa Einstellungen zu Persönlichkeiten des öffentlichen Lebens der DDR abgefragt bzw. generell wenn bestimmte Inhalte auf einer der beiden Seiten nicht erfragt wurden[3].

Hiermit wird einerseits deutlich, daß Aussagen zu Vergleichen und zur Vergleichbarkeit der Daten und Ergebnisse aus dem Deutschen Osten mit solchen aus dem Westen differenziert zu behandeln sind, sowohl bezüglich der Instrumentarien und der Datenlage als auch des jeweiligen gesellschaftlichen Hintergrundes. Andererseits sind solche Daten - bei entsprechender Berücksichtigung ihres Zustandekommens und ihrer Interpretationserfordernisse - großenteils dennoch sowohl für allgemeinere Vergleiche brauchbar und wichtig als auch von hohem Wert für eine historische und längsschnittliche Betrachtungsweise. Sie erlauben gleichzeitig eine nachträgliche Analyse und 'Rekonstruktion' der DDR-Jugend und ihrer Befindlichkeiten, Problemlagen und Lebensbedingungen sowie des Wandels bis zur deutschen Vereinigung und sind von wesentlicher Bedeutung für ein Verständnis der heutigen Jugend in den neuen Bundesländern.

---

3 So wurden in der ostdeutschen Jugendforschung z.B. Einstellungen zur europäischen Einigung nicht erfragt, ebenso wurde - anders als etwa in der Forschung am DJI - die Kindheit kaum in Untersuchungen einbezogen; vgl. zu dieser 'Lücke' jedoch Abschnitt 1.

5. Die 'Abwicklung' und die aktuelle Situation der Jugendforschung-Ost

Als ein 'kritisches Lebensereignis' besonderen Ausmasses dürfte sich die deutsche Vereinigung und die aktuelle Umbruchsituation bei denjenigen auswirken, die sich ohnehin im Übergang befinden, im Status des Heranwachsenden, in der Orientierungs- und Identitätsbildung, an biografischen Übergangsschwellen zur Ausbildung oder Erwerbstätigkeit, zur ökonomischen Unabhängigkeit, zur Familiengründung oder zum Ende der Erwerbsphase, sowie bei denjenigen, deren ursprüngliche 'Normalbiografie' durch den rapiden Umbruch im Ausbildungs-, Arbeitsmarkt- und Berufssektor einen Bruch erfährt. Heranwachsende, Frauen, Familien und z.T. auch Senioren dürften insofern von den Veränderungen ganz besonders betroffen sein. Damit entsteht auch ein gravierender und eiliger Bedarf an Informationen über vorherige Einstellungen, Werte- und Orientierungsmuster, über Lebensentwürfe und Biografien, über personale, strukturelle und institutionelle Bedingungen für die bisherigen Lebenslagen und Lebensläufe einerseits und deren Umbrüche andererseits, um eben diese Umbrüche, ihre Chancen, aber auch ihre Risiken beschreiben, weiterverfolgen und erklären zu können und schließlich neue Gefährdungen und Polarisierungen zu reduzieren oder zu vermeiden. Gleichzeitig sind die heutigen, auf 40 Jahren Bundesrepublik basierenden Konzepte, Einrichtungen und Maßnahmen im Bereich von Jugendpolitik und Jugendhilfe nicht so einfach auf die sich in den neuen Bundesländern erst allmählich neu bildenden Strukturen zu übertragen, die auf einer in weiten Teilen erst noch zu erhellenden Vergangenheit basieren. Ebensowenig ist davon auszugehen, daß die für die Bundesrepublik aufgestellten Paradigmen, Theoreme und Ergebnisse der Jugendforschung so einfach auf die in der ehemaligen DDR aufgewachsenen Jugendlichen anzuwenden sind.

Es ergibt sich somit unter verschiedenen Perspektiven ein Bedarf an ebenso grundlegenden wie eilig bereitzustellenden Informationen. Solche Informationen lassen sich fundiert nur aus breit streuend und längsschnittlich angelegten Untersuchungen beziehen. Und genau diesem Informationsbedarf entsprechen die am ehemaligen ZIJ durchgeführten Studien in einem hohen Maße; dies gilt es für die auf Heranwachsende verschiedener Altersgruppen, aber auch auf Frauen und Familien ausgerichtete Politik und (Jugendhilfe-)Praxis zu nutzen.

Seit Inkrafttreten des Einigungsvertrages besteht das Zentralinstitut für Jugendforschung (ZIJ) nicht mehr; vielmehr wurde das Deutsche Jugendinstitut München (DJI) durch die Bundesregierung mit der Übernahme eines auszuwählenden Teils der ehemaligen ZIJ-MitarbeiterInnen in eine in Leipzig einzurichtende Außenstelle des DJI beauftragt, um für begrenzte Zeit (vorgesehen sind bisher drei Jahre) *'Abwicklungsaufgaben'* zu übernehmen und die o.g. Anforderungen wenigstens in Teilen zu gewährleisten.

Zu diesen Aufgaben, die mit einer Abwicklung im weiteren Sinne verbunden sind, gehört ganz wesentlich, vorliegende Ergebnisse aus empirischen Untersuchungen der ehemaligen DDR einerseits der Öffentlichkeit zugänglich zu machen, nachdem sie lange Zeit nicht allgemein zugänglich oder gar 'geheime Verschlußsache' waren. Dazu gehört weiterhin, ausgewählte Studien abzuschließen und aufzubereiten, sowie bestimmte Längsschnittanalysen gezielt fortzusetzen. Mit diesen Aufgaben wird letztlich das Ziel verfolgt, gezielte Konzepte zu entwickeln und Maßnahmen zu planen, das Zusammenwachsen zweier deutscher Gesellschaftsteile zu forcieren und bei alledem die Erfahrungen und das Wissen der MitarbeiterInnnen aus der ehemaligen DDR nutzbringend in gemeinsame Arbeiten einzubeziehen.

Insofern umfassen die Arbeitsschwerpunkte und -schritte in der Leipziger Außenstelle des DJI einerseits eine *Aufbereitung und Dokumentation sowie den Transfer bislang nicht zugänglicher Daten und Forschungsberichte* aus früheren Untersuchungen des ZIJ sowie die Aufbereitung und Dokumentation vorliegender Studien aus der ehemaligen DDR und osteuropäischer Länder. Im Rahmen eines vom Bundesminister für Forschung und Technologie (BMFT) geförderten Projekts werden Daten aus allen wesentlichen Studien des ZIJ nach standardisierten Kriterien aufbereitet und dokumentiert sowie in das Informationssystem nicht nur des DJI, sondern auch des Zentralarchivs für empirische Sozialforschung transferiert und damit öffentlich nutzbar gemacht. Gleichzeitig werden die Forschungsberichte aus fast 25 Jahren des ZIJ zur erstmaligen öffentlichen Nutzung an das Informationszentrum Sozialwissenschaften überführt.

Weiterhin bestehen die Abwicklungsaufgaben in *Reanalysen* zu bestimmten Daten und Studien sowie in *erstmaligen Datenanalysen* zu solchen Untersuchungen, deren Daten bislang noch nicht ausgewertet wurden. Zu letzteren gehören insbesondere Daten aus der Zeit seit der 'Wende', denn noch 1990 realisierte das ZIJ - über die Fortführung zweier Längsschnitte hinaus - über 20 empirische Jugendstudien, darunter 9 DDR-repräsentative Meinungsumfragen zu politischen Themen, teilweise verknüpft mit speziellen Jugendthemen (vgl. dazu auch die Beiträge von Friedrich und Förster in diesem Band).

Schließlich leistet die Außenstelle des DJI Leipzig in enger Verknüpfung mit den o.g. Aufgaben eine *Fortführung gezielt ausgewählter Studien* des ehemaligen ZIJ. Dazu gehören Weiterführungen zweier Längsschnittstudien, begonnen 1986 bei zwei Schülerkohorten (4. und 6.Klassen) und in den Wellen nach der deutschen Vereinigung inhaltlich modifiziert, mit denen zum einen Risikolagen und Risikoverhalten und zum anderen berufsbiografische Verläufe und deren Bedingungen jeweils bei Jugendlichen in den neuen Bundesländern untersucht werden. Dazu gehören weiterhin Studien zum Kultur- und Medienverhalten sowie zur politischen Kultur ostdeutscher Jugendlicher vor und nach der 'Wende' (letztere Untersuchungen in enger Verbindung mit dem am DJI München anlaufenden 'Jugend-survey'). Und schließlich gehören hierzu Untersuchungen zum Wertewandel und zum Wandel familialer Lebensführung in Ost- und Westdeutschland und deren Auswirkungen auf Lebensbedingungen von Kindern und Jugendlichen (dies in enger Verbindung mit dem DJI-'Familiensurvey')[4].

Anders als bei einer Darstellung der früheren Ost-Jugendforschung anhand v.a. der Jugendforschung am ehemaligen ZIJ, kann eine Darstellung von Schwerpunkten der Außenstelle Leipzig des DJI keinen Überblick mehr über die *allgemeine* Situation der Jugendforschung im Osten Deutschlands bedeuten. Dies liegt zum einen selbstverständlich an der Größe der Außenstelle im Vergleich zum früheren Institut. Zum anderen ist diese Tatsache jedoch auch kennzeichnend für die gegenwärtigen Veränderungen, insbesondere für den Fortfall des Zentralismus in der (Wissenschafts-)Politik bzw. die *'Dezentralisierung'* der Jugendforschung in den neuen Bundesländern und ihre Konsequenzen. Auch im Osten hat sich die Jugendforschung zu differenzieren begonnen. Parallel zur Schließung bzw. Abwicklung einzelner Institute sind verschiedene neue Forschungseinrichtungen, zumeist in Form von eingetragenen Vereinen geringer Größe etabliert worden, über deren Dauer sich z.Zt. keine Aussagen treffen lassen, während u.a durch Abwicklungs- und Evaluationsprozesse zumindest eine soziologische Jugendforschung kaum an Universitäten im Osten stattfindet. Anders als bei den schon vor der 'Wende' bestehenden Kooperationen zwischen ZIJ und DJI,

---

4 Für einen detaillierten Überblick über Schwerpunkte und Forschungsprojekte der Außenstelle Leipzig des DJI vgl. den Forschungsplan für 1991 und für 1992 sowie den Jahresbericht des DJI.

haben inzwischen zahlreiche andere westliche Forschungseinrichtungen (Kooperations-)Projekte im Osten begonnen. Diese konnten mit ihren Erhebungen jedoch zumeist erst nach der deutschen Vereinigung starten und haben keine 'Null-Messung' aus den vorangegangenen Jahren/Jahrzehnten.

Insofern sind die in der Leipziger Außenstelle des DJI vorliegenden (im Auftrag der Bundesregierung zu sichernden, zu dokumentierenden und zu transferierenden) Daten aus nahezu 25 Jahren ZIJ, aus einigen Kooperationsprojekten mit dem DJI und wenigen westlichen Universitäten sowie aus aktuellen Erhebungen im Rahmen früher begonnener komplexer Untersuchungen, für die Jugendforschung und die mit Heranwachsenden, Frauen und Familien befaßten Personenkreise in Forschung, Praxis und Politik von großer Bedeutung.

Mit diesen Feststellungen verbindet sich gleichzeitig aber auch die Hoffnung, daß sich in den ostdeutschen Bundesländern eine neue Wissenschaftslandschaft strukturiert und sich dauerhaft auch dort Jugendforschung etabliert, die sich besonders der Begleitung der zweifellos enormen Probleme des Weges ostdeutscher Jugendlicher in das vereinte Deutschland und in Zukunft auch Europas annimmt.

Literatur

Deutsches Jugendinstitut (1991), Forschungsplan 1991, München.
Deutsches Jugendinstitut (1991 i.E.), Forschungsplan 1992, München.
Deutsches Jugendinstitut (1991 i.E.), Jahresbericht 1991, München.
Schlegel, U. (1991), Zur Entwicklung der Jugendforschung in der DDR, in: Recht der Jugend und des Bildungswesens 4.

Vgl. als neuen Überblick weiterhin:
Friedrich, W./H. Griese (1991) (Hg.), Jugend und Jugendforschung in der DDR, Opladen.
Hennig, W./W. Friedrich (1991) (Hg.), Jugend in der DDR: Daten und Ergebnisse der Jugendforschung vor der Wende, Weinheim/München.

Soziologie und empirische Sozialforschung in der Nachkriegsperiode Ostdeutschlands

Helmut Steiner

Jeder, der um die Geschichte der Soziologie weiß, kennt die widersprüchliche Genesis ihrer Entwicklung zu unterschiedlichen Zeitpunkten und an verschiedenen Orten sowie das immer wieder erneute Streiten um ihre wissenschaftliche und gesellschaftspolitische Standortbestimmung. Auf Deutschland bezogen, sei exemplarisch erinnert an die Jahrzehnte und Jahre vor und nach der Jahrhundertwende, als sich die Soziologie zu institutionalisieren begann - selbst *M. Weber* war von mancherlei Verdächtigungen nicht verschont - sowie an die auch in der BRD-Geschichte immer wieder geführten Debatten um ihre gesellschaftliche Standortbestimmung, soziale Funktion und Krise der Soziologie. In jedem Fall ging es in konkret-historischer, politischer und personengebundener Form um das etablierte Wissenschaftssystem und seine Struktur sowie um die Beziehungen von Wissenschaft - Gesellschaft und Wissenschaft - Politik, auf die Soziologie bezogen.

Auf die Geschichte der DDR-Soziologie und -Sozialforschung angewandt steht jeder Autor - soweit er mehr oder weniger dabeigewesen ist - vor der Aufgabe, erstens sich um diese angedeutete unverzichtbar notwendige, historiographische Objektivierung zu bemühen und zugleich zweitens sich selbst über seine persönliche Rolle - auch als Täter und Opfer - zu befragen. Das ist - auch im wissenschaftlichen Interesse - gewiß ein länger währender Prozeß. Über manch 'schnelle Antworten und Bekenntnisse' aus den beiden letzten Jahren habe ich deshalb eine begründete Skepsis. Allein die historische Einmaligkeit 'DDR-Soziologie' im gesamthistorischen Kontext verlangt gründlich bedacht, analysiert und entsprechend verallgemeinert zu werden.

In Verbindung mit der Gesellschafts- und Wissenschaftsgeschichte der DDR lassen sich sechs Etappen in der Entwicklung von Soziologie und empirischer Sozialforschung in der sowjetisch besetzten Zone und DDR unterscheiden:
* Erste Phase: Von 1945 bis zum Ende der 40er Jahre;

* zweite Phase: Vom Ende der 40er Jahre bis 1956/57;
* dritte Phase: Von 1956/57 bis Mitte der 60er Jahre;
* vierte Phase: Von Mitte der 60er Jahre bis 1970/71;
* fünfte Phase: Von 1970/71 bis Anfang der 80er Jahre;
* sechste Phase: Von Anfang der 80er Jahre bis zum BRD-Anschluß im Oktober 1990.

Dabei enthalten die erste, dritte und sechste Etappe wissenschaftspolitische und paradigmatische Umbrüche bzw. bereiten sie vor.

Im folgenden wird die erste Etappe kurz skizziert, doch soll an dieser Stelle zumindest darauf hingewiesen werden, daß die 60er Jahre auf andere Art wissenschaftspolitisch ebenso spannend verliefen wie die ersten Nachkriegsjahre:

Es waren die Jahre eines mühevollen Ringens um die Anerkennung der Soziologie als eigenständige Wissenschaftsdisziplin im Ensemble marxistischer Gesellschaftswissenschaften, der die sofortige offizielle Vereinnahmung und Instrumentalisierung folgte. Als unmittelbar Beteiligter weiß ich um die Schwierigkeiten und Verdächtigungen. *P.Ch. Ludz* hat die Problemsituation in dem Sonderheft der Kölner Zeitschrift zur DDR-Soziologie seinerzeit in den Grundkonstellationen zutreffend erfaßt, was die Situation nicht verbesserte. Dabei wollte keiner der Initiatoren für eine eigenständige marxistische Soziologie als Wissenschaftsdisziplin (*J. Kuczynski, K. Braunreuther, K. Winter u.a.*) marxistische Positionen aushöhlen. Die genannten Wissenschaftler - seit der Weimarer Republik engagierte KPD-Mitglieder - begriffen den Marxismus als lebendige Wissenschaft und die DDR als eine auf wissenschaftlichen Grundlagen zu gestaltende sozialistische Gesellschaft. Und die sich um sie gruppierenden Nachwuchswissenschaftler verstanden sich wissenschaftlich als Marxisten und waren politisch aktive Funktionäre der SED und FDJ. Um so schmerzlicher wurden die Verdächtigungen bezüglich einer beabsichtigten Revision des Marxismus empfunden. Dabei gab es in allen Phasen, sowohl im Parteiapparat wie auch in den Medien, Verbündete, die uns auf unterschiedliche Weise Anfang der 60er Jahre dabei aktiv unterstützten: *H. Modrow, S. Lorenz, K. Turba* und *H. Wessel* seien namentlich genannt. Der sog. Politbüro-Beschluß des ZK der SED zur Soziologie-Entwicklung 1964 bedeutete eine offizielle Anerkennung und leitete eine akzeptierte Institutionalisierung der Soziologie mit Planstellen u.ä. ein. Gleichzeitig wurde damit eine Politik eingeleitet, die die in Gang gekommene intellektuelle Diskussion lähmte und die Kritik-Funktion der Soziologie in der gesellschaftlichen Öffentlichkeit unterdrückte. Das nahezu zeitliche Zusammenfallen mit dem 'Kulturplenum' des ZK der SED 1965 ist nicht zufällig.

Diese gesellschafts- und wissenschaftspolitische Situation der 60er Jahre und die Analyse der sich damit verbindenden ersten empirischen Sozialforschungen müssen daher einer gesonderten Darstellung vorbehalten bleiben.

Im folgenden geht es um die Anfänge und damit um die Ausgangspunkte nach 1945:

Nach der Niederlage des Nationalsozialismus und der Beendigung des Zweiten Weltkrieges ergab sich wissenschaftspolitisch folgende widersprüchliche Situation. Einerseits bedingten Wohnungsnot, unvollständige Familien, Millionen von Flüchtlingen und Umsiedlern, notwendige Entnazifizierung politischer und meinungsbildender Institutionen, Formierung demokratischer Verwaltungen und politischer Organisationen, Bodenreform und Brechung des bürgerlichen Bildungsprivilegs mit all den damit verbundenen sozialen Problemen eine historisch einmalige Herausforderung auch an die Sozialwissenschaften. Andererseits erwiesen sich die Sozialwissenschaften durch Emigration, innere Emigration, bisherige NS-Ausrichtung oder ihre NS-Instrumentalisierung als unfähig, dieser historischen Herausforderung gerecht zu werden.

Die NS-Belasteten hatten sich zum größten Teil rechtzeitig aus dem östlichen in die von den West-Alliierten beherrschten Territorien Deutschlands 'abgesetzt'. Nicht wenige von diesen bis 1945 östlich der Elbe tätigen Sozialwissenschaftlern fanden später im wissenschaftlichen Leben der Bundesrepublik Arbeitsplatz und Einfluß (z.B. *A. Gehlen, R. Höhn, K.V. Müller, K.-H. Pfeffer, H. Schelsky, I. Schwidetzky u.a.*).

Die mehr sich in den akademischen Elfenbeinturm zurückgezogenen Sozialwissenschaftler setzten ihre bisherige Tätigkeit 'ungebrochen' fort und repräsentierten in den ersten Jahren in der sowjetisch besetzten Zone in hohem Maße die Soziologie als Wissenschaftsdisziplin. *Alfred Vierkandt* war ihr Nestor. Noch in hohem Alter engagierte er sich politisch im 'Kulturbund zur demokratischen Erneuerung Deutschlands' und in der Volkskongreßbewegung für die deutsche Einheit. Eine erhalten gebliebene Zusammenfassung eines Vortrages in der Philosophischen Gesellschaft über 'Das neue Menschenbild im Zusammenhang mit dem neuen Weltbild' (Februar 1948) veranschaulicht aber, wie *Vierkandt* trotz aktueller Themenformulierung die damit verbundenen gesellschaftspolitischen und -theoretischen Probleme ausspart. Wie der Diskussionsleiter hervorhob, behandelte *Vierkandt* bereits zum dritten Mal seit 1913 dieses Thema. Bis auf sein Jugendwerk 'Naturvölker und Kulturvölker' (1896) zurückgehend, entwickelt er in philosophischer Abstraktion seine Auffassung vom dreifachen Primat äußerer Kräfte über den menschlichen Geist (Übergewicht der Vergangenheit über die Zukunft, Übergewicht der vitalen Umwelt, Übergewicht der Gesellschaft über ihre Glieder).

Am deutlichsten wurde diese gegenüber den realen sozialen Problemen abstinente Haltung jedoch in dem *A. Vierkandt* zum 80. Geburtstag gewidmeten Sammelband. Unter dem Gesamttitel 'Gegenwartsprobleme der Soziologie' (Potsdam 1949) werden von namhaften Autoren aus allen Teilen Deutschlands und dem Ausland (*H.P. Becker, W. Bernsdorf, G. Eisermann, L.G.A. Geck, T. Geiger, A. Meusel, A. Rüstow, R. Thurnwald, L. v. Wiese u.a.*) verschiedenartige historische und wissenschaftstheoretische Themen professionell behandelt (z.B. reaktiv-affektives Verhalten einiger Primitivvölker, die Familie der Wildbeuter, die große englische Revolution, soziologische Beziehungen der Tiefenpsychologie, Aufgabe einer anthropologisch-soziologischen Ethik, kritische Bemerkungen zum Begriff der Ideologie, Soziologie des Lachens und des Lächelns). Es fällt schwer, sie für 1947 als Gegenwartsprobleme der Soziologie anzusehen.

Richard Thurnwalds Akademie-Vortrag behandelte 1947 'Aufbau und Sinn der Völkerwissenschaft' und auch die von *Werner Ziegenfuß* seit 1948 in Berlin herausgegebene Reihe 'Lebendige Soziologie. Schriften und Texte zum Studium der modernen Gesellschaft und der Gesellschaftslehre' verzichtet auf die soziologische Analyse der Gegenwartsgesellschaft (*W. Ziegenfuß* selbst veröffentlichte in dieser Reihe: 'Augustin. Christliche Transzendenz in Gesellschaft und Geschichte', 'Die Genossenschaften', 'Gerhart Hauptmann. Dichtung und Gesellschaftslehre des bürgerlichen Humanismus', 'Lenin. Soziologie und revolutionäre Aktion im politischen Geschehen'). *Gottfried Eisermann*, der noch im Februar 1945 an der Berliner Universität promoviert hatte, setzte sich als Chefredakteur der Studentenzeitung 'Forum' und Autor dafür ein, der Soziologie politische Öffentlichkeit zu verschaffen (u.a. mit Aufsätzen über *G. Sorel* und *V. Pareto* in der 'Einheit'), beschränkte sich aber auch als junger Vertreter der Fachwissenschaft auf theoriegeschichtliche Themen.

Von den professionellen Soziologen stellte sich allein *Hilde Thurnwald* mit einer empirischen Untersuchung über 'Gegenwartsprobleme Berliner Familien' (1948) den drängenden soziologischen Problemen der Nachkriegsgesellschaft. Angeregt durch eine im Gefolge des Ersten Weltkrieges von *A. Salomon* und *M. Baum* durchgeführte Erhebung der Lebensverhältnisse und des Zusammenhalts von 182 Familien führte *H. Thurnwald* 1946/1947 eine phänomenologische Untersuchung an 498 Berliner Familien durch.

Ihr Ziel war es, "die äußeren Lebensverhältnisse von Familien verschiedenster Herkunft, den Hintergrund, auf dem diese Verhältnisse bei jeder einzelnen Familien entstanden sind", "die Einstellung der Familienmitglieder zu ihrer persönlichen Lage und zur Gesamtlage, unter Berücksichtigung ihrer politischen Orientierung", die "Fähigkeit und Bereitschaft, sich ihrer jetzigen Lebenssituation anzupassen" sowie den "Zusammenhalt der einzelnen Familien und die erkennbaren Symptome seiner Lockerung oder Auflösung" zu erfassen.

Durch die dargestellten 12 Themenkomplexe (Kinderzahl und Kinderwunsch, sozialer Status und Berufe der Ehemänner, Berufe und Berufswechsel der Ehefrauen, Wohnverhältnisse, Ernährung, Kleidung und Hausrat, wirtschaftliche Lage, Gesundheitszustand, Erziehung und Schicksal der heranwachsenden Generation, Einstellungen der Familie zur Gesamtlage und zu ihren persönlichen Schicksalen, Stabilität und Instabilität der Familien, Wirkungen auf die Familie als Institution) und 25 ausgewählte Familienberichte wird mit dem Buch von *H. Thurnwald* - bei allen methodischen Unzulänglichkeiten - ein nahezu einmaliges sozialwissenschaftliches Zeitzeugnis aus den Berliner Nachkriegsjahren überliefert.

Eine dritte Personengruppe waren Sozialwissenschaftler, die aus den faschistischen Zuchthäusern und aus dem Exil heimkehrten bzw. aus den Westzonen in die Ostzone übersiedelten, um sich engagiert für eine antifaschistische, sozialistische oder auch marxistische Sozialwissenschaft einzusetzen. Unter ihnen waren nur wenige ausgebildete Soziologen. Sie wählten aber gesellschaftliche Probleme der Gegenwart zu ihrem Arbeitsgegenstand und waren auf unterschiedliche Weise um eine Sozialwissenschaft - eine soziologische Herangehensweise und soziologische Denkweise eingeschlossen - bemüht.

Alfred Meusel, bis 1933 Soziologie-Professor an der TH Aachen, kam aus dem englischen Exil als Historiker an die Berliner Humboldt-Universität. *Ernst Niekisch*, 1926 Begründer der Zeitschrift und schließlich des Verlages 'Widerstand', 1937 zu lebenslänglicher Haft verurteilt, war nach seiner Befreiung aus dem Zuchthaus Brandenburg zunächst Leiter der Volkshochschule Wilmersdorf und seit 1948 Direktor des Instituts für politische und soziale Probleme der Gegenwart an der Humboldt-Universität. *Leo Kofler*, austromarxistisch geprägter Sozialist, kam aus dem Schweizer Exil und übernahm den Lehrstuhl für Geschichtsphilosophie an der Universität Halle. *Fritz Behrens, Ernst Bloch, Emil Fuchs, Wieland Herzfelde, Werner Krauss, Jürgen Kuczynski, Julius Lips, Walter Markov, Heinz Maus, Hans Mayer, Wolfgang Steinitz u.a.* wurden zu geistigen Wegbereitern einer antifaschistisch-demokratischen Erneuerung an den Universitäten Berlin und Leipzig. Marxistische Sozialökonomik, materialistische Erklärung von Literaturprozessen, historisch-materialistische Analysen des Geschichtsprozesses, Auseinandersetzung mit der Ideologie und Politik des Nationalsozialismus, ethnologische Forschungen und zeitgeschichtliche Studien dieser Vertreter waren in hohem Maße soziologischen Charakters und waren z.T. an Lehrstühle für Soziologie gebunden (z.B.: Literatur-, pädagogische, Rechts- und Religionssoziologie). Doch so sehr sie sich mit gesellschaftlichen Problemen der Gegenwart auseinandersetzten und sozialistische Analysen auf der Grundlage offizieller Angaben vornahmen, kamen eigenständige empirische Sozialforschungen über Bemühungen und Anfänge nicht hinaus. *H. Maus'* Anstrengungen, seine Lehrveranstaltungen als Assistent von *E. Niekisch* über 'Soziologie der Umsiedler' mit praktischen Übungen und empirischen Forschungen zu begleiten, fanden nur geringe Unterstützung und schließlich Ablehnung. Weit erfolgreicher gestalteten sich demgegenüber die volkskundlichen Feldforschung von *W. Steinitz*, die auch in verschiedenen Publikationen ihren Niederschlag gefunden haben. Will man alle irgendwie zugänglichen Quellen und sozialen Daten zur Rekonstruktion der gesellschaftlichen Wirklichkeit aus diesen Nachkriegsjahen erschließen, so sind in jedem Fall die Angaben aus den OMGUS- und HICOG-Surveys einzubeziehen. Bei aller notwendigen Methodenkritik (Zusammensetzung und Auswahl der befragten Personen u.a.) enthalten diese Umfragen (mit 'Kontrollgruppen' aus dem sowjetischen Sektor und der sowjetischen Zone bzw. auch noch der DDR) punktuelle Angaben aus gezielten Aktionen politischer Meinungsforschung aus den ersten Nachkriegsjahren.

Etwa ab 1948 setzt die zweite Phase im Verhältnis von gesellschafts- und wissenschaftspolitischer Entwicklung einerseits und Soziologie und empirischer Sozialforschung andererseits ein. Vorhandene Soziologie-Lehrstühle wurden umbenannt oder umfunktioniert, frei werdende nicht wieder besetzt; die ersten Fachvertreter verließen enttäuscht oder bedroht den östlichen Teil Deutschlands (*W. Abendroth, G. Eisermann, L. Kofler, M.G. Lange, H. Maus*). Die Einführung und schließlich 'Durchsetzung' des Marxismus in den gesellschaftswissenschaftlichen Bereichen der Universitäten und Hochschulen, die in der SED, FDJ und anderen Organisationen eingeführten Formen politischer Bildung sowie die Verbreitung sozialistischen Ideenguts in Buchpublikationen, Zeitschriften und anderen Medien konzentrierte sich zunehmend und schwerpunktmäßig auf die 'Geschichte der KPdSU (B)' und *J.W. Stalins* 'Fragen des Leninismus'. Die Veröffentlichung der Werke *J.W. Stalins* ging der von *W.I. Lenin* voraus, so daß in wenigen Jahren ein Marxismus-Verständnis weite Verbreitung fand, das als 'Marxismus-Leninismus' von Stalin begründet und in der Sowjetunion seit den 30er Jahren ausgeformt worden war.

Hatte die Soziologie in der Geschichte der marxistischen Arbeiterbewegung ohnehin keinen eigenständigen Platz - bei der akademischen Institutionalisierung der Soziologie waren marxistische Positionen weitgehend ausgeschlossen - und wurde marxistische Soziologie in erster Linie als Bestandteil des Marxismus insgesamt sowie im Rahmen der Theorie- und Programmdebatten der Arbeiterbewegung betrieben, so wurde sie als Wissenschaftsdisziplin auf diesen *Stalin*'schen Grundlagen als allein 'bürgerliche Gesellschaftstheorie' u.ä. ideologisch kriminalisiert. Die von *Georg Lukacs* und anderen geführten Auseinandersetzungen mit der unmittelbaren und mittelbaren Verantwortung der deutschen Soziologie für die Ideologie des Nationalsozialismus sowie die dargestellte Abstinenz der offiziellen Fachwissenschaft gegenüber den realen sozialen Problemen der Nachkriegsentwicklung unterstützte objektiv diese ideologische Position nachhaltig.

Da die genannte 'Durchsetzung' des Marxismus-Leninismus mit einem zunehmenden Ausschluß anderer wissenschaftspolitischer Positionen (vor allem auch inner- und zwischenmarxistischer Art) gepaart war, kam es in der ersten Hälfte der 50er Jahre zu einem weitgehenden Erliegen aller offiziell soziologischen Aktivitäten. Die Religionssoziologie (*E. Fuchs*) sowie die Literatur- und Kunstsoziologie (*W. Herzfelde, W. Krauss, H. Mayer*) in Leipzig gehörten zu den erwähnten Ausnahmen. Innerhalb der Wirtschaftsgeschichte arbeitete *J. Kuczynski* mit seinem Lebenswerk zur sozialen Lage der Arbeiter de facto zur Soziologie und Sozialgeschichte der Arbeiterklasse und *K. Winter* unter dem Dach der Sozialhygiene über medizinsoziologische Themen auch mit empirischen Methoden.

Für einen Neubeginn einer direkt fachbezogenen Soziologie gab erst der XX. Parteitag der KPdSU 1956 den Freiraum. *J. Kuczynskis* 1957 in russischer Sprache veröffentlichter Aufsatz über 'Soziologische Gesetze' gab den Auftakt für die nun einsetzende dritte Phase in der ostdeutschen Soziologie-Entwicklung. Sie ist charakterisiert durch den unorganisierten Beginn soziologischer Aktivitäten in verschiedenen Einrichtungen und Städten der DDR. Die methodisch oft dilettantisch durchgeführten Untersuchungen (Jugendprobleme, Arbeitskräftebewegung, Frauenfragen, Mobilitätsprozesse, Sozialprestige- u.a. sozialstrukturelle Analysen) am Anfang der 60er Jahre verlangen die gesonderte Analyse und Darstellung. Diese 'Bekenntnisphase' bis etwa 1964 - Soziologie wurde ohne offizielle Anerkennung durch dafür Engagierte betrieben - beinhaltet noch unerschlossenes empirisches Wissen, bleibende Zeugnisse zur Entwicklung der DDR-Soziologie, aber auch offene und verdeckte Aktivitäten in den Auseinandersetzungen für und gegen die Soziologie.

III. Beispielbereich Arbeit

Die Sonne der Arbeit -
Arbeitseinstellungen als Forschungsgegenstand im Transformationsprozeß

Ernst Kistler
Karl-Heinz Strech

"Auch ist der japanische Arbeiter weniger geneigt, sich der soldatischen Disziplin zu fügen, die in der modernen Fabrik nach unseren Begriffen herrschen muß. Er nimmt sich seinen Feiertag, wie es ihm gefällt, kommt an und geht, wie es ihm beliebt, und wenn man ihn deswegen ausschilt, geht er seiner Wege" (Paalzow 1908: 86).

Vergleichen wir diese Beobachtung eines deutschen Forschungsreisenden vom Beginn dieses Jahrhunderts mit der heutigen Diskussion über Arbeitsmoral und Wertewandel in Japan, so zeigt sich, daß die Einstellung der Menschen zur Arbeit schon früh einer Bewertung im Sinne internationaler Komparatistik unterzogen wurde und stark von Stereotypen geprägt war. Hinzu kommt ein schwer zu fassendes Phänomen, das hier als 'Leitbild-Lüge' bezeichnet wird. Was wir damit meinen, läßt sich exemplarisch durch folgende Fragen einführen:

* Welcher japanische Konzernpräsident, der intern die Notwendigkeit einer weiteren Steigerung von Motivation und Arbeitsleistung einklagt, würde sein Unternehmen nach außen nicht als erfolgreiche große 'Familie' hochmotivierter Mitarbeiter mit ausgesprochen gut entwickelten Gruppenbeziehungen und einem funktionierenden System der Entscheidungsrückkopplung (Ringi) darstellen?
* Welcher bundesdeutsche Wirtschaftsminister oder welcher BDI-Präsident würde im Vorfeld der Entscheidung um ein beabsichtigtes Vorhaben nicht für den Standort Deutschland werben, obwohl er am Vortag intern noch seine Sorge über angeblich zu hohe Fehlzeiten und einen Verfall der Arbeitsmoral ausdrückte?
* Wie hätte das intern immer wieder reproduzierte und durchaus lange Zeit nicht ohne Erfolg exportierte Image der DDR ausgesehen, wären in grösserem Maße arbeitssoziologische Befragungsergebnisse veröffentlicht

worden, denen zufolge es im sozialistischen Arbeiter- und Bauernstaat nicht so weit her war mit dem vielfach proklamierten 'Bedürfnis nach Arbeit' (vgl. z.B.: Kalok/Roloff 1985), der 'sozialistischen Einstellung zur Arbeit' (vgl. Nick 1980: 1143) oder den 'guten Kollektivbeziehungen' am Arbeitsplatz?

'Arbeitseinstellungen' als schwieriger Forschungsgegenstand

Empirische Forschung zum Thema 'Einstellungen zur Arbeit' birgt stets, besonders aber unter den Blickwinkeln ihrer längerfristigen Entwicklung sowie des internationalen Vergleichs eine Reihe von Schwierigkeiten in sich. Es sei nur an die vielfältigen Diskussionen im Umfeld von *Ingleharts* 'Silent Revolution' erinnert (vgl. kritisch z.b.: Jaufmann 1990: 48 ff.) oder daran, wie im Prinzip gleiche Daten doch sehr unterschiedlich interpretiert und gewertet werden können (vgl. Noelle-Neumann/Strümpel 1984; Hoffmann-Nowottny/Gehrmann 1984; Gehrmann 1986). Und auch in der DDR war bekannt, daß sich in Befragungen geäußerte positive Einstellungen zur Arbeit durchaus "... nicht in *gleichem Maß* im tatsächlichen Arbeitsverhalten der Werktätigen widerspiegeln ..." müssen (Kalok/Roloff 1985: 349). "Das Bedürfnis, in der Arbeitstätigkeit die eigenen Fähigkeiten anzuwenden und weiterzuentwickeln, ist jedoch nicht unbedingt dasselbe wie das Bedürfnis nach Vergegenständlichung eigener Fähigkeiten in hohen Arbeitsleistungen; das allgemeine Bedürfnis nach Arbeit ist nicht identisch mit dem Bedürfnis, hohe Arbeitsergebnisse zu bringen; Arbeitsmotivation ist nicht in jedem Fall schon Leistungsmotivation" (Radtke 1985: 10). Selbst Prozeßdaten zum Thema 'Arbeitsunfähigkeit - Absentismus' müssen, in Ost wie West, sehr wohl hinterfragt und gerade im internationalen Vergleich bereinigt werden (vgl. z.B.: INIFES 1986; Kistler 1986).

Das 'Terra incognita'-Phänomen hinsichtlich der Frage nach den Einstellungen zur Arbeit besteht sicher nicht einseitig. Im nun vereinten Deutschland richtet sich der Blick gegenwärtig aber - nahezu naturgemäß - vor allem auf die ostdeutschen Länder. Vorurteile und Vorverurteilungen sind schnell (re)produziert. So schreibt etwa DER SPIEGEL: "Der Streit um die Arbeitsmoral der Deutschen ist in den Wissenschaften und an der betrieblichen Front noch nicht entschieden. Ein einziges Dunkelfeld ist in dieser Beziehung die ehemalige DDR, wo die Arbeitsdisziplin das Plansoll nie erfüllen konnte, oft mehr Pause anfiel als Beschäftigung und wo Fehlzeit noch die geringste Sorge ist" (o.V. 1991a: 65).

Vorurteile und Stereotype einerseits - Hypostasierung der 'Arbeit' andererseits

Sollte Empirische Sozialforschung nicht jenen westlichen Stammtisch-Strategen - und nicht nur diesen - begegnen, wenn wieder einmal die Mär von der geringeren Arbeitsmotivation der 'Ossis' die Runde macht? Der Sachverständigenrat zur Begutachtung der gesamtwirtschaftlichen Entwicklung (1990: 7) äußerte sich in seinem Sondergutachten vom Januar 1990 in dieser Frage differenziert: "Auch im Verhältnis zum Einsatz der Produktionsfaktoren Kapital und Energie ist das Produktionsvolumen in der DDR wesentlich geringer als in der Bundesrepublik". Neben dem veralteten Kapitalstock sowie organisatorischen und insbesondere eigentumsrechtlichen Defiziten konstatierte er motivationelle Probleme: "Auch für Arbeitnehmer gibt es nur unzureichende Anreize, mehr zu leisten, als es festgelegten Vorgaben entspricht ... Schließlich besteht aufgrund einer geringen Lohnspreizung zwischen einfachen und gehobenen Tätigkeiten kein hinreichend großer Spielraum, das individuelle Einkommen durch den beruflichen Aufstieg zu verbessern und dafür besondere Anstrengungen auf sich zu nehmen" (Sachverständigenrat 1990: 8). Diese Einschätzung übernimmt nicht die unzulässige Generalisierung, die aus der aktuell verständlichen Schuldzuweisung an das System durch Anwendung auf jedes arbeitende Individuum entsteht. Umso deutlicher erkennen wir aber die aufgelegte 'Klarsicht-Folie' offenbar gewordener Überlegenheit.

Dabei ist die Sichtweise der Teilnehmer und der Betroffenen nun durchaus kein vernachlässigbares Artefakt. Im Begründungskontext des Arbeiter- und Bauernstaates hatte die Arbeit einen überaus hohen Wert - sowohl auf der ideologischen und gesellschaftskonstituierenden Ebene als auch (und mehr noch) im Selbstverständnis der Menschen, wobei beide Ebenen sehr wohl voneinander zu unterscheiden sind. Von *Friedrich Engels* (1962: 444) stammt folgende Aussage, die den Stellenwert der Kategorie 'Arbeit' im marxistischen Denken wesentlich mit geprägt hat: "Die Arbeit ist die Quelle alles Reichtums, sagen die politischen Ökonomen. Sie ist dies - neben der Natur, die ihr den Stoff liefert, den sie in Reichtum verwandelt. Aber sie ist noch unendlich mehr als dies. Sie ist die erste Grundbedingung alles menschlichen Lebens, und zwar in einem solchen Grade, daß wir in gewissem Sinn sagen müssen: Sie hat den Menschen selbst geschaffen". Partei- und Staatsdoktrin gingen - demgegenüber - proklamativ davon aus, "daß die Arbeit die wichtigste Sphäre des gesellschaftlichen Lebens ist" (Programm 1976: 24) und fixierten diesen Grundsatz als ein verfaßtes Grundrecht auf Arbeit im Arbeitsgesetzbuch (1977: 185). Der einklagbare Teil davon wurde von den Menschen weitgehend unabhängig von ihrer politischen Bindung tatsächlich gelebt, auch wenn das in den von Soziologen untersuchten 'Lebensäußerungen des Menschen im Prozeß der Arbeit' öffentlich verkehrt im Sinne der herrschenden Ideologie dargestellt erschien (vgl. z.B.: Jugel/ Spangenberg/Stollberg 1978: 26). Der Drang des Einzelnen, "gewissenhafte, ehrliche, gesellschaftlich nützliche Arbeit als Herzstück der sozialistischen Lebensweise" (Programm 1976: 74) zu sehen, war in Abhängigkeit von der Position im realsozialistischen Bewertungs- und Belohnungssystem aber durchaus unterschiedlich entwickelt.

Der Verdacht des wissenschaftlichen Opportunismus ist hier nur partiell zutreffend, da das Selbstverständnis der Teilnehmer wie der Beobachter des Arbeitsprozesses der Ideologie einen unvergleichbar hohen Stellenwert beimaß. "Wichtige Aufgaben der soziologischen Forschung leiten sich aus ihrer ideologischen Funktion ab" (Aßmann/Stollberg 1977: 31), hieß es in einem anerkannten Lehrbuch, und es handelte sich keineswegs nur um eine legitimatorische Worthülse.

Welche Motive die Subjekte des Realsozialismus wirklich hatten, um ihr Leben - auch das Arbeitsleben - unter den gegebenen Bedingungen zu gestalten, wurde jedenfalls in zunehmendem Maße ein Gegenstand der empirischen soziologischen Forschung (vgl. Speigner 1980: 6).

Vor allem beschäftigten sich die Arbeitswissenschaften "mit den Fragen der Arbeitskraft des Menschen und ihrer Reproduktion, mit den Gesetzmäßigkeiten und Wirkungsbedingungen der menschlichen Arbeit sowie mit der effektiven Umsetzung des Arbeitsvermögens des Menschen im Arbeitsprozeß" (Autorenkollektiv 1977: 11). Dieser Hinweis soll andeuten, daß es in der DDR ein breites Fächerspektrum gab, in dem mit unterschiedlichen theoretischen Ansprüchen sowie mit differenzierten empirischen Zugängen 'Arbeit' untersucht worden ist - und nicht immer unter den 'Firmenzeichen' der Soziologie. Beachtenswert ist wohl auch die zeitliche Parallelität, mit der sich Wissenschaftler im deutschen Osten und Westen auf vergleichbaren Gebieten artikulierten (vgl. z.B.: Hacker 1973; Lutz/Schmidt

1977; Autorenkollektiv 1977; Autorenkollektiv 1980; Littek/Rammert/ Wachtler 1982; Stollberg 1983), was gesondert zu untersuchen wäre.

Damit sei angedeutet, welche wichtige kategoriale Position 'Arbeit' im wissenschaftlichen Denken - durchaus in Abhängigkeit von der herrschenden Ideologie - inne hatte. "Die Gesellschaft findet nun einmal nicht ihr Gleichgewicht, bis sie sich um die Sonne der Arbeit dreht", hatte *Marx* (1968: 570) gelegentlich ausgeführt, und die ostdeutsche Sozialwissenschaft wollte das scheinbar mit Konsequenz beweisen. Sie suchte und fand die Gelegenheit auch im Rückgriff auf die 'Sowjetwissenschaft' (Der Mensch und seine Arbeit 1971). Da ihre Ergebnisse aber nicht wirklich nachgefragt worden sind, d.h. nur gelegentlich legitimatorisch und ideologisch wirksam werden konnten und ganz selten nur wirtschafts- und sozialpolitisch aufgegriffen wurden, entwickelten sie sich vergleichsweise zögerlich.

Ein wesentlicher Umstand war jedenfalls stets zu berücksichtigen und zog, so das nicht geschah, den Streit der jeweiligen Vertreter oder - was schlimmer war - die anhaltende Kritik der politischen Macht nach sich: 'Arbeit' in ihren verschiedenen Inhalten und Formen zum Gegenstand wissenschaftlicher Untersuchungen und Darstellungen zu wählen, war grundsätzlich von dem Vorgehen zu unterscheiden, sie als Grundlage, als Ausgangspunkt, als Ziel gesellschaftswissenschaftlichen Denkens zu erkennen. Ohne diese Differenzierung mußte im Extremfall ein unerträglicher Reduktionismus zwangsläufig dazu führen, daß die auf 'Arbeit' bezogenen disziplinären Untersuchungen unterschiedslos in mißverstandenen historischen Materialismus oder in eine theoretisch verkürzte politische Ökonomie hinüberflossen (vgl. Strech 1978: 9). In ihren Konsequenzen bemerkenswert verliefen diesbezüglich die Diskussionen um die Arbeit als einer Zentralkategorie des Marxismus-Leninismus sowie als einem Ausgangspunkt für die Bestimmung des Wissenschaftsbegriffs (vgl. Ruben 1966, 1969, 1973, 1976; Laitko 1979). Beide Diskussionen wurden vor dem Hintergrund der *Marxschen* Hegelrezeption geführt - theoretisch anspruchsvoll und im historisch-materialistisch bestimmten Bezugsrahmen. Auch dieser Umstand dürfte schließlich - in Ermangelung einer theoretisch fundierten Soziologie - die permanent wiederkehrenden empirischen Erhebungen zu den Problemkreisen 'Einstellung zur Arbeit', 'Arbeit und Leistung' und weiteren befördert haben: Theoretisch unbedarfte Systemrepräsentanten duldeten eher klare Beweisführungen bekannter, stigmatisierter Thesen, wie es Zahlenkolonnen oder kumulierte Häufigkeiten versprachen.

Der Transformationsprozeß läßt sich nur gestalten, wenn man die Vergangenheit versteht

Es stellt sich damit die Frage, ob nicht vor 1990 in der sozialwissenschaftlichen Forschung der DDR interessante und unbedingt aufzugreifende Fragestellungen, Itembatterien und Ergebnisse identifizierbar sind (vgl. INIFES 1990: 4). Auch *Lepsius* dachte offenbar in eine solche Richtung: "Wenn wir den Punkt der Transformation des DDR-Teils Deutschlands beobachten wollen, müssen wir irgendeinen Ausgangspunkt kennen. Und dieser Ausgangspunkt ist die funktionierende DDR. Man wird schon in einen Zeitraum gehen müssen, in dem das System immerhin noch die ökonomische Reproduktion der wichtigsten Bedürfnisse und Investitionen erfolgreich zustande gebracht hat, man wird nicht erst 1989 oder 1985 ansetzen dürfen" (Lepsius 1990: 17).

Welche Antworten lassen sich also finden auf die Frage nach der Einstellung zur Arbeit der Menschen in der DDR und dann in den neuen Bundesländern? Ist es eigentlich legitim, die entsprechende altbundesrepublikanische 'Folie' über diesbezügliche Untersuchungsergebnisse zu legen, die bei ihrer Entstehung einen grundsätzlich anderen gesellschaftlichen Kontext hatten?

Unseres Erachtens sollte die Wende mithin nicht als 'Stunde Null' der Einstellungs-, Markt- und Meinungsforschung auf dem weiten Feld der Arbeit angesehen werden. Wir halten es methodisch und methodologisch für wichtig und machbar, eine Strategie des 'back to the roots' zu verfolgen. Plastisch ausgedrückt heißt das: Rein in die nun 'offenen Panzerschränke', auch wenn sie sich gelegentlich als leer erweisen oder aus Gründen jüngster wissenschaftlich unverantwortlicher Entwicklungen ihren Inhalt den Müllcontainern überlassen durften. Die Rekonstruktionen der empirisch erhobenen Sachverhalte zum Thema 'Arbeit' (und zu anderen interessanten Fragestellungen) bleiben auf halber Strecke stehen, wenn es nicht in kurzer Zeit gelingt, die Positionen der Ignoranz und die Vorwürfe des Dilletantismus aufzugeben. Beide beobachten wir inzwischen durchaus nicht mehr nur einseitig.

In der ehemaligen DDR hatten sich soziale Strukturen herausgebildet, deren Rekonstruktion durchaus ein lohnendes Arbeitsfeld für theoretisch und für empirisch orientierte Sozialwissenschaftler umreißt. Analytisch scharfe und mit Bedacht generalisierende Retrospektiven würden mit Sicherheit bessere Ausgangspunkte für die Gestaltung der anstehenden Transformationsprozesse sein, als die gegenwärtig dominierenden geist- und konzeptlosen 'trial-and-error'-Verwerfungen. Allerdings muß diese Vermutung umgehend relativiert werden: Die 'vielen kleinen' Vereinigungsprozesse mit ihren sozialstrukturellen Wandlungen und Wendungen in beiden zusammenwachsenden Teilen verlaufen schneller, als es die Empirischen Sozialforscher konzeptionell und praktisch verkraften. Der Widerspruch zwischen erkannter Notwendigkeit und Nützlichkeit retrospektiver Forschung und zeitlich realiter vorhandener Möglichkeit muß wieder seine urwüchsige Bewegungsform finden. Von bewußter Transformation, von bewußter Gestaltung dieser schon wieder typisch 'deutschen Variante der Perestroika' wird wohl in einigen Jahren kaum noch die Rede sein.

Wer sie nicht wahr haben wollte, erfährt sie inzwischen umso spürbarer und nachhaltiger: die Verschiedenheiten in der sozialen Mentalität und Struktur der Deutschen in ihren Teilen (vgl. z.B.: o.V. 1991b, 1991c). Diese Verschiedenheiten bestehen trotz vielfältiger Gemeinsamkeiten, etwa auf die einer gemeinsamen Geschichte und Kultur wie auf gemeinsamen Interessen- und (gewünschten) Lebenslagen. Sie deuten aber bereits frühzeitig ihre Konfliktträchtigkeit an. Die stattfindende Aufhebung, genauer die Zerstörung ehedem realsozialistischer Strukturen - ein machtpolitisch überaus verständlicher Vorgang - mit ihren sozialen Folgen für Individuen, Gruppen, Institutionen, Organisationen führt (auch wenn sie der mehrheitlich bekundete Wille der Betroffenen ist) noch lange nicht zum spurlosen Verschwinden scheinbar vergangener Sozialitäten. Eine neue Form der Vergangenheitsbewältigung kündigt sich an. Wer oder was aber ist zu bewältigen?

Es ist nicht sonderlich originell, festzustellen, daß die früheren Ergebnisse gerade der Empirischen Sozialforschung an den wenigen Zentren in Berlin, Halle, Jena, Leipzig und auch in Dresden und Rostock nicht den westdeutschen Standards bezüglich der Repräsentativität entsprachen. Bestimmte Gruppen (X-Bereich) durften z.B. schlicht nicht befragt werden. International gesehen konnten die diesen Ergebnissen zugrundeliegenden Untersuchungen durchaus mitreden, und zumindest in den mittel- und osteuropäischen Ländern sowie beim RGW war die empirisch orientierte Soziologie der DDR nachgefragt, in internationalen Organisationen wie der UNESCO, der ILO ohnehin (vgl. z.B.: Adler u.a. 1981: 199 ff.). Immerhin spricht auch dieser Umstand dafür, die Rekonstruktion der Sachverhalte aus der Vorwendezeit entschieden auf empirische Studien zu stützen.

Dabei ist deutlich zu unterscheiden zwischen den durchgeführten Studien und der Darstellung der Ergebnisse. Auf der Darstellungsebene ist die

Spezifik der sogenannten 'Parteitags-Studien' sehr wohl zu differenzieren von der Darstellung erfaßter und erkannter sozialer Sachverhalte in der Lehre oder in der Weiterbildung. Die im Vergleich zu westlichen Bedingungen entschieden eingeschränkten Publikationsmöglichkeiten lassen es einfach nicht zu, die Qualität und die Quantität der Bemühungen um empirische Forschungen aus der Anzahl und dem Umfang des veröffentlichten Materials abzuleiten. Auch hier gilt die Forderung, an den wissenschaftlichen Wurzeln anzusetzen und nicht nur die im Laufe der Jahre verhärtete Rinde der Oberfläche zu betrachten.

Einstellungen zur Arbeit - Einige Ergebnisse aus neueren Umfragen

Wenn im folgenden Ergebnisse aus Meinungsumfragen vorgestellt werden, so ist damit nicht gesagt, daß repräsentative Erhebungen der alleinige und allein-seligmachende Weg zur Erforschung von Arbeitseinstellungen wären. Natürlich sind darüber hinaus andere Instrumente der Sozialwissenschaften (qualitative Methoden der Soziologie und Psychologie, objektive Daten wie Fehlzeitenuntersuchungen usw.) nötig. Hinzuweisen ist allerdings darauf, daß der von Vertretern der 'qualitativen Methoden' oft zu hörende Vorwurf gegenüber den 'Fliegenbeinzählern', sie würden *nur* Artefakte produzieren, wohl - trotz vieler Mängel und Probleme der Demoskopie - so nicht zutrifft und nur die Schwächen der eigenen Methode verdecken soll. Umfrageergebnisse, *in der - sekundäranalytischen - Zusammenschau gesehen und vorsichtig interpretiert*, können sehr wohl viele Facetten der Realität einschätzen helfen. Gerade deshalb, und das bleibt unbestritten, muß einiges an Ergebnissen, im Vergleich West-/Ostdeutschland genau hinterfragt, weiter differenziert und vertieft werden.

So meldet Emnid aus seiner ersten Ost-West-Vergleichsstudie 1990: "Auf die Frage nach ihrem Lebensziel erklärten im Westen 42, im Osten aber nur 21 Prozent, sie wollten ihr 'Leben genießen und sich nicht mehr abmühen als nötig'. Hingegen erklärten 55 Prozent im Westen, aber 75 Prozent im Osten ihr Leben zu einer 'Aufgabe, für die ich alle Kräfte einsetze'" (Thiele 1991: 60). Nicht ganz von den Prozentwerten her, aber in der Struktur gleich sind die Ergebnisse vom IfD-Allensbach, die in *Darstellung 1* wiedergegeben sind.

Darstellung 1: Das Leben als Aufgabe oder als Genuß[1]. Angaben in v.H.

	DDR	Bundesrepublik Deutschland
Leben als Aufgabe	62	43
Leben genießen	18	39
Unentschieden	20	18

Anmerkung:
1) Die Frageformulierung lautete: "Zwei Männer/Frauen unterhalten sich über das Leben. Der/Die erste sagt: 'Ich betrachte mein Leben als eine Aufgabe, für die ich da bin und für die ich alle Kräfte einsetze. Ich möchte in meinem Leben etwas leisten, auch wenn das oft schwer und mühsam ist.'
Der/Die zweite sagt: 'Ich möchte mein Leben genießen und mich nicht mehr abmühen als nötig. Man lebt schließlich nur einmal, und die Hauptsache ist doch, daß man etwas von seinem Leben hat.'
Was meinen Sie: Welche/r von diesen beiden Männern/Frauen macht es richtig, der/die erste oder der/die zweite?".

Quelle: Noelle-Neumann, E. (1990), Premiere des demoskopischen Vergleichs zwischen Ost- und Westdeutschland. Auf welche Unterschiede man sich einstellen muß, hekt. Vortragsmanuskript, Allensbach: Folie 36.

Ebenfalls auf der Grundlage von Allensbacher Zahlen schreibt der *Bauer-Verlag*: "Ob die Arbeit im Osten Deutschlands mehr Spaß macht als im Westen, steht hier nicht zur Debatte. Fakt ist jedoch, daß 16,5 v.H. der Befragten in den Allensbacher Werbeträger-Analysen '90/91-Ost angeben, sich eigentlich lieber mit ihrer Arbeit zu beschäftigen als mit ihrer Freizeit. Und das sind 35 v.H. mehr als im Westen (gemeint ist damit der entsprechende Wert von 12,2 v.H. im Westen, Anm.d.Verf.). Ob das an dem noch relativ geringen Freizeitangebot in den neuen Bundesländern liegt?" (Heinrich Bauer Verlag 1991: 52).

Den Ostdeutschen (7 v.H.) und den Westdeutschen (5 v.H.) sind danach die Stunden während der Arbeit zwar in gleich geringem Maße lieber als die Freizeit, aber 65 v.H. in Ost gegenüber 47 v.H. in West antworteten mit 'beide gleich'; 23 v.H. in Ost gegenüber 42 v.H. in West präferieren die Freizeit (vgl. Noelle-Neumann 1990: Folie 41). Allensbach kommentiert diese Ergebnisse wie folgt: "Die Zahl derjenigen, die sagen, ihnen seien die Stunden fernab der Arbeit die liebsten, entspricht in etwa dem Ergebnis, das in der Bundesrepublik zu Beginn der 60er Jahre herauskam: 23 v.H.

Daß jetzt in der DDR 7 Prozent sagen, sie hätten die Arbeitsstunden lieber, und noch einmal 65 Prozent antworten: 'Ich mag beide, Arbeit und Freizeit, gern', übertrifft alles, was in der Bundesrepublik in den letzten 30 Jahren als Ergebnis auf diese Frage denkbar war.

Bei den Diskussionen der letzten Wochen und Monate über die bevorstehende Vereinigung der beiden Deutschland wurde immer wieder danach gefragt, was als besondere Errungenschaft der DDR in ein vereintes Deutschland eingebracht werden könnte. Vielleicht ist es dies: daß wir hier bei uns angesichts der Werteeinstellungen, mit denen uns die Menschen in der DDR konfrontieren, den Wertewandel der letzten Jahre neu überdenken; jenen Wandel der Lebensorientierungen, der uns bei genauerem Hinsehen längst nicht nur Gutes eingebracht hat. Daß in der DDR wesentlich weniger Menschen (34 Prozent) als hier bei uns in einer auf Zerstreuung programmierten Freizeitgesellschaft von Langeweile sprechen, zeigt deutlich, daß die Richtung unseres Wertewandels nicht stimmt" (Institut für Demoskopie Allensbach 1990: 5)[1].

Sample berichtet (vgl. *Darstellung 2*) aus einer August-Erhebung von 1990: "Im Ost-West-Vergleich zeigt sich, daß 81 v.H. der DDR-Bürger ihre Arbeit auf einer 5er Skala als 'besonders wichtige' Sache in ihrem Leben einstufen - gegenüber 74 v.H. der BRD-Bürger. Dahinter verbergen sich nicht etwa nur materielle Gründe. Voll und ganz für sich zutreffend nannten 65 v.H. der in der DDR Befragten die Aussage 'in meiner Arbeit gehe ich auf'. Nur 40 v.H. der West-Bewohner konnten dem zustimmen" (Schubert/ Kolley 1990: 47). Auch ist nach Sample die subjektiv artikulierte Bedeutung der Arbeit in ihrer Wichtigkeit als Lebensbereich in der DDR zu die-

---

1 An dieser Stelle sei nur erwähnt, daß im Vergleich zu den (allerdings sehr weit zurückreichenden) Allensbacher Daten für die Bundesrepublik andere Zeitvergleiche zu anderen Ergebnissen führen. So schreiben etwa *Noll* und *Habich*: "Alles in allem scheint die Entwicklung, wie sie sich in den empirischen Indikatoren widerspiegelt, jenen Unrecht zu geben, die einen Bedeutungsverlust der Erwerbsarbeit zugunsten der Freizeit vorhergesagt hatten. Es zeichnet sich vielmehr ab, daß die Erwerbsarbeit für die überwiegende Mehrheit innerhalb der aktiven Bevölkerung ihren hohen Stellenwert behält, während gleichzeitig die Freizeit immer häufiger als ein gleichrangiger Lebensbereich angesehen wird" (Noll/Habich 1989: 426f).

Darstellung 2: Lebensziele. Angaben in v.H.

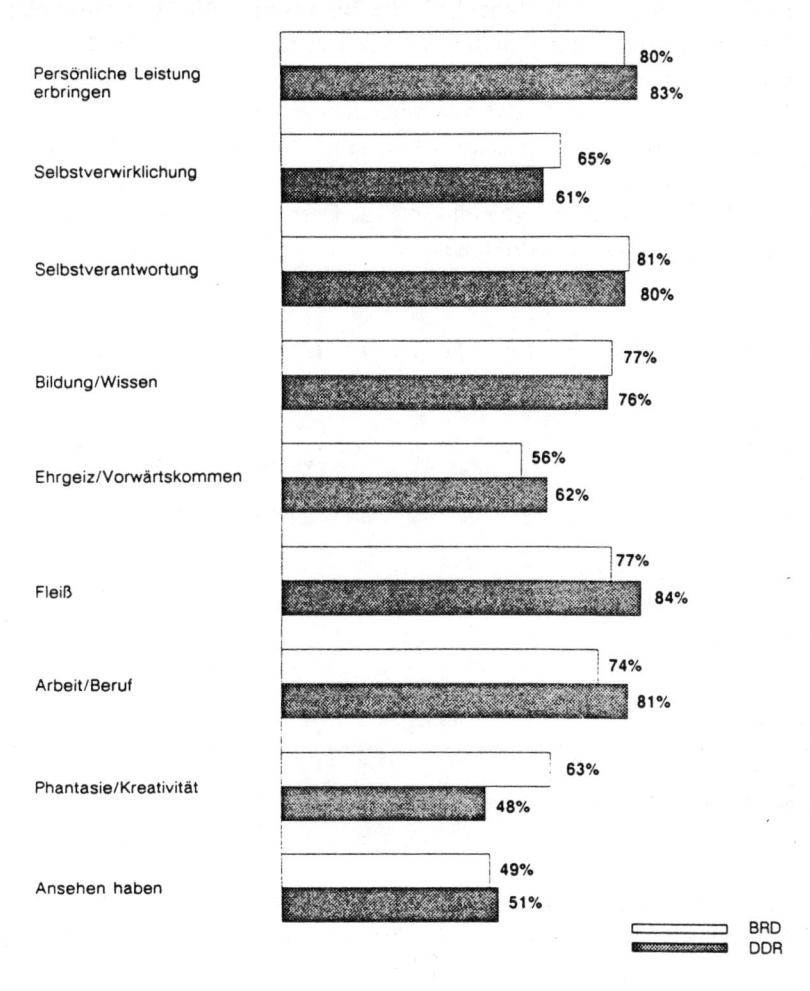

Lebensziel	BRD	DDR
Persönliche Leistung erbringen	80%	83%
Selbstverwirklichung	65%	61%
Selbstverantwortung	81%	80%
Bildung/Wissen	77%	76%
Ehrgeiz/Vorwärtskommen	56%	62%
Fleiß	77%	84%
Arbeit/Beruf	74%	81%
Phantasie/Kreativität	63%	48%
Ansehen haben	49%	51%

Quelle: Schubert, G./P. Kolley (1990), Zwischen Wende und Vereinigung. Sample Workshop 4, Mölln: 36.

ser Zeit höher gewesen als im Westen Deutschlands, bei gleichzeitig geringerer Arbeits- (und Freizeit-)Zufriedenheit in der DDR, dort häufig ausgeprägtem Gefühl, 'überdurchschnittlich viel zu arbeiten', 'in der Arbeit aufzugehen' usw. (vgl. Schubert/Kolley 1990: 36).

Andere vorliegende Ergebnisse aus der Zeit nach der 'Wende' weisen ebenfalls darauf hin, daß 'Arbeit' für die Bevölkerung des Beitrittsgebietes auch weiterhin einen hohen Stellenwert als Lebensbereich besitzt. So nimmt (vgl. *Darstellung 3*) etwa "in der 1990 durchgeführten Untersuchung zur sozialen Lage .. hinsichtlich der Wichtigkeit, die die Werktätigen einzelnen Komponenten der sozialen Lage zumessen, nach einer intakten Umwelt, einer der Leistung sowie den Preisen entsprechenden Entlohnung und nach sozialer Sicherheit Arbeit gemeinsam mit Demokratie einen der vorderen Rangplätze ein" (Winkler 1990: 83).

Darstellung 3: "Wie wichtig ist für Sie Arbeit?". Angaben in v.H.

Grad der Wichtigkeit	insgesamt	18-25 Jahre	25-35 Jahre	45-60 Jahre
sehr wichtig	69,7	66,9	71,2	75,9
wichtig	25,7	28,8	27,7	22,6
in mittleren Maße wichtig	2,0	3,1	1,1	0,8
wenig wichtig	1,2	0,4	-	0,3
unwichtig	1,3	0,8	-	0,5

Quelle: Winkler, G. (1990) (Hg.), Sozialreport '90, Berlin: 83.

Vergleicht man diese Ergebnisse aus der Studie 'Leben '90' mit denjenigen, die aus der Replikationsstudie 'Leben '91' bisher verfügbar sind (einen Vergleich der ungewichteten Häufigkeitsverteilungen erlaubt z.B.: Hausstein 1991: 20 ff.; insbes. 22), so fällt ein Punkt auf, der in Verbindung mit den nachfolgend stichpunktartig angeführten Ergebnissen für die Interpretation der vorgenannten empirischen Muster und für den innerdeutschen OstWest-Vergleich von zentraler Bedeutung ist: 'Arbeit' behält auch in der Umfrage 'Leben '91' in den neuen Bundesländern ihren sehr hohen Stellenwert. In der fünfstufigen Skala zur Einstufung der Wichtigkeit von Lebensbereichen haben aber 1991 entschieden mehr Befragte die Extremkategorie 'sehr wichtig' gewählt (ungewichtet 1991: 81 v.H.; 1990: 68 v.H.) als 1990 (Antwortkategorie 'wichtig' 1991: 25 v.H.; 1990: 15 v.H.). Einen ähnlich hohen Zuwachs erreicht von den prioritären Lebensbereichen das Item 'Soziale Sicherheit' (vgl. ebenda).

In die gleiche Richtung weist auch ein Ergebnis für Jugendliche, das das Zentralinstitut für Jugendforschung im Trendvergleich 1978 bis 1990 präsentiert (vgl. *Darstellung 4*).

Darstellung 4: Lebensziel 'Erfüllende Arbeit[1][2]*'. Angaben in v.H.*

Zeitpunkt	1	2	(1+2)	3	4	5
1978 ("Umfrage 78")	42	43	(85)	12	2	1
1984 ("Umfrage 84")	46	40	(86)	11	2	1
1990 (M 4 - April)	61	33	(94)	5	0	1
1990 (M 7 - August)	67	26	(93)	4	2	1
1990 (West - September)	30	47	(77)	19	3	1

Anmerkungen:
1) Die Frageformulierung lautete: "Man kann sich in seinem Leben verschiedene Ziele stellen. Ich werde Ihnen jetzt einige nennen. Bitte sagen Sie mir für jedes Ziel, wie bedeutsam es für Sie persönlich ist!".
   Das Lebensziel 'Eine Arbeit haben, die Sie erfüllt, in der Sie aufgehen können' hat für Sie
   1 sehr große Bedeutung
   2 große Bedeutung
   3 mittlere Bedeutung
   4 geringe Bedeutung
   5 überhaupt keine Bedeutung
2) 18-24Jährige.

Quelle: Friedrich, W./P. Förster (1991), Ausgewählte Ergebnisse von Umfragen des ZIJ Leipzig vor und nach der Wende. Tischvorlage zur Tagung in Ladenburg, Leipzig: Tab. 30, 31.

Ein, wahrscheinlich *der* Grund hierfür ist in der tatsächlichen Entwicklung auf dem Arbeitsmarkt und in subjektiven Befürchtungen vor (noch weiter) zunehmender Arbeitslosigkeit bzw. besonders um den eigenen Arbeitsplatz zu sehen. Für Menschen, die bis dahin in einer Gesellschaft lebten, deren Verfassung in Art. 24 *Pflicht zur und Recht auf Arbeit* festschrieb, Normen, die auch (im Gegensatz z.B. zu Art. 15(2) und Art. 19(2)) praktiziert wurden, müssen objektive Entwicklungen und subjektive Befindlichkeiten wie die folgenden notwendigerweise den Stellenwert von 'Arbeit' als Lebensbereich in den Vordergrund rücken:

- Die Zahl der Arbeitslosen in den neuen Bundesländern stieg allein zwischen Juli 1990 und August 1991 von 272 Tausend auf 1,063 Millionen. Bei 262 Tausend Beschäftigten auf ABM-Stellen waren zusätzlich 1,45 Millionen Erwerbstätige im August 1991 in Kurzarbeit (vgl. Institut der deutschen Wirtschaft 1991: 3; Lindig 1991: 135 ff.; Bundesanstalt für Arbeit 1991).
- Auch wenn die vorliegenden Zeitreihenbruchstücke (vgl. z.B. die Pressedokumentation von Umfrageergebnissen in: Presse- und Informationsamt der Bundesregierung 1991) bisher keine Möglichkeit geben, wirkliche Trends und Entwicklungen in dieser Frage nachzuzeichnen, so zeigen auch Einzelbefunde ein markantes Bild: 91 v.H. der von Emnid Befragten in den neuen Bundesländern meinten im April 1991, die Arbeitslosigkeit werde sich weiter vergrößern (Mai: 94 v.H.). IPOS meldet für den gleichen Zeitraum, daß 54 bzw. 56 v.H. ihren eigenen Arbeitsplatz für gefährdet halten (ebenda). Laut Infratest schwankte die Zahl derjenigen, die einen persönlichen Arbeitsplatzverlust für 'sicher oder wahrscheinlich' erachteten im Zeitraum von Juli 1990 bis Februar 1991 zwischen 44 und 49 v.H. (vgl. Infratest 1991a: 6; vgl. auch Kuwan 1991: 20); eine andere Infratest-Erhebung (1991b: 53) weist nach, daß von den Ostdeutschen - nach Kriminalität, Drogen, Umweltzerstörung und Terrorismus - die Arbeitslosigkeit zu den großen Ängsten mit Blick auf das Jahr 2000 zählt. "Ihren Arbeitsplatz halten im Westen 90 Prozent der Berufstätigen für sicher, im Osten 50 Prozent für unsicher. Die Zahl hat sich gegenüber Herbst 1990 kaum vermindert, obwohl schon mehr als zweieinhalb Millionen ihren Arbeitsplatz verloren oder auf 'Kurzarbeit Null' gesetzt wurden. Weitere Plätze sind mittlerweile gefährdet, die noch vor einigen Monaten als sicher galten" (o.V. 1991b: 28).

Von dieser Seite her müssen die vorgenannten Befunde - gerade auch die langfristigen Allensbacher Zeitreihenergebnisse - verstanden werden. Eine Vergleichsstudie von Emnid aus dem Frühjahr 1991 demonstriert dies sehr deutlich (vgl. *Darstellung 5*).

Darstellung 5: Arbeiten wir zu viel oder zu wenig?[1]. Angaben in v.H.

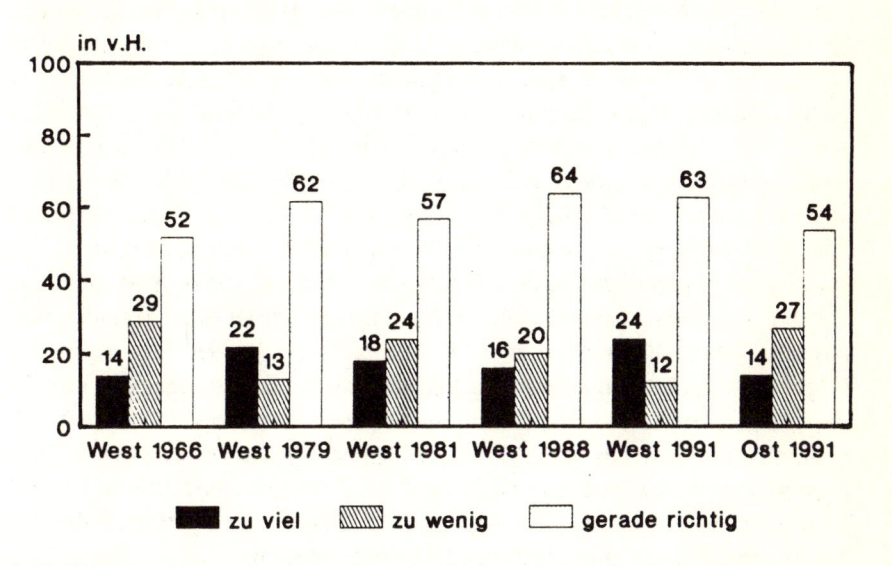

[Balkendiagramm: in v.H.

- West 1966: zu viel 14, zu wenig 29, gerade richtig 52
- West 1979: zu viel 22, zu wenig 13, gerade richtig 62
- West 1981: zu viel 18, zu wenig 24, gerade richtig 57
- West 1988: zu viel 16, zu wenig 20, gerade richtig 64
- West 1991: zu viel 24, zu wenig 12, gerade richtig 63
- Ost 1991: zu viel 14, zu wenig 27, gerade richtig 54]

■ zu viel   ▨ zu wenig   □ gerade richtig

Anmerkung:
1) Die Frageformulierung lautete: "Was meinen Sie: Arbeiten wir jetzt bei uns in Deutschland im allgemeinen zu viel, zu wenig oder gerade im richtigen Ausmaß?".

Quelle: Emnid (1991b), Umfrage & Analyse: 61.

Also doch der Wertewandel im Westen? Bei genauerer Betrachtung stellen wir aber fest, daß gerade diejenigen der Meinung sind, es werde zu wenig gearbeitet, die nicht mehr arbeiten bzw. nicht mehr arbeiten können: "Ältere Befragte ab 65 Jahre (West) bzw. ab 60 Jahre (Ost) vertreten seltener die Auffassung, daß zu viel gearbeitet werde ..., während Arbeitslose mit 28% überdurchschnittlich häufig der Meinung sind, daß mehr gearbeitet werden müßte" (Emnid 1991b: 61).

Die Gesellschaft in den neuen Bundesländern 'kreist zwar nicht um die Sonne der Arbeit', sondern gegenwärtig, und wohl noch einige Zeit, um den kalten Stern der Arbeitslosigkeit. Von daher ist 'Arbeit' als hoher 'Wert', eine deutliche Arbeitsorientierung (gerade auch bei Frauen; vgl. dazu: Infas 1991: 20 ff.), eine Priorität in der Skala wichtiger Lebensbereiche - und in den Aufgabenzuweisungen an die Politik (vgl. dazu kurz mit Ergebnissen der Zusatzstudie Ost 1990 zum Allbus: Koch 1991: 4 f.) - mehr als verständlich. Im Vergleich zweier Umfragen von 1990 und 1991 ermittelte IPOS, daß das Ziel 'Arbeitsplätze schaffen', von 70 v.H. der Befragten in Ostdeutschland 1990 als 'sehr wichtig' angegeben, mit 91 v.H. im Jahr 1991 an die Spitzenposition der politischen Prioritätenskala gerückt ist (vgl. IPOS 1991: 6 ff.; vgl. ähnlich auch: Emnid 1991a: Tabelle 33). "Dieses Ergebnis ist insofern nicht überraschend, als die Betonung 'immaterieller' Werte eine ausreichende materielle Sicherheit voraussetzt, die zur Zeit in der ehemaligen DDR weniger gegeben ist" (Habich u.a. 1991: 29, vgl. dort auch entsprechende Ergebnisse aus den Wohlfahrtssurveys Ost und West; ähnliche Ergebnisse aus dem Soziökonomischen Panel in der DDR 1990 finden sich z.B. in: Habich/Krause/Priller 1991). *Habich u.a.* (1991: 29) fügen das folgende Argument hinzu: "Außerdem muß auch hier die ideologische Prämisse in der früheren DDR, Arbeit zum 'ersten Lebensbedürfnis' zu entwickeln, als entscheidender gesellschaftlicher Hintergrund für den hohen Stellenwert der Arbeit berücksichtigt werden". Wie gewichtig dieser Einfluß wirklich war, läßt sich nur aus der genauen Analyse der Ergebnisse der Arbeitswissenschaften in der früheren DDR rekonstruieren.

Einige Ergebnisse aus der DDR-Arbeitssoziologie

Im Sinne des oben angeführten Gedankens von *Lepsius* verstehen wir unter 'Rekonstruktion' nicht die Zeit zwischen November 1989 und Oktober 1990[2]. Es geht also um die Frage, ob sozialwissenschaftliche Forschungen

---

2 So spannend und wichtig gerade Erhebungen aus dieser Zeit sind, so wenig dürfen solche Messungen als 'Nullmessungen' verstanden werden. Ausdrücke wie 'Eröffnungsbilanz der gesamtdeutschen Bundesrepublik' (vgl. o.V. 1991c) oder die Vermutung, daß eine Befragung vom Juni 1991 in der Lage wäre "... noch die Ausgangslage für die zu erwartenden sozio-ökonomischen Entwicklungen abzubilden, also die DDR-Verhältnisse, die sehr bald der Vergangenheit angehören würden" (v. Rosenbladt 1991, in

und Ergebnisse aus der Zeit zuvor verfügbar sind, die es erlauben, weiter zurückreichend die Facetten des Themas 'Einstellungen (und eventuell Verhalten) zur Arbeit' in der ehemaligen DDR nachzuzeichnen. Dabei geht es hier nicht darum, das in diesem Rahmen vollständig zu tun und auszuführen. Vielmehr wollen wir an einigen Beispielen prüfen, ob es sich lohnen könnte, in vertiefende Forschungen frühere Ergebnisse mit einzubeziehen, zu reanalysieren, auch um den ablaufenden Transformationsprozeß besser verstehen und gestalten zu können.

Die erste - prinzipielle - Antwort auf diese Frage muß lauten: Ja! Die Arbeitssoziologie gehörte sicher zu den ausgebauteren Teilen der empirisch arbeitenden Soziologie in der DDR[3], was auch in der Bundesrepublik erkannt (wohl aber wenig umgesetzt) wurde: "Es ist nicht zu übersehen, daß die IBS (Industrie- und Betriebssoziologie; Anm.d.Verf.) neben der Sozialstrukturforschung zur wichtigsten Spezialsoziologie in der DDR geworden ist. Dies gilt um so mehr, als sie sich im Sinne einer *Arbeitssoziologie* erweitert hat" (Ludz/Ludz 1985: 1241). *Burrichter* und *Förtsch* (1985: 848) attestieren den Arbeitswissenschaften in der DDR sogar Spitzenleistungen. Entsprechende Aufgabenstellungen wurden - wenn auch recht einseitig - schon früh gestellt, so wenn etwa *Hager* (1964: 60) orientierte, "das zentrale Problem ist: *die Entwicklung des kulturell-technischen Niveaus der Werktätigen im Prozeß des wissenschaftlich-technischen Fortschritts*". Hinter ganz pragmatisch-praktischen Problemen (z.B. Fluktuation und Betriebswechsel) versteckt finden sich in der Literatur auch entsprechende Differenzierungs- und Standortbestimmungsversuche (vgl. z.B.: Braunreuther 1965). Die ostdeutschen Arbeitssoziologen haben ihre Claims dann auch deutlich abgesteckt (vgl. z.B.: Stollberg 1978: 28 ff.).

---

diesem Band), sind natürlich sehr fraglich: "Zwar existierte die DDR im Sommer 1990 noch, aber war das noch die soziale Realität, die die DDR-Bürger vier Jahrzehnte gelebt und erlebt hatten?" (Kretzschmar 1991, in diesem Band).

3 Unbestritten richtig und hier in Erinnerung zu rufen ist, daß empirische Forschung in der DDR-Arbeitssoziologie - trotz aller Probleme die dann in der Ergebnisverwendung und -verbreitung wieder auftraten - immer noch 'leichter' machbar war als das theoretische Arbeiten in irgendwelchen 'Nischen', die auch nur annähernd in den Verdacht kommen konnten, sich außerhalb des Marxismus-Leninismus zu bewegen. "Normativ analysefähig waren hingegen die Untersuchung von Verhalten, Einstellungen und Meinungen - soweit daraus nicht auf Probleme institutioneller Art geschlossen wurde" (Lepsius 1990b: 322).

Die Arbeitssoziologie wurde wohl durch die spezifische Konstellation der DDR-Wissenschaftslandschaft - die heute ja als über weite Strecken suboptimal eingeschätzt wird (vgl. z.B.: Wissenschaftsrat 1991: 5 f.) - nicht so sehr behindert wie vielleicht andere Zweige der Soziologie bzw. allgemeiner der Wirtschafts- und Sozialwissenschaften. Arbeitssoziologische Forschung fand in einem institutionellen Rahmen statt, der von den Akademieinstituten, inklusive der Akademie für Gesellschaftswissenschaften beim Zentralkomitee der SED, über die Universitäten und Hochschulen, oft in Betriebskooperationen, bis hin zu den soziologischen Einheiten der Betriebe selbst reichte; oft in Zusammenarbeit und (wie es scheint) dann in besonders zuträglicher Weise.

Auf den zweiten Blick ist natürlich zu betonen, daß all die Probleme mit den verschiedensten Materialien aus der DDR-Sozialforschung bzw. mit dieser überhaupt, die in den Beiträgen dieses Buches aufgezeigt werden, auch für die Arbeitssoziologie gelten. Beispielhaft genannt seien nur:
- die wegen der restriktiven Publikationspolitik von SED und Blockparteien häufig fehlende Auswertungs- und Reanalysetiefe sowie die sozusagen (wegen der 'Schere im Kopf') nicht durchgeführten Untersuchungen, Fragestellungen, Auswertungen, Interpretationen und Hinterfragungen (auch von unterschiedlichen Theoriestandorten aus);
- die nie (und unter den gegebenen Umständen schon gar nicht mehr nachträglich) völlig überprüfbare Repräsentativität der damaligen Studien;
- die - wenn überhaupt vorhanden - nur schwer identifizierbare Rückbeziehung auf Theorien bzw. Theorieelemente außerhalb des wissenschaftlichen Kommunismus im Rahmen des Marxismus-Leninismus;
- die wegen der auch zwischen Fachkollegen verordneten 'Geheimhaltung' und 'Verschlußsachenpolitik' weitgehend unmöglichen Vergleiche und Sekundäranalysen anhand des Originalmaterials. Ergebnissurveys können ihren besonderen Sinn und ihre eigene methodische Potenz (vgl. zu einigen Grundregeln und Anforderungen z.B.: Kistler/Becker 1990) aber nur entfalten, wenn sie sich nicht nur auf unvollständig belegte euphemistische Ergebnissplitter vorhergehender Untersuchungen stützen müssen (vgl. als ein diesbezügliches Negativbeispiel: Walter 1976: 25 ff.);
- das Verschwinden von Untersuchungsunterlagen, Berichten, Daten durch 'Privatisierung eigener Art' oder - noch schlimmer - schlicht durch Wegwerfen;
- die Nichtverfügbarkeit der damals für die Studien Verantwortlichen.

Insgesamt ist aber zu beachten, daß selbst ein scharfer Kritiker wie *Peter*, der die Hypostasierung der Arbeit, die unzureichende theoretische Ausdifferenzierung des Konzepts von der 'sozialistischen Lebensweise', die Unverbindlichkeit des 'sozialen Charakters der Arbeit' und die zumindest affirmative Verengung des Blickfeldes deutlich beklagt, auf der anderen Seite über die DDR-Soziologie zumindest der achtziger Jahre schreibt, es "entwickelten sich allerdings, wenn auch zögernd, eine Reihe von Ansätzen soziologischer Analyse, die in dem Maße ein eigenständiges Profil auszubilden begannen, wie sie sich der empirischen lebensweltlichen Realität zuwandten und den wissenschaftsoffiziellen Zusammenhang von Basis und Überbau 'von unten' her aufzulösen versuchten" (Peter 1990: 637).

Die Arbeitssoziologie gehörte sicherlich in besonderem Maß zu denjenigen Teilen der empirischen Sozialforschung, für die dies zutrifft. Daß bei Betrachtung der Entwicklung dieser Forschungsrichtung(en) der Eindruck sehr stark aufkommt, daß die entsprechenden Fortschritte der Disziplin aus schlichter Notwendigkeit entstanden sind, daß das 'Nichts sehen, Nichts hören, Nichts sagen' oft auch einfach nicht mehr möglich war, sei nicht verschwiegen. *Marx* und *Engels* hätten als Zeitgenossen wohl mit allen Mitteln versucht, einen Fragebogen zur 'Lage der arbeitenden Klassen in der DDR' zu plazieren.

Bei aller Kritik darf die Frage nach der Auswertungswürdigkeit der früheren empirischen Erhebungen nicht am Maßstab der publizierten Ergebnisse, schon gar nicht anhand der manchmal arg 'verklemmten' Interpretationen und Argumentationen beantwortet werden:
- Wichtige Einsichten zum Verhältnis von Theorie und Empirie wurden letztendlich im Text dann doch der herrschenden Lehre wieder untergeordnet - so interessant und wichtig dieses feststellbare Ausloten von 'Freiräumen' wohl auch war (vgl. als sehr schönes Beispiel dahingehend: Kaiser 1979: 26 ff., insb. 29).
- Ebenfalls sehr interessante empirische Hintergründe deuten besonders praxisnahe 'Betriebsstudien' an, die sich im Kontext von sogenannten Vorbildinitiativen wie der 'Schwedter-Initiative' bewegen und dann nicht umhin kommen, sogar arg offen Probleme einer 'out-of-time-' statt einer 'just-in-time'-Wirtschaft anzusprechen. Kein solcherart allzu häufiges, aber ein sicher deutliches Beispiel sei hier zitiert: "Die Werktätigen haben z.B. kein Verständnis dafür, die Schichtarbeit auszudehnen, wenn in den einzelnen Schichten durch Unkontinuität der Produktion und andere Gründe, wie zum Beispiel durch fehlendes Material, Warte- und

Stillstandzeiten entstehen, die durch Überstunden ausgeglichen werden müssen" (Heintze 1987: 36).
Auch wenn über Wirkungen der arbeitssoziologischen, genereller der arbeitswissenschaftlichen Forschung in den Machtapparat der ehemaligen DDR hinein nur spekuliert werden kann, so scheint doch gesichert, daß auf der unteren (Betriebe, Kombinate) und mittleren (Bezirksleitungen) Ebene die Aufgeschlossenheit relativ groß war. *Laatz* (1985: 74) zitiert hier wohl zurecht die - über das Thema Arbeitswelt weit hinausgehenden - Forschungen im Umfeld der sogenannten 'Riesa-Studien' von *Grundmann* und anderen. Die Ernsthaftigkeit, mit der damals die SED-Bezirksleitung in Dresden Forschungsergebnisse umsetzen wollte (vgl. Modrow 1978) wurde nach Angaben Beteiligter seitens der Berliner Führung nicht gerade mit Wohlwollen gesehen.
- *Elsners* Feststellung bezüglich der Datenlage aus dem Bereich Arbeitsmedizin in der DDR, "Ein Forscherherz schlägt einfach schneller, wenn es diese Fülle von Daten sieht" (Elsner 1991: 37), gilt nicht nur für dieses Gebiet sondern, im positiven Sinne gesehen, sehr viel breiter, z.B. für Gesundheitsindikatoren überhaupt (vgl. z.B.: Heinemann 1991), vor allem aber auch für die Untersuchung von Arbeitseinstellungen.

Betrachten wir z.B. die von den Hallenser Arbeitssoziologen (vgl. Stollberg 1988; Herter/Stollberg 1989) im Rahmen der Untersuchungen 'Verhältnis zur Arbeit 1967, 1977, 1987' verwendeten Einzelindikatoren, so verbleibt mehr an Einsichten, als z.B. die Feststellung, "hinsichtlich einer großen Zahl von Arbeitseinstellungen und Verhaltensweisen im und zum Arbeitsprozeß gibt es keine wesentlichen Veränderungen" (Herter/Stollberg 1989: 33), oder, ".. daß die berufliche Arbeit für die untersuchten Werktätigen nach wie vor - absolut gesehen - einen hohen Wert darstellt, daß es keinen subjektiven Sinnverlust von Arbeit und Leistung im Sinne der Wertwandel-These gibt" (ebenda). Dies mag ja stimmen und wird - mit den oben gemachten Einschränkungen - auch durch die Ergebnisse der Erhebungen aus der jüngsten Zeit bestätigt. Interessanter und von der berechtigten Kritik am Gesamtkonzept der Messung eines 'sozialistischen Verhältnisses zur Arbeit' (vgl. Peter 1990: 631 f.; Pawlowsky/Schlese 1991 in diesem Band) nicht so betroffen scheinen uns viele der Einzelbefunde, wie z.B. die gestiegenen Anspruchsniveaus gegenüber der Arbeitssituation, die abnehmende Arbeitszufriedenheit, die steigende Bedeutung, die der Freizeit beigemessen wird (vgl. Stollberg 1988: 111). Auch wenn *Stollberg* darin keinen 'Wertewandel' erkennen kann, kommen hier reale Probleme (z.B.

Zunahme von Schichtarbeit, 'Spreizung' der Arbeitsbedingungen bei schleppender Modernisierungsgeschwindigkeit, immer noch weitgehend geringe Lohndifferenzierungen und zumindest 'Wertverschiebungen') zum Ausdruck.

Neuere Erhebungen aus der Zeit kurz vor der Wende belegen derartige Probleme und Defizite sehr eindeutig. So stellen *Kretzschmar, Weidig u.a.* (1990: 19 ff.) eine hohe Ablehnungsrate von Schichtarbeit, die Forderung nach mehr (zusammenhängender) Freizeit und den Wunsch nach - wenn schon hohe Arbeitsbelastung, dann auch - entsprechenden Kompensations- und Konsummöglichkeiten fest. Ähnliche Befunde aus anderer Perspektive zeigen auch *Adler u.a.* (1990: 40 ff.), die zunehmend negativere Bewertungen der peripheren Arbeitsbedingungen und im Umfeld bzw. bei technologisch modernisierten Arbeitsplätzen sowie deutliche Verschlechterungen in technologisch veralteten Betrieben feststellten.

Die Untersuchung des Zusammenhangs zwischen verschiedenen subjektiven Faktoren bzw. Indikatoren der Arbeitswelt und ihrer Beziehungen zu objektiven Gegebenheiten bzw. Verhaltensweisen gehört ebenfalls zu den in den ehemaligen DDR-Arbeitswissenschaften intensiv untersuchten Fragestellungen (vgl. z.B.: Stollberg 1983). Dazu gehören so wichtige Teilthemen wie etwa die Auswirkungen von Arbeitsbedingungen und Arbeitszufriedenheit auf Krankenstand und Fehlzeiten (vgl. ebenda: 102), wobei in der Literatur detailliertere Informationen hierzu recht selten sind. Hier wird sicherlich bei einer entsprechenden Aufarbeitung erheblicher, geradezu detektivischer Spürsinn und entsprechendes 'Insider-Wissen' nötig werden.

Ein anderer Themenbereich, genaugenommen zwei eng zusammenhängende Diskussionsrichtungen in den DDR-Arbeitswissenschaften, dürfte im ablaufenden Transformationsprozeß ebenfalls eine sehr große Bedeutung gewinnen: die Frage nach der Wichtigkeit von Komponenten der Arbeitszufriedenheit und Arbeitsstimulierung einerseits und die Rolle der Lohnhöhe und Lohnrelationen andererseits. Die Forschungsergebnisse - an dieser Stelle lassen sich natürlich nur einige 'Splitter' vorstellen - sind in einem Punkt sehr einheitlich, ja eindeutig: Die Werktätigen in der früheren DDR, am deutlichsten die Frauen, haben einen hohen Wert auf ein gutes Arbeitsklima, auf gute 'Kollektivbeziehungen' gelegt (vgl. z.B.: Laatz 1984: 22 ff.).

Sehr schwierig, lange anhaltend, damit aber auch viele entsprechende Untersuchungen provozierend, war die Frage nach der Rolle, die materielle Stimuli für die Arbeitseinstellungen und das Leistungsverhalten hatten. Die Debatten, ob ein größeres Maß an Ungleichheit eventuell leistungsmotivierender und damit volkswirtschaftlich sinnvoll sei, wurden eigentlich immer gegen zentrale ideologische Vorstellungen geführt. Sie gehen dabei weiter zurück, als von der professionellen Deutschlandforschung-West (vgl. z.B.: Belwe/Klinger 1986: 79 f.) vermutet wurde. Der in diesem Zusammenhang häufig zitierte Aufsatz von *Manfred Lötsch* in der Zeitschrift 'Wirtschaftswissenschaft' (Lötsch 1981) führt aber nur frühere Argumente aus demselben Haus fort (vgl. Lötsch/Weidig 1972, insbesondere 619; vgl. auch: Weidig 1976: 263), und auch seit Anfang/Mitte der achtziger Jahre war das Thema noch, wie oft angenommen (vgl. z.B.: Thomas 1990: 25), nicht ausgestanden. So wird z.B. über Ergebnisse der Wilhelm-Pieck-Universität Rostock berichtet, "die zu einem Überdenken der Erwartungen an die Wirkung finanzieller Stimulierung führen sollten. Nur etwa die Hälfte der Befragten in produktionsvorbereitenden Abteilungen bestätigte, daß sie die Aussicht auf finanzielle Anerkennung zu hohen Leistungen motiviere. Direkt nach dem Stellenwert der finanziellen Stimulierung für hohe Leistungen befragt, bestätigten nur die Hälfte deren Wirkung als hoch, die übrigen beurteilen den Einfluß der finanziellen Stimulierung auf den Leistungswillen als mittelmäßig" (in einem Bericht über ein Referat von Krüger: Tessmann 1985: 41). Dagegen konstatieren *Kalok* und *Roloff* auf der Grundlage vor allem Berliner Studien zwar auch, es nehme "bei Analysen der Häufigkeit von Motiven das Einkommensmotiv keineswegs allein und immer den dominierenden Platz" (Kalok/Roloff 1985: 351) ein. Die detaillierteren Befunde in dieser Publikation zeichnen aber doch ein anderes Bild. Überhaupt traten Abweichungen zwischen den spärlich an der Zensur vorbei in die Publikationen aufgenommenen Zahlen und den Interpretationen häufiger auf (vgl. dazu auch: Ludz 1980: 228).

"In der Zielsetzung schöpferischer Neuereraktivität gewinnen immer mehr solche Beweggründe den Vorrang, die über rein persönliche Interessen weit hinausgehen und vornehmlich auf kollektive Belange gerichtet sind" (Kurtz/Schmidt 1972: 1481). Diese Vorstellung - wohl doch mehr Wunsch als empirisch belegte Wirklichkeit - zieht sich bis in die jüngste Zeit durch die einschlägige Literatur. Zunehmend finden sich aber konkrete Belege dafür, daß Entlohnung und das (Nicht-)Empfinden einer leistungsgerechten Entlohnung dominant blieben, vielleicht sogar zu lange vernachläßigt wurden. Ein Autorenkollektiv unter Leitung von *Kretzschmar* kommt zu der Feststellung: "So spielt das 'Verdienstmotiv' ... in allen sozialen Gruppen eine wesentliche Rolle, weil das auf eigene Leistung gegründete Arbeitseinkommen die entscheidende Voraussetzung zur Befriedigung der wachsenden materiellen und geistigen Bedürfnisse darstellt ... Bei einem Teil der Arbeiter sind Motive, die im Arbeitsinhalt, in der konkreten Arbeitstätigkeit ihre Basis haben, zur Zeit noch nicht so stark ausgeprägt wie das 'Verdienstmotiv'" (Kretzschmar u.a. 1986: 132). *Darstellung 6* zeigt ein beispielhaftes hochinteressantes Ergebnis aus dieser Studie, hier in der Differenzierung nach dem technologischen Status des Arbeitsplatzes.

Ullmann kommt schon zehn Jahre vorher zu einer weitergehenden Feststellung, wenn er schreibt: "Die Ergebnisse der repräsentativen Untersuchungen zur materiellen und ideelen Stimulierung der Werktätigen belegen, daß die gegenwärtigen Lohnrelationen zwischen den Wirtschaftszweigen, Beschäftigten- und Qualifikationsgruppen einen wesentlichen Einfluß auf das Denken und Handeln der Werktätigen ausüben ... Insbesondere wirken die Lohnrelationen auf die Einstellung der Werktätigen zur Arbeit, zu ihrem Betrieb und zu ihrem Arbeitslohn" (Ullmann 1977: 136).

Ein anderer Befund aus dieser Quelle verdient im Transformationsprozeß ebenfalls eine besondere Beachtung: "Bei materiellen Stimuli zeichnet sich die Tendenz ab, daß sich allmählich die Erwartungen immer weniger auf Geldformen sondern mehr auf Zeitformen, die Vergabe einer Wohnung, die Überreichung von Kur- und Ferienschecks richten" (Ebenda: 40). Für die Gegenwart und Zukunft wird zwar die Arbeitszeitverkürzung in den neuen Bundesländern sehr schnell eine große Rolle spielen. In welcher Form und in welchem Ausmaß unentgeltliche bzw. verbilligte betriebliche Leistungen (und staatliche Realtransfers) erhalten bleiben, ist z.T. ja noch offen. Zumindest stellten solche Leistungen für die Bevölkerung in der DDR ein wesentliches Element in ihrer Wohlfahrts- und Verteilungssituation dar. Jeglicher Vergleich (vor/nach dem Umbruch; Ost/West) nur auf der Basis monetärer Einkünfte erübrigt sich auch von da her. Anders herum gesehen stellt sich die Frage, ob derartige Leistungsformen neben der in der alten Bundesrepublik dominanten fast ausschließlichen Orientierung auf monetäre Entgelte und den Kampf um die Verkürzung der Arbeitszeiten nicht auch ihre Rationalität haben könnten. Die große Rolle, die materielle, nicht monetäre Entlohnungselemente und Anreizsysteme in der ehemaligen DDR gespielt haben, ähnelt in vielen Zügen der in japanischen Großbetrieben üblichen Praxis[4] - einem zumindest nach außen ja durchaus erfolgreichen Modell.

---

4 Nicht von ungefähr ähneln die Fragebögen aus der DDR-Arbeitssoziologie in erstaunlichem Maße denjenigen aus Japan.

Darstellung 6: Leistungsmotive von Produktionsarbeitern an herkömmlicher und moderner Technik[1].

Motive	Skalenwert	Rangfolge nach Skalenwert
Durch die Arbeit verdiene ich Geld, damit meine Familie und ich gut leben können	2,77 2,89	1 1
Die Arbeit ist wichtig, weil ich dadurch Kontakte mit anderen habe	2,66 2,58	2 4
Mit meiner Arbeit will ich zur Erfüllung der betrieblichen Aufgaben beitragen	2,58 2,68	4 2
In der Arbeit werden meine beruflichen Kenntnisse und Fähigkeiten abgefordert	2,47 2,50	6 6
Ich arbeite vor allem, um viel Geld zu verdienen	2,33 2,41	8 8
Durch die Arbeit kann ich etwas Nützliches für die Entwicklung der Gesellschaft leisten	2,62 2,61	3 3
Ich arbeite, um im Kollektiv Anerkennung zu finden	2,28 2,39	9 9
Die Arbeit ist ein wichtiger Inhalt meines Lebens	2,52 2,52	5 5
Durch die Arbeit habe ich die Möglichkeit, meine Persönlichkeit zu entwickeln	2,41 2,49	7 7

Anmerkung:
1) Die oberen Zahlen bedeuten: Werktätige an alter Technik, die unteren Zahlen: an neuer Technik.

Quelle: Kretzschmar, A. u.a. (1986), Arbeit - Leistung - Persönlichkeit. Zur Entwicklung des Leistungsverhaltens in der sozialistischen Industrie, Berlin: 133.

Überholt dürfte dagegen weitgehend die Thematik immaterieller Stimuli sein (die es in Japan übrigens im Gegensatz zur alten Bundesrepublik auch in hohem Maße gibt), vom 'Held der Arbeit' über die Auszeichnung der besten Brigade bis hin zum 'Kollektiv der sozialistischen Arbeit'. Gleiches gilt - wie nicht ganz zu Unrecht zu befürchten ist - für Fragen nach den im Wertesystem der Werktätigen in der DDR so hoch angesiedelten 'guten Kollektivbeziehungen' (vgl. z.B.: Glodde 1982: 75).

Damit sei dieser Aspekt nicht romantisierend verklärt, auch in der Vergangenheit gab es in der DDR nicht nur 'gute' Kollektivbeziehungen.

Als abschließendes Beispiel, das für viele ähnliche interessante Befunde aus der DDR-Arbeitssoziologie steht, sei hier ein Ergebnis von 1983 vorgestellt.

Offensichtlich bereitete die Forderung Probleme, Arbeit als erstes Lebensbedürfnis anzusehen, als wichtigsten Lebensbereich, ja ein 'allgemeines Bedürfnis nach Arbeit' zu entwickeln (dem die Befragten mit hohen Prozentzahlen bei Itembatterien zu Lebenszielen allerdings entsprachen). *Darstellung 7* zeigt ein Beispiel aus einer Studie vom März 1983. Befragt wurden (schriftlich unter Klausurbedingungen) 1400 Werktätige und Rentner aus Großbetrieben und landwirtschaftlichen Produktionsgenossenschaften im Bezirk Frankfurt/Oder. Den Befragten wurde eine Reihe von Statements zum Zusammenhang von Sozialpolitik und Leistungsbereitschaft vorgelegt. Die Tabelle spricht für sich. Zwei Einzelheiten seien hervorgehoben: Über 70 Prozent äußerten ('ja' plus 'mehr ja als nein'), daß nach ihrer Meinung die fehlende konsequente Anwendung des Leistungsprinzips sich negativ auf die Arbeitsdisziplin auswirke. Fast ebensoviele meinen, daß sich zu viele über das notwendige Maß hinaus krankschreiben lassen. Subjektive Eindrücke einer nicht repräsentativen Stichprobe, zugegeben - aber doch von einer erheblichen Sprengkraft.

Schlußfolgerungen

Die vorgestellten Ergebnisfacetten der publizierten und nicht publizierten Forschungen aus der ehemaligen DDR zum Thema zeigen beispielhaft, daß interessantes Material vorhanden ist (bzw. zumindest war). Für die Rekonstruktion, für das wissenschaftliche Aufarbeiten des 'Experiments DDR' (vgl. Reißig/Glaeßner 1991), ergeben sich insofern zunächst große Chancen,

Darstellung 7: Soziale Sicherheit und Arbeitsmotivation 1983. Angaben in v.H.

	ja	mehr ja als nein	mehr nein als ja	nein	KA
• "Es gibt viele Leute, die unsere sozialpolitischen Maßnahmen ausnutzen, um sich Vorteile zu verschaffen".	41,6	26,6	25,6	5,7	0,6
• "Es ist vor allem eine nicht konsequente Entlohnung nach der Arbeitsleistung und weniger das Ausnutzen sozialpolitischer Maßnahmen, was sich ungünstig auf die Arbeitsdisziplin auswirkt".	38,0	32,2	16,7	11,2	1,7
• "Es gibt zu viele Leute, die sich über das notwendige Maß krankschreiben lassen".	41,3	27,0	25,1	5,9	0,6
• "Weil jede Arbeitskraft gebraucht wird, kann man schon öfter einmal schlechte Leistungen bringen".	7,5	11,8	16,4	63,8	0,5
• "Da jeder seinen Arbeitsplatz sicher weiß, läßt die Arbeitsdisziplin zu wünschen übrig".	28,7	28,3	20,6	22,1	0,4
• "Eine schlechte Arbeitsweise breitet sich dort aus, wo schlechte Leistungen keine Folgen nach sich ziehen".	71,3	16,7	6,4	5,1	0,5
• "In den Betrieben müßte mehr für die Gestaltung der Arbeitsbedingungen getan werden".	63,4	26,5	6,9	1,5	1,7

Quelle: INIFES, eigene Berechnungen und Darstellung nach: Institut für Soziologie und Sozialpolitik, Umfrage 'Soziale Sicherheit' (1983: N = 1380).

leitende Hypothesen und Theorien anhand konkreter empirischer Daten zu überprüfen. Noch wichtiger und zentraler als solche rückblickende Forschung, deren wissenschaftlicher Stellenwert nicht zu bestreiten ist, scheint uns aber die Einsicht, daß in diesen Daten (und den Interpretationen bzw. dem entsprechenden Interpretationswissen) eine Chance für Politikgestaltung steckt. Ohne Rekonstruktion der sozialen Gegebenheiten auch der Vergangenheit läßt sich die Gegenwart nicht verstehen und die Zukunft nicht meistern. Gerade die Geschichte der Empirischen Sozialforschung, speziell der Umfrageforschung, und in vieler Hinsicht nicht zuletzt der Arbeitssoziologie ist der Beweis dafür, daß die gängige Vorstellung von Meinungsforschung als nur 'Herrschaftswissen' dialektisch zu sehen, mindestens aber zweischneidig ist. Wohlgemerkt, das bedeutet nicht, daß wir der Empirischen Sozialforschung zutrauten, alleine eine Gesellschaft gestaltbar zu machen - 'Sozialtechnologien' sind insgesamt gesehen eher 'weiche' Technologien. Aber ohne sie geht es schon gar nicht, bzw. nur suboptimal, wie die 40 Jahre DDR in mancher Hinsicht beweisen.

Die Forderung nach einem Einbeziehen der Ergebnisse der arbeitssoziologischen Forschung in der früheren DDR in die Analyse der gesamtdeutschen Transformationsprozesse impliziert sicherlich bezüglich der konkret anstehenden empirischen Arbeit nicht, die DDR-Arbeitssoziologie so weiter zu betreiben wie gehabt. Also z.B. entsprechende Studien einfach zu replizieren (was aus mehreren rein methodischen Gründen ja so schon gar nicht möglich wäre). Insofern ist *Leopold Rosenmayr* in jedem Fall zuzustimmen: "Es liegen fatale Zwänge im Vorhandensein des nun einmal Generierten und seiner Aufforderung zu mechanischer Replikation ohne theoretischen Vergleichsrahmen" (Rosenmayr 1989: 23).

Allerdings ist hier in zweierlei Richtung eine Einschränkung anzubringen: Wer *erstens* sieht, wie in der - nicht nur außeruniversitären - Praxis Replikationstreue häufig mißachtet wird, der weiß welches Eigenleben unsinnige Zeitreihen entfalten können und wie sehr 'Murphys law' im - zumindest außeruniversitär hektischen - Forschungsalltag Platz greifen kann. *Zweitens* ist aber *Leopold Rosenmayr* mit einem an gleicher Stelle formulierten Argument nochmals zu zitieren: "Aber die Gefahren in der ideenschwachen, problemverdünnenden (nicht der theoretisch und thematisch einsichtsvollen) Replikation und in der so erzeugten Erstickung durch das Material dürfen nicht übersehen werden" (ebenda). Kann denn dann angesichts von 40 Jahren doch auch unterschiedlicher Realitäten und Entwicklungen in den beiden Teilen Deutschland so ohne weiteres das gleiche, im Westen 'bewährte

Instrumentarium der Umfrageforschung' einfach auf die Bevölkerung in den neuen Bundesländern angewendet werden? Das Beipiel der Fragen nach dem Stellenwert von 'Arbeit' zeigt ja bereits, daß hinter den Antworten Verschiedenes stehen kann. Insofern ist - und das gilt über das Thema 'Einstellungen zur Arbeit' weit hinaus - auch wieder Vorsicht anzumahnen.

Ein wichtiger Befund bei der Betrachtung der seit November 1989 vorliegenden Ergebnisse zum Vergleich der Einstellungsmuster und Wertstrukturen ist, daß noch große Unsicherheit darüber herrscht, wie ähnlich Ostdeutsche und Westdeutsche wirklich denken. Auf der einen Seite stehen Ergebnisse, die auf große Ähnlichkeiten hindeuten (vgl. z.B. die Ausführungen von Mochmann 1991 in diesem Band); auf der anderen Seite stehen Aussagen wie die folgende: "Die Einstellungen und Mentalitäten in Ost und West sind, demoskopisch nachweisbar, noch weithin verschieden" (Fack 1991: 5). Einerseits wird unterstellt, daß in der DDR kein Wertewandel wie im Westen stattgefunden hat (vgl. den Beitrag von Noelle-Neumann 1991 in diesem Band); andererseits wird gerade dies behauptet (vgl. z.B.: Herbert 1991: 128 ff.) und konstatiert, "daß die Wertstrukturen in Ost und West viel weniger ähnlich sind, als die Übereinstimmung der Niveaus vermuten läßt" (ebenda: 130).

Angesichts der Bedeutung, die solche Befunde auch und gerade im politischen Prozeß haben - "der Politiker, der gute Zahlen hat, verwendet sie, als seien sie die Wahrheit selbst" (Attesländer 1990: 1) -, ist von den Meinungsforschern und ihren Auftraggebern Offenheit im Sinne einer sehr frühen Einsicht von *Noelle* gefordert: Es " lassen sich einzelne Resultate der Massenbefragungen durch parallel laufende Befragungen verschiedener Organisatoren kontrollieren. ... Eine gefährliche Methode, mit Strohabstimmungen Agitation zu treiben, wäre die *Unterschlagung von privaten Abstimmungen*, deren Resultate aus irgendeinem Grunde nicht willkommen sind" (Noelle 1940: 74 f.).

Zu den wichtigsten Fragestellungen im wirtschaftlichen, sozialen und politischen Wandlungsprozeß in Deutschland gehört z.B. auch die, wie West- und Ostdeutsche übereinander denken und wie sich ihre Einstellungen entwickeln, wenn die Kosten, andererseits aber auch die Erträge der Einheit deutlich werden. Emnid meldet dahingehend erheblich beunruhigende Ergebnisse. Gerade in der Frage nach der vermuteten Arbeitsmotivation sind nach den Umfragen die Einschätzungen der Westdeutschen über die Ostdeutschen äußerst negativ und im Vergleich 1990/91 noch negativer geworden (vgl. o.V. 1991b: 26 ff.). Die eingangs angesprochenen Stereotype und Vorurteile sind vorhanden. Die Gefahr, daß sie sich verselbständigen, ist nicht von der Hand zu weisen. Forschung zu diesen Thematiken tut not.

Literatur

Adler, F. u.a. (1981), Scientific and technological progress and the social activity of workers in the GDR, in: J. Forslin/A. Sarapata/A.M. Whitehill (Hg.), Automation and Industrial Workers. A Fifteen Nation Study, Volume I, Part 2, Oxford u.a.O.: 199 ff.

Adler, F. u.a. (1990), Soziale Prozesse und Probleme der Durchsetzung des wissenschaftlich-technischen Fortschritts in der DDR, in: Akademie für Gesellschaftswissenschaften (Hg.), Wissenschaftlich-technischer Fortschritt - soziale Entwicklung. Soziologische Studien, Berlin: 36 ff.

Arbeitsgesetzbuch der Deutschen Demokratischen Republik vom 16. Juni 1977, GBl. I, Nr. 18.

Aßmann, G./R. Stollberg (1977) (Hg.), Grundlagen der marxistisch-leninistischen Soziologie, Berlin.

Atteslander, P. (1990), Futter für Propaganda oder Anlaß zur Erkenntnis? Plädoyer gegen den Mißbrauch der Demoskopie, Süddeutsche Zeitung, Wochenendbeilage vom 17./18. November 1990: I.

Autorenkollektiv (1977), Sozialistische Arbeitswissenschaften. Aufgaben, Probleme, Berlin.

Autorenkollektiv (1980) u. d. Ltg. v. R. Winzer, Körperliche und geistige Arbeit im Sozialismus. Eine soziologische Analyse, Berlin.

Belwe, K./F. Klinger (1986), Der Wert der Arbeit. Aspekte des sozialen Wandels in der industriellen Arbeitswelt der DDR, Deutschland Archiv (Sonderheft), Tradition und Fortschritt in der DDR: 61 ff.

Braunreuther, K. (1965), Über die marxistische Soziologie und ihren Beitrag zur wissenschaftlich begründeten Leitungstätigkeit, Deutsche Akademie der Wissenschaften zu Berlin, Vorträge und Schriften, Heft 99, Berlin.

Bundesanstalt für Arbeit (1991), Arbeitsmarkt in Zahlen. Aktuelle Daten für das Beitrittsgebiet, August 1991, Nürnberg.

Burrichter, C./E. Förtsch (1985), Förderung von Spitzenforschung in der DDR, Deutschland Archiv 8: 846 ff.

Der Mensch und seine Arbeit (1971), Soziologische Forschungen, Unter der Leitung von V.A. Jadov, V.P. Rösin, A.G. Sdravomyslov, aus dem Russischen übersetzt von M.

Schramm und R. Lötzsch, Wiss. Redaktion: H. Steiner, Berlin.

Elsner, G. (1991), Fülle von Daten beeindruckt Forscherherz - Diskussionsbeitrag, in: C. Girndt/E. Mezger (Hg.), Arbeitswissenschaften nach dem Fall der Mauer. Kontroversen, Kontraste, Kooperationsmöglichkeiten, Marburg: 36 ff.

Emnid (1991a), Einstellungen der Bundesbürger zu allgemeinen Problemen, Tabellenbände, Bielefeld.

Emnid (1991b), Arbeiten wir zu viel oder zu wenig?, Umfrage & Analyse 2: 61 ff.

Engels, F. (1962), Der Anteil der Arbeit an der Menschwerdung des Affen, in: Marx, K./F. Engels, Werke, Bd. 20, 444 ff.

Fack, F.U. (1991), Deutschland im Spiegel der Demoskopie, Frankfurter Allgemeine Zeitung vom 11. September 1991: 54.

Gehrmann, F. (1986) (Hg.), Arbeitsmoral und Technikfeindlichkeit. Über demoskopische Fehlschlüsse, Soziale Indikatoren XIII, Frankfurt am Main/New York.

Habich, R. u.a. (1991), 'Ein unbekanntes Land' - Objektive Lebensbedingungen und subjektives Wohlbefinden in Ostdeutschland, Aus Politik und Zeitgeschichte B32: 13 ff.

Habich, R./P. Krause/E. Priller (1991), Subjektives Wohlbefinden, in: G. Wagner/B. v. Rosenbladt/D. Blaschke (Hg.), An der Schwelle zur Sozialen Marktwirtschaft. Ergebnisse aus der Basiserhebung des Sozio-ökonomischen Panels in der DDR im Juni 1990, Nürnberg: 37 ff.

Hacker, W. (1973), Allgemeine Arbeits- und Ingenieurpsychologie. Psychische Struktur und Regulation von Arbeitstätigkeiten, Berlin.

Hager, K. (1964), Probleme und Aufgaben der Gesellschaftswissenschaften nach dem 5. Plenum des ZK, Einheit 4: 43 ff.

Hausstein, B. (1991), Leben '91. Daten und Feldbericht, Berlin.

Heinemann, L. (1991), Epidemiologie in der Ex-DDR - Daten zum Gesundheitszustand, in: K. Furmaniak/H. Kiock (Hg.), Programmforschung in der und über die (ehemalige) DDR, München: 175 ff.

Heinrich Bauer Verlag (o.J.) (Hg.), Neue Bundesbürger - Neue Leser - Neue Konsumenten. Die neuen Bundesländer im Spiegel der Statistik und der AWA '90/'91-Ost, Hamburg.

Heintze, H. (1987), Zu Fragen des wissenschaftlich-technischen Fortschritts, der Entwicklung der sozialistischen Masseninitiative und der effektiven Nutzung des gesellschaftlichen Arbeitsvermögens, in: Abhandlungen der Akademie der Wissenschaften der DDR, Abteilung Veröffentlichungen der Wissenschaftlichen Räte Jahrgang 1987, Theoretische und praktische Probleme der Nutzung des gesellschaftlichen Arbeitsvermögens bei der umfassenden Intensivierung in Kombinaten und Betrieben unter besonderer Berücksichtigung der Erfahrungen des VEB Mansfeld Kombinat Wilhelm Pieck: 33 ff.

Herbert, W. (1991), Die Wertorientierungen der Deutschen vor der Vereinigung. Eine empirische Momentaufnahme in Ost und West, Biss Public 2: 119 ff.

Herter, D./R. Stollberg (1989), Verhältnis zur Arbeit und Kollektivität, Informationen zur soziologischen Forschung in der DDR 2: 32 ff.

Hoffmann-Nowottny, H.-J./F. Gehrmann (1984) (Hg.), Ansprüche an die Arbeit. Umfragedaten und Interpretationen, Soziale Indikatoren XI, Frankfurt am Main/New York.

Infas (1991), Frauen in den neuen Bundesländern im Prozeß der deutschen Einheit, Bonn-Bad Godesberg.

Infratest (1991a), Trendreport Ost, Nr. 1, München.

Infratest (1991b), Deutschland 2000. Erwartungen und Hoffnungen der Deutschen in Ost und West, München.

INIFES (1986), Vergleich von Niveau und Entwicklung der Arbeitsunfähigkeit in der Bundesrepublik Deutschland und in ausgewählten Ländern, Bonn.

INIFES (1990), Bestandsaufnahme und Perspektiven der Einstellungs-, Markt- und Meinungsforschung in einem vereinten Deutschland. Pilotstudie, Projektantrag vom Mai 1990, Leitershofen.

Institut der Deutschen Wirtschaft (1991), Der Arbeitsmarkt, Informationsdienst des Instituts der deutschen Wirtschaft 37:3.

Institut für Demoskopie Allensbach (1990), Einstellung zu Arbeit und Freizeit in der Bundesrepublik und in der DDR, Allensbacher Berichte 9.

IPOS (1991), Einstellungen zu aktuellen Fragen der Innenpolitik 1991 in Deutschland, Mannheim.

Jaufmann, D. (1990), Technik und Wertewandel. Jugendliche und Erwachsene im Widerstreit? Frankfurt am Main u. a. O.

Jugel, M./B. Spangenberg/R. Stollberg (1978), Schichtarbeit und Lebensweise, Berlin.

Kaiser, D. (1979), Zu einigen Problemen des Zusammenhangs von Theorie und empirischer Sozialforschung bei der Analyse der sozialistischen Lebensweise, Wissenschaftliche Zeitschrift der Humboldt-Universität zu Berlin, Gesellschafts- und Sprachwissenschaftliche Reihe 1: 25 ff.

Kalok, G./J. Roloff (1985), Zum Zusammenhang von Bedürfnis nach hoher Arbeitsleistung, Arbeitseinkommen und Leistungsmotivation, Wirtschaftswissenschaft 3: 347 ff.

Kistler, E. (1986), Geringerer Absentismus in Japan - Zur Relativierung einiger gängiger Zerrbilder, WSI-Mitteilungen 10: 688 ff.

Kistler, E./W. Becker (1990), Die Leiden der Evaluation - Implementierung, Qualitätssicherung und Aussagemöglichkeiten von Evaluationsvorhaben vor dem Hintergrund der ERS-Standards, in: U. Koch/W.W. Wittmann (Hg.), Evaluationsforschung. Bewertungsgrundlage von Sozial- und Gesundheitsprogrammen, Berlin u.a.O.: 183 ff.

Koch, A. (1991), Staatliche Eingriffe in die Wirtschaft im Osten hoch im Kurs. Unterschiede und Gemeinsamkeiten in den politischen Einstellungen 'neuer' und 'alter' Bundesbürger, Informationsdienst Soziale Indikatoren 6: 1 ff.

Kretzschmar, A. u.a. (1986), Arbeit - Leistung - Persönlichkeit. Zur Entwicklung des Leistungsverhaltens in der sozialistischen Industrie, Berlin.

Kretzschmar, A./R. Weidig u.a. (1990), Soziale Prozesse und Probleme flexibler Automatisierung, in: Akademie für Gesellschaftswissenschaften (Hg.), Wissenschaftlich-technischer Fortschritt - soziale Entwicklung. Soziologische Studien, Berlin: 7 ff.

Kurtz, I./D. Schmidt (1972), Triebkräfte schöpferischer Initiative in der sozialistischen Rationalisierung - Ergebnisse industriesoziologischer Untersuchungen, Wirtschaftswissenschaft 10: 1472 ff.

Kuwan, H. (1991), Motivationen zur Weiterbildung. Ergebnisse einer Befragung in den neuen Ländern, Bonn.

Laatz, H. (1984), Soziologische Forschung und Gesellschaft in der DDR, Aus Politik und Zeitgeschichte B16-17: 18 ff.

Laatz, H. (1985), Wege und Wirkungen gesellschaftswissenschaftlicher Forschung in der DDR, in: Deutschland Archiv (Sonderheft), Ideologie und gesellschaftliche Entwicklung in der DDR: 66 ff.

Laitko, H. (1979), Wissenschaft als allgemeine Arbeit. Zur begrifflichen Grundlegung der Wissenschaftswissenschaft, Berlin.

Lepsius, M.R. (1990a), Zusammenfassung der Beratungen "Zur generellen Situation der Sozialwissenschaften in der bisherigen DDR und im vereinten Deutschland", in: W. Zapf/G. Thurn (Hg.), Zur Lage der sozialwissenschaftlichen Forschung in der ehemaligen DDR: Wissenschaftliche Interessen, Forschungserfahrungen, Strukturprobleme, Kooperationswege. Konferenzbericht, Wissenschaftszentrum Berlin für Sozialforschung (WZB), P 90 - 008: 16 ff.

Lepsius, M.R. (1990b), Zur Lage der Soziologie an den Universitäten der DDR, Kölner Zeitschrift für Soziologie und Sozialpsychologie 2: 313 ff.

Lindig, D. (1991), Datenreport: Konträre Entwicklung der Arbeitslosigkeit in den deutschen Bundesländern, Biss Public 3: 133 ff.

Littek, W./W. Rammert/G. Wachtler (1982) (Hg.), Einführung in die Arbeits- und Industriesoziologie, Frankfurt am Main/New York.

Lötsch, M. (1981), Sozialstruktur und Wirtschaftswachstum. Überlegungen zum Problem sozialer Triebkräfte des wissenschaftlich-technischen Fortschritts, Wirtschaftswissenschaft 1: 56 ff.

Lötsch, M./R. Weidig (1972), Soziologische Probleme der Entwicklung der Arbeiterklasse bei der Gestaltung der entwickelten sozialistischen Gesellschaft, Deutsche Zeitschrift für Philosophie 7: 604 ff.

Ludz, P.Ch. (1980), Mechanismen der Herrschaftssicherung. Eine sprachpolitische Analyse gesellschaftlichen Wandels in der DDR, München/Wien.

Ludz, P.Ch./U. Ludz (1985³), Soziologie und Empirische Sozialforschung, in: Bundesministerium für innerdeutsche Beziehungen (Hg.), DDR Handbuch, Bd. 2, Köln: 1232 ff.

Lutz, B./G. Schmidt (1977²), Industriesoziologie, in: R. König (Hg.), Handbuch der empirischen Sozialforschung, Bd. 8, Stuttgart: 101 ff.

Marx, K. (1968), Nachwort zu "Enthüllungen über den Kommunisten-Prozeß zu Köln", in: K. Marx/F. Engels, Werke, Bd. 18: 568 ff.

Modrow, H. (1978), Der Fünfjahrplan des Kreises und die Verwirklichung der Hauptaufgabe, Einheit 3: 272 ff.

Nick, H. (1980), Wissenschaftlich-technischer Fortschritt und Arbeitsinhalte, Einheit 11: 1136 ff.

Noelle, E. (1940), Amerikanische Massenbefragungen über Politik und Presse, Limburg an der Lahn.

Noelle-Neumann, E. (1990), Premiere des demoskopischen Vergleichs zwischen Ost- und Westdeutschen. Auf welche Unterschiede man sich einstellen muß, hekt. Ms., Allensbach.

Noelle-Neumann, E./B. Strümpel (1984), Macht Arbeit krank? Macht Arbeit glücklich? München/Zürich.

Noll, H.-H./R. Habich (1989), Einstellungen zur Arbeit und Arbeitszufriedenheit, in: Statistisches Bundesamt (Hg.), Datenreport 1989. Zahlen und Fakten über die Bundesrepublik Deutschland, Bonn: 424 ff.

o.V. (1991a), Wer es nicht tut, gilt als dumm, DER SPIEGEL 18: 40 ff.

o.V. (1991b), Nur noch so beliebt wie die Russen, DER SPIEGEL 30: 24 ff.

o.V. (1991c), Zehn Jahre bis zum Wohlstand?, DER SPIEGEL 31: 91 ff.

Paalzow, H. (1908), Das Kaiserreich Japan, Berlin, zit. nach: Linhart, S. (1976), Arbeit, Freizeit und Familie in Japan, Wiesbaden: 11 f.

Peter, L. (1990), Legitimationsbeschaffung oder 'Machtkritische Subkultur'? Marxistisch-leninistische Soziologie und Systemverfall in der DDR, Kölner Zeitschrift für Soziologie und Sozialpsychologie 4: 611 ff.

Presse- und Informationsamt der Bundesregierung (1991), Zusammenstellung von Umfrageergebnissen für die Presse, hekt. Ms., Mai 1991, Bonn.

Programm der Sozialistischen Einheitspartei Deutschlands (1976), Berlin.

Radtke, H. (1985), Zur weiteren Ausprägung des sozialistischen Charakters der Arbeit als Bedingung für Leistungsverhalten, in: R. Stollberg (Hg.), Wissenschaftlich-technischer Fortschritt, Arbeitsinhalte und -bedingungen, Verhältnis zur Arbeit, Halle: 9 ff.

Reißig, R./G.J. Glaeßner (1991) (Hg.), Das Ende eines Experiments. Umbruch in der DDR und deutsche Einheit, Berlin.

Rosenmayr, L. (1989), Soziologie und Natur. Plädoyer für eine Neuorientierung, Soziale Welt 1/2: 12 ff.

Ruben, P. (1966), Zum Verhältnis von Philosophie und Mathematik, Dialektik und Logik - dargestellt am Widerspruch, Deutsche Zeitschrift für Philosophie, Sonderheft: 167 ff.

Ruben, P. (1969), Problem und Begriff der Naturdialektik, in: A. Griese/H. Laitko (Hg.), Weltanschauung und Methode, Philosophische Beiträge zur Einheit von Natur- und Gesellschaftswissenschaften, Berlin: 51 ff.

Ruben, P. (1973), Aktuelle theoretische Probleme der materialistischen Naturdialektik, Deutsche Zeitschrift für Philosophie 8: 909 ff.

Ruben, P. (1976), Wissenschaft als allgemeine Arbeit. Über Grundfragen der marxistisch-leninistischen Wissenschaftsauffassung, in: P. Ruben, Dialektik und Arbeit der Philosophie, Köln 1978: 9 ff.

Sachverständigenrat zur Begutachtung der gesamtwirtschaftlichen Entwicklung (1990), Zur Unterstützung der Wirtschaftsreform in der DDR: Voraussetzungen und Möglichkeiten, Sondergutachten vom 20. Januar 1990, Bundestagsdrucksache XI/6301.

Schubert, G./P. Kolley (1990), Zwischen Wende und Vereinigung. Sample Workshop 4, Mölln.

Speigner, W. (1980), Vom Motiv zum Handeln. Gedanken zur soziologischen Motivationsanalyse, Berlin.

SPIEGEL SPEZIAL (1991), Das Profil der Deutschen. Was sie vereint, was sie trennt, Nr. 1.

Stollberg, R. (1978), Arbeitssoziologie, Berlin.

Stollberg, R. (1983), Arbeitszufriedenheit als leistungsstimulierender Faktor, Jahrbuch für Soziologie und Sozialpolitik: 98 ff.

Stollberg, R. (1983), Warum und wozu Soziologie?, Berlin.

Stollberg, R. (1988), Soziologie der Arbeit, Berlin.

Strech, K.-H. (1978), Philosophische Probleme des Verhältnisses von Arbeit und Berufsbildung, Philos. Diss. (B), Humboldt-Universität, Berlin.

Tessmann, K. (1985), Die Erhöhung des schöpferischen Leistungsvermögens von Kollektiven der wissenschaftlich-technischen Produktionsvorbereitung bei der Verwirklichung der ökonomischen Strategie, Informationen zur soziologischen Forschung in der DDR 2: 37 ff.

Thiele, G. (1991), Vom Trab in den Galopp, in: SPIEGEL SPEZIAL, Das Profil der Deutschen, Was sie vereint, was sie trennt, Nr. 1: 58 ff.

Thomas, R. (1990), Zur Geschichte soziologischer Forschung in der DDR, in: H. Timmermann (Hg.), Lebenslagen. Sozialindikatorenforschung in beiden Teilen Deutschlands, Saarbrücken-Scheidt: 9 ff.

Ullmann, A. (1977), Leistungsstimulierung, Arbeitsverhalten und Lebensweise im Sozialismus. Soziologische Studien und Untersuchungen. Diss. B, Technische Universität

Dresden, zit. nach: Mertens, L. (1990), Arbeitshaltung und Wertorientierung in DDR-Kombinaten, Arbeit und Sozialpolitik 3: 104 f.

Walter, K. (1976), Erfahrungen bei der Nutzung soziologischer Erkenntnisse über das Arbeitsverhalten der Werktätigen zur Verwirklichung der wissenschaftlichen Arbeitsorganisation und der weiteren Entwicklung der sozialistischen Arbeitswissenschaften, in: R. Stollberg (Hg.), Soziologische Probleme der Motivierung und Stimulierung sozialistischen Arbeitsverhaltens der Werktätigen, Halle: 20 ff.

Weidig, R. (1976), Soziologische Probleme der Motivierung und Stimulierung des sozialistischen Arbeitsverhaltens der Werktätigen, Sozialistische Arbeitswissenschaft 4: 261 ff.

Winkler, G. (1990) (Hg.), Daten und Fakten zur sozialen Lage in der DDR. Sozialreport '90, Berlin.

Wissenschaftsrat (1991), Stellungnahme zu den außeruniversitären Forschungseinrichtungen in den neuen Ländern und in Berlin - Sektion Wirtschafts- und Sozialwissenschaften, Mainz.

Die Arbeitssituation in der Meinung der DDR-Bevölkerung

Albrecht Kretzschmar

In unserem Institut, dem Berliner Institut für Sozialwissenschaftliche Studien (BISS), hat sich eine Gruppe von Soziologen[1] die Aufgabe gestellt, mit einem langfristig konzipierten Projekt unter der Bezeichnung 'Lebenslagen und soziale Strukturen im Umbruch' den sozialen Wandel im Osten Deutschlands als Moment des deutsch-deutschen Zusammenwachsens forschend zu begleiten.

Im Rahmen dieses Projekts wurde im Mai/Juni 1990, also am Vorabend des Inkrafttretens der Wirtschafts-, Währungs- und Sozialunion, eine repräsentative Erhebung durchgeführt[2]. Ziel dieser Erhebung war es, Daten zu gewinnen, die ein möglichst umfassendes Bild sowohl von der sozialen Lage der Bevölkerung und ihrer wesentlichen sozialen bzw. sozialdemographischen Gruppen und Kategorien, als auch von einigen aktuellen Bewußtseinslagen und -zuständen vermitteln.

Mit diesem Beitrag sollen einige Daten dieser Untersuchung vorgestellt werden, wobei darauf verzichtet werden muß, darzulegen, wie sich die jeweiligen Daten bzw. die ihnen zugrundeliegende Fragestellung in den Gesamtkontext unseres Projekts einordnen.

Unser Bemühen, möglichst viel von der sozialen Realität der DDR einzufangen, sah sich zunächst mit einem Problem konfrontiert: Zwar existierte die DDR im Sommer 1990 noch, aber war das noch die soziale Realität, die die DDR-Bürger vier Jahrzehnte gelebt und erlebt hatten? Immerhin hatten sich seit dem Herbst 1989, dem Zeitpunkt der Wende, geradezu spektakuläre politische und ökonomische Wandlungen vollzogen (Öffnung der Mauer, freie Wahlen, Wegfall der zentralistischen Planwirtschaft, Runder

---

1 Zur Projektgruppe gehören neben dem Autor dieses Beitrages: Dr. sc. Dieter Lindig, Dr. Gabriele Valerius, Dr. Petra Wolf-Valerius, Dr. Norbert Prüfer.

2 N = 1305, Zufallsauswahl. Die Ausführungen und Daten in diesem Beitrag beziehen sich ausschließlich auf die Gruppe der Berufstätigen (N = 974).

Tisch etc.). Sollte dieser Wandel, von vielen als 'Revolution' bezeichnet, an der sozialen Lage und Situation der Menschen, darunter ihrer Arbeitssituation, spurlos vorübergegangen sein? Wir stellten deshalb in unserer Untersuchung den Probanden u.a. auch die Frage, was sich an ihren Lebensbedingungen gegenüber der Zeit vor dem Oktober 1989 verändert habe[3].

Aus den Einschätzungen und Urteilen der Befragten in bezug auf die Arbeitssituation[4] wird sichtbar, daß deren einzelne Elemente in recht unterschiedlichem Maße vom Wandel erfaßt bzw. durch Stabilität und Verharrung gekennzeichnet sind. Einerseits sind wesentliche Momente der Arbeitssituation im Sommer 1989 noch so, wie sie die Befragten seit jeher kannten: Eine überwältigende Mehrheit gibt an, daß ihre *Arbeitsbedingungen* gleich geblieben sind (82,5 v.H.).

Das ist sicherlich nicht sonderlich überraschend, verlangt doch eine Verbesserung der Arbeitsbedingungen in der Regel Investitionen, materielle und finanzielle Mittel, die zum Untersuchungszeitraum in den meisten Betrieben weniger denn jemals zuvor zur Verfügung standen. Jeweils eine große Mehrheit (67,3 v.H.) hat die Erfahrung gemacht, daß ihre *beruflichen Entwicklungsmöglichkeiten* (Aufstiegschancen) und die Bildungs- und Qualifikationsmöglichkeiten (59,0 v.H.) sich *nicht verändert* haben.

Auch in der leidigen Sache mit der *leistungsgerechten Entlohnung* ist nach dem Urteil der Mehrheit (70,2 v.H.) der Befragten im Sommer 1990 alles beim alten. Die alten, über Jahrzehnte gewachsenen und reproduzierten Einkommensrelationen und -nivellierungen wirken zu diesem Zeitpunkt

---

3 Die Frage lautet: "Wenn Sie Ihre heutigen Lebensbedingungen mit denen von vor Oktober/November 1989 vergleichen, was hat sich da verändert?" Einzuschätzen waren 26 Lebensbedingungen. Antwortvorgaben: 'hat sich verschlechtert/verringert', 'ist gleichgeblieben', 'hat sich verbessert/vergrößert', 'das kann ich nicht einschätzen', 'trifft nicht zu'.

4 Die Arbeitssituation der Probanden wurde mit folgenden Indikatoren erfaßt: Arbeitsbedingungen; Leistungsdruck; leistungsgerechte Entlohnung; Sicherheit des Arbeitsplatzes; berufliche Entwicklungsmöglichkeiten; Bildungs- und Qualifizierungsmöglichkeiten. In einem anderen Kontext wurden darüberhinaus die Schwere der körperlichen Arbeit, die Gesundheitsgefährdung, die Einseitigkeit der körperlichen Anforderungen, die Kompliziertheit der geistigen Anforderungen, die nervliche Belastung und der Entscheidungsspielraum am Arbeitsplatz eingeschätzt.

fort[5]. Aus früheren Untersuchungen ist bekannt, daß die ungenügende leistungsabhängige Differenzierung der Löhne und Gehälter, die unzureichende Berücksichtigung und finanzielle Anerkennung der unterschiedlichen Kompliziertheitsgrade der Arbeit, der damit verbundenen unterschiedlichen Qualifikation und Verantwortung der Arbeitenden, stets eine stark sprudelnde Quelle der *Unzufriedenheit* waren.

Andererseits ist aus den Urteilen und Einschätzungen der Befragten zu erkennen, daß die ihnen vertraute und bekannte Arbeitssituation sich wandelt und für manche bereits recht spürbar gewandelt hat. Die für das Lebensgefühl und die Lebensweise der DDR-Bürger wohl *bedeutsamste* Veränderung der Arbeitssituation betrifft die Sicherheit der Arbeitsplätze. Unter 26 von den Probanden einzuschätzenden Merkmalen ihrer sozialen Lage gehört die Sicherheit des Arbeitsplatzes zu jenen, in bezug auf die am häufigsten eine Veränderung konstatiert wird. Während jedoch die Veränderungen bei den Reisemöglichkeiten, den Möglichkeiten zum Erwerb von Konsumgütern sowie bei den Möglichkeiten demokratischer Mitsprache (sie wurden ebenfalls recht häufig als verändert eingeschätzt) dominierend als *Verbesserung* empfunden und erlebt werden, ist die Veränderungsrichtung bei der Sicherheit des Arbeitsplatzes eine andere. *Für 56 v.H.* der befragten Berufstätigen hat sich im Mai/Juni 1990 die *Sicherheit ihres Arbeitsplatzes verschlechtert*. Von allen Momenten der Arbeitssituation ist die Sicherheit des Arbeitsplatzes dasjenige, in bezug auf welches am häufigsten eine Veränderung und eine Verschlechterung konstatiert wird. Die Perspektive der meisten Betriebe ist zu jenem Zeitpunkt völlig ungewiß; Experten und Politiker geben einer großen Zahl von Betrieben nach dem Inkrafttreten der Wirtschafts-, Währungs- und Sozialunion nur geringe Überlebenschancen, traditionelle Lieferbeziehungen innerhalb der DDR brechen im Sommer 1990 zunehmend zusammen, die ökonomischen Beziehungen zu den traditionellen Partnern im Osten funktionieren immer schlechter, in nahezu allen Betrieben werden zu diesem Zeitpunkt Varianten diskutiert, wie durch Personalreduzierung ein Überleben des Betriebes unter marktwirtschaftlichen Bedingungen gesichert werden kann, und es gibt zu diesem Zeitpunkt - wenn auch vorerst in relativ geringer Zahl - Arbeitslose[6]. Die solcherart ver-

---

5 Das durchschnittliche Einkommen der Gruppen mit dem höchsten Einkommen (Leiter oberer Ebene) beträgt zum Untersuchungszeitpunkt 173 v.H. des durchschnittlichen Pro-Kopf-Nettoeinkommens der Wohnbevölkerung.

6 Unter den in unserer Stichprobe erfaßten Probanden waren 1 v.H. Arbeitslose.

änderte ökonomische Situation der Betriebe zwingt vielerorts in der Arbeit bereits zu einer schnelleren Gangart, Tempo und Intensität der Arbeit nehmen mancherorts zu. Reichlich die Hälfte der befragten Berufstätigen schätzen ein, daß der *Leistungsdruck* in ihrer Arbeit zugenommen habe. Während in manchen Betrieben somit offenbar versucht wurde, sich durch höhere Leistungsanforderungen (von den Probanden als zunehmender Leistungsdruck reflektiert) auf die Bedingungen der Marktwirtschaft einzustellen, scheinen die sich verschlechternde ökonomische Gesamtsituation und die Perspektivenlosigkeit mancherorts ein weiteres *Absinken der Leistungsanforderungen* bewirkt zu haben. Immerhin schätzen zu diesem Zeitpunkt rund 5 v.H. der Berufstätigen ein, daß der *Leistungsdruck* an ihrem Arbeitsplatz geringer geworden sei.

Wenn sich auf so dramatische Weise, wie es zwischen dem Herbst 1989 und dem Sommer 1990 geschah, das politische System und die ökonomischen Grundlagen einer Gesellschaft verändern, dann kann das nicht völlig folgenlos sein für die zwischenmenschlichen Beziehungen. Diese wurden ja (gegenüber anderen Momenten der sozialen Situation bzw. der Arbeitssituation) in der Regel mehrheitlich recht positiv bewertet, und in dieser Hinsicht gab es eine recht hohe Zufriedenheit. Noch im Frühjahr 1989, einem Zeitpunkt, als die Stimmungslage überwiegend durch Unzufriedenheit mit vielen Aspekten der sozialen Lage geprägt war, dominierten im Hinblick auf die Kollektivbeziehungen eindeutig die Zufriedenen und auch das Verhältnis zu den Leitern wurde überwiegend mit Zufriedenheit aufgenommen[7].

---

7 Wir beziehen uns auf Ergebnisse einer Untersuchung zu sozialen Problemen des wissenschaftlich-technischen Fortschritts. Die Untersuchung wurde im ersten Halbjahr 1989 durchgeführt in 3 Kombinaten (3 Betrieben) der chemischen Industrie, 5 Kombinaten (5 Betrieben) der Textilindustrie, 1 Kombinat (4 Betrieben) der Elektrotechnik/ Elektronik, 14 landwirtschaftlichen Betrieben (10 LPG, 3 VEG, 1 ZBE), 4 Kombinaten (4 Betrieben) des Bauwesens, 1 Kombinat des Dienstleistungsbereichs.
Einbezogen waren 1555 Berufstätige in Grundprozessen sowie in technischen und sonstigen Hilfsprozessen, Kollektivleiter, produktionsnahes ingenieurtechnisches Personal, sowie (als Experten): Leiter höherer Ebene, WAO-Mitarbeiter, betriebliche Funktionäre der SED und des FDGB.
Angewandte Methoden: Schriftliche Befragung; Arbeitsplatzanalyse; Experteninterviews; Analyse betrieblicher Daten zur ökonomischen und sozialen Situation der Betriebe.
Ergebnisse dieser Untersuchung sind zusammengefaßt in: Autorenkollektiv 1989.

In dem Bemühen, genauere Einblicke zu erhalten, ob und inwieweit auch in dieser Sphäre ein Wandel im Gange ist, haben wir danach gefragt, wie sich nach der Erfahrung der Probanden die zwischenmenschlichen Beziehungen gestaltet haben[8]. Dabei wird aus den vorliegenden Daten ein sehr widersprüchliches Bild erkennbar. Einerseits schätzt eine überwältigende, jeweils etwa an der 90 v.H.-Grenze liegende Mehrheit der Probanden ein, daß die Beziehungen in der Familie, unter Freunden und Bekannten sowie zwischen Nachbarn gleichgeblieben sind. Jener Typ interpersonaler Beziehungen also, in denen sich Individuen aufgrund *eigener* Entscheidung und motiviert durch eigene Zu- und Abneigung gegenüberstehen, ist zum Zeitpunkt der Untersuchung nach dem Eindruck und der Erfahrung der Mehrheit der Probanden *unverändert*. Ein anderes Bild ergibt sich hingegen aus den Einschätzungen und Meinungen der Probanden bei all jenen Beziehungen, die mit der *Arbeit* bzw. dem *Beruf* verbunden sind, und in denen sich Individuen primär als Träger ökonomischer Interessen und Rollen gegenüberstehen. Der Anteil derer, die bezüglich der Beziehungen zwischen Arbeitskollegen, zwischen Mitarbeitern und Leitern, sowie zwischen Kunden und Personal einschätzen, daß diese gleichgeblieben sind, ist deutlich (in der Regel um 30-35 Prozentpunkte) geringer. Dieser Typ interpersonaler Beziehungen, der in hohem Maße durch ökonomische Rollenerwartungen und Rollenspiel gekennzeichnet ist, in denen sich Individuen als 'ökonomische Charaktermasken' begegnen, ist, geht man von den Erfahrungen der Befragten aus, weitaus stärker vom Wandel erfaßt als die persönlichen Beziehungen. Das könnte ein Indiz für einen gewissen 'Mechanismus' des sozialen Wandels sein: Mit der Veränderung eines sozialen Systems verändern sich zunächst die Beziehungen und Verhaltensweisen, die die Individuen als gesellschaftliche Funktionsträger charakterisieren, während die 'persönlichen' Beziehungen demgegenüber relativ autonom sind und dem Wandel des Systems nur bedingt folgen. Es wird interessant sein, in der weiteren Untersuchung zu verfolgen, ob und in welcher Weise sich die verändernden gesellschaftlichen Verhältnisse und Strukturen auch in den persönlichen Beziehungen der Menschen geltend machen.

---

8 Die Frage lautet: "Wie haben sich nach Ihrer Erfahrung die zwischenmenschlichen Beziehungen in den letzten Monaten entwickelt?" a) zwischen Arbeitskollektiven; b) zwischen Mitarbeitern und Leitern; c) in der Familie; d) unter Freunden/Bekannten; e) zwischen Nachbarn; f) zwischen Kunden und Personal; g) unter Verkehrsteilnehmern. Antwortvorgaben: 'verschlechtert', 'gleichgeblieben', 'verbessert'.

Die Richtung, in der sich die zwischenmenschlichen Beziehungen verändert haben, ist dabei durchaus unterschiedlich: So wird in bezug auf die Beziehungen zwischen *Kunden und Personal* von einem Fünftel der Probanden eingeschätzt, daß sich diese *verbessert* haben. Das ist die deutlich am häufigsten konstatierte Verbesserung zwischenmenschlicher Beziehungen. Hinter diesem Befund, der Bürgern der Altbundesländer banal erscheinen mag, verbirgt sich für DDR-Bürger des Jahres 1990 ein enormer sozialer Fortschritt: Denn infolge der Gesamtkonstruktion von Gesellschaft und Wirtschaft, eines permanenten Mangels an Gütern und Leistungen, waren die Austauschbeziehungen durch eklatante Ungleichheit gekennzeichnet - die Produktion diktierte dem Handel die Bedingungen, der Zulieferer dem Finalproduzenten, der Hersteller dem Abnehmer, der Anbieter dem Abnehmer usw.; der Kunde oder Käufer hatte keine ökonomischen Hebel oder Mittel, um seine Interessen geltend zu machen. Mit dem Auftauchen erster marktwirtschaftlicher Elemente (z. B. der Konkurrenz durch Händler aus der BRD) und der damals unmittelbar bevorstehenden Einführung der D-Mark als allgemeines Äquivalent wird diese Ungleichheit aufgehoben und Gleichheit hergestellt ('Gutes Geld für gute Ware'). In *dieser* Hinsicht hat die veränderte ökonomische Situation gleichsam eine sozialhygienische Wirkung, entzieht sie doch dem 'Beziehung-haben-müssen', der Schmiergeldgeberei und -erpresserei im Alltag ökonomisch den Boden.

Andererseits aber schlägt die veränderte ökonomische Situation im Sommer 1990 bereits auch 'negativ' auf die zwischenmenschlichen Beziehungen durch: So schätzen 27,7 v.H. ein, daß sich die Beziehungen zwischen *Leitern und Mitarbeitern verschlechtert* haben, und 18,9 v.H. der Berufstätigen treffen diese Einschätzung auch in bezug auf die Beziehung *zwischen den Arbeitskollegen.*

Ursachen für die von den Probanden als 'Verschlechterung' empfundenen und erfahrenen Veränderungen liegen sicher in der sich verschärfenden Konkurrenzsituation um die Arbeitsplätze und in einem vielerorts wachsenden Leistungsdruck. Auch nötigt die finanzielle und ökonomische Situation der Betriebe vielen Leitern Entscheidungen ab, vor die sie bisher nicht gestellt waren und die wenig populär sind (Entlassungen, Übergang zu Kurzarbeit etc.). Auch war zum Untersuchungszeitpunkt die öffentliche Abrechnung mit der Vergangenheit voll im Gange, und auch das dürfte an den Beziehungen zwischen den Arbeitskollegen sowie zwischen Leitern und Unterstellten nicht spurlos vorübergegangen sein, zumal sich ja damit auch in der Regel konkrete Schuldzuweisungen und moralische Sanktionierungen verbanden[9].

Wie sind die im Sommer 1990 befragten DDR-Bürger mit ihrer Arbeitssituation zufrieden[10]?

Die Beantwortung dieser Frage fordert geradezu heraus, zunächst noch einen Blick nach hinten zu werfen in die Endphase der Existenz der DDR und wir möchten nochmals auf die Ergebnisse der Untersuchung vom Frühjahr 1989 zurückkommen. Wenngleich sich angesichts unterschiedlicher Populationen ein Vergleich verbietet, können beim Blick auf die damaligen Ergebnisse aber durchaus gewisse *Problemkontinuitäten* sichtbar werden. Wir trafen damals die Einschätzung: "Die Arbeitsverhältnisse sind offenbar aus der Sicht der materiellen Produzenten selbst der dynamischste Lebensbereich; hier ist gegenüber anderen Lebensbereichen bzw. Sphären der Gesellschaft auch das Maß der wahrgenommenen *Verbesserungen* vergleichsweise am größten ... Der Dynamik der (überwiegend als Verbesserung erlebten) Veränderung der Arbeitsverhältnisse steht gegenüber, daß *andere* wichtige Sphären unserer Gesellschaft, die für die Lebensqualität und Lebensunzufriedenheit und nicht zuletzt für die Identifikation mit unserem Land von Bedeutung sind, von erheblichen Teilen der Werktätigen als stagnierend, sich nur zögerlich verbessernd bzw. vielfach als sich verschlechternd erlebt werden" (Autorenkollektiv 1989: 4). Verschlechterungen wurden damals konstatiert z.B. von 62,4 v.H. der Befragten beim Warenangebot, von 61,4 v.H. beim Zustand der Umwelt, von 43,7 v.H. bei der

---

9 In dieser Perspektive ist es nur zu verständlich, daß das Prestige der Betriebsdirektoren erheblich gelitten hat: 53,9 v.H. der Probanden sind der Meinung, das Prestige der Betriebsdirektoren sei gesunken (Saldo: - 39,8).
Offenbar sehen viele in ihnen die eigentlich Schuldigen an der ökonomischen Misere der Betriebe.

10 Über den Wert und Unwert der Kategorie 'Zufriedenheit' ist schon manches geschrieben worden, es wurde z. B. gestritten, ob Zufriedenheit nur 'positiv' oder 'weniger positiv' zu bewerten sei, usw. Wir gehen davon aus, daß Zufriedenheit eine Relation zum Ausdruck bringt zwischen einem bestimmten Niveau der Ansprüche und Bedürfnisse der Individuen und den objektiven Möglichkeiten zur Befriedigung dieser Bedürfnisse. Bleiben diese unter dem Niveau der Bedürfnisse und Ansprüche, so entsteht *Unzufriedenheit*. Signalisiert Unzufriedenheit in diesem Sinne zunächst einen *individuellen* Zustand (denn jeder hat sein individuell und subjektiv gefärbtes Anspruchsniveau), so können aus der Konzentration Unzufriedener in einem bestimmten Bereich bzw. bei gehäufter Unzufriedenheit mit einem bestimmten Sachverhalt soziale Konflikte erwachsen.

Möglichkeit, sich für sein Geld etwas kaufen zu können, von 30 v.H. beim Niveau der Dienstleistungen. Die Arbeitsbedingungen wurden im Kontext dieser Frage damals überwiegend als 'verbessert' eingeschätzt. Allerdings wurden die einzelnen Momente der Arbeitssituation durch die Probanden recht unterschiedlich beurteilt. Bei solchen Momenten der Arbeitssituation wie der Einkommenshöhe, den beruflichen Entwicklungschancen, den Beziehungen und der Atmosphäre, der zeitlichen Beanspruchung, den Kommunikationsmöglichkeiten, der Verantwortung, den geistigen und körperlichen Anforderungen überwog in der Regel der Anteil der damit Zufriedenen. Andererseits gab es im Hinblick auf die *arbeitshygienischen* Bedingungen (Lärm, Schmutz, Schadstoffemission, Temperatur), wie auch mit den sanitären und sozialen Einrichtungen (Pausenräume, Toiletten, Duschen, Bäder) einen recht hohen Anteil Unzufriedener. Vor allem dort, wo Belegschaften an veralteten und verschlissenen Anlagen arbeiten mußten, war die diesbezügliche Unzufriedenheit recht groß[11]. Auch im *Sommer 1990* beurteilten die Befragten die einzelnen Elemente der Arbeitssituation recht unterschiedlich und in der Zufriedenheit mit ihnen gibt es deutliche Unterschiede. Mit ihren *Arbeitsbedingungen zufrieden* sind rund 42 v.H. der Befragten und ein Saldo von +18 weist aus, daß in dieser Hinsicht die Zufriedenen in der Überzahl sind gegenüber den Unzufriedenen. Gleiches gilt auch für den Leistungsdruck am Arbeitsplatz; er bewegt sich ebenfalls offenbar auf einem solchen Niveau, das den Erwartungen und Bedürfnissen eines beachtlichen Teils der Befragten entspricht (Zufriedene 41,1 v.H., Saldo: +17,6). Im Vergleich aller 26 durch die Probanden zu bewertenden Merkmale der sozialen Situation gehören der Leistungsdruck und die Arbeitsbedingungen zu jenen, bei denen die Zufriedenen *deutlich* überwiegen.

Anders ist das Bild freilich in bezug auf die *leistungsgerechte Entlohnung* und die *Sicherheit des Arbeitsplatzes*: Mit der leistungsgerechten Entlohnung *unzufrieden* sind 45,2 v.H. der befragten Berufstätigen und die Unzufriedenen dominieren (Saldo: -18,4). Ähnlich ist die Relation von Zufriedenen und Unzufriedenen auch im Hinblick auf die Sicherheit des Arbeitsplatzes: Mit der Sicherheit ihres Arbeitsplatzes *unzufrieden* sind 47,7 v.H. und auch in dieser Hinsicht dominieren die Unzufriedenen (Saldo: -19,1).

---

11 Von den an veralteten Technologien Arbeitenden waren danach unzufrieden - mit der Arbeitsumwelt (Lärm, Schmutz etc.) - 60 v.H.; mit den sozialen Bedingungen (Pausenräume, Toiletten, Duschräume) - 53 v.H.; mit der Technik an der sie arbeiten - 40 v.H.; mit der nervlichen Beanspruchung - 35 v.H.

Unter den 26 zu bewertenden Merkmalen rangiert die Sicherheit des Arbeitsplatzes - nach dem Anteil der Unzufriedenen - zusammen mit der leistungsgerechten Entlohnung, dem Schutz der Umwelt, dem Niveau des Handels, der Dienstleistungen und dem kulturellen Angebot auf den vorderen Rängen. Die Lebensbedingungen, die im Sommer 1990 am häufigsten Unzufriedenheit hervorrufen, sind also in der Regel solche, die als Probleme die DDR-Bevölkerung seit Jahrzehnten bewegen und bei denen auch in früheren Untersuchungen stets ein relativ hohes Maß an Unzufriedenheit sichtbar wurde. Sind zum Zeitpunkt der Untersuchung einerseits bestimmte Unzufriedenheitsquellen, die für die DDR geradezu traditionell waren, entfallen (Reisemöglichkeiten, demokratische Mitspracherechte, Informationsmöglichkeiten), so ist andererseits mit der abnehmenden Sicherheit des Arbeitsplatzes eine neue Quelle von Unzufriedenheit hinzugekommen. Es bleibt abzuwarten, wie sich das langfristig auf das Empfinden und die Lebensweise der Menschen auswirken wird.

Welche *Erwartungen* haben die Menschen im Sommer 1990 in bezug auf ihre künftige soziale Lage und Arbeitssituation? Zur Bewertung der diesbezüglichen Befunde möchten wir zunächst nochmals Bezug nehmen auf die Ergebnisse der Untersuchung vom Frühjahr 1989[12]. In Verallgemeinerung der Daten schrieben wir damals: "Gedämpfter Optimismus, aber auch Skeptizismus und resignative Züge charakterisieren die vorherrschende Haltung zu den Möglichkeiten, bis zum Jahre 2000 soziale Fortschritte zu realisieren. Dominierend werden geringe Fortschrittsverbesserungen erwartet. Am häufigsten wird erhofft, daß sich die Wohnsituation, die technische Ausrüstung der Betriebe, die Lebensbedingungen älterer Bürger, die Einkommenshöhe und die Freizeitbedingungen verbessern. Weitaus skeptischer sind hingegen die Erwartungen in bezug auf die Verbesserung des Verkehrs-, Post- und Fernmeldewesens, des Warenangebots und der Dienstleistungen, der Umwelt sowie der Länge des Urlaubs und der Dauer der Arbeitszeit" (Autorenkollektiv 1989: 24). Auch oder gerade bei den Lebensbedingungen, die am kritischsten beurteilt wurden und denen nach der Meinung der überwiegenden Mehrheit der Befragten in der Politik eine *höhere* Priorität eingeräumt werden sollte, erwartete damals ein Drittel der Befragten *überhaupt keine* Verbesserungen.

---

12 Wir hatten den Probanden damals die Frage gestellt: "In welchem Maße werden sich nach Ihrer Meinung bis zum Jahre 2000 folgende Dinge verbessern?" Vorgegeben zur Einschätzung waren 10 Lebensbedingungen.

Im Sommer 1990 blickt die Mehrheit der Befragten mit Optimismus in die Zukunft. Bei den meisten der 26 Lebensbedingungen dominieren die 'Optimisten'. Der Anteil derer, die eine Verbesserung erwarten, übersteigt in der Regel bei weitem den Anteil jener, die mit einer Verschlechterung rechnen. Dennoch ist dieser Optimismus keineswegs euphorisch, auch ist er nicht als bloßes Wunschdenken zu deuten. Denn hinsichtlich bestimmter Lebensbedingungen wird von beachtlichen Gruppen der Probanden erwartet, daß sie sich verschlechtern werden. Das betrifft die Sicherheit des Eigentums und der Person vor Übergriffen und auch die Möglichkeit, Kindereinrichtungen zu nutzen.

Diese Mischung von Optimismus und realistischem Skeptizismus prägt auch die Erwartungen in bezug auf die *Arbeitssituation*: Am häufigsten wird erwartet, daß leistungsgerechter entlohnt wird: 63,5 v.H. erwarten diesbezüglich eine Verbesserung und hoffen damit darauf, daß Leistungsunterschiede, stärker als in der Vergangenheit praktiziert, auch als Unterschiede im Einkommen erscheinen. Sie erwarten damit, daß in der Marktwirtschaft (endlich) ein Problem gelöst wird, das im realen Sozialismus zwar permanent auf der Tagesordnung war, ohne daß es jedoch auch nur einigermaßen hinreichend gelöst wurde. Von einem beachtlichen Realitätssinn zeugt es auch, wenn mehrheitlich erwartet wird, daß der *Leistungsdruck* in der Arbeit zunehmen wird.

'Verbesserung' ist die dominierende Erwartung auch in Hinblick auf die *Arbeitsbedingungen* (49,5 v.H., Saldo: + 38,7 v.H.), die beruflichen Entwicklungsmöglichkeiten (30,2 v.H., Saldo: + 12,0 v.H.) sowie Bildungs- und Qualifizierungsmöglichkeiten (40,4 v.H., Saldo: + 24,4 v.H.).

Ganz anders hingegen sind die Erwartungen in bezug auf die *Sicherheit des Arbeitsplatzes*: Diesbezüglich erwarten rund 58 v.H. der Befragten eine Verschlechterung (Saldo: - 43,9 v.H.).

Damit gehört die Sicherheit des Arbeitsplatzes zusammen mit dem Leistungsdruck, der Sicherheit der Wohnung und der Person vor Übergriffen, der Möglichkeit zur Nutzung von Kindereinrichtungen unter 26 Merkmalen der sozialen Lage zu denen, in bezug auf die (bei ansonsten dominierenden optimistischen Erwartungen) in größerem Umfang eine *Verschlechterung* erwartet wird.

Es wird Aufgabe der weiteren Forschung sein, zu verfolgen, ob bzw. inwieweit sich diese Erwartungen der DDR-Bevölkerung erfüllen, wie die damit verbundenen Erfahrungen und Erlebnisse subjektiv verarbeitet und bewältigt werden, welche sozialen Effekte, möglicherweise auch Konflikte, daraus erwachsen werden.

Literatur

Autorenkollektiv (1989) (F. Adler (verantwortlich), A. Kretzschmar, I. Müller-Hartmann, J. Müller, D. Lindig, R. Winzer), Soziale Prozesse und Probleme der Durchsetzung des wissenschaftlich-technischen Fortschritts in der DDR, (unveröffentlichtes Ms.), Berlin.

Arbeitsbeziehungen im 'realen Sozialismus' - Bedingungen der Systemtransformation

Peter Pawlowsky
Michael Schlese

Die 'Wende' in der DDR war ein Staatsbankrott, dem der Import ordnungspolitischer Prinzipien einer in den vierzig Jahren der Bundesrepublik Deutschland gewachsenen Rechts- und Wirtschaftsordnung folgt. Es stellt sich die Frage, wie dieser *Ordnungstransfer* lebensweltlich verankert werden wird. Wie ändern sich Alltagsroutinen, wie kommen die Akteure mit ihren Weltbildern, Zielsetzungen und dem instrumentellen Wissen um die Erreichung dieser Ziele, die mit der 'alten' Gesellschaft des 'realen Sozialismus' (RS) verbunden waren, zurecht? Welches sind die Ausgangsbedingungen des Systemwechsels? Wenn wir im folgenden den Blickwinkel *betrieblicher Arbeitsbeziehungen* herausgreifen, stellen sich eine Reihe von Fragen bezogen auf die Entwicklung der zukünftigen Arbeitswelt: Welche Qualifikationsstrategien tun not? Wie kann man einen strukturellen Konservatismus personenseitig überwinden? Wo stecken die 'neuen Eliten'? Wie werden sich die industriellen Beziehungen entwickeln? Welche Formen organisierter Interessenvertretung bilden sich heraus? Welche traditionellen und territorialen Voraussetzungen haben die Veränderungen in der Arbeitswelt?

Arbeitsbeziehungen und Verhältnis zur Arbeit

Die Topographie der Arbeitswelt in den neuen Bundesländern wird zu einem wesentlichen Anteil durch einen Kapital- und 'Know-how'-Transfer, die Ausgestaltung der industriellen Beziehungen, die gesetzlichen und tarifpolitischen Regelungen sowie die spezifischen Unternehmensstrategien geprägt. Entscheidend wird der Erfolg bzw. Mißerfolg der industriellen Modernisierung voraussichtlich von der Berücksichtigung der psychologischen Handlungsdispositionen, einerseits der Leistungs- und Qualifikationspotentiale, andererseits der potentiellen Verknüpfungen von Arbeit und Identität abhängen.

Die DDR-Arbeitswelt war geprägt durch eine industrielle Massenproduktion (siehe auch Deppe/Hoß 1989). Überwiegend traditionelle, an fordistischen und tayloristischen Prinzipien orientierte Arbeitseinsatzkonzepte, bei hochgradig hierarchischer Organisation, einem hohen Anteil indirekter Produktionstätigkeit (Wartung, Instandhaltung), Probleme der Materialzulieferung, die versucht wurden durch ausgedehnte Parallelproduktion zu kompensieren, und zunehmend veraltete und verschlissene Geräte, Maschinen und Anlagen kennzeichneten die Produktionsstrukturen in der ehemaligen DDR (vgl. hierzu insbesondere die detaillierten Ausführungen von Voskamp/Wittke 1990). Der Einsatz neuer Technologien im Rahmen von Produktionsansätzen einer flexiblen Spezialisierung war bislang wenig verbreitet. Ein Wechsel der Arbeitsinhalte oder eine Aufgabenrotation waren in den Betrieben unüblich (vgl. Winkler 1990). Die veralteten Produktionsanlagen und die hochgradig arbeitsteiligen Aufgabenzuschnitte bewirkten eine hohe physische und psychisch-soziale Belastung der Ex-DDR-Arbeitnehmerschaft.

Eine Befragung von Produktionsarbeitern in der Chemischen Industrie des Bezirks Halle (vgl. Stollberg 1990) ergab im Zeitverlauf eine deutlich zunehmende Belastungsempfindung. Das Gefühl, in der Arbeit vorhandene Qualifikationen nicht ausschöpfen zu können, intellektuell unterfordert zu sein, war offenbar gerade unter 'technischen Eliten' der DDR ein vorrangiges Problem. Was die Arbeitszeiten anbetraf, waren die Arbeitnehmer in der DDR, im Vergleich zu Beschäftigten in vielen west- , aber auch osteuropäischen Ländern, meist benachteiligt. Ein seit längerem bekanntes Problemfeld offenbart sich in einer leistungshemmenden Einkommens- und Verteilungsungerechtigkeit. Geringe Einkommensdifferenzierung wirkte sich zu ungunsten der 'Intelligenz-Berufe' und in einer zu geringen Differenzierung der Nettolöhne zwischen Produktionsarbeitern einerseits und Hoch- sowie Fachhochschulabsolventen andererseits aus. Niedrigeres Einkommen als im Westen korrespondierte mit einer geringeren Stratifikation (vgl. Infratest 1990; Spiegel 1990). Mehr Verantwortung durch betrieblichen Aufstieg entsprach dann weder eine deutliche finanzielle Verbesserung noch gar mehr Partizipation an oft 'obrigkeitsstaatlich' gefällten Entscheidungen.

In den unterschiedlichen Arbeitnehmerbefragungen[1] spiegeln sich die skizzierten Produktionsstrukturen, die Personaleinsatzstrategien, die Belastungsformen und die Entlohnungspraxis in Form von niedriger Arbeitszufriedenheit und eingeschränkter Leistungsbereitschaft wider. Flankiert werden unsere Feststellungen durch die Studien der Forschungsgruppe *Stollberg*, die 1989 konzidieren mußte, "... daß die konkreten Arbeitsverhältnisse 1987 (im Vergleich zu 1977; Anm.d.Verf.) von den Produktionsarbeitern kritischer eingeschätzt wurden ..."(a.a.O.: 111; siehe auch Stollberg 1988). Die regional-, branchen- und arbeitnehmergruppenspezifische Eingrenzung der Stichprobe schränkt zwar die Verallgemeinerungsfähigkeit der Daten ein, die Autoren gehen aber dennoch davon aus, daß sich in diesen Befunden "... allgemeine Tendenzen in der Entwicklung des Verhältnisses zur Arbeit erkennen lassen, die auch gewisse verallgemeinerte Schlußfolgerungen ... erkennbar werden lassen" (a.a.O. 1990: 5). Selbst unter dem genannten methodischen Vorbehalt ist die Erosion einer vorbehaltslosen, verbal bekundeten Leistungsbereitschaft, die Abnahme der Identifikation mit der Arbeit und die rückläufige Arbeitszufriedenheit bemerkenswert. Interessanterweise sind es aber nicht allein die schlechten materiellen Arbeitsbedingungen, die gravierenden Belastungsfaktoren und die Einkommensdefizite, die die Unzufriedenheit der Beschäftigten in der Ex-DDR ausmachten. Die Kritik richtete sich vor allem auch auf immaterielle Arbeitsbedingungen.

Das Gesamtbild, das sich in diesen Arbeitsstrukturen und den Arbeitsorientierungen abzeichnet, läßt einen Bruch zwischen den Menschen und ihrer Arbeit im 'real existierenden Sozialismus' erkennen. Der Anspruch an ein *sozialistisches Verhältnis zur Arbeit* (VzA), demzufolge die Arbeit eine noch höhere Zentralität im Leben des Einzelnen einnimmt[2], ist mit einer subjektiven Realität der Befragten konfrontiert, die eine instrumentelle und privatisierte Arbeitsorientierung erkennen läßt. Die unzureichenden Einkommens- und Aufstiegschancen, aber auch das Gefühl mangelnder Information, unzureichender Beteiligung an Entscheidungen und geringer Gestaltungsmöglichkeiten im Rahmen der Arbeitsorganisation haben offenbar

---

1 Für Anregungen und Kommentare möchten wir R. Stollberg (Martin Luther Universität Halle) danken.

2 So gehört die Arbeit gemäß des marxistischen Weltbildes zum Wesen des Menschen und ist die lebensbestimmende Äußerungsform seines Daseins (vgl. Stollberg 1988: 11).

zur Verlagerung von Motivationspotentialen und zu einer privatisierten Schonhaltung geführt, die allem Anschein nach auch von den Arbeitskollektiven mitgetragen wurde.

Andererseits hat die Arbeit in mehreren Umfragen einen konstant hohen Stellenwert. Arbeit wurde als öffentliches Gut betrachtet, für das der Staat zu sorgen hat. In der Rangreihe der wichtigsten Lebenswerte ist der Lebensbereich Arbeit, nach Gesundheit, sozialer Sicherheit und Familie zumeist unter den vier wichtigsten Werten zu lokalisieren. Diese hohe Zentralität der Arbeit, die im Kern sowohl in einem traditionellen protestantischen Berufskonzept als auch in dem sozialistischen Ideal der Arbeit verankert ist, bietet in Verbindung mit den Ansprüchen nach Information, Beteiligung und Mitgestaltung in der Arbeit einen Anknüpfungspunkt zur Revitalisierung von Motivationspotentialen. In Übereinstimmung mit dem Charakteristikum einer relativ niedrigen Mobilität der Arbeitnehmer könnte vermutet werden, daß die arbeitszentrierten Netzwerke eine ideologisch gestützte Rolle bei der Stabilität der Arbeitsorientierungen gespielt haben. Es wurde gesellschaftlich geradezu gefördert, sich in seiner Lebensplanung auf ein Unternehmen als dauerhaften Wirkungshorizont einzurichten. Umgekehrt hatte dieses Unternehmen dann eine gewisse Fürsorgepflicht. Für die Arbeitswelt kann einerseits angenommen werden, daß Elemente der sogenannten Planwirtschaft gewissermaßen zur Mentalität geworden sind, andererseits erzeugten die Versuche, mit Mißwirtschaft und Funktionsstörungen fertig zu werden, Dispositionen, an die nun im Veränderungsprozeß angeknüpft werden kann, die aber gegebenenfalls auch nicht in das Konzept eines geordneten Betriebes fallen. Nur im betrieblichen Einzelfall kann geklärt werden, welche Elemente einer corporate culture einen Anknüpfungspunkt für die betriebliche Modernisierung darstellen. Das Verhältnis zur Arbeit spiegelt insgesamt eine *dysfunktionale Arbeitsgesellschaft* und damit den widersprüchlichen Boden der kapitalistischen Erneuerung[3].

---

3 Das Stollbergsche Konzept des VzA selbst spiegelt die Ideologie eines sich selbst als Leistungsgesellschaft jenseits der Regulativa westlicher Gesellschaften verstehenden RS in all seiner inneren Widersprüchlichkeit.

Modernisierung und ihre motivationalen Voraussetzungen

Es sind zwei voneinander zu unterscheidende Lernleistungen, die durch die Akteure nun zu erbringen sind. Einmal muß der Typus strategischen Handelns herausgebildet werden unter den Bedingungen einer sich institutionalisierenden Individualität. Zum anderen müssen 'Ziel-Mittel-Orientierungen' entwickelt werden, die nicht so sehr eine Frage der Fähigkeiten reflexiver Lebensgestaltung darstellen, als vielmehr zunächst eine schlichtere der Informiertheit. In dem sich gegenwärtig vollziehenden sozialen Umbruch im Osten ändert sich in kurzer Zeit mehr als Arbeitsbedingungen, -inhalte und Einkommenschancen. Den Überblick zu behalten ist schwer, und die Grenzen der Informationsverarbeitungskapazitäten stellen Grenzen neuer Lebensentwürfe dar.

Man kann die These vertreten, der Wandel der Privatkultur - die weitgehende Identifikation mit westlichen Werten und Handlungsorientierungen - sei in der DDR die Triebfeder für die Erosion und den Zusammenbruch der öffentlichen Kultur gewesen. Eine industrielle Modernisierung könne nun an diejenigen Motivationspotentiale anknüpfen, die durch leistungshemmende Entlohnungs- und Verteilungsprinzipien unterdrückt waren. Die Differenzierungen in den Einkommens- und Beschäftigungschancen, vielleicht auch allgemeiner in den Lebenschancen, können aber gerade die an der Verteilung ansetzenden Motivationspotentiale empfindlich hemmen, wenn keine klaren Alternativen gesehen werden.

Zweifellos muß auch in dem sozialen Umfeld der ehemaligen DDR eine stabilisierende Funktion vermutet werden, wonach alte Gewohnheiten und Routinen in bekannten sozialen Netzwerken eher beibehalten werden als in einer 'fremden' Welt, der man sich anpassen möchte. Es ist daher notwendig, sich die betriebliche Realität in der Vergangenheit, die Logik des Managements einer Mangelwirtschaft mit stark eingeschränktem Entscheidungsspielraum der Verantwortlichen deutlich zu machen. Es besteht die Gefahr einer Depazifizierung der in der Struktur der Arbeitswelt angelegten Konflikte. Gerade Erwartungen an den Staat (als sozialpolitische Notbremse) und die Vorstellungen vom Kapitalismus, in dem man nun 'bestehen' muß (man schaue sich nur mal die Semantik der Medien an), wecken den Eindruck, daß hier die späte Rache der sozialistischen Ideologie folgt.

Innovationshemmnisse: kulturelle Defizite und unausgetragene Konflikte

Nun wollen wir auf zwei u.E. notwendige Differenzierungen aufmerksam machen. Die eine Differenzierung betrifft die Unterscheidung allgemeiner Probleme der Umstrukturierung von Betrieben bis hin zu Wirtschaftszweigen, die wenig mit Sozialismus zu tun haben, von den Spezifika des RS-Erbes. Die andere Unterscheidung bedeutet, nach Problemen zu sortieren, die aus den sozialisatorischen und kulturellen Bedingungen resultieren, und solchen, die schlicht Widerstände und Lerndefizite darstellen, welche wieder nicht 'typisch DDR' sind. Ein zentrales Problem der industriellen Modernisierung in den ostdeutschen Ländern wird dann offensichtlich: Die wichtigsten, in den letzten vierzig Jahren etablierten Eckpfeiler der öffentlichen Kultur in der DDR, die Wirtschaftsordnung, die ideologische Verankerung und damit die Ideale eines 'sozialistischen Verhältnisses der Werktätigen zur Arbeit' sind in den letzten Jahrzehnten zunehmend erodiert und mit dem 09.November schließlich obsolet geworden.

Hinzu kommt gegenwärtig noch ein "es war doch nicht alles schlecht" 'back-lash' von DDR Errungenschaften, der als Moment des sich spät einstellenden DDR-Bürger-Bewußtseins zu beschreiben ist. Neben der Differenz in Anschauungen und Lebensweisen steht die sich situativ aufbauende Wahrnehmung als je zum erfolgreichen oder nicht-erfolgreichen System gehörig; plus der Wahrnehmung des 'BRD-Bürgers' als 'Kolonisator' und/oder 'virtueller Emigrant': der bessere DDR-Bürger, mit dem "wie konntet ihr das nur zulassen"-Pathos. Wollte man eine solche Differenzierung als relevant fortschreiben, so könnte in Kontrast zur öffentlich reflektierten Situation im Herbst 1989 und danach von einer *nachholenden Abstandnahme* gesprochen werden.

Dem einzelnen muß dagegen eine abweichende, aber erlernbare und seine personale Identität nicht verletzende Alternative zur erlernten Orientierung angeboten werden. Eine Änderung der Arbeitskultur ist im Prinzip nur möglich über ein Verständnis und die Akzeptanz von Elementen der existierenden Orientierungsmuster, an die mit Neuem angeknüpft werden kann. Die eins zu eins Implementation einer Arbeitskultur, deren Regelmechanismen, deren Funktionsweise und deren Legitimität in einem gesellschaftspolitischen Prozeß in der Bundesrepublik im Verlauf von Jahrzehnten gewachsen ist, die die Normen und Traditionen in den ostdeutschen Ländern ignoriert, kann bestenfalls eine 'instrumentelle' Funktionalität generieren, schlimmstenfalls scheitern.

Das Gleichgewicht industrieller Beziehungen, das sich in der alten Bundesrepublik auf alle Ebenen des Austauschprozesses erstreckt, ist das Ergebnis eines historischen Entwicklungsprozesses, der eine iterative Annäherung der Interessenparteien ermöglichte, die trotz unterschiedlicher Ausgangspositionen zum grundlegenden Verständnis und zur Akzeptanz der Rechte und Pflichten beider Seiten führte. Weit weniger zugänglich, in ihrer Implikation jedoch von sehr viel weitreichenderer Bedeutung, sind die immateriellen Regelungsinhalte des impliziten Vertragsverhältnisses (vgl. Zetterberg 1983) zwischen Arbeitgebern und Arbeitnehmern in Ostdeutschland: Arbeitsqualität und Beteiligungsmöglichkeiten versus Leistungs- und Qualifizierungsbereitschaft. In dem Maße, in dem zukünftige Produktionsstrategien, über eine tayloristische bzw. fordistisch organisierte Massenproduktion hinausgehend, Konzepte der *diversifizierten Qualitätsproduktion* verfolgen, ist eine Effizienz nur durch die motivationale Einbindung der Beschäftigten zu erzielen, dadurch, daß Qualifizierungs- und Leistungsbereitschaft zum Gegenstand des Austauschverhältnisses werden.

Annahmen zur Sozialstruktur der ehemaligen DDR deuten auf Bedingungen hin, die mehr oder weniger resistente Kulturaspekte darstellen. Wir nehmen an, daß sich 'realsozialistische' von westlichen Gesellschaften nicht allein nach dem Grad der formalen Ausdifferenziertheit und Institutionalisierung von Funktionsträgerschaften unterscheiden, sondern (bei gegebenem Differenzierungsniveau) nach dem einer niedrigeren Mobilität ihrer Träger. Wenn aber bei relativ stabiler sozialer Struktur aus den personellen Fluktuationen Innovationseffekte resultieren, so sind hier spezifische Blockierungen zu vermuten. Wir denken, daß die Strukturierung von Lebensläufen eher durch zentralstaatliche Eingriffe erfolgte als durch eine Institutionalisierung von Individualität, die sich zugleich an vorgestanzten, freilich relativ frei wählbaren Biographiemustern und Lebenschancen orientiert. Wenn die Erfahrungshorizonte in einem relativ begrenzten Netzwerk von Möglichkeiten restringiert waren, so ist eine Unterkomplexität der Lebenswelt zu vermuten, die sich nun in Anpassungsschwierigkeiten, Mobilitätshemmnissen und verengten Wahrnehmungsweisen zeigt.

Zu den strukturellen Annahmen über Mobilität, Lebenslaufgenerierung und Horizontproduktion kommen weitere Annahmen, die das Verhältnis der Akteure zu ihrer betrieblichen Arbeit bestimmen. Mit der Erosion der Arbeitsorientierung, die den Stellenwert der Arbeit im Leben prinzipiell schwächer berührt als das Einkommen oder die Arbeit als qualifikationsgerechte Selbstverwirklichung, geht auch ein schwaches Leistungsbewußtsein einher, dessen Problematik sich nun in den Vordergrund der Diskussion zu Anspruch und Möglichkeit des wirtschaftlichen Wiederaufbaus schiebt. Hinzu kommen wachsende Ansprüche. Auf der einen Seite stehen Flexibilitäten, die an den alten Systemproblemen (second economy etwa) festgemacht waren, nachgerade mit der Stabilisierung und Reorganisation der Versorgung mit Gütern entwertet werden. Auf der anderen Seite steht eine vermutbare Mentalität der sozialen Sicherheit, die mit dem rationalen Verfolgen von Selbstschutzinteressen im 'rauhen Wind' des Marktes leicht zu konfliktträchtigen Spitzen der Abwehr westlicher 'Kolonisierung' auflaufen kann.

Andererseits ist die Flexibilität des Arbeitnehmers des Westens ja an den Rucksack von Wissen und Fertigkeiten und objektiv bessere Rahmenbedingungen gebunden, die die Ostdeutschen jetzt erst lernen und erwerben sollen. Politische Unsicherheit und eine Reduktion in der Wahrnehmung der individuellen und kollektiven Interessen können die Folge der mehrfachen Verunsicherung hinsichtlich des generell in Frage gestellten Lebenssinns, des instrumentellen Wissens und der sozialen Fertigkeiten sein, die man halt so braucht, um im Westen zu bestehen - oder von denen die Ostdeutschen annehmen, daß sie sie brauchen. Schließlich ist da noch die eingeübte Subalternität, der auf der anderen Seite eine in der realsozialistischen Wirklichkeit praktizierte kritische Abstandnahme entspricht, die sich nun (gespeist aus dem Bewußtsein der Unterprivilegierung) möglicherweise fortsetzt. Die skizzierten Arbeitsorientierungen, Ansprüche und politisch-gesellschaftlichen Erfahrungen bestimmen das widersprüchliche Bild der Arbeitswelt der ehemaligen DDR.

Modernisierung und Regionalisierung

Die Achillesferse ihrer Reorganisation wird aller Voraussicht nach die Qualität der Human-Ressourcen sein, oder anders formuliert, die Reorganisationschance steht und fällt mit der Bewältigung des psychologischen Umbruchs. Eine Kultivierung der Leistungs- und Lernbereitschaft, ebenso wie der schöpferischen kreativen Potentiale erfordert mehr als nur materielle

Anreizsysteme und soziale Absicherung. Partizipation, Verantwortung und individuell zurechenbare Einbindung in die Prozesse der industriellen Reorganisation dürften als Motivatoren weitaus wirksamer sein. Eine Strategie angepaßter Modernisierung, die an traditionelle Wurzeln handwerklichen Produzentenstolzes und an das hohe schulische als auch berufliche Qualifikationsniveau anknüpft, bietet die Chancen dafür, daß sich die Arbeitnehmer mit den eingeschlagenen Entwicklungspfaden identifizieren.

Der Einwand, daß die vorhandenen Qualifikationen in den ostdeutschen Bundesländern nicht tragfähig genug sind, da sie nicht dem heutigen Stand der technischen Entwicklung entsprechen, ist schon allein deshalb wenig überzeugend, weil der Beschleunigungsprozeß qualifikatorischer Veralterung ohnehin die tätigkeitsrelevanten Qualifizierungsprozesse in Form von Weiterbildung in die Betriebe verlagert. Um das Facharbeiterpotential im Sinne einer industriellen Reorganisation zu gewinnen, dürfte die Heranführung an neue Technologien mittels gezielter Weiterbildung relativ reibungslos möglich sein. Entscheidend wird der Erfolg eines Strukturwandels davon abhängen, inwieweit es gelingt, motivationsfördernde Identifikationspotentiale in der Arbeitswelt zu wecken, sei es dadurch, daß man an die spezifische Tradition einer Region oder an Unternehmenstraditionen anknüpft.

Kontinuität und Konsistenz beruflicher Biographien sind die tragenden Elemente beruflicher Identität, die als Nährboden zur Kultivierung von Wissen und Engagement drohen verschüttet zu werden. An der Geschichte, den Erfahrungen, den Enttäuschungen und Erfolgen der Menschen ist anzuknüpfen, wenn eine Requalifizierung gelingen soll. Die formalisierte, in erster Linie auf Inhaltserwerb angelegte Qualifizierung ist in einem paternalisch-fürsorglichen Verständnis begründet, das von einer superioren Position des Vermittelnden ausgeht, der seine Kenntnisse und Einsichten an den weniger wissenden Adressaten vermittelt.

Die Entwertung all dessen, was in einem Berufsleben angeeignet wurde und als verbindlich galt, erodiert die berufliche Identität und das Selbstbewußtsein in einem Maße, das die kognitiv-emotionalen Netze der psychologischen Lerndispositionen zu zerreißen droht. Entscheidend wird es sein, solche Qualifizierungsstrategien einzusetzen, die an Elementen der traditionellen Arbeitskultur anknüpfen; Qualifizierungsformen, die Bewältigungsstrategien fördern, und zur Aneignung von Interpretations- und Handlungspotentialen anregen, dadurch, daß sie Bezug nehmen auf Lebenswelten und Identität ihrer Subjekte. Es muß der Mut und das Selbstvertrauen entwickelt werden, diejenigen Elemente der eigenen Lebenswelt zu erkennen, die entwicklungs- und tragfähig genug sind, darauf eine Reorganisation der Arbeitswelt zu begründen. Weiterbildungs- und Umschulungskonzepte müssen in der ehemaligen DDR mehr sein, als ein inhaltszentriertes auf Abschlüsse und Zertifikate bezogenes Lehrangebot. Sie müssen die Strukturen der Lebenswelt zur Sprache bringen und das psychologische Potential wecken, das notwendig ist um die Reorganisationsleistung zu bewältigen. Dazu gehört auch, die Mechanismen dessen in die öffentliche Diskussion zu bringen, was wir die 'nachholende Abstandnahme' genannt hatten.

So kann man sich möglicherweise die Erkenntnis zunutze machen, daß regionale Kulturen und Traditionen einen idealen Nährboden für die strukturelle Modernisierung regionaler Wirtschaftsräume bieten. Die Beispiele regionaler Modernisierungserfolge in Massachusetts, Baden Württembergs (vgl. Sabel u.a. 1987) und in jüngster Zeit des nördlichen Ruhrgebietes (vgl. Grabher 1988 und 1989; Ewers u.a 1990), ebenso wie die 'subcontracting Netzwerke' in Nord-Italien (vgl. Piore/Sabel 1985; Regine/Sabel 1989) und die Modelle flexibler Spezialisierung kleinerer Unternehmen in Småland/Schweden (vgl. Ekstedt/Henning 1988) deuten auf eine Renaissance regionaler Einflußsphären hin. Zu prüfen wäre, ob nicht die Traditionen bestimmter Regionen in den ostdeutschen Bundesländern für eine innovationsorientierte Modernisierungsstrategie regionaler Wirtschaftsräume gute Voraussetzungen bieten (siehe auch Pawlowsky 1990; Pawlowsky/Marz 1990).

Schluß

Das Gelingen der Modernisierungsmodelle - so unser Fazit - hängt davon ab, ob und wie an vorgefundene strukturelle und personelle Bedingungen angeknüpft wird. Wir hatten versucht, ein Stück des rationalen Kerns von DDR-Bürger-Mentalität herauszuarbeiten. Damit lassen sich auch die zu erbringenden Lernleistungen bestimmen, deren Blockierung man einmal in *kultureller Distanz*, zum anderen aber in der *Verstetigung von Wahrnehmungsweisen und Selbstverständnissen* sehen kann, die eine Mischung sind aus dem Bewußtsein der Unterprivilegiertheit, überzogenen Zukunftserwartungen, Selbstschutzhaltungen und einer moralisierenden Abstandnahme, die die Schwelle für die rationale Bearbeitung von Problemen heraufzusetzen droht. Die prinzipielle Bedeutung der genannten Mechanismen für die Gestaltung von Konzepten für Qualifikation und Organisationsumbau ist evident. Um die leitenden Fragen nach Qualifikationsstrategien, Überwindung des strukturellen Konservatismus, 'neuen Eliten' und den territorialen Voraussetzungen für Innovationen zu beantworten, muß man zunächst die Reorganisationsgrundlagen hinterfragen. Allzu leicht kann eine 'tabula rasa Prämisse' der Modernisierung, die die DDR Sozialstruktur und ihre Psychologie entweder für wertlos oder schlichtweg für verschwunden erklärt, zu einer 'Kolonisatoren'-Mentalität verführen, die, statt zu mobilisieren, demotivierend und konflikterzeugend wirkt. Freilich - und darin liegt gerade etwas Dilemmatisches -, Selbsterneuerung ohne radikale Veränderung der Rahmenbedingungen, die Identitäten bedrohen und damit innovationsblokkierend wirken kann, geht schon gleich gar nicht.

Literatur

Deppe, R./D. Hoß (1989), Arbeitspolitik im Staatssozialismus. Zwei Varianten: DDR und Ungarn, Frankfurt/New York.

Ekstedt, E./R. Henning (1988), Globalization and local mobilization, FA radet, unveröff. Ms., 1988-02-18.

Goodenough, W.H. (1963), Cooperation in Change, New York.

Grabher, G. (1988), Unternehmensnetzwerke und Innovation, WZB, Berlin.

Grabher, G. (1989), Industrielle Innovation ohne institutionelle Innovation?, WZB, Berlin.

Hölzler, I. (1989), Gruppenspezifische Besonderheiten bei der Ausprägung einzelner Indikatoren des Verhältnisses der Werktätigen zur Arbeit, Manuskript, Halle.

Infratest (1990), Das Sozio-ökonomische Panel. Basiserhebung 1990 in der DDR (vorläufige Tabellen), München.

Mächler, H. (1989), Datenreport: Untersuchung zum Verhältnis zur Arbeit 1967/77/87, Manuskript, Halle.

Miete, H. (1990), Arbeit. Arbeitsgruppe Sozialberichterstattung, WZB, Berlin.

Pawlowsky, P. (1990), Arbeit in der DDR: Wie aus Betroffenen Beteiligte der industriellen Modernisierung werden, FSA-print 08/90, Berlin.

Pawlowsky, P./L. Marz (1990), MODERNE (DE-)MODERNISIERUNG? Über die (Un-)Möglichkeiten einer sozialmarktwirtschaftlichen Reorganisation der neuen Bundesländer, FSA-print 11/90, Berlin.

Piore, M.J./C.F. Sabel (1985), Massenproduktion. Studie über die Requalifizierung der Arbeit und die Rückkehr der Ökonomie in die Gesellschaft, Berlin.

Röpke, J. (1970), Primitive Wirtschaft, Kulturwandel und die Diffusion von Neuerungen, Tübingen.

Ronge, V. (1990), Die soziale Integration von DDR-Übersiedlern in die Bundesrepublik, Aus Politik und Zeitgeschichte, Beilage zur Wochenzeitung: Das Parlament B 1-2/: 39 ff.

Sabel, C.F./G.B. Herrigel/R. Deeg/R. Kazis (1987), Regional prosperities compared: Massachusetts and Baden-Württemberg in the 1980s, WZB, Berlin.

SPIEGEL-Umfrage (1990), Den Neuen fehlt das Selbstvertrauen, Hamburg.

Stollberg, R. (1988), Soziologie der Arbeit, Berlin.

Stollberg, R. (1989), Zielstellung, Anlage und theoriegeschichtliche Hintergründe der Untersuchungen zum Verhältnis zur Arbeit, Manuskript, Halle.

Stollberg, R. (1990), Arbeitseinstellungen und Arbeitszufriedenheit bei Produktionsarbeitern der DDR, unveröff. Ms., Halle.

Voget, F. (1963), Culture Change, in: B.J. Siegel (Hg.), Biennial Review of Anthropology, Stanford, Cal.: 228 ff.

Voskamp, U./V. Wittke (1990), "Fordismus in einem Land" - Das Produktionsmodell der DDR, Sozialwissenschaftliche Informationen 3.

Winkler, G. (1990) (Hg.), Sozialreport '90: Daten und Fakten zur sozialen Lage in der DDR, Berlin.

Zetterberg, H. (1983), Det osynliga kontraktet. En studie i 80-lates arbetsliv, Stockholm.

IV. Beispielbereich Technik

Für den Fortschritt! Einstellungen zu Technik in Ost und West
Vor und nach der deutschlandpolitischen Wende

Dieter Jaufmann

> "The relationship between technology and society is a crucial matter for contemporary social thought and practice. Whether it is the socialist East or the capitalist West, the development, acceptance, and use of technology are seen as an issue of paramount importance for the progress of society"
> (Mills 1986: VII)

> "Es sollte akzeptiert werden: Was wir brauchen, sind empirische Daten, die nach guter theoretischer Vorarbeit, mit exakten Analysemethoden aus repräsentativen Stichproben ermittelt und nach komplexen EDV-Programmen sowie mit hohem theoretischem Niveau und praktischem Nutzen ausgewertet werden"
> (Friedrich 1976: 15)

1. Vorbemerkung und Überblick

Die Situation ist widersprüchlich und sie ist komplex in vielerlei Hinsicht. So auch hinsichtlich der Thematik 'Technikakzeptanz'. Apodiktisch stellte *Ley* bereits 1961 fest: "Ob Technik Segen oder Unheil mit sich bringt, wird in den imperialistischen Staaten mit großer Heftigkeit diskutiert. Die sozialistischen Länder und die vom Imperialismus befreiten ehemaligen Kolonialstaaten benutzen die Technik, um schneller die Gesamtheit ihrer Kultur zu fördern" (Ley 1961: 7). Einstellungen zu Technik, Technikakzeptanz in der Bevölkerung also ein Thema nur des Westens?

Was konnte, sollte und durfte empirische Sozialforschung in der früheren DDR im Hinblick auf die in diesem Beitrag behandelte Themenstellung also leisten? Auch hier gibt es unterschiedliche Aussagen und Schwerpunktsetzungen. Beklagt beispielsweise *Friedrich* generell eine "... Immunisierungs-Strategie gegenüber sozialwissenschaftlichen Daten - schon Ende der 60er Jahre!" (1991: 12), so spricht *Berger* davon, daß eine wirkungsvolle Politikberatung seit der Auflösung des Instituts für Meinungsforschung gegen Ende der 70er Jahre nicht mehr gegeben war und des weiteren seit 1987/88 eine 'Klimaverschärfung' im Verhältnis zwischen politischer Führung und Sozialwissenschaften stattgefunden habe (vgl. Berger 1991: 110 f.). *Six* und *Schlegel* berichten in diesem Band, daß in der früheren DDR vergleichsweise wenig Untersuchungen zu Kenntnissen über und Einstellungen zu neuen Technologien stattgefunden haben; zudem seien Vergleiche mit westlichen Studien problematisch, und eine 'Technikdebatte' um die Einstellungen der Bevölkerung habe es im Osten Deutschlands gar nicht gegeben.

Aber für den Zeitraum 1986 bis 1990 war z.B. auch eine multilaterale 'Arbeitsgruppe zu Fragen der Untersuchung der öffentlichen Meinung' zwischen den Akademien der Wissenschaft der sozialistischen Länder geschaffen worden. Als ein wesentliches Ergebnis bei der ersten Zusammenkunft im Oktober 1986 ist hervorzuheben:

"Übereinstimmend wurde festgestellt, daß durch die verstärkte Erforschung der öffentlichen Meinung ein wesentlicher Beitrag zur Leitung sozialer Prozesse in der sozialistischen Gesellschaft geleistet werden kann. Entsprechende Forschungsergebnisse sichern nicht nur die Bereitstellung von Informationen für die Partei- und Staatsführungen für politische Entscheidungsfindungen und bieten weitreichende Möglichkeiten für eine qualifizierte Propagandaarbeit, sondern gewährleisten durch die Aufdeckung theoretischer Zusammenhänge eine vorausschauende Berücksichtigung entsprechender Wirkungsmechanismen zur Herausbildung öffentlicher Meinung" (Priller 1988: 559).

Auch gab es eine Bedarfs- und Marktforschung im Hinblick auf den Außenhandel mit nicht-sozialistischen Ländern (vgl. z.B. Ehrlich/Stürzer 1981: 610 ff.).

Dennoch bekommt man bei intensiver Beschäftigung mit der Materie schon den Eindruck, daß die wirklich politisch Mächtigen in der früheren DDR ignorant und weitgehend resistent gegenüber empirischen Ergebnissen der Sozialforschung waren. Selbstkritisch, aber auch larmoyant stellte *Krenz* gegen Ende 1990 in einem nicht zur Veröffentlichung bestimmten persönlichen Brief an *Erich Honecker* fest:

"Ich bin jetzt überzeugt, daß wir als politische Führung das wahre Ausmaß der tiefen Krise, in der unsere Gesellschaft seit Jahren lebte, nicht erkannten ... Wir sind unter anderem gescheitert, weil wir nicht wirklich im Volk gelebt haben, weil wir uns eine Scheinwelt aufbauten. Die Informationen, die wir erhielten, waren geschönt, die Meinungsforschung wurde von uns gering geschätzt und das Meinungsforschungs-Institut sogar aufgelöst" (Krenz 1991: 54 ff.).

Wenig verwunderlich insofern also, daß der Begriff 'Demoskopie' - in einer gegen Ende 1990 in Ostdeutschland durchgeführten Repräsentativbefragung - lediglich von 22 v.H. richtig interpretiert wurde; 53 v.H. war er gänzlich unbekannt, 5 v.H. gaben eine falsche Antwort und ein Fünftel der Befragten machte bei dieser Frage keine Angaben (vgl. Emnid 1991: B1, Tab. 80). So ist die folgende und bezugnehmend auf den 5. Soziologiekongreß der DDR vom Februar 1990 getroffene Feststellung zwar sicherlich überzeichnet, aber ebenso sicher auch nicht falsch: "Meinungsforschung scheint zum Sinnbild erster Veränderungen der Soziologie geworden" (Belwe 1990: 721; vgl. dazu auch Mühler/Häder/Zierke 1990: 5).

"Es gibt derzeit auch keine vollständige Übersicht über tatsächlich erbrachte Forschungen und kann sie auch nicht geben" (Hanf 1991: 5). Die Widersprüchlichkeit, Unübersichtlichkeit und Komplexität der Situation ist seit dieser Mitte November 1990 getroffenen Feststellung kaum geringer geworden, ja in der Tendenz wohl eher gestiegen. Mit diesem Manko zu leben - und sicherlich auch darunter zu leiden - hat naturgemäß auch dieser Beitrag. Der dieser Untersuchung primär zugrundeliegende Ansatz einer 'Vergleichenden Sekundäranalyse empirischen Materials' (vgl. dazu Jaufmann/Kistler/Jänsch 1989: 13 ff.) vermag dieses Defizit infolge des breiten und lange zurückreichenden empirischen Blickwinkels aber zu mildern. Vor allem aber wird er auch zeigen: Nicht alles war sozialwissenschaftliche Wüste in der früheren DDR.

Aufgebaut ist der Beitrag wie folgt: An die Vorbemerkungen schließen sich einige eher kursorische Anmerkungen und Aussagen zu Rolle, Bedeutung und Stellenwert von wissenschaftlich-technischem Fortschritt und wissenschaftlich-technischer Revolution im DDR-Sozialismus an. Es werden dann einige Probleme der Vergleichbarkeit von Daten zwischen den beiden früheren deutschen Staaten skizziert. Daran anschließend werden die Einstellungen zu Technik und Wissenschaft auf verschiedenen Ebenen in der DDR vor der Wende analysiert. Es folgt der Vergleich von Einstellungen zur Technik auf der Grundlage von repräsentativen Umfragen nach der Wende zwischen der Bevölkerung in den alten und den neuen Bundesländern. Der Beitrag schließt mit einer kurzen Zusammenfassung und einem differenzierten Ausblick.

2. Wissenschaftlich-technischer Fortschritt (wtF) und wissenschaftlich-technische Revolution (wtR) in der DDR

2.1. Bedeutung und Stellenwert von wtF/wtR

Die offizielle Haltung und Sichtweise der Partei zur hier behandelten Thematik liest sich z.B. wie folgt:

> "Die sozialistische Moral ist in Inhalt und Umfang ihrer Wirkung letztlich vom Reifegrad der Gesellschaft und insbesondere vom in ihr realisierten wissenschaftlich-technischen Fortschritt geprägt. Ohne wissenschaftlich-technischen Fortschritt und die aus ihm resultierende ökonomische Entwicklung gibt es keinen sozialen Fortschritt und auch keine Basis für die allseitige Persönlichkeitsentwicklung bei der Masse der Werktätigen" (Schmidt/Dittmann 1984: 309; vgl. auch Dittmann/Schmitt 1986: 702 ff.).

Die dem wtF und der wtR zugemessene zentrale Bedeutung schlug sich folgerichtig auch in der Verfassung der DDR nieder. Artikel 17 Abs. 1 lautete wie folgt: "Die Deutsche Demokratische Republik fördert Wissenschaft, Forschung und Bildung mit dem Ziel, die Gesellschaft und das Leben der Bürger zu schützen und zu bereichern. Dem dient die Vereinigung der wissenschaftlich-technischen Revolution mit den Vorzügen des Sozialismus" (Mampel 1982[2]: 9 und 463 ff.).

Konkreter wird es dann schon, wenn der Hinweis auf den eingeräumten hohen Stellenwert des wtF im Wirtschaftskonzept der DDR erfolgt (vgl. z.B. Lauterbach 1987: 156). Aber auch Bezüge und Kontexte zu vielen anderen Bereichen wurden ausgiebig thematisiert; z.B. soziale Probleme des wtF (vgl. z.B. Gwischiani 1978: 388 ff.), Probleme des wtF in sozialökonomischer Hinsicht (vgl. z.B. Ludwig/Schiemangk 1978: 336 ff.) oder auch soziale Aspekte des wtF (vgl. z.B. Winkler 1978: 447 ff.).

Die offiziöse Definition des wtR findet sich beispielsweise im Wörterbuch des Wissenschaftlichen Kommunismus von 1982: Sie ist ein

> "objektiver gesellschaftlicher Prozeß", eine "qualitativ neue Etappe in der Entwicklung der Produktivkräfte", die "Gesamtheit der revolutionären Veränderungen in den gegenständlichen Grundlagen der produzierenden und der nicht produzierenden Bereiche ... Die WTR ist historisch und logisch eingeordnet in den wissenschaftlich-technischen Fortschritt, die Gesamtheit evolutionärer und revolutionärer Veränderung der gesellschaftlichen Produktivkräfte. Die WTR ist der wesentliche Ausgangspunkt der qualitativen Höherentwicklung der materiell-technischen Basis der Gesellschaft in ihrer Gesamtheit. In diesem langwährenden Prozeß, der sich gegenwärtig noch in seinem Anfangsstadium befindet, wird die materiell-technische Basis des Kommunismus errichtet ... Die WTR darf deshalb nicht nur als eine Vielzahl isolierter, punktueller Veränderungen gesehen werden. Sie durchdringt alle Bereiche des gesellschaftlichen Lebens ..." (zit. nach Glaeßner 1986: 15 f.; vgl. dazu auch Prager 1983[5]: 739 ff.; Buhr/Kosing 1982[6]: 355 ff.).

Etwas kürzer und damit hier auch prägnanter bringt dies *Folmert* auf den Punkt:

"Der wissenschaftlich-technische Fortschritt, die Verwirklichung der wissenschaftlich-technischen Revolution, sind eingeordnet in den Gesamtprozeß der Gestaltung der entwickelten sozialistischen Gesellschaft" (Folmert 1982: 465). Zur Unterscheidung zwischen wtR und wtF merkt sie an, daß "... in der Regel dann, wenn von der Lösung konkreter wissenschaftlich-technischer Aufgaben in bestimmten Zeitabschnitten und Planaufgaben die Rede ist, der Begriff des wissenschaftlich-technischen Fortschritts benutzt (wird; Anm.d. Verf.). Wenn aber auf den Gesamtprozeß der Gestaltung der entwickelten sozialistischen Gesellschaft und die Schaffung der materiell-technischen Basis des Kommunismus Bezug genommen wird, so wird dieser Prozeß in Zusammenhang mit der wissenschaftlich-technischen Revolution gestellt" (ebenda).

Die Entwicklung und Herausbildung des Konzeptes der wtR war in der DDR ein langer und durchaus auch widersprüchlich verlaufender Prozeß, der eigentlich nur aus der historischen Entwicklung heraus verständlich wird (vgl. dazu z.B. Krämer-Friedrich 1976: 53 ff.). Der Begriff wtR selbst setzte sich erst im Jahre 1966 durch, wurde dann aber z.B. bereits auf dem VII. Parteitag 1967 - u.a. auch von Ulbricht - wie selbstverständlich verwendet (vgl. u.a. Zimmermann 1976: 47). 'Vorläuferdebatten' gab es selbstverständlich bereits viel früher (vgl. z.B. ebenda: 35 ff.).

Herrschte in den 60er Jahren eine tendenziell technizistische, technokratisch geprägte und damit auch verkürzte Sichtweise der wtR und des wtF vor, so kam man später zu realistischeren Einschätzungen (vgl. z.B. Glaeßner 1986: 16 ff.). Die nachfolgenden beiden - typischen - Zitate sollen dies kurz illustrieren:

* "In der sozialistischen Gesellschaft ist es möglich, Ziele und Methoden des technischen Fortschrittes planmäßig festzulegen und zu verwirklichen. Darin besteht einer der hauptsächlichsten Vorzüge des Sozialismus gegenüber dem Kapitalismus" (Geissler 1962: 287).
* "Technikentwicklung erfolgt stets in der dialektischen (und damit widersprüchlichen) Wechselwirkung von Produktivkräften *und* Produktionsverhältnissen, ist also weder durch eine 'innere Logik' noch durch eine 'Soziologisierung der Technik' allein hinreichend zu erklären. Darauf verweisen z.B. die gesellschaftliche Anerkennung, Nichtanerkennung oder gar Ablehnung von technischen Neuerungen ebenso wie die verschiedenen Formen des Widerstandes gegen die Einführung von Neuem (die von subjektiven oder individuellen bis zu institutionellen Widerständen reichen)" (Banse 1985: 347).

Und diese Entwicklung setzte sich fort. Hervorgehoben wurde zunehmend, daß man an einem Wendepunkt der ökonomischen Entwicklung stehe, eine Transformationsphase beim Übergang zu neuen Strukturen durchlaufe, ökologische Gesichtspunkte und Ressourcenknappheit stärker zu berücksichtigen habe - kurz neues Denken und Handeln gefordert sei (vgl. z.B. Welskopf 1988: 104 ff.; Ders. 1989: 31 ff.). Die Bedeutung des 'subjektiven Faktors' sei gestiegen, wtF und wtR seien Mittel nur zum Zweck, und: "Einen streng determinierten, direkt funktionalen Zusammenhang von technischen und sozialen Veränderungen gibt es nicht" (Welskopf 1988: 106).

Aber natürlich gab es auch noch im Jahre 1990 subalterne 'ewig Gestrige', die vor allen Entwicklungen die Augen verschlossen und in störrischer Pose auf 'unabänderlichen Wahrheiten und Gesetzen' beharrten:

"Wir müssen uns nüchtern vor Augen führen, daß die wissenschaftlich-technische Revolution ein sich nach objektiven Gesetzmäßigkeiten weltweit vollziehender Prozeß ist ... Nur der Sozialismus hat sich als fähig erwiesen, die wissenschaftlich-technische Revolution zum Wohle des Volkes zu meistern. Die ihm innewohnenden Triebkräfte sind - wenn wir sie voll freizusetzen verstehen - in der Lage, die Einheit von wissenschaftlich-technischem, ökonomischem, sozialem und geistig-kulturellem Fortschritt zu gewährleisten" (Schirmer 1990: 168 und 172).

Aussagen, die wie Hohn klingen, aber doch wohl eher die privilegierte Weltabgeschiedenheit des Autors bezeugen.

2.2. Verbrämtes und unverbrämtes Ideologisches: wtF und wtR im 'Systemvergleich'

Als eines der - wenn nicht gar das zentrale - geistig-ideologischen Hauptkampffelder mit dem Kapitalismus wurde der Bereich des wtF und der wtR gesehen. Eine typische Aussage dazu lautet wie folgt: "Aber die wissenschaftlich-technische Revolution ist kein gesellschaftsneutraler, kein nur wissenschaftlicher oder nur technischer Prozeß. Das Ziel und der Verlauf der wissenschaftlich-technischen Revolution - wie überhaupt des gesamten Fortschritts in Wissenschaft und Technik - hängen vom Charakter der Gesellschaftsordnung ab, verlaufen also im Sozialismus und Kapitalismus prinzipiell verschieden" (Haberland/Koziolek/Stürz 1974: 21f.). Zwar sei die beschleunigte Entwicklung der Produktivkräfte auf der Basis von wtF auch für die westlichen Länder charakteristisch (so z.B. Schellenberger 1980: 11) und erweitere somit "... die Sphäre der Beziehungen zwischen diesen Staaten im Rahmen der friedlichen Koexistenz" (Kröber/Richter 1974: 1385). Aber: "Damit erweitert sich zugleich die Front des ideologischen Kampfes, verschärft sich dieser und bilden sich differenziertere Formen heraus, in denen er ausgetragen wird" (ebenda).

Die Überlegenheit des Sozialismus in diesem Bereich trete immer offenkundiger zutage; er werde begleitet durch immer krisenhaftere Erscheinungen und negativere Auswirkungen in den kapitalistischen Staaten. Dazu einige Beurteilungen und Diagnosen aus realsozialistischer Perspektive zur Verdeutlichung:

* "Technik und Wissenschaft sind bei einer wachsenden Zahl von Menschen in den westlichen Ländern in Verruf geraten ... Die Massenmedien tun das Ihrige, um das Unbehagen an Technik, Wissenschaft und Zivilisation in die dunklen Kanäle eines neuen Irrationalismus zu leiten ... Das wachsende Unbehagen gegenüber Wissenschaft und Technik kann nur als Ausdruck von realen Krisenerscheinungen verstanden werden, die ihre Grundlage in einer bestimmten *Verwendungsweise* von Wissenschaft und Technik haben" (Bayertz 1979: 1475 ff.).
* "Die kapitalistischen Produktionsverhältnisse verhindern die Verwirklichung der Möglichkeiten des wissenschaftlich-technischen Fortschritts zur Entwicklung der Hauptproduktivkraft Mensch" (Schellenberger 1980: 12).
* "Kapitalistisch angewandter wissenschaftlich-technischer Fortschritt ist mit nachhaltigen Schäden an Leben und Gesundheit der Menschen, an ihrem Sozialstatus und ihren gesellschaftlichen Existenzbedingungen, aber auch an ihrer natürlichen Umwelt verbunden ... Die Akzeptanzverweigerung breiter Bevölkerungsschichten stellt sich heute für das Monopolkapital als bedrohliches Hemmnis bei der Realisierung seiner ökonomischen und politischen Ziele dar" (Espenhayn 1985: 713 und 726).

Endlos weiter drehen könnte man diese gebetsmühlenhaft vorgetragenen ideologischen Phrasen mit ihrer geschraubt-verquasten Sprache ('hervorragend' auch hier wieder Schirmer, z.B. 1986: 5 ff.), doch sollen die genannten exemplarischen Beispiele hier genügen.

2.3. WtF und wtR im Sozialismus: Ein 'problemloser' Fall?

Würdigt man die - typischen - klassenkämpferischen Aussagen des vorhergehenden Abschnitts, so könnte man den Eindruck gewinnen, daß der Erfolg von Anwendung und Entfaltung des wtF und der wtR primär ideologiedeterminiert ist. Anders formuliert: Im Sozialismus gibt bzw. dürfte es damit keine Probleme geben. Ganz so einfach und unkritisch stellte sich die Sache aber auch in der Innenperspektive nicht dar. So machte z.B. *Banse* bereits 1976 "... mit aller Deutlichkeit auf ein weiteres Problem aufmerksam .. Auch in der sozialistischen Gesellschaft können noch nicht alle negativen Folgen von Technik und ihrer Anwendung abgewendet werden. Das darf jedoch nicht zu pessimistischen Äußerungen und Einstellungen der Technik gegenüber führen" (Banse 1976: 90). *Kröber* warnt - ebenfalls noch in den 70er Jahren - davor, einer Euphorie des wtF zu verfallen, und stellt die Frage: "Soll die Entwicklung von Wissenschaft und Technik im letzten Viertel des 20. Jahrhunderts sich selbst überlassen sein und ausschließlich ihren immanenten Entwicklungsbedürfnissen, ihrer 'inneren Logik' gemäß fortschreiten?" (Kröber 1978: 699). Er verneint dies, auch mit Bezug auf alle ernsthaften Wissenschaftler und Politiker, und fordert wegen ihrer vielfältigen Auswirkungen auf die Gesellschaft eine wirksame Kontrolle und Beherrschung im Maßstab der Gesellschaft (vgl. ebenda).

Rund zehn Jahre später stellt der gleiche Autor dann kategorisch-dialektisch fest:

"Der wissenschaftlich-technische Fortschritt unserer Tage findet nur im Sozialismus die ihm adäquate Gesellschaftsordnung. Es wäre jedoch falsch zu glauben, die wissenschaftlich-technische Revolution schaffe nicht auch für die sozialistische Gesellschaft Probleme" (Kröber 1987: 217). Dies relativiere sich aber wieder, bzw. halte sich in engen Grenzen, da prinzipiell gelte: "Erstens vermittelt das durch Erfahrung bestärkte Bewußtsein und die erlebte Einsicht in die fortschrittsfördernden und humanistischen sozialen Wirkungen des wissenschaftlich-technischen Fortschritts im Sozialismus eine Atmosphäre, in der für Wissenschafts- und Technikfeindlichkeit prinzipiell kein Platz ist, die - im Gegenteil - dem Fortschritt von Wissenschaft und Technik in jeder Hinsicht förderlich ist" (ebenda: 219).

Die Argumente und Begründungen, warum es in der DDR und im Ostblock keine kritischen Stimmen gab bzw. geben konnte, lauteten hingegen aus westlicher Perspektive - und meist ebenfalls nicht völlig frei von ideologischen Untertönen - z.B. wie folgt:

"Solche Probleme kennen die zu den Industrienationen zählenden Ostblockstaaten nicht. Bei ihnen sind technikfeindliche Strömungen nicht erkennbar, obwohl auch in diesen Ländern die Umweltschäden nicht weniger ins Auge fallen als zum Beispiel in der Bundesrepublik Deutschland" (Probst 1984: 17). Und weiter: "In der gelebten Wirklichkeit können sich die Ostblockstaaten technikfeindliche Strömungen oder vielleicht sogar antitechnische Umtriebe wirtschaftlich auch nicht leisten. Eine Bevölkerung, die mit ansehen muß, wie das militärische Potential ihres Staates wächst, während gleichzeitig allenthalben Versorgungsschwierigkeiten bestehen, muß zur Bejahung des technischen Fortschritts erzogen, von seinen Glück und Segen bescherenden Möglichkeiten überzeugt werden" (ebenda: 19).

Im zeitlichen Ablauf - so zumindest der Eindruck - wird die Einschätzung und Beurteilung des wtF in der DDR dann immer realistischer. Die Frage nach möglichen negativen Auswirkungen wurde verstärkt thematisiert, ebenso wie auch die Ambivalenz von Technik und technischen Systemen; ja gar die Frage nach dem Sinn des Fortschritts von Wissenschaft und Technik wurde gestellt und erörtert (vgl. z.B. Graupner 1988: 924 ff.). Insofern ist auch der folgenden Aussage (aus dem Westen) zuzustimmen, die diese Entwicklung auf den Punkt bringt:

"Auch der Sozialismus schützt nicht vor dem Mißbrauch der Technik. Moralischer Analphabetismus scheint eine anthropologische Grundkonstante des Menschen zu sein. Der Glaube, der wissenschaftlich-technische Fortschritt werde die kommunistische Zukunftsgesellschaft, zumindest was ihre materiell-technische Grundlage und ihre sozialen und kulturellen Errungenschaften betrifft, quasi automatisch herbeiführen, ist dahin" (Glaeßner 1986: 26).

2.4. Die Kenntnis der Einstellungen der Bevölkerung zum wtF ist wichtig!

Wie wir für die frühere Bundesrepublik und eine Reihe westlicher Industrieländer und auch Japan ausführlich nachgewiesen haben, ist das Meinungsklima in bezug auf wissenschaftlich-technologische Entwicklungen, auf Technik usw. eine zentrale Variable (vgl. insbesondere Jaufmann/Kistler/Jänsch 1989; Jaufmann 1990; Jaufmann/Kistler 1991 (Hg.)). Dies wurde offenkundig auch in der DDR so gesehen. *Stollberg*, der wohl führende Arbeitssoziologe in der jüngeren DDR stellte dazu kategorisch fest:

"Die Kenntnis der grundlegenden Einstellungen der Werktätigen zum wissenschaftlich-technischen Fortschritt und die gruppenspezifischen Besonderheiten, die bezüglich der Bereitschaft zur Unterstützung entsprechender Maßnahmen auftreten, sind für die Theorie und Praxis der Leitung des wissenschaftlich-technischen Fortschritts bedeutsam. Sie beleuchten das 'subjektive Innovationspotential', das uns zur Verfügung steht" (Stollberg 1985: 74).

Ähnlich äußerte sich Anfang der 80er Jahre auch *Schellenberger*:

"Einstellungen und Erwartungen, Haltungen und Verhalten sind bei der Verwirklichung des wissenschaftlich-technischen Fortschritts durch Arbeiterklasse, Genossenschaftsbauern und wissenschaftlich-technische Intelligenz im Sozialismus bedeutende Faktoren. Diese subjektiven Voraussetzungen und Triebkräfte nicht global, sondern gerichtet auf die Schwerpunkte beim Durchsetzen des wissenschaftlich-technischen Fortschritts im Aktionsfeld produktionswirksamer konkreter und definitorisch charakterisierter technischer Neuerungen zu untersuchen, bringt manche Vorteile" (Schellenberger 1983:69).

Im Konkreten hieß dies z.B., daß man einen hohen positiven Zusammenhang zwischen dem Wunsch nach persönlich guten Arbeitsleistungen und einer generell positiven Einstellung zum wtF feststellte (vgl. z.B. Böttner/Römer/Schuttpelz 1987: 130). Da hierfür wiederum in hohem Maße die Zufriedenheit mit der Arbeitssituation insgesamt, und darunter insbesondere der Faktor 'gute Beziehungen zu den Kollegen', relevant sei, galt diesen Zusammenhängen und sozialen Tatbeständen das Interesse (vgl. z.B. Hahn/Naumann/Welskopf 1985: 321 ff.; Stollberg 1986: 201 ff.).

Gefordert wurde infolgedessen eine weitere Erforschung der Einstellungen zum wtF, die Verwendung vielfältiger Methoden dazu und eine Verfeinerung der verwendeten Indikatoren um zu differenzierten Ergebnissen und Aussagen zu kommen (vgl. z.B. Pfuhl 1986: 91; Volprich/Rochlitz 1986: 10 ff.).

2.5. Empirische Sozialforschung und wtF/wtR

Daß es zwischen diesen Bereichen Verbindungen und enge Beziehungen gab bzw. geben sollte, dürfte im bisherigen Verlauf dieses Beitrags offenkundig geworden sein: "Soziologische Analysen und Studien, auch mit differenzierter Zielstellung, stehen oft in mittelbarer oder unmittelbarer Beziehung zum wissenschaftlich-technischen Fortschritt oder zur gegenwärtigen wissenschaftlich-technischen Revolution. Dafür gibt es viele theoretische und praktische Gründe" (Schellenberger 1983: 68).

Rudi Weidig, u.a. auch Vorsitzender des Wissenschaftlichen Rates für Soziologische Forschung, stellte fest: "Besonders mit der eindeutigen Orientierung auf die intensiv erweiterte Reproduktion und die Beschleunigung des wissenschaftlich-technischen Fortschritts zur Entwicklung der modernen Produktivkräfte und des erforderlichen Niveaus der Produktivität der Arbeit sind zugleich historisch neuartige Aufgaben sozialen Fortschritts aufgeworfen, deren Inhalt und deren Verwirklichung auch den Gegenstand soziologischer Forschungsarbeit unmittelbar bestimmen" (Weidig 1986: 577). Ähnlich ist die Aufgabenstellung für die Soziologie auch im 'Zentralen Forschungsplan der marxistisch-leninistischen Gesellschaftswissenschaften der DDR 1986-90' definiert gewesen (vgl. z.B. Berger 1987: 4 f.). Generell läßt sich festhalten, daß es die Aufgabe des Soziologen innerhalb der DDR-Gesellschaft sei "... an der Transformation des wissenschaftlich-technischen in den sozialen Fortschritt mitzuwirken, und zwar in einen für die Werktätigen erfahrbaren sozialen Fortschritt" (A. Meier 1987: 7).

Wissenschaft und Technik, wtF und wtR etc. waren also - wie versucht wurde aufzuzeigen - von Anbeginn der Soziologie in der DDR bis zu ihrem Ende stets ein Thema der Soziologie und empirischer Sozialforschung.

3. Probleme der Vergleichbarkeit von Daten zwischen der DDR und der BRD

Die *Zapf*'sche Feststellung auf der ASI-Tagung im Oktober 1990 in Berlin - also nach der Vereinigung -, daß alles bislang und auch in näherer Zukunft Geleistete den Charakter von Regionalforschung habe, mag auf den ersten Blick etwas überzogen wirken. Aber aus der Perspektive eines vereinten Deutschlands ist der Kern der Aussage real existent. Auch aus unserer bislang gewonnenen Erfahrung heraus müssen wir feststellen, daß ein Vergleich von DDR-BRD Daten in vielerlei Hinsicht nicht so einfach ist. Kurz: Er fällt u.E. vielfach unter die Problematik Internationaler Komperatistik. Auf einige dieser Probleme(-bündel) soll im folgenden kurz eingegangen werden.

3.1. Offizielle statistische Angaben in der DDR

Das *Deutsche Institut für Wirtschaftsforschung (DIW)* kam hinsichtlich der Vergleichbarkeit von wirtschaftlichen und sozialen Kennziffern zwischen der BRD und der DDR zu folgender Schlußfolgerung:

> "Die Zuverlässigkeit der Statistik wird generell durch systematische Fehler berührt ... Diese Fehler sind nicht auf die DDR beschränkt; ihr Umfang und ihre Richtung sind überall ungewiß. Dagegen besteht unter den DDR-Forschern in der Bundesrepublik weitgehende Einigkeit darüber, daß willkürliche Manipulierungen und Verfälschungen der Statistik nicht vogenommen werden. Die DDR greift im Fall ungünstiger Entwicklungen zum Mittel der Geheimhaltung" (DIW 1987: 247).

Allerdings habe die Statistik in der DDR " ... ganz offiziell die politisch-ideologische Grundfunktion der Agitation und Propaganda" (ebenda: 250). Dieser Einfluß der Agitation sei bei den Veröffentlichungen der Staatlichen Zentralverwaltung für Statistik in der Vergangenheit nicht zu übersehen gewesen, heißt es dazu im allerletzten 'Statistischen Jahrbuch der DDR' (vgl. Donda 1990: III).

Die (westlichen) Einschätzungen des *DIW* werden i.d.R. auch aus der (östlichen) 'Innenperspektive' heraus geteilt:

> "Geht man die Techniken durch, mit denen die alte 'Staats- und Parteiführung' ihre Erfolgsberichte zusammenstellte, so wird man finden, daß es sich oftmals um schlichte Lügen handelte, die der Welt und den eigenen Bürgern aufgetischt wurden. Dazu gehörte die Behauptung (samt der hinzugefügten manipulierten Statistik), daß in der DDR ein steter und bedeutender Wirtschaftsaufschwung vonstatten ging, während es sich in den 80er Jahren bereits um eine ausgeprägte Stagnation handelte ... Derartige Fälschungen machten die Erfolgsberichts-Techniken jedoch nicht aus, sondern die bevorzugte Methode war es, positive Fakten aneinander zu reihen und alles Problematische und Mißlungene wegzulassen" (Meyer 1990: 2; vgl. dazu auch o.V., 1991b: 80 ff.).

3.2. Ergebnisse empirischer Sozial- und Umfrageforschung

Während in der früheren Bundesrepublik in Umfragen - und auch im Meinungsbild der Befragten - deutlich zwischen Wissenschaft und Technik unterschieden wurde und immer noch wird, wurde in der damaligen DDR nahezu durchgängig nach den Einstellungen zu Wissenschaft *und* Technik, zum wtF und zur wtR gefragt. Ähnlich wie auch in den englischsprachigen Ländern - und so ebenfalls in Japan - war dies *ein* Begriff. Dies nur als ein Beispiel für semantische Probleme und unterschiedlichen Sprachgebrauch der Ost- und Westdeutschen (vgl. dazu z.B. Hellmann 1991: 82 ff.). Vergleichende Untersuchungen bereits vorhandener Daten haben dies angemessen zu berücksichtigen, und bei der Konstruktion neuer Fragebögen gilt es also aufzupassen (vgl. dazu auch den Beitrag von Mohler in diesem Band).

Bei den bisherigen bundesrepublikanischen Umfragen der Einstellungs-, Markt- und Meinungsforschung handelte es sich i.d.R. um repräsentative Samples, also solche, die für das 'Meinungsklima' der Gesamtbevölkerung in den alten Bundesländern stehen sollen. Für die frühere DDR findet man dagegen nahezu ausschließlich Fall- bzw. Betriebs-, Regionen- oder auch spezifische Alters-/Berufsgruppenstudien (Kombinate, LPGs, VEBs etc.). Diese Feststellung ist wohlgemerkt keine Kritik an der Qualität dieser empirischen Studien - aber repräsentative Aussagen für die DDR-Gesamtpopulation lassen sich daraus eben nur sehr eingeschränkt ableiten. Wohl hat jede auf einer Stichprobe basierende Umfrage eigentlich repräsentativen Charakter. Die Frage ist eben nur - wie *Gehmacher* (1985: 105) dazu leicht ironisch anmerkt - für welche Grundgesamtheit?

3.3. *Evaluierung, Abwicklung und eigene Erfahrungen*

Der unsägliche Begriff und die reale Praxis der 'Abwicklung' in den neuen Bundesländern stand dem Interesse und auch der Wichtigkeit einer Bestandsaufnahme deutlich entgegen. Betroffen davon sind ja insbesondere die Ökonomen, Historiker, Juristen, Geistes-, Gesellschafts- und da vor allem die Sozialwissenschaften, zuförderst die Soziologie. In diesem Bereich ist der 'Ideologieverdacht' am stärksten, sind die Vorbehalte am größten. Warum allerdings Physiker, Chemiker, Mathematiker, Mediziner etc. von solchen Verdachtsmomenten in den wissenschaftlich-politisch-gesellschaftlichen Debatten nahezu unbelastet sind (sieht man von der Charité-Affäre einmal ab), läßt sich nicht so ohne weiteres nachvollziehen. Liest man die Süddeutsche Zeitung, die Frankfurter Rundschau, die FAZ, die Zeit oder gar den Spiegel, so erscheint einem die vorgebliche Unbelastetheit dieser Bereiche nicht mehr ganz so klar oder gar eindeutig.

Mit philosophischer Weitsicht und Klarheit hat beispielsweise *Zimmerli* einige der aus der - sicherlich notwendigen - Evaluation des DDR-Wissenschaftsbetriebes resultierenden Probleme benannt:

> "Gewiß, an der hilfreichen Illusion von der Wertfreiheit, die den grenzüberschreitenden Diskurs der Vernünftigen ermöglicht, wird weiter festgehalten, allerdings nur auf der allgemeinen begrifflichen Ebene; auf derjenigen der Personen dagegen werden wohl bald Köpfe rollen, und auch vor heiligen institutionellen Kühen wie derjenigen der Akademie der Wissenschaften der DDR (AdW) wird nicht haltgemacht werden. Die Evaluationskommissionen des Wissenschaftsrates sind schon gebildet, und bald werden sie durch die Lande ziehen, mal den Daumen hebend, mal ihn senkend ..., dann ist Heulen und Zähneklappern garantiert ... Kollegen werden über Kollegen zu Gericht sitzen und die härtesten Bewertungsmaßstäbe anlegen - sicher mit bestem Wissen und Gewissen, aber doch urplötzlich felsenfest von einem Beurteilungssystem überzeugt, das nicht nur sie selbst oft schärfstens kritisiert haben, sondern das auch international erheblichen Angriffen ausgesetzt ist ... Selbst dort, wo ein durch langjährige Bekanntschaft begründetes gegenseitiges Vertrauensverhältnis existiert, verkrampft sich nun die Beziehung: Aus Gesprächspartnern werden potentiell oder aktuell Evaluierende und Evaluierte bis hin zu Persilscheinhändlern und Persilscheinkunden" (Zimmerli 1990a: XIV; vgl. dazu auch Ders. 1990b: 29; vgl. kritisch und gewendet auf die alten Bundesländer auch Bräutigam 1991: 78).

Auf weitere - und sicherlich nicht gerade produktive - Effekte verweist in diesem Zusammenhang auch die folgende Aussage:

> "Die distanzierte Bürokratensprache, die auf diesen nun einmal nötigen Entscheidungsgang Bezug nimmt, hat freilich schon neue Einträge ins Wörterbuch des Unmenschen produziert. Nicht 'Evaluation' und 'Abwicklung', sondern 'Filetierung' ist unter ihnen der schlimmste, wenngleich glücklicherweise weniger verbreitete. Mit ihm meint man das Herauslösen der guten Teile aus den toten Organismen der Zentralinstitute. Es ist nicht schwer, sich die Gefühle derer zu vergegenwärtigen, die sich so als entweder westlichen Connaisseurs dargeboten oder als zur Entsorgung freigegeben zu erfahren haben" (Henrich 1991: 29).

Auch für uns stellte sich also die Frage: Wo sind *und* bleiben die für eine Bestandsaufnahme unabdingbar nötigen kompetenten/interessierten/motivierten etc. Partner in den Neuländern - wenn doch ein sehr großer Teil von ihnen persönlich und auch der einschlägigen Institute entweder schon oder Ende 1991 'abgewickelt' wurden/werden? Ohne über allzugroße prophetische Gaben zu verfügen, ist bezüglich der Rekonstruktion der Vergangenheit für in spätestens zehn Jahren ein großes Wehklagen über den Verlust vieler dieser wichtigen historischen Dokumente zu prognostizieren. Hätte man doch damals ..., aber die Kosten der Wiedervereinigung, der Golfkrieg, die Beiträge zur EG usw. Andere Kreise werden dann gar behaupten, eine ideologieunbehaftete empirische Sozialforschung habe in der damaligen DDR überhaupt nicht existiert - ihre Geschichte sei nie geschrieben worden.

Gerne will ich zugestehen, daß der Versuch einer Bestandsaufnahme der Sozialforschung in der DDR - wie wir ihn für die Bereiche 'Einstellungen zu Wissenschaft und Technik' und 'Einstellungen zur Arbeit' (vgl. dazu auch den Beitrag von Kistler/Strech in diesem Band) versuchen - zumeist nicht gerade zu den 'lustvollen' wissenschaftlichen Tätigkeiten gehört. Einerseits freut es einen wenig, wenn die vielzitierten Panzerschränke nach der Wende zwar etwas transparenter wurden, aber nicht allzuselten auch leer sind. Andererseits ist auch die Auswertung der einschlägigen Fachliteratur und Quellen mitunter schon arg 'ermüdend'. *Artur Meier* (1990: 25) spricht in diesem Kontext von einer 'Überideologisierung' vieler Publikationen, abgefaßt in einem "... verschraubten und verquasten Stil ..." (vgl. kritisch auch Friedrich 1991: 19). Die verständliche und einleuchtende Konsequenz daraus: "Sie alle haben ja gelernt, unsere Publikationen im Krebsgang zu lesen, also von hinten" (A. Meier 1990: 23).

Nichtsdestotrotz vertreten wir nach wie vor die Ansicht, daß solche Unternehmungen notwendig und wichtig sind. Ohne das daraus gewonnene Wissen sind die Einstellungen und Befindlichkeiten der Bevölkerung in 40 Jahren DDR-Geschichte nicht verstehbar und somit auch der laufende und künftige Transformationsprozeß nicht so gestaltbar wie er sein könnte und sollte.

Daß wir insgesamt - also alte und neue Bundesländer - an einer Weggabelung stehen, das wird nach Abschluß der Evaluation durch den Wissenschaftsrat auch von dessen Vorsitzendem gesehen und betont: "Jetzt müssen die Politiker handeln. Wenn sie das tun, werden wir in der Forschung einer glücklichen Zukunft entgegengehen. Wenn sie versagen, dann sind wir rasch auf dem Weg zur wissenschaftlichen Bananenrepublik" (Simon 1991: 47).

4. Einstellungen der Bevölkerung zu Technik und Wissenschaft in der DDR vor der Wende

Zur Rekapitulation nochmals im Klartext:

"Aufgabe von Wissenschaft und Technik im Sozialismus ist es, durch hohe Leistungen für unsere Volkswirtschaft und andere gesellschaftliche Bereiche die ökonomische und politische Kraft unseres Staates und unseres gesellschaftlichen Systems nachdrücklich zu erhöhen und damit einen wirksamen Beitrag zur Steigerung des materiellen und geistig-kulturellen Lebensniveaus unseres Volkes sowie zum Sieg des Sozialismus in der internationalen Klassenauseinandersetzung zu leisten" (Scheler 1979: 397).

Zu beachten ist ferner der zumeist enge Konnex zwischen den Einstellungen zu Technik und Wissenschaft, zum wtF und zur wtR, und denjenigen zum Bereich der Arbeit, der in der DDR postuliert wurde. Auf der Basis empirischer Untersuchungen kommt *Stollberg* infolgedessen zu der Schlußfolgerung: "Die Einstellung zum wissenschaftlich-technischen Fortschritt erweist sich als eine besondere Seite des Verhältnisses zur Arbeit. Sie kann nicht hiervon isoliert betrachtet werden" (1988: 117). Dieser Sachverhalt erleichtert die Aufgabe und Zielsetzung unserer sekundäranalytischen Bestandsaufnahme nicht gerade, und es werden im folgenden dann auch vielfach deutliche Bezüge zum Bereich der Arbeit aufscheinen (vgl. dazu aber insbesondere auch den Beitrag von Kistler/Strech in diesem Band).

4.1. *Generelle, global-bilanzierende Einstellungen zum wtF in der DDR*

Daß die Kenntnis der grundlegenden Einstellungen der Bevölkerung und der Werktätigen - bei einer Erwerbsquote von über 90 Prozent der arbeitsfähigen Bevölkerung - wichtig war, wurde bereits erläutert. Diese zu ermitteln war auch Aufgabe der empirischen Sozialforschung. Bereits im Jahre 1970 stellte *Stollberg* dazu fest: "Befragungsergebnisse zeigen, daß wir bei den Werktätigen eine grundsätzlich optimistische Haltung zur Automatisierung finden, daß die Bereitschaft sehr groß ist, aktiv mitzuhelfen und auch Veränderungen in der eigenen Lebenslage (Umsetzungen, Erlernen eines neuen Berufes usw.) zu bejahen" (1970: 9). Dieses Ergebnis zieht sich wie ein roter Faden durch alle einschlägigen Veröffentlichungen und uns bislang zugänglichen Materialien bis Ende des Jahres 1989:

* "Die allgemein positive Einstellung zum wissenschaftlich-technischen Fortschritt schlägt sich auch in einer Verhaltensbereitschaft nieder, die die eigene Person betrifft" (Stollberg 1985: 338).
* "Bei aller prinzipiellen Bejahung technischen Fortschritts in unserer Gesellschaft durch die große Mehrheit der Werktätigen darf dennoch keine unspezifische Akzeptanz neuer Technik unterstellt werden, sondern soziologisch interessiert, daß sozial verschiedene kollektive Akteure an dem Prozeß ihrer Einführung beteiligt sind, die auch auf verschiedene Weise von ihm profitieren und ihn in unterschiedlichem Maße forcieren" (Nickel 1987: 60).
* "Ein Blick auf die Untersuchungsergebnisse zeigt zunächst, daß die Einstellung zum wissenschaftlich-technischen Fortschritt dominant positiv ist, und zwar sowohl bei der Gruppe derer, die bereits in entsprechende Prozesse einbezogen sind, wie auch dort, wo dies noch nicht der Fall ist" (Stollberg 1987a: 226; vgl. dazu auch Ders. 1987b: 61 f.; Ders. 1988: 115).
* "Insgesamt haben die Werktätigen eine ausgesprochen positive Haltung zu neuer Technik und sind an deren Einführung im allgemeinen interessiert ... Neue Technik müsse zunehmend auch in die Lebensbereiche eindringen, die das Verhalten von Menschen - vor allem von Jugendlichen - in ihrem Alltag erreichen" (Kasek/Lehnert/Rochlitz 1989: 67).

Wie die angeführten Belege - und dies gilt auch für zahlreiche weitere Untersuchungen zum Thema (vgl. z.B. Gerth u.a. 1979; Autorenkollektiv 1980: 317 ff.; Stollberg 1986: 201 ff.; Autorenkollektiv 1988: 8 ff.; Gericke 1989: 62 ff.) - indizieren, hielt man sich auch bei den Ergebnissen zur generellen Technikeinstellung mit der Ausweisung konkreter Prozentangaben sehr zurück. Entsprechende Angaben basierten ferner i.d.R. auf Untersuchungen einzelner oder auch mehrerer VEB Kombinate, Betriebsteilen davon, LPG etc. Der folgenden Aussage kommt somit eher Ausnahmecharakter zu:

"Über 80% der Befragten sind der Auffassung, daß durch die wissenschaftlich-technischen Erkenntnisse und Neuentwicklungen das Leben der Menschen insgesamt reicher und leichter gestaltet wird, obwohl damit verbundene Widersprüche keinesweg übersehen werden. Eine skeptische oder gar pessimistische Grundhaltung gegenüber der weiteren Entwicklung von Wissenschaft und Technik in unserer sozialistischen Gesellschaft ist unter der großen Mehrheit der jungen Werktätigen nicht anzutreffen" (Gerth 1987: 69). Hervorgehoben wird in der Studie als ein weiteres zentrales Ergebnis, daß die Jugendlichen auf der Basis dieser generellen Technikeinstellung "... auch viele weiteren Einstellungen und Haltungen zur modernen Technik und Technologie, ihrer Nutzung und ihren Konsequenzen in den Produktionsprozessen sowie im persönlichen Leben ableiten" (ebenda: 68).

Daß der Fortschrittsglaube im Hinblick auf Technik und Wissenschaft in den letzten Jahren auch in der DDR nicht mehr völlig ungebrochen war, deutete sich u.a. in dem oben angeführten Zitat von *Nickel* bereits an; verwiesen wurde von ihr insbesondere darauf, daß an der Einführung und Anwendung neuer Technologien unterschiedliche kollektive Akteure beteiligt seien, die davon auch unterschiedlich profitieren. Noch deutlicher scheint dies z.B. im ausführlichen Bericht über eine Konferenz vom Januar 1989 auf:

"Die generell positive Haltung Jugendlicher zu neuer Technik schließt kritische Wertungen und auch negative Auswirkungen ein. Technische Entwicklungen werden zunehmend komplexer betrachtet und auch im Hinblick auf ihre Wirkung auf die Umwelt bewertet. Ambivalente Haltungen sind nicht mehr selten. Auch Zweifel an der Beherrschbarkeit technischer Systeme treten vor allem dort auf, wo Jugendliche ungenügend über die Beziehung von Sozialem, Ökonomischem und Technischem informiert sind" (Kasek/Lehnert/Rochlitz 1989: 72).

Von anderer Seite wird hinsichtlich einer zentralen Zielgruppe beklagt: "Die Einstellung der Studenten zur Wissenschaft ist nach wie vor unbefriedigend. Wissenschaft ist nur für etwa 10% ein hoher Lebenswert, und zwar am ehesten für diejenigen, die später selbst wissenschaftlich tätig sein werden, aber auch für diese nicht grundsätzlich" (Volprich/Rochlitz 1989: 13). Solche Aussagen standen ganz klar im Widerspruch zur damals immer noch vorhandenen "... offiziell ungebrochenen Technikgläubigkeit" (U. Meier 1990: 12).

4.2. Einstellungen zu neuen Technologien

Offenkundig waren auch die Einstellungen zu neuen Technologien in der früheren DDR sehr positiv. Dies läßt sich sowohl auf der Ebene der Nutzung und des Besitzes entsprechender Geräte in der Freizeit als auch der Bereitschaft zu ihrer Einführung und Nutzung in der Arbeitswelt belegen.

"Heutzutage beginnt der individuelle Besitz an Medientechnik aber auch in der DDR bereits weit vor dem Jugendalter. Befragungen unter Schülern in Großstädten haben hier Mitte der 80er Jahre erstaunliche Angaben erbracht. So verfügten bereits 27% der Schüler 3. Klassen (ca. 9 Jahre alt) über einen eigenen Recorder, in der 6. Klasse 63%. Einen Fernsehapparat im Kinderzimmer hatten aber auch schon ein Fünftel bzw. ein Drittel der Schüler der jeweiligen Klassenstufe aufzuweisen" (Lindner 1991: 105).

Ebenfalls sehr hohe Werte hinsichtlich des Zugriffs zu unterschiedlichen Geräten der Unterhaltungselektronik ergab eine Untersuchung bei verschiedenen Gruppen von Jugendlichen im Jahre 1987 (vgl. für die nachfolgenden Angaben: ebenda). So besaßen z.B. über alle Gruppen hinweg rund 70 v.H. einen Kassetten- bzw. Radiorecorder; nutzen konnten ein solches Gerät um die 90 v.H. Je ein Drittel hatte einen Kofferradio als persönlichen Besitz und gut zwei Drittel konnten einen solchen benutzen. 27 v.H. der Schüler verfügten selbst über einen Walkman und 40 v.H. hatten darüber eine Nutzungsmöglichkeit. Insgesamt also wohl durchaus erstaunliche Werte (vgl. für einschlägige Ergebnisse im Ost-West-Vergleich nach der Wende Groebel/Klingler 1991: 638 ff.; Behnken u.a. 1991: 133 ff.).

Verwiesen wird in den letzten Jahren häufiger auch darauf, daß die Beschäftigung mit Computern in zunehmendem Maße zu einer attraktiven Freizeitbeschäftigung geworden ist - nicht zuletzt seien dies auch Spillovers aus dem Bereich der Arbeitswelt (vgl. z.B. Autorenkollektiv 1988: 14). Am aufgeschlossensten gegenüber Computern und einschlägigen Technologien zeigten sich die Jugendlichen (vgl. z.B. Kasek 1991: 52). So stellte beispielsweise *Spitzky* dazu fest:

"Fast jeder zehnte Jugendliche beschäftigt sich nach jüngsten Untersuchungsergebnissen in seiner Freizeit - teils organisiert - mit Computertechnik, Programmierung u.ä. Einen Taschenrechner verwenden acht von zehn Jugendlichen, mit Telespielen geht jeder Zehnte um, und bereits jeder Sechste benutzt regelmäßig Kleincomputer" (1988: 30).

"Ergebnisse einer Untersuchung an 1200 jungen Werktätigen bestätigen eine eindeutig *positive Erwartungshaltung* zur wissenschaftlich-technischen Revolution und besonders zur Computertechnik als dem von uns bevorzugt untersuchten Einsatzfeld. 37% der jungen Facharbeiter und 71% der Hochschulkader sind sehr stark an der Einführung dieser Technik in ihrem Arbeitsbereich interessiert" (Autorenkollektiv 1988: 9). Ähnliche Größenordnungen ergaben auch andere empirische Studien. So spricht z.B. *Gerth* (1987: 71) von über drei Viertel, die großes Interesse an der Installierung solcher Geräte bekunden. Allgemeiner, und auf technische Veränderungen überhaupt bezogen, ist die Bereitschaft wohl noch größer: "94 Prozent aller befragten Produktionsarbeiter äußerten in dieser Untersuchung, daß sie die Realisierung technischer Veränderungen in ihrem Arbeitsbereich unterstützen würden" (Stollberg 1988: 115).

Gefordert wurde in den 80er Jahren auch, vor allem gegen Ende des Jahrzehnts zu, ein zunehmendes Vordringen neuer Technik und Technologien in alltägliche Lebensbereiche der Menschen (vgl. z.B. Kasek/Lehnert/ Rochlitz 1989: 67 ff.).

Und genereller und schärfer formuliert, finden sich dann auch Aussagen wie die folgende: "Technikeinstellung und -einsatz sind nur in dem Maße sinnvoll, wie sie zu einer insgesamt verbesserten Lebensqualität beitragen" (ebenda: 67).

4.3. Erwartungen und Wünsche an die Technik und den wtF

Festzuhalten bleibt: "Die hohe Bereitschaft zur aktiven Mitwirkung an der Durchsetzung des wissenschaftlich-technischen Fortschritts ist jedoch mit ebenso hohen Erwartungen an durch Wissenschaft und Technik initiierte Veränderungen in Arbeit und Freizeit vor allem in Gestalt sich verbessernder Arbeitsbedingungen und eines interessanteren Arbeitsinhalts verbunden" (Miethe 1987: 75).

In einer Untersuchung von 1983 ('Wissenschaftlich-technischer Fortschritt/Verhältnis zur Arbeit') wurde von den befragten Produktionsarbeitern die folgenden Vorteile des wtF genannt (vgl. Stollberg 1987a: 226; Ders. 1988: 115):
- Steigende Arbeitsproduktivität = 96 v.H.
- Wettbewerbsfähigkeit des Betriebes auf dem Weltmarkt erhöht sich = 85 v.H.

- Qualität der Erzeugnisse verbessert sich = 85 v.H.
- Materieller Wohlstand allgemein nimmt zu = 76 v.H.
- Sicherheit am Arbeitsplatz erhöht sich = 78 v.H.
- Arbeit wird interessanter = 75 v.H.
- Arbeit wird körperlich leichter = 77 v.H.
- Verbesserung der Arbeitsbedingungen = 78 v.H.
- Persönliches Einkommen erhöht sich = 67 v.H.

Komprimiert man diese Ergebnisse weiter, so lassen sich die Erwartungen hier in drei Gruppen zusammenfassen:
1. Ökonomische Vorteile generell;
2. Positive Wirkungen für die Arbeitsplätze direkt;
3. Persönliche ökonomische Vorteile.

In nahezu allen Untersuchungen zu diesem Thema werden Erwartungen hinsichtlich des wtF geäußert, die - in natürlich unterschiedlichen Gewichtungen und Schattierungen - diesen genannten Oberbegriffen zuzuordnen sind. Aber in hohem Maße erwartet man auch eher belastende Effekte (vgl. dazu z.B. so Schellenberger 1980: 61; Autorenkollektiv 1988: 9 ff.; Kasek 1991: 63), u.a. werden in diesen Studien als solche benannt:
- Zunahme der nervlichen Belastungen (zwischen 50-80 v.H. der Befragten, je nach Berufsgruppe und Umfrage differierend);
- Anwachsen der Verantwortung (zwischen rund 60-80 v.H.);
- Höheres Qualifikationsniveau, mehr fachliche Kenntnisse (zwischen 60 bis über 90 v.H.).

Daß diese Besorgnisse über nicht so sehr erwünschte Effekte des wtF mehr sind als nur pure Erwartungen, zeigen Vorher-Nachher-Vergleiche bzw. der Vergleich von Einstellungen derjenigen Personen, die mit modernen Technologien konfrontiert sind, mit denjenigen, bei denen dies nicht der Fall ist. Zwar sind die Prozentwerte für die nicht so geschätzten Auswirkungen des wtF bei den tatsächlich Betroffenen niedriger, aber i.d.R. betragen die Unterschiede nicht mehr als ca. 10-15 v.H. (vgl. z.B. Schellenberger 1980: 53 ff.; Kasek 1991: 63; vgl. auch Gerth 1987: 69 ff.).

So äußerten in einer Untersuchung beispielsweise rund drei Viertel der befragten Werktätigen die Erwartung, daß sich die Qualifikationsanforderungen der eigenen Arbeit im Zusammenhang mit dem wtF erhöhen werden; 61 v.H. sagten, daß sich die Qualifikationsanforderungen durch wtF in den letzten fünf Jahren erhöht haben (vgl. Autorenkollektiv 1980: 317 ff.).

Ambivalenzen in den Einstellungen der Bevölkerung werden, wenn es um die Auswirkungen des wtF geht, also hier offensichtlich. Da - wie in

Abschnitt 2.2. bereits aufgezeigt - wtF und wtR als das zentrale Feld in der Auseinandersetzung mit dem 'Klassenfeind' und dem Kapitalismus angesehen wurde, erzeugten diese Ambivalenzen natürlich auch Ängste und Irritationen - kurz, sie machten 'Sorgen'.

"Sie (die jungen Werktätigen; Anm.d.V.) erhoffen von der wissenschaftlich-technischen Revolution bessere Mittel, Wirtschaftswachstum und Umweltschutz zu vereinen, fürchten aber gleichzeitig, daß die Umweltverschmutzung mit dem Einsatz neuer Techniken eher zunimmt. Sollte es nicht gelingen, die Umweltbelastung in den nächsten Jahren spürbar zu senken, ist damit zu rechnen, daß sich die Sorgen über die Umwelt stärker auf die Haltung zu Wissenschaft und Technik auswirken, daß Technikpessimismus wächst" (Autorenkollektiv 1988: 15). Infolge der entscheidenden Bedeutung des 'subjektiven Faktors' im "... Wechselverhältnis von wissenschaftlich-technischem, ökologischem und sozialökonomischem Fortschritt ..." sei deshalb ".. auch die theoretische wie empirische soziologische Forschung zu Stellungnahme und Mitwirkung" (Müller u.a. 1988: 62) aufgefordert.

4.4. Technikinteresse

Auch das - artikulierte - Interesse an Technik und Wissenschaft, dem wtF und der wtR, an seiner Entwicklung etc. war in der früheren DDR offenkundig deutlich ausgeprägt. Empirische Ergebnisse hierzu sind aber wiederum relativ rar. In der Summe und Tendenz läßt sich aber festhalten, daß rund 10-20 v.H. der DDR-Bevölkerung überdurchschnittliches Interesse daran hatten und - ebenso wie in der früheren Bundesrepublik Deutschland - nur etwa 10 v.H. keinerlei Interesse an diesen Thematiken bekundeten (vgl. z.B. Pietrzynski 1985: 17 f.). Bei den Jugendlichen schienen - ebenfalls eine gleichläufige Tendenz - diese Interessen eindeutig stärker ausgeprägt zu sein als dies in anderen Altersgruppen und im Bevölkerungsdurchschnitt der Fall war. So finden sich Hinweise auf bei ihnen häufig stark ausgeprägte technikzentrierte Freizeitbeschäftigungen, was nicht zuletzt dazu führte, "... daß mehr als die Hälfte der Jugendlichen (54%) ein starkes Interesse an Fragen des WTF zum Ausdruck bringt" (Gericke 1989: 62). Dies galt auch hinsichtlich spezifischer Bereiche wie z.B. Computer, Neue Technologien etc. (vgl. z.B. Spitzky 1988: 30 ff.; Kasek 1991: 52 ff.).

Unter geschlechtsspezifischem Blickwinkel wird der Aspekt des Technikinteresses im folgenden Arbeitsschritt noch weiter thematisiert.

4.5. Gab es geschlechts- und altersspezifische Unterschiede in den Einstellungen zur Technik?

Ebenso wie für die frühere Bundesrepublik (vgl. dazu Kistler/Jaufmann 1989) gilt, daß das Verhältnis der Frauen in der ehemaligen DDR zu Technik, wtF, technischen Berufen etc. ein schwieriges und problematisches war (vgl. z.B. Nickel 1987: 60 ff.; Bertram 1991: 143). Die nachfolgend kurz vorgestellten Aussagen - getroffen jeweils auf der Basis empirischer Untersuchungen - können als typisch angesehen werden:

* "Im übrigen reagieren - in der DDR - junge Männer und junge Mädchen etwas unterschiedlich. Bei der männlichen schulentwachsenen Jugend steht das Interesse am beruflichen Fortschritt, am 'Lernen' und an technischen Dingen im Vordergrund; es folgen Familiengründung und Entspannung. Bei den Mädchen gleichen Alters dominiert der Wille zum eigenen Haushalt; danach folgt aber auch schon der Wunsch, vorwärtszukommen und zu 'lernen'" (Richert 1966: 356).
* "Seit 1976 ist der Anteil der Mädchen an jenen, die technische Berufe ergreifen, insgesamt rückläufig. Er liegt etwa bei knapp 30 Prozent" (Nickel 1987: 62).
* "Großes Interesse am wissenschaftlich-technischen Fortschritt trifft für männliche Jugendliche häufiger zu als für weibliche ..." (Gericke 1989: 62 f.).
* "Das reale Interesse an wissenschaftlich-technischen Entwicklungen ist bei jungen Frauen aller Qualifikationsebenen erheblich geringer als bei Männern. Hier reproduziert sich geschlechtstypische Erziehung im Kindesalter. Weibliche Hoch- und Fachschulkader äußern ein bedeutend geringeres Interesse, an modernen Schlüsseltechnologien zu arbeiten, als männliche. Bei Facharbeitern konnten wir diese Geschlechterunterschiede nicht finden" (Autorenkollektiv 1988: 13).
* "Obwohl in 40jähriger DDR-Geschichte Wissenschaft und Technik oft im Mittelpunkt wissenschaftspolitischer Propaganda standen und zugleich Bildungs- und Hochschulpolitik durchaus Erfolge zeitigte, Frauen für ein Studium zu gewinnen, haben sie sich weder im Studium noch im wissenschaftlichen Beruf einen angemessenen Platz in Naturwissenschaft und Technik erstreiten können. Weitab von jeder Forderung nach Quotierung ist hier Gleichstellung wahrlich nicht erreicht worden" (Waltenberg 1990: 75).

Wie die *Darstellung 1* deutlich macht, wurden sowohl im Selbst- als auch im Fremdbild geringere Erwartungen von der bzw. an die Gruppe der Frauen gestellt. Obwohl bereits bei der Frage nach dem Mitbestimmen des wtF deutlich ausgeprägt, tritt diese Kluft noch klarer zutage, wenn es um das Verständnis technischer Systeme geht.

Kritisch läßt *Uta Meier* die Entwicklung Revue passieren, wenn sie - unter Hinweis auf eine deutliche Zunahme von Studien zum Zusammenhang von Frauenbeschäftigung und neuen Technologien in der DDR - summarisch feststellt:

"Der Grundtenor solcher Untersuchungen war fast ausnahmslos positiv und von Technikgläubigkeit bestimmt ... Trotzdem spiegelte der Output soziologischer Analysen in zu-

Darstellung 1: Selbst- und Fremdbild geschlechtsspezifischer Technikeinstellungen in der DDR[1]. Angaben in v.H.

	1 sehr stark	2	3	4	5 gar nicht
den technisch-wissenschaftlichen Fortschritt mitbestimmen					
Frauen	14 (27)	46 (47)	31 (20)	8 (5)	1 (1)
Männer	16 (28)	41 (44)	33 (22)	8 (4)	2 (2)
das Funktionieren technischer Systeme begreifen					
Frauen	13 (33)	37 (45)	39 (17)	8 (3)	3 (2)
Männer	14 (43)	38 (44)	34 (11)	11 (2)	3 (0)

Anmerkung:
1) Die Zahlen ohne Klammern basieren auf der Frage "Das sollte bei Frauen ausgeprägt sein"; die geklammerten Werte hingegen auf der Aussage "Das sollte bei Männern ausgeprägt sein".

Quelle: Bertram, B. (1991), Frauen und technische Berufe, in: W. Hennig/W. Friedrich (Hg.), Jugend in der DDR, Weinheim/München: 149.

nehmendem Maße die katastrophalen Rahmenbedingungen bei der Einführung moderner Informationstechnologien in Betrieb und Kommune wider. Zweifel an den segensreichen Wirkungen der mikroelektronisch gesteuerten Technik für Frauen mehrten sich mit ihrer Verbreitung. Alternative Technikkonzepte indessen fehlten, trotz einer nachweislich frauenfeindlichen Technikgestaltung ... Geringeres Technikinteresse bei Mädchen wurde aus der 'Langlebigkeit' traditioneller Wertvorstellungen abgeleitet. So besteht bei vielen männlichen und weiblichen Jugendlichen nach wie vor die Einschätzung, daß Männer den Frauen in der Technik überlegen seien ... Technikscheu, geringes Selbstvertrauen und eine vermeintlich mangelnde Innovationsfähigkeit von Mädchen und Frauen wurden konstatiert und historisch zu begründen versucht" (U. Meier 1990: 11).

Übereinstimmend wurde festgestellt, daß die realen geschlechtsspezifischen Unterschiede in den Technikeinstellungen einerseits sozialisationsbedingt sind, und andererseits durch die Doppelbelastung der Frauen in Erwerbsarbeit und Hausarbeit/Mutterschaft verursacht werden (vgl. z.B. Autorenkollektiv 1988: 13; Nickel 1987: 60 ff.; Dies. 1990a: 39 ff. und 1990b: 10; Bertram 1991: 143 ff.; Schlegel 1991: 168 ff.).

Die einzige mir bekannte Ausnahme dieser geschlechtsspezifischen Unterschiede bilden die Arbeiten von *Stollberg*, der daraus folgert: "Was das

Geschlecht angeht, so zeigt sich ein gleiches Niveau der allgemeinen Einstellung zum wissenschaftlich-technischen Fortschritt bei männlichen und weiblichen Produktionsarbeitern. Dieser Sachverhalt ist bemerkenswert. Er findet eine Parallele darin, daß sich auch hinsichtlich anderer Elemente der Arbeitseinstellung Frauen heute kaum noch von ihren männlichen Kollegen unterscheiden" (Stollberg 1987a: 228; vgl. auch Ders. 1987b: 62; Ders. 1988: 117). Relativierend wird vom Autor allerdings vermerkt, daß Frauen in geringerem Umfang als Männer an solchen Arbeitsplätzen tätig waren, wo der wtF deutlich zu erkennen ist, und infolgedessen auch die Möglichkeiten eines stärkeren Engagements geringer sind (vgl. ebenda 1987a und b).

Die zweite Fragestellung dieses Abschnitts beschäftigt sich mit der Thematik - eventueller - altersspezifischer Unterschiede in den Einstellungen zum wtF. Verschiedentlich wurden in diesem Aufsatz bereits Hinweise gemacht und Belege dazu angeführt, daß die jüngeren Generationen auch in der DDR technikoptimistischer, daran interessierter etc. als die Älteren waren (vgl. z.B. Autorenkollektiv 1988: 9). Die Bereitschaft, sich auf neue Erfordernisse und Anforderungen einzulassen, zur Weiterbildung etc., sich generell auf Veränderungen einzulassen, nahm mit steigendem Alter ab (vgl. z.B. Miethe 1987: 76 f.). Zu einem gegenteiligen - aber wieder relativ isoliert stehenden - Ergebnis kam wiederum *Stollberg* (1988: 116): "Ältere Werktätige, die meist auch eine höhere Betriebszugehörigkeitsdauer aufweisen, beurteilen viele Aspekte des wissenschaftlich-technischen Fortschritts positiver und verhalten sich engagierter. Eine Ausnahme macht hierbei das Streben nach weiterer Qualifikation, das bei jüngeren stärker ausgeprägt ist". An anderer Stelle attestiert er dieser Altersgruppe eine ".. progressivere Einstellung zum wissenschaftlich-technischen Fortschritt" (Ders. 1987a: 229; vgl. auch Ders. 1987b: 62 f.). Auch bei diesem Ergebnis handelt es sich wiederum um einen ganz offenkundigen Ausreißer.

4.6. Ein kurzes Zwischenfazit

Wie in diesem Kapitel gezeigt werden konnte, waren die Einstellungen der Bevölkerung in der DDR zu Technik und Wissenschaft, zum wtF etc., auf der generellen global-bilanzierenden Ebene durchaus sehr positiv. Der Fortschrittsglaube war allerdings in den letzten Jahren nicht mehr ungebrochen und ambivalente Sichtweisen hatten zugenommen. Dies galt auch für den Bereich der Neuen Technologien, Computer etc. Insbesondere die jüngeren Altersgruppen hatten hierzu positive Erwartungshaltungen. Aber auch für diesen Bereich der Technik sah man entwicklungsbedingt Belastungen auf sich zukommen. Ferner konnte festgestellt werden, daß das Interesse an Technik und Wissenschaft, zum wtF und zur wtR, in der früheren DDR deutlich ausgeprägt war. Durchgängig waren die Männer 'technikpositiver' und -optimistischer eingestellt als die Frauen. Die folgenden Aussagen decken sich insofern auch mit den Ergebnissen der hier vorgenommenen Analyse:

"In den letzten Jahrzehnten gehörte die positive Einstellung zur Wissenschaft zu den stabilen Wertorientierungen der DDR-Bevölkerung. Die Gründe dafür sind sicher vielfältig und ambivalent. Einerseits spiegelt sich darin sowohl die Erfahrung der Arbeitsplatzsicherheit bei gleichzeitigem technischem Fortschritt, als auch die fehlende Information und Kommunikation über neue Gefahren und Risiken, die mit diesen Prozessen entstehen. In der offiziellen Ideologie wurde wissenschaftlich-technischer Fortschritt mit wachsender Sicherheit und Risikominimierens identifiziert" (Kliemt/Rochlitz/Gey 1990: 7).

5. Empirische Ergebnisse der Umfrageforschung nach der Wende: Alte und neue Bundesländer im Vergleich

Unbestreitbar hatten sich nach der im November 1989 eingeleiteten Wende, bezogen auf Meinungsumfragen in den neuen Bundesländern, zunächst eher 'Wildwestmethoden' und eine Art 'Goldrauschstimmung' - 'go east' - ausgebreitet (vgl. dazu und im folgenden Jaufmann/Kistler 1991a und b). Es wurden damals methodisch zum Teil sehr problematische Studien erstellt, und diese gingen so auch durch die Presse.

Jenseits von Schwierigkeiten bei der Stichprobenziehung (vgl. z.B. Habich u.a. 1991: 13) für die zu befragenden Personen und semantischen Unterschieden zwischen Ost und West (vgl. z.B. Hellmann 1991: 82 ff.), ist insbesondere auf die problematische Durchführung von Telefoninterviews in den neuen Bundesländern zu verweisen. Bei einem Telefonbesatz von 15-20 v.H. (in den alten Bundesländern über 90 v.H.) verbietet sich eigentlich diese Art der Datenerhebung von selbst. Kurz: Die 'Macht der Zahlen' verringerte häufig die kritische Distanz und nötige Reflexion der Ergebnisse dieser Umfragen durch ihre Verwender und die Auftraggeber. Eine Mitarbeiterin von Market & Opinion Research International (MORI) beleuchtet noch einen anderen wichtigen Aspekt: "While one cannot help but acknowledge that there may be examples where economic profitability might have been favored over the adherence to professional standards, it is highly inappropriate to discredit the polling industry *per se*, without looking at different research techniques employed and making reference to the special circumstances western researchers are faced with when polling in East Germany" (Sieger 1990: 324). Hinzugefügt sei, daß sich dieser nicht tolerierbare Zustand im Laufe der Zeit sehr schnell zum Positiven gewendet hat.

Zeitreihen im eigentlichen Sinne gibt es nicht und kann es in Anbetracht der Kürze der Zeit naturgemäß auch gar nicht geben. So fand nach der Wende die - nach eigenen Angaben - erste repräsentative Meinungsumfrage im westlichen Auftrag und in deutsch-deutscher Zusammenarbeit Anfang Dezember 1989 statt (vgl. o.V. 1989a: 86; vgl. kritisch im Hinblick auf die Repräsentativität dieser Studie Habich u.a. 1991: 13). Möglich sind - bezogen allerdings auf sehr wenige Indikatoren - partiell Zeitpunktvergleiche. Der Indikatorenvielfalt, der Breite des sekundäranalytischen Ansatzes und der Zahl der einbezogenen Umfrageinstitute kommt in diesem Fall somit ganz besonderes Gewicht zu.

5.1. Globalindikatoren der Einstellung zu Technik und Wissenschaft

Als geradezu klassisch ist mittlerweile die Frage zu bezeichnen, ob die Technik alles in allem eher ein Segen oder eher ein Fluch für die Menschheit ist. Gestellt wurde sie in diesem Fall vom Emnid-Institut - nicht vom IfD Allensbach, dafür aber mit einer wiederum gänzlich neuen Antwort-Mittelkategorie. Die - bevölkerungsrepräsentativen - Ergebnisse für Ost und West sind in der *Darstellung 2* enthalten. In beiden Fällen tendieren die Ergebnisse bei der 'Segen'-Kategorie nahezu prozentpunktgenau gegen die 60 v.H.-Marge. Sowohl in den alten als auch den neuen Bundesländern sah bei diesen Antwortvorgaben nur rund jeder Zehnte in der Technik einen Fluch. Bei der Antwortmittelkategorie zeigt sich in Ost und West bei einer altersgruppenspezifischen Betrachtung ein U-förmiger Verlauf: am ambivalentesten sind sowohl die Jungen als auch die Alten. Am 'technikfreundlichsten' äußerten sich in dieser Umfrage die mittleren Altersgruppen ab 30 Jahren. Steigende Bildungsniveaus reduzieren hier offenkundig die Ambivalenz, steigern den 'Segen' und verringern etwas die Sichtweise der Technik als Fluch. Die auf diese Frage die Antwort verweigernden Personen sind in dieser Umfrage marginal - wie übrigens bei nahezu allen Emnid-Umfragen - und insofern bei der Analyse zu vernachlässigen.

Darstellung 2: Technik als Segen oder Fluch[1)2)3)]. Angaben in v. H.

	Segen		Fluch		Kann ich nicht sagen		Keine Angabe	
Insgesamt	58	(56)	11	(10)	28	(33)	2	(1)
Alter								
15-17	59	(57)	5	(6)	36	(37)	-	(-)
18-29	59	(58)	10	(8)	29	(33)	2	(1)
30-44	64	(64)	8	(9)	26	(27)	2	(0)
45-59	68	(53)	9	(13)	21	(34)	2	(1)
60 u.ä.	41	(50)	20	(13)	37	(36)	2	(1)
Schulabschluß								
unter 10. Klasse	50		15		34		1	
(Volksschule)		(53)		(11)		(35)		(1)
10. Klasse	62		9		28		0	
(Mittlere Bildung)		(60)		(9)		(30)		(1)
12. Klasse	73		8		17		1	
(Abitur/Studium)		(62)		(9)		(29)		(0)

Anmerkungen:
1) Die Frageformulierung lautete: "Glauben Sie, daß Technik alles in allem eher ein Segen oder eher ein Fluch für die Menschheit ist?".
2) Die Umfragen fanden im Zeitraum vom 06.09. - 28.09.1990 (Ost) und 13.09. - 02.10.1990 (West) statt.
3) Die Werte für die neuen Bundesländer stehen jeweils links, diejenigen für den alten Teil der Bundesrepublik sind geklammert.

Quelle: INIFES, eigene Zusammenstellung nach: EMNID (1991), Spiegel Spezial: Das Profil der Deutschen. Was sie vereint, was sie trennt, Arbeitsdaten-Tabellenband, Bielefeld.

Die Ergebnisse für den traditionellen Technikglobalindikator von Emnid bilden die Basis für *Darstellung 3*. Auch hier sind die Ähnlichkeiten zwischen Ost und West sehr groß: Rund drei Viertel erwarten, daß sich der technische Fortschritt alles in allem eher zum Vorteil der Menschheit auswirkt; auch hier vertritt jeder Zehnte die gegenteilige Ansicht. Die Männer sind etwas optimistischer und auch weniger skeptisch gestimmt als die Frauen. Diese wiederum weisen eine größere Anzahl von Meinungslosen (oder auch Ambivalenten) auf. Sowohl in den neuen als auch den alten Bundesländern sinkt mit zunehmendem Alter die positive Sichtweise und parallel dazu steigt der Technik-Skeptizismus etwas an; ebenso die Zahl der Personen, die auf diese Frage die Antwort verweigerten. Die Betrachtung nach - formalen - Bildungsabschlüssen erbringt im Westen einen eher uneinheitlichen Verlauf, wohingegen im Osten mit steigendem Bildungsgrad einerseits die 'Vorteils-Sichtweise' kontinuierlich ansteigt, und andererseits genauso kontinuierlich die Erwartung nachteiliger Entwicklungen absinkt - ebenso auch die Zahl der Meinungslosen.

Die gerade geschilderten Tendenzen zeigen sich auch in den Ergebnissen eines weiteren Technik-Globalindikators bei Emnid. Hier galt es, anhand einer 7poligen Skala seine persönliche Einstellung zur Technik einzustufen. Mit Ausnahme wiederum des Einflusses 'Bildung' zeigen sich bei allen anderen angeführten Ergebnissen und Differenzierungen relativ synchrone Verläufe zwischen den alten und neuen Bundesländern. Die Ergebnisse im Detail enthält die *Darstellung 4*.

Die völlig gleiche 7polige Skalometerfrage zur generellen Technikeinstellung wurde im Herbst 1991, also rund ein dreiviertel Jahr später auch von Basis Research gestellt (vgl. *Darstellung 5*). Besonders markante Veränderungen haben sich eigentlich nicht ergeben, doch scheinen die Einstellungen zur Technik in den neuen Bundesländern nun noch etwas positiver geworden zu sein. Reduziert hat sich sowohl die Zahl der negativ gestimmten Personen als auch die der Ambivalenten. Der geschilderte 'Bildungsfaktor' wird aber auch hier wieder deutlich. Verschiebungen in den alten Bundesländern sind praktisch nicht feststellbar.

Ein etwas anderes Ergebnis erbringen - im Vergleich gesehen - einige Umfragen des Instituts für Demoskopie Allensbach. Auf die Frage "Wo würden Sie sagen, das paßt auf mich, das trifft auf mich zu?" und das hier im Interesse stehende Statement 'Technischer Fortschritt bringt Gutes' bekundeten Mitte 1990 55,7 v.H. der Bevölkerung in den neuen Bundeslän-

Darstellung 3: *Bewertung des technischen Fortschritts[1)2)3)]. Angaben in v. H.*

	Eher zum Vorteil		Eher zum Nachteil		Keine Antwort		Keine Angabe	
Insgesamt	77	(76)	10	(10)	11	(14)	2	(1)
Geschlecht								
Männer	81	(82)	8	(7)	8	(10)	3	(2)
Frauen	74	(70)	11	(13)	14	(17)	1	(0)
Alter								
14-29	79	(80)	9	(7)	9	(11)	2	(1)
30-49	81	(79)	8	(10)	9	(11)	1	(1)
50-64	76	(71)	11	(12)	12	(16)	1	(1)
65 u.ä.	68	(63)	13	(14)	18	(21)	1	(1)
Schulabschluß								
unter 10. Klasse	73		12		14		1	
(Volksschule)		(75)		(10)		(14)		(1)
10. Klasse	81		9		9		1	
(Mittelschule/ mittlere Reife)		(78)		(12)		(10)		(0)
12. Klasse	85		5		8		1	
(Abitur/Studium)		(71)		(7)		(19)		(3)

Anmerkungen:
1) Die Frageformulierung lautete: "Glauben Sie überhaupt, daß der technische Fortschritt, z.B. bei Computern, Bildschirmen, Mikroprozessoren, alles in allem eher zum Vorteil oder eher zum Nachteil der Menschheit ist?".
2) Die in drei - eigentlich jeweils eigenständigen - Wellen durchgeführte Befragung fand im Zeitraum vom 23.11.1990 - 18.01.1991 (Ost) und 23.11.1990 - 23.01.1991 (West) statt.
3) Die Werte für die neuen Bundesländer stehen jeweils links, diejenigen für den alten Teil der Bundesrepublik sind geklammert.

Quelle: INIFES, eigene Zusammenstellung nach: EMNID (1991), Technischer Fortschritt und Technik-Akzeptanz, Bielefeld.

Darstellung 4: Persönliche Einstellung zur Technik generell I[1)2)3]. Angaben in v. H.

	sehr negativ (1)	(2)	(3)	(4)	(5)	(6)	sehr positiv (7)	keine Angabe
Insgesamt	2 (1)	3 (2)	7 (7)	20 (20)	22 (24)	24 (28)	22 (18)	1 (0)
Geschlecht								
Männer	1 (1)	2 (1)	4 (5)	13 (13)	19 (22)	28 (35)	32 (23)	1 (0)
Frauen	2 (1)	4 (3)	9 (9)	27 (25)	24 (26)	20 (21)	12 (14)	1 (0)
Alter								
14-29	2 (1)	3 (3)	6 (6)	18 (15)	25 (21)	23 (33)	22 (21)	1 (0)
30-49	2 (0)	3 (2)	5 (6)	17 (19)	20 (24)	28 (30)	25 (18)	1 (0)
50-64	1 (3)	3 (1)	6 (8)	24 (22)	20 (24)	25 (22)	20 (19)	1 (1)
65 u.ä.	2 (-)	3 (2)	12 (10)	27 (26)	23 (30)	15 (19)	16 (13)	1 (0)
Schulabschluß								
unter 10. Klasse	2	4	8	24	21	20	21	0
(Volksschule)	(1)	(2)	(6)	(21)	(24)	(28)	(17)	(0)
10. Klasse	2	3	6	19	22	26	21	1
(Mittelschule/ mittlere Reife)	(1)	(3)	(8)	(15)	(24)	(27)	(21)	(0)
12. Klasse	1	2	6	14	24	29	25	0
(Abitur/Studium)	(0)	(6)	(8)	(13)	(21)	(32)	(20)	(-)

Anmerkungen:
1) Die Frageformulierung lautete: "Wie würden Sie *ganz allgemein* Ihre persönliche Einstellung zur Technik einstufen? Bitte sagen Sie es mir anhand dieser Liste. 1 bedeutet: 'Ihre persönliche Einstellung ist sehr negativ', die 7 bedeutet: 'Ihre persönliche Einstellung ist sehr positiv'. Mit den Werten dazwischen können Sie Ihre Meinung abgestuft wiedergeben".
2) Die in drei - eigentlich jeweils eigenständigen - Wellen durchgeführte Befragung fand im Zeitraum vom 23.11.1990 - 18.01.1991 (Ost) und 23.11.1990 - 23.01.1991 (West) statt.
3) Die Werte für die neuen Bundesländer stehen jeweils links, diejenigen für den alten Teil der Bundesrepublik sind geklammert.

Quelle: INIFES, eigene Zusammenstellung nach: EMNID (1991), Technischer Fortschritt und Technik-Akzeptanz, Bielefeld.

Darstellung 5: *Persönliche Einstellung zur Technik generell II*[1)2)3)]. *Angaben in v. H.*

	sehr negativ (1)	(2)	(3)	(4)	(5)	(6)	sehr positiv (7)	keine Angabe
Insgesamt	1 (1)	1 (3)	5 (7)	14 (18)	21 (27)	27 (24)	30 (19)	1 (1)
Geschlecht								
Männer	1 (0)	0 (2)	2 (4)	8 (16)	18 (24)	32 (28)	39 (26)	1 (0)
Frauen	2 (2)	2 (4)	7 (10)	20 (21)	24 (29)	22 (22)	23 (13)	1 (1)
Alter								
14-19	2 (2)	- (10)	- (6)	3 (16)	26 (27)	37 (16)	33 (21)	- (2)
20-29	1 (2)	1 (2)	4 (5)	15 (16)	21 (27)	26 (25)	32 (23)	0 (0)
30-39	1 (1)	2 (1)	7 (5)	14 (18)	16 (35)	27 (25)	32 (16)	2 (-)
40-49	1 (1)	1 (4)	3 (5)	16 (16)	20 (26)	29 (27)	31 (22)	- (-)
50-59	1 (1)	2 (2)	7 (12)	11 (16)	26 (26)	25 (24)	30 (19)	- (1)
60 u.ä.	2 (2)	2 (3)	5 (10)	19 (24)	20 (22)	24 (24)	27 (16)	1 (1)
Schulabschluß								
Volksschule	2 (2)	2 (4)	6 (8)	17 (19)	22 (27)	24 (25)	26 (15)	0 (1)
Mittelschule	1 (0)	1 (2)	4 (7)	13 (18)	20 (27)	29 (22)	30 (24)	1 (1)
Abitur/Hochschule	0 (1)	2 (3)	3 (5)	12 (17)	20 (24)	26 (26)	37 (23)	0 (0)

Anmerkungen:
1) Die Frageformulierung lautete: "Wie würden Sie *ganz allgemein* Ihre persönliche Einstellung zur Technik einstufen? Bitte sagen Sie es mir anhand dieser Liste. 1 bedeutet: 'Ihre persönliche Einstellung ist sehr negativ', die 7 bedeutet: 'Ihre persönliche Einstellung ist sehr positiv'. Mit den Werten dazwischen können Sie Ihre Meinung abgestuft wiedergeben".
2) Die Umfragen wurden im Zeitraum vom 13.09. - 04.11.1991 (Ost) und 23.09. - 04.11.1991 (West) durchgeführt.
3) Die Werte für die neuen Bundesländer stehen jeweils links, diejenigen für den alten Teil der Bundesrepublik sind geklammert.

Quelle: INIFES, eigene Zusammenstellung nach: BASIS RESEARCH (1991), Trendmonitor II, Frankfurt.

dern, daß dies auf sie zutreffe (vgl. - auch für die folgenden Angaben - Verlagsgruppe Bauer o.J. (Hg.): 56). Gegen Ende dieses Jahres waren es dann 54,6 v.H. - also ein eigentlich konstantes Ergebnis. In den alten Bundesländern hingegen ermittelte das IfD in der Summe von drei Wellen (März 1989 - Juni 1990) auf die gleiche Frage ein Ergebnis von 39 v.H. Hier also doch deutliche Diskrepanzen zwischen Ost und West, auch wenn die unterschiedliche Zeitperspektive dabei zu berücksichtigen ist.

Unterschiede zwischen Ost und West zeigten sich auch in zwei Umfragen von IPOS bei der Frage, in welcher Gesellschft man leben möchte, was für einen selbst die ideale Gesellschaft wäre. Im Sinne eines Polaritätenprofils wurde den Befragten eine ganze Liste von jeweils bipolaren Aussagen vorgelegt. Auf einer von 1-7 ansteigenden Skala hatten sie dann jeweils den ihres Erachtens idealen Zustand festzulegen. Das für unsere Belange interessierende Aussagepaar lautete 'Eine Gesellschaft, die dem technischen Fortschritt eher skeptisch gegenübersteht , weil er große Gefahren für die Zukunft bringt' (= 1) versus 'Eine Gesellschaft, die den technischen Fortschritt fördert, weil er die Zukunft sichert' (= 7). Die Skalen-Mittelwerte für die Bundesrepublik bzw. die alten Bundesländer sind für die Jahre 1984-1991 höchst konstant und liegen stets zwischen 4,5 und 4,2 (vgl. dazu und für die folgenden Ergebnisse IPOS 1991: 16 ff.). Sowohl für 1990 als auch 1991 ergaben sich jeweils 4,4. In den neuen Bundesländern hingegen lagen die vergleichbaren Werte bei 5,8 bzw. 5,5, also stets über einen ganzen Skalenwert höher als im Westen. Die dortige Bevölkerung ist also in stärkerem Maße der Ansicht, daß die Gesellschaft den technischen Fortschritt fördern solle.

Ende 1990 wurde in einer repräsentativen Umfrage unter 15-24jährigen Jugendlichen in den neuen Bundesländern auch die Frage gestellt, wie sehr die Aussage 'Der technische Fortschritt macht für mich das Leben immer lebenswerter' auf einen selbst zutreffe. Das gleiche Statement wurde in einer teilweise analogen Jugendumfrage im Westen zu Anfang 1990 ebenfalls abgefragt. Die Ergebnisse zeigt die *Darstellung 6*.

Faßt man die Ergebnisse bzw. Antwortmöglichkeiten etwas zusammen, so zeigten sich hinsichtlich des 'Fortschrittsglaubens' doch deutliche Unterschiede: 58 v.H. der Jugendlichen im Osten haben hier positive Erwartungen, während es in den alten Bundesländern 32 v.H. sind. Dort lehnen 31 v.H. die Aussage ab; in den neuen Bundesländern sind es hingegen nur 15 v.H.

Darstellung 6: *Technischer Fortschritt macht das Leben lebenswerter[1].*
Angaben in v. H.

	Trifft gar nicht zu (1)	(2)	(3)	(4)	Trifft völlig zu (5)
Insgesamt WEST	12	19	37	21	11
Insgesamt OST	6	9	27	29	29
Geschlecht					
Männer	4	7	22	31	36
Frauen	8	11	33	26	21
Alter					
15-17	5	7	27	32	28
18-20	7	10	29	27	27
21-24	6	10	26	27	31

Anmerkung:
1) Die Frageformulierung lautete: "Auf dieser Karte stehen Aussagen junger Leute über ihr Leben. Bitte sage mir anhand der Skala zu jeder Karte, wie sehr die Aussage auf dich zutrifft". Hier: "Der technische Fortschritt macht für mich das Leben immer lebenswerter".

Quelle: INIFES, eigene Zusammenstellung nach: Informationszentrale der Elektrizitätswirtschaft e.V. (1991a) (Hg.), Meinungen Jugendlicher und junger Erwachsener von 15-24 Jahren in den neuen Bundesländern zu den Themenbereichen 'Energie und Umwelt', Frankfurt: 30 ff.

In der geschlechtsspezifischen Betrachtung zeigt sich wieder das *auch* für die östlichen Bundesländer bereits bekannte Muster: Frauen sind in ihren generellen Technikeinstellungen klar ambivalenter und auch weniger positiv gestimmt.

5.2. Einstellungen zu AKWs

Unterschiede zwischen alten und neuen Bundesländern zeigen sich in den Einstellungen der Bevölkerung zur friedlichen Nutzung der Kernenergie. So ermittelte beispielsweise das IfD Allensbach für die alte Bundesrepublik in drei Wellen 22 v.H. der Befragten, die meinten, der Begriff 'Kernkraftgegner' könnte auf sie persönlich passen (vgl. dazu und für die folgenden Angaben Verlagsgruppe Bauer o.J. (Hg.): 44). In den östlichen Bundesländern waren dies bei zwei Umfragen im Sommer und gegen Ende des Jahres 1990 10 v.H. und 11 v.H., also nur jeder Zehnte.

Die Aussage 'Ich habe Angst vor Atomkraftwerken' empfanden von der Altersgruppe der 15-24jährigen Jugendlichen - gemessen auf einer 5poligen Antwortskala - in Ostdeutschland 43 v.H. für sich persönlich zutreffend; im Westen waren es hingegen 58 v.H., und damit lag ihr Ergebnis insgesamt sogar höher als dasjenige der weiblichen Befragten im Osten mit 54 v.H. (vgl. Informationszentrale der Elektrizitätswirtschaft e.V. 1991a (Hg.): 30, 34 und 47).

Gefragt danach, ob man eher für oder eher gegen den Bau von mehr Kernkraftwerken (abgefragt unter einer Vielzahl von Bereichen) sei, entschieden sich in den oben bereits erwähnten drei Umfragen des IfD Allensbach für die Antwortkategorie 'eher dafür': im Westen = 6 v.H. und im Osten einerseits 10 v.H. (Sommer 1990) und andererseits 9 v.H. (Ende 1990) (vgl. Verlagsgruppe Bauer o.J. (Hg.): 53).

Die *Darstellung 7* enthält dazu korrespondierende Ergebnisse, die im Auftrag der *Informationszentrale der Elektrizitätswirtschaft* mittels zweier Umfragen ermittelt wurden. Auch hier ist die Zahl der Befürworter eines weiteren Ausbaus der Stromerzeugung aus Kernenergie in den neuen Bundesländern etwas höher als in den alten Ländern. Die Ergebnisse sowohl der Bevölkerungs- als auch der Jugendumfrage sind nahezu identisch. Bei den weiteren Antwortkategorien differieren auch die Ergebnisse zwischen Ost und West nur marginal.

In *Darstellung 8* sind die Ergebnisse aus einer thematisch ähnlich gelagerten Frage des IfD Allensbach vom Sommer 1991 wiedergegeben. Auch hier findet sich der leichte - und in dieser Größenordnung aus den eben präsentierten Umfragen bereits bekannte - Überhang der Bevölkerung in den östlichen Bundesländern bei der Frage nach der Errichtung weiterer Kern-

Darstellung 7: Drei Meinungen zur Kernenergie[1]. Angaben in v.H.

	Ost[2] Insgesamt	Ost[3] Jugendliche	West[2] Insgesamt
Es sollten weitere Kernkraftwerke gebaut werden	11	11	7
Die Kernkraftwerke, die den Sicherheitsstandards der Bundesrepublik genügen, sollten bis zum Ende ihrer geplanten Nutzungsdauer weiter betrieben werden. Es sollten aber keine neuen Kernkraftwerke mehr gebaut werden	55	58	56
Es sollten alle Kernkraftwerke so schnell wie möglich abgeschaltet werden. Strom sollte nur noch aus anderen Primärenergien (Erdgas, Erdöl, Steinkohle usw.) erzeugt werden	25	26	26
Ich habe keine eigene Meinung zur Kernenergie, weiß nicht	9	5	9

Anmerkungen:
1) Die Frageformulierung lautete: "Auf dieser Liste finden Sie drei Meinungen zur Kernenergie. Welcher Meinung würden Sie am ehesten zustimmen?".
2) Die Bevölkerungsumfrage wurde im Zeitraum vom 01.11.-15.12.1990 von GFM-GETAS durchgeführt.
3) Die Umfrage unter den 15-24jährigen Jugendlichen fand im Zeitraum vom 24.10.-08.12.1990 statt und wurde vom Institut für Jugendforschung in Zusammenarbeit mit dem Institut für Marktforschung durchgeführt.

Quellen: INIFES, eigene Zusammenstellung nach: Informationszentrale der Elektrizitätswirtschaft e.V. (1991b) (Hg.), Meinungen der Bevölkerung zu Energie und Umwelt in den alten und neuen Bundesländern, Frankfurt: 31 ff.; Dies. (1991a) (Hg.), Meinungen Jugendlicher und junger Erwachsener von 15-24 Jahren in den neuen Bundesländern zu den Themenbereichen 'Energie und Umwelt', Frankfurt: 70 ff.

kraftwerke. 40 v.H. von ihnen sprachen sich für die Ersetzung alter durch neue und sicherere Kernkraftwerke aus, wohingegen es im Westen nur rund ein Viertel war. Den Weiterbetrieb der bereits bestehenden AKWs wollten in den alten Bundesländern etwa ein Drittel, im Osten hingegen nur ein

Darstellung 8: Präferenzen für die künftige Nutzung der Kernenergie[1)2)3)]. Angaben in v.H.

	Ost	West
Wir müssen weitere Kernkraftwerke bauen	8	6
Alte Kernkraftwerke mit überholter Technik sollen durch moderne und sichere Kernkraftwerke ersetzt werden	40	24
Wir sollten keine neuen Kernkraftwerke mehr bauen, aber die bestehenden weiterbetreiben	22	32
Wir sollten mit der Erzeugung von Kernenergie ganz aufhören und die bestehenden Kernkraftwerke stillegen	26	29
Unentschieden	13	13

Anmerkungen:
1) Die Frageformulierung lautete: "Auf dieser Liste stehen vier Standpunkte. Könnten Sie sagen, wofür Sie sind, was auch Ihre Meinung ist?" (Vorlage einer Liste).
2) Die Umfrage fand im Zeitraum vom 23.05.-11.06.1991 statt.
3) Wie das IfD Allensbach zu Recht feststellt, gilt: "Da sich die vier Positionen teilweise überschneiden, wurde noch einmal getrennt ausgewertet, wieviel Prozent sich für bzw. gegen den Bau neuer Reaktoren aussprechen". Unklar verbleibt allerdings, warum nicht gleich von Anbeginn an trennscharfe Antwortitems verwendet wurden.

Quelle: INIFES, eigene Zusammenstellung nach: Deutsches Atomforum e.V. (1991) (Hg.), Presse Info vom 12.09.: Allensbach-Umfrage zur Kernenergie: Große Mehrheit für Weiterbetrieb der Kernkraftwerke, Bonn.

knappes Viertel. 25-30 v.H. wünschten eine Stillegung der bereits vorhandenen Kernkraftwerke.

Auch der Spiegel hat sich in diversen - jeweils von Emnid durchgeführten - Umfragen seit der Wende dem Thema Ausbau versus Ausstieg aus der Kernenergie angenommen. Ende 1989 waren laut den Ergebnissen von Emnid 18 v.H. der DDR-Bevölkerung dafür, daß 'Mehr Atomkraftwerke gebaut werden'; 63 v.H. sprachen sich dafür aus, die bereits bestehenden in Betrieb zu belassen, aber keine neuen mehr zu errichten, und die restlichen 18 v.H. wollten alle stillegen - sofort oder nach einer Übergangszeit (vgl. dazu und

Darstellung 9:   Einstellung zur Atomenergie[1][2][3]. Angaben in v.H.

	Mehr Atomkraftwerke gebaut werden	Die bereits in Betrieb genommenen Atomkraftwerke weiter in Betrieb bleiben, aber keine weiteren mehr errichtet werden	Die bereits in Betrieb genommenen Atomkraftwerke vorläufig weiter in Betrieb bleiben, aber Ziel muß sein, sie nach einer Übergangszeit stillzulegen	Die bereits in Betrieb genommenen Atomkraftwerke in der Bundesrepublik sofort stillgelegt werden	Keine Angabe
Insgesamt	7 (3)	32 (32)	43 (49)	11 (17)	7 (0)
Geschlecht					
Männer	11	31	40	7	11
Frauen	5	32	46	14	3
Alter					
15-17	(-)	(39)	(41)	(20)	(-)
18-29	7 (3)	32 (31)	39 (50)	9 (17)	13 (0)
30-44	6 (4)	34 (26)	51 (55)	7 (15)	3 (-)
45-59	11 (5)	36 (33)	37 (46)	14 (17)	3 (-)
60 u.ä.	5 (2)	25 (36)	46 (46)	14 (17)	9 (-)
Schulabschluß					
unter 10. Klasse	4	35	40	18	2
(Volksschule)	(3)	(35)	(44)	(19)	(0)
10. Klasse	9	33	46	8	3
(Mittlere Bildung)	(3)	(29)	(56)	(12)	(-)
12. Klasse	13	27	55	3	2
(Abitur/Studium)	(5)	(27)	(51)	(17)	(-)

Anmerkungen:

1) Die Frageformulierung lautete: "Über die Atomenergie gibt es verschiedene Ansichten. Welcher der Ansichten auf der folgenden Liste stimmen Sie am ehesten zu? Es sollten ...".
2) Die Umfragen fanden im Zeitraum vom 03.10.-11.10.1990 (Ost) und 13.09.-02.10.1990 (West) statt.
3) Die Werte für die neuen Bundesländer stehen jeweils links, diejenigen für den alten Teil der Bundesrepublik sind geklammert.

Quellen: INIFES, eigene Zusammenstellung nach: EMNID (1991), Spiegel Spezial: Das Profil der Deutschen. Was sie vereint, was sie trennt, Arbeitsdaten-Tabellenband, Bielefeld.

zu den folgenden Ergebnissen o.V. 1989b: 75). Die vergleichbaren Ergebnisse für die alte Bundesrepublik lagen bei 3 zu 32 zu 65 v.H.; mithin also klare Unterschiede zwischen Ost und West.

Nicht mehr so krasse Unterschiede erbrachten die im Herbst 1990 durchgeführten Umfragen. Die Ergebnisse im Detail sind in der *Darstellung 9* enthalten. Während die Ergebnisse für die alten Bundesländer nahezu prozentpunktgenau stabil geblieben sind, haben sich in den östlichen Teilen offenkundig erhebliche Verschiebungen im Meinungsbild zur Kernenergie ergeben. Mehr als doppelt soviele der Ost- als der Westbürger sind zwar für den Bau weiterer Kernkraftwerke, aber mittlerweile immerhin auch 54 v.H. - im Vergleich zu 66 v.H. - für den Ausstieg. Den Status quo aufrecht erhalten wollen in beiden Teilen jeweils ein Drittel der Bevölkerung. Interessant auch wieder der Einfluß des Faktors 'Bildung' in den neuen Bundesländern: Mit steigendem Schulabschluß steigt die Zahl der Befürworter des weiteren Ausbaus der Kernenergie kontinuierlich an und die Anhänger des Status quo sinken ab; die Zahl der für einen sofortigen Anstieg plädierenden Personen sinkt deutlich ab, wohingegen die für eine Stillegung nach einer Übergangszeit Stimmenden kontinuierlich ansteigt. Dieser im Westen nicht auftretende Bildungseffekt ist auch bei anderen demoskopischen Repräsentativumfragen nachweisbar, die ausschließlich in den neuen Bundesländern von dort ansässigen Instituten/Institutionen und nur zum Thema 'Kernenergetik' durchgeführt wurden (vgl. z.B. Kliemt/Rochlitz/Gey 1990: 14).

1991 diagnostizierte Emnid dann eine noch weitere Annäherung der Meinungen zu AKWs in Ost und West: "Auch über Atomkraft denken die Ostdeutschen wie die Westdeutschen. Hier wie dort sprechen sich die meisten Befragten dafür aus, keine neuen Werke zu bauen und die bestehenden stillzulegen, im Laufe der Zeit oder sofort" (o.V. 1991a: 46). Diese Meldung steht in klarem Widerspruch zu den anderen hier präsentierten und weiteren uns bislang bekannten Umfrageergebnissen. Allerdings liegen uns diese Emnid-Ergebnisse auch nicht im Detail vor - sie entstammen jedenfalls nicht der im Auftrag des Spiegels durchgeführten partiellen Replikationsstudie.

Die nachfolgend wiedergegebenen Schlußfolgerungen einer für die neuen Bundesländer bevölkerungsrepräsentativen Studie vom Sommer 1990 scheinen uns den Kern der Sache ganz gut zu treffen:

"Zusammenfassend läßt sich die Haltung der Bevölkerung auf dem Gebiet der ehemaligen DDR wie folgt charakterisieren:
1) Die Widersprüchlichkeit, das Für und Wider der Kernenergie ist im öffentlichen Bewußtsein verbreitet.
2) Es gibt keine Grundstimmung, die auf einen sofortigen Ausstieg orientiert.
3) Kernenergie wird als Zwischenlösung akzeptiert, als Zukunftsoption abgelehnt.
4) Die Akzeptanz der Kernenergetik als Zwischenlösung wird an bestimmte Bedingungen (Technikkontrolle, demokratische Entscheidungsprozesse, Information der Öffentlichkeit u.a.m.) gebunden.

Wird diesen Erwartungen, aus unterschiedlichen Gründen nicht entsprochen, kann dies zu einem schnellen Sinken der Akzeptanz führen" (Kliemt/Rochlitz/Gey 1990: 17).

5.3. Sind sich Ost- und Westdeutsche in ihren Einstellungen zur Technik ähnlich? - Ein Fazit

Die Mehrzahl der uns bekannten und vorliegenden Ergebnisse aus repräsentativen Bevölkerungsumfragen aus der Zeit seit der deutschlandpolitischen Wende Ende 1989 deutet teils auf Unterschiede, teils auf Gemeinsamkeiten in der Akzeptanz von Technik, technischem Fortschritt etc. hin. Sehr ähnlich sind die Einstellungen in den neuen im Vergleich zu den alten Bundesländern auf der Ebene der Globalindikatoren. Dieses Ergebnis gilt für alle Arten und durchaus unterschiedlichen Fragestellungen dazu und eben auch für alle Umfrageinstitute. Auch die geschlechtsspezifischen Muster sind sehr ähnlich.

Unterschiede scheinen in der überwiegenden Zahl der Fälle bei der Differenzierung der Ergebnisse nach dem formalen Bildungsabschluß auf. Pauschal gesagt läßt sich festhalten, daß in den neuen Bundesländern die positive Bewertung und Einstellung zu Technik mit steigendem Bildungsgrad ansteigt. Im Westen hingegen sind die Verläufe da uneinheitlich. Unterschiede zeigen sich - zumindest bislang - auch in den Einstellungen zur friedlichen Nutzung der Kernenergie. Verglichen mit dem westlichen Teil der Bundesrepublik sind im Osten mehr Personen für den Bau neuer AKWs, die Angst vor dieser Großtechnologie ist geringer, ein kleinerer Teil der Bevölkerung bezeichnet sich dort als Gegner dieser Technologie und in geringerem Maße sind sie auch für einen Ausstieg aus dieser Art der Stromerzeugung.

Bei der Frage nach dem Grad des Interesses an Technik, technischen Fragen etc. hingegen sind die Gemeinsamkeiten zwischen Ost und West wieder sehr groß. Überall ist jeweils rund ein Drittel der Bevölkerung sehr bzw. ziemlich stark daran interessiert, ein weiteres Drittel etwas und der Rest kaum bis gar nicht. Überall sind die Frauen in deutlich geringerem

Ausmaß an solchen Fragen interessiert - ein weltweit gültiges und wohl auch zeitunabhängiges Ergebnis (vgl. Jaufmann/Kistler/Jänsch 1989).

6. Plädoyer für eine retrospektive Analyse der Realität - auch und gerade im Hinblick auf die Gestaltung der Zukunft

Werfen wir abschließend einerseits nochmals kurz einen Blick zurück und wenden wir ihn andererseits in die Gegenwart und nach vorne. Halten wir zunächst fest, daß Einstellungen zur Technik, zum wtF und zur wtR etc. in der DDR durchaus als ein wichtiges Themenfeld erachtet wurden. So benannte *Hager* als zentrales Problem - und damit auch als zentrale Aufgabenstellung für empirische Sozialforschung und Soziologie - "*... die Entwicklung des kulturell-technischen Niveaus der Werktätigen im Prozeß des wissenschaftlich-technischen Fortschritts*" (1964: 60). Dies schlug sich natürlich in der Forschung nieder, und bereits 1964 benannte *Ludz* in einem Überblicksartikel 'Jugend und Neue Technik' als den Bereich einer empirischen Arbeitsgruppe an der Humboldt-Universität zu Berlin (vgl. Ludz 1964: 402; Berger/Weigelt 1963: 513 ff.).

Auch *Berger* benennt als bevorzugte Untersuchungsthemen der Soziologie ab diesem Zeitraum u.a. 'Jugend und Technik', 'Arbeitsbedingungen und Verhältnis zur Arbeit' und 'Technikakzeptanz' (vgl. Berger 1991: 99). Auch für die Arbeit des 1966 gegründeten Zentralinstituts für Jugendforschung (ZIJ) galt von Anbeginn an das Problemfeld 'Jugend und wissenschaftlich-technische Entwicklungen' - neben anderen Bereichen - als zentral (vgl. z.B. Bertram/Kasek 1991: 59). Technikeinstellungen waren also wohl doch ein Thema der Sozialwissenschaften in der DDR.

Wenngleich man in der Tendenz - und speziell in früheren Zeiten - von einem eher 'verordneten' Technikoptimismus, einer zumindest offiziell ungebrochenen Technikgläubigkeit in der DDR sprechen kann, so hatte 'die Sache' aber natürlich nicht nur puren Selbstzweck:

"All this, however, is not simply the implication of the development of technology per se. Rather it results from the essential social goals of the socialist society, which must be pursued consciously and systematically. From the agreements between these social goals and the interests of the workers also emerge those motivating forces characteristic of the socialist society. For the workers, scientific-technological progress is therefore closely linked to social progress, with the ever-increasing fulfilment of their material and mental-cultural needs" (Adler u.a. 1981: 225).

Und philosophisch abgeklärt merkte *Graupner*, unter vorherigem expliziten Rekurs sowohl auf *Karl Marx* als auch *E.F. Schumacher*, dazu an: "Wie human eine Gesellschaft ist, zeigt sich nicht zuletzt in den Arten der angewandten Technologien. Der Maßstab dafür ist: Wird durch die eingesetzten Technologien Freiheitsgewinn für die Persönlichkeiten angestrebt, oder werden verkrüppelte, einseitig entwickelte Menschen gebraucht" (1988: 927 f.). Auch auf einen weiteren Aspekt sei noch verwiesen, dem nach der Wende nun besonderes Gewicht zukommt: "Doubtless, in socialist countries workers are not threatened with unemployment if technical change does away with jobs" (Grossin 1986: 298).

Aber natürlich waren die Einstellungen der Menschen in der DDR zur Technik nicht statisch und ein für alle mal zementiert. Basierend ebenfalls auf einer Sichtung bereits vorliegender empirischer Ergebnisse wurde z.B. für die Jugendlichen und jungen Erwachsenen festgestellt:

"Die Wachsamkeit gegenüber den Gefahren der Technik hat eine naive Technikgläubigkeit zerstört, ohne daß dabei der Blick für die Vorzüge technischer Entwicklungen verlorengegangen ist. Moderne technische Konsumgüter und technisch perfekt gestaltete Lebensbedingungen werden hoch geschätzt, aber zugleich, bei großen interindividuellen Unterschieden, auf ihre soziale Zweckmäßigkeit und ökologischen Wirkungen hinterfragt" (Rochlitz 1990: 33).

Neue Issues, die mit den Einstellungen zur Technik in Verbindung stehen, tauchen ab ca. Mitte der 80er Jahre auf und schlagen sich auch in der empirischen Sozialforschung nieder. Insbesondere waren dies:

* Das Thema Umwelt und zunehmende Kritik an der Umweltverschmutzung (vgl. z.B. Meier 1987: 23 f.; Kasek 1990: 53 ff.; Volprich 1990a: 5 ff.; Dies. 1990b: 11 ff.; Müller 1991: 132).
* Das Thema Wertewandel/Wertewechsel, häufig auch im Kontext der Umweltthematik (vgl. z.B. Pfuhl 1986: 93; Friedrich 1988: 19; Volprich/Rochlitz 1989: 8 ff.; Volprich 1990a: 8 ff.; Dies. 1990b: 10 ff.; Schmidt 1991: 243 ff.).

Man sieht: Deutliche Parallelen der Diskussion zur Entwicklung in der alten Bundesrepublik und eigentlich generell dem Westen (vgl. dazu Jaufmann 1990) sind durchaus gegeben, wenngleich mit einer gewissen zeitlichen Verzögerung. Um Vergangenes aber zu verstehen - und aus diesem Wissen heraus den laufenden Transformationsprozeß auch gestalten zu können - bedarf es der Kenntnis und Rekonstruktion dieser inzwischen historischen Daten. Neben der Sicherung dieser Materialien und Daten bedeutet dies eine schnelle und verstärkte Anwendung sekundäranalytischer Ansätze, zu denen *Priller* zu Recht feststellt:

> "Sie richten sich auf die allseitige Erschließung des für soziologische Forschungen vorhandenen Informationsfundus und ermöglichen neben der Berücksichtigung des empirischen Materials aus bereits durchgeführten soziologischen Erhebungen die Einbeziehung qualitativ andersartigen Datenmaterials ... Ihre Berücksichtigung vertieft den sachlichen, zeitlichen und räumlichen Analysehorizont und erweitert somit die Erkenntnispotenzen" (1989a: 18).

Die Klagen - damals noch ausschließlich auf die Soziologie in der DDR selbst bezogen - über eine bislang völlig unzureichende sekundäranalytische Nutzung des bereits vorhandenen Informationsfundus empirischer Sozialforschung (vgl. Priller 1989b: 71; positiv gewendet formuliert dies auch Berger 1987: 5 ff.) müßten ein Ende haben. Bezogen auf unsere spezifische in diesem Beitrag erörterte gesamtdeutsche Thematik der Einstellungen zur Technik auch deshalb, weil sozialwissenschaftliche Technikforschung sowohl vergangenheitsbezogen nötig als auch zukunftsträchtig ist.

Literatur

Adler, F. u.a. (1981), Scientific and Technological Progress and the Social Activity of Workers in the GDR, in: J. Forslin/A. Sarapata/A.M. Whitehill (Hg.), Automation and Industrial Workers. A Fifteen Nation Study, Vol. 1, Part 2, Oxford u.a.O.: 199 ff.

Autorenkollektiv (1980), Körperliche und geistige Arbeit im Sozialismus, Berlin.

Autorenkollektiv (1988), Technischer Fortschritt und Persönlichkeitsentwicklung Jugendlicher - Thesen, Informationen zur soziologischen Forschung in der DDR 1: 8 ff.

Banse, G. (1976), Die Technik im Verständnis des dialektischen Materialismus und der bürgerlichen Technikphilosophie, Wissenschaftliche Zeitschrift der Humboldt-Universität zu Berlin, Gesellschafts- und Sprachwissenschaftliche Reihe 1: 89 ff.

Banse, G. (1985), Der 'Mechanismus' der Technikentwicklung, Deutsche Zeitschrift für Philosophie 4: 339 ff.

Bayertz, K. (1979), Aktuelle Tendenzen der Technikkritik, Deutsche Zeitschrift für Philosophie 12: 1475.

Behnken, I. u.a. (1991), Schülerstudie '90. Jugendliche im Prozeß der Vereinigung, Weinheim/München.

Belwe, K. (1990), 5. Soziologiekongreß der DDR. Vergangenheitsbewältigung und Standortbestimmung, Deutschland Archiv 5: 714 ff.

Berger, H. (1987), Methodologische Probleme der Erforschung von sozialen Zielen, Bedingungen und Wirkungen des wissenschaftlich-technischen Fortschritts, Informationen zur soziologischen Forschung in der DDR 2: 4 ff.

Berger, H. (1991), Sozialwissenschaftliche Forschungsinstitutionen und Forschungsabläufe in der DDR, in: K. Furmaniak/H. Kiock (Hg.), Programmforschung in der und über die (ehemalige) DDR, Werkstattbericht 13 der GfP, München: 95 ff.

Berger, H./W. Weigelt (1963), Jugend und Technik - ein erzieherisches Problem, Pädagogik 6: 513 ff.

Bertram, B. (1991), Frauen und technische Berufe, in: W. Hennig/W. Friedrich (Hg.), Jugend in der DDR, Weinheim/München: 143 ff.

Bertram, B./L. Kasek (1991), Jugend in Ausbildung und Beruf, in: W. Friedrich/H. Griese (Hg.), Jugend und Jugendforschung in der DDR, Opladen: 58 ff.

Böttner, W./J. Römer/P. Schuttpelz (1987), Moralische Triebkräfte des Leistungsverhaltens der Werktätigen bei der Durchsetzung des wissenschaftlich-technischen Fortschritts, Deutsche Zeitschrift für Philosophie 2: 125 ff.

Bräutigam, H.H. (1991), Notwendige Grausamkeiten, Die Zeit 27: 78.

Buhr, M./A. Kosing (1982^6), Wissenschaftlich-technische Revolution, in: Dies., Kleines Wörterbuch der marxistisch-leninistischen Philosophie, Berlin: 355 ff.

Dittmann, U./E. Schmidt (1986), Technologiefortschritt - Schöpfertum - Arbeitsmoral, Deutsche Zeitschrift für Philosophie 8: 702 ff.

DIW (1987), Vergleichende Darstellung der wirtschaftlichen und sozialen Entwicklung der Bundesrepublik Deutschland und der DDR seit 1970, in: Bundesministerium für innerdeutsche Beziehungen (Hg.), Materialien zum Bericht zur Lage der Nation im geteilten Deutschland 1987, Bonn: 241 ff.

Donda (1990), Vorwort, in: Statistisches Amt der DDR (Hg.), Statistisches Jahrbuch der Deutschen Demokratischen Republik 1990, Berlin: III.

Ehrlich, H./T. Stürzer (1981), Bedarfs- und Marktforschung im Außenhandel der sozialistischen Länder, Wirtschaftswissenschaft 5: 610 ff.

Emnid (1991), Spiegel Spezial: Das Profil der Deutschen. Was sie vereint, was sie trennt. Arbeitsdaten-Tabellenband, Bielefeld: Abschnitt B1.

Espenhayn, R. (1985), Der wissenschaftlich-technische Fortschritt und das Akzeptanzproblem in der Welt des Kapitals, Wirtschaftswissenschaft 5: 713 ff.

Folmert, Ch. (1982), Probleme des Zusammenhangs von wissenschaftlich-technischem Fortschritt und Persönlichkeitsentwicklung im Sozialismus, Wissenschaftliche Zeitschrift der Humboldt-Universität zu Berlin, Gesellschafts- und Sprachwissenschaftliche Reihe 4: 465 ff.

Friedrich, W. (1976), Zur gesellschaftlichen Zielstellung und zu methodologischen Problemen der marxistisch-leninistischen Jugendforschung in der DDR, in: Ders./W. Hennig (Hg.), Jugendforschung - Methodologische Grundlagen, Methoden und Techniken, Berlin: 11 ff.

Friedrich, W. (1988), Jugend und Jugendforschung - Entwicklungsstand und Entwicklungstendenzen, in: K. Starke/U. Schlegel (Red.), Jugend und Jugendforschung 1986: Entwicklungsstand und Entwicklungstendenzen. 6. Leipziger Kolloquium der Jugendforscher, Leipzig: 9 ff.

Friedrich, W. (1991), Zur Einleitung: Fast 25 Jahre 'Zentralinstitut für Jugendforschung', in: W. Hennig/W. Friedrich (Hg.), Jugend in der DDR. Daten und Ergebnisse der Jugendforschung vor der Wende, Weinheim/München: 11 ff.

Gehmacher, E. (1985), Was heißt bloß repräsentativ?, Journal für Sozialforschung 1: 105 f.

Geissler, H. (1962), Der wissenschaftlich-technische Fortschritt und die weitere Vervollkommnung des neuen Charakters der Arbeit, Wissenschaftliche Zeitschrift der Martin-Luther-Universität Halle-Wittenberg, Gesellschafts- und Sprachwissenschaftliche Reihe 4: 287.

Gericke, T. (1989), Wissenschaftlich-technischer Fortschritt in der Landwirtschaft der DDR - Einstellungen und Erfahrungen Jugendlicher, Informationen zur soziologischen Forschung in der DDR 2: 62 ff.

Gerth, W. (1987), Einstellungen und Haltungen junger Werktätiger zu Wissenschaft und Technik, Informationen zur soziologischen Forschung in der DDR 5: 68 ff.

Gerth, W. u.a. (1979), Jugend im Großbetrieb, Berlin.

Glaeßner, G-J. (1986), Wissenschaftlich-technische Revolution - Intelligenz - Politik in der DDR, in: Deutschland Archiv (Sonderheft), Tradition und Fortschritt in der DDR. Neunzehnte Tagung zum Stand der DDR-Forschung in der Bundesrepublik Deutschland, Köln: 11 ff.

Graupner, D. (1988), Technologie und Humanität, Wissenschaftliche Zeitschrift der Humboldt-Universität zu Berlin, Reihe Gesellschaftswissenschaften 9: 924 ff.

Groebel, J./W. Klingler (1991), Kinder und Medien 1990. Erste Ergebnisse einer Vergleichsstudie in den alten und neuen Bundesländern, Media Perspektiven 10: 633 ff.

Grossin, W. (1986), How People Feel about Technological Change, in: F. Adler u.a. (Hg.), Automation and Industrial Workers. A Cross-National Comparison of Fifteen Countries, Vol. 2, Part 1, Oxford u.a.O.: 269 ff.

Gwischiani, D.M. (1978), Soziale Probleme des wissenschaftlich-technischen Fortschritts, Wirtschaftswissenschaft 4: 388 ff.

Haberland, F./H. Koziolek/H. Stürz (1974), Intensivierung der Produktion - Bedeutung, Probleme, Erfahrungen, Berlin.

Habich, R. u.a. (1991), " Ein unbekanntes Land" - Objektive Lebensbedingungen und subjektives Wohlbefinden in Ostdeutschland, Aus Politik und Zeitgeschichte B32: 13 ff.

Hager, K. (1964), Probleme und Aufgaben der Gesellschaftswissenschaften nach dem 5. Plenum des ZK, Einheit 4: 43 ff.

Hahn, T./A. Naumann/R. Welskopf (1985), Leistungsverhalten und Kooperation als Faktoren der Beschleunigung des wissenschaftlich-technischen Fortschritts, Wirtschaftswissenschaft 3: 321 ff.

Hanf, T. (1991), Programmforschung in der und über die DDR, in: K. Furmaniak/H. Kiock (Hg.), Programmforschung in der und über die (ehemalige) DDR, Werkstattbericht 13 der GfP, München: 5 ff.

Hellmann, M.W. (1991), Einigendes Band zerfasert?, in: SPIEGEL SPEZIAL, Das Profil der Deutschen. Was sie vereint, was sie trennt, Nr. 1: 82 ff.

Henrich, D. (1991), Warnzeichen für die Wissenschaftspolitik, Frankfurter Allgemeine Zeitung 29: 29.

Informationszentrale der Elektrizitätswirtschaft e.V. (1991a) (Hg.), Meinungen Jugendlicher und junger Erwachsener von 15-24 Jahren in den neuen Bundesländern zu den Themenbereichen 'Energie und Umwelt', Frankfurt.

Informationszentrale der Elektrizitätswirtschaft e.V. (1991b) (Hg.), Meinungen der Bevölkerung zu Energie und Umwelt in den alten und neuen Bundesländern, Frankfurt.

IPOS (1991), Einstellungen zu aktuellen Fragen der Innenpolitik 1991 in Deutschland, Mannheim.

Jaufmann, D. (1990), Technik und Wertewandel - Jugendliche und Erwachsene im Widerstreit?, Frankfurt u.a.O.

Jaufmann, D./E. Kistler/G. Jänsch (1989), Jugend und Technik. Wandel der Einstellungen im internationalen Vergleich, Frankfurt/New York.

Jaufmann, D./E. Kistler (1991) (Hg.), Einstellungen zum technischen Fortschritt. Technikakzeptanz im nationalen und internationalen Vergleich, Frankfurt/New York.

Jaufmann, D./E. Kistler (1991a), Bestandsaufnahme und Perspektiven der Einstellungs-, Markt- und Meinungsforschung in einem vereinten Deutschland. Bericht über eine Tagung, ZA-Information 28: 108 ff.

Jaufmann, D./E. Kistler (1991b), Der Fortschritt hat mehr als ein Gesicht, VDI-Nachrichten 41: 20.

Kasek, L. (1990), Umweltbewußtsein und Persönlichkeit, in: Technische Universität Dresden/Institut für Soziologie (Hg.), Ingenieurstudent und Ingenieurstudium im Wandel, Dresden: 53 ff.

Kasek, L. (1991), Junge Werktätige und Computertechnik, in: W. Hennig/W. Friedrich (Hg.), Jugend in der DDR, Weinheim/München: 51 ff.

Kasek, L./P. Lehnert/M. Rochlitz (1989), Wissenschaftlich-technische Revolution und Persönlichkeit - Tagungsbericht, Informationen zur soziologischen Forschung in der DDR 3: 67 ff.

Kistler, E./D. Jaufmann (1989), Geschlechtsspezifische Unterschiede in der Technikakzeptanz - Ein Survey vorliegender Umfrageergebnisse. Studie im Auftrag des Bundesministeriums für Wirtschaft, Stadtbergen/Leitershofen.

Kliemt, J./M. Rochlitz/A. Gey (1990), Die Akzeptanz und Bewertung der Kernenergie durch die Bevölkerung Ostdeutschlands (Soziologische Studie), Dresden.

Krämer-Friedrich, S. (1976), Zur Entwicklung der Konzeption 'wissenschaftlich-technische Revolution' in der DDR-Theorie, in: Deutschland Archiv (Sonderheft), Wissenschaftlich-technische Revolution und industrieller Arbeitsprozeß. Neunte Tagung zum Stand der DDR-Forschung in der Bundesrepublik, Köln: 53 ff.

Krenz, E. (1991), "Die Karre steckte tief im Dreck", Der Spiegel 6: 54 ff.

Kröber, G. (1978), Wissenschaftlich-technischer Fortschritt. Notwendigkeiten und Möglichkeiten seiner gesellschaftlichen Beherrschung, Deutsche Zeitschrift für Philosophie 6: 699 ff.

Kröber, G. (1987), Wissenschaftlich-technischer, ökonomischer und sozialer Fortschritt als Entwicklungsverhältnis, in: Jahrbuch für Soziologie und Sozialpolitik 1987, Berlin: 214 ff.

Kröber, G./J. Richter (1974), Wissenschaftlich-technische Revolution und sozialer Fortschritt, Wirtschaftswissenschaft 9: 1384.

Lauterbach, G. (1987), Wissenschaftlich-technischer Fortschritt, in: Bundesministerium für innderdeutsche Beziehungen (Hg.), Materialien zum Bericht zur Lage der Nation im geteilten Deutschland 1987, Bonn: 156 ff.

Ley, H. (1961), Dämon Technik?, Berlin.

Lindner, B. (1991), Jugend und Freizeit/Medien, in: W. Friedrich/H. Griese (Hg.), Jugend und Jugendforschung in der DDR. Opladen: 99 ff.

Ludwig, U./Chr. Schiemangk (1978), Sozialökonomische Probleme des wissenschaftlich-technischen Fortschritts, Wirtschaftswissenschaft 3: 336 ff.

Ludz, P.Ch. (1964), Soziologie und empirische Sozialforschung in der DDR, in: Ders. (Hg.), Studien und Materialien zur Soziologe der DDR, Kölner Zeitschrift für Soziologie und Sozialpsychologie, Sonderheft 8, Opladen: 327 ff.

Mampel, S. (1982^2), Die sozialistische Verfassung der Deutschen Demokratischen Republik. Kommentar, Frankfurt am Main.

Meier, A. (1987), Konzeptionelle Fragen der soziologischen Erforschung der Informationstechnologie, Informationen zur soziologischen Forschung in der DDR 5: 5 ff.

Meier, A. (1990), Revolution und Soziologie, Politik und Kultur 5: 19 ff.

Meier, U. (1990), Nachdem die Panzerschränke geöffnet sind ..., DJI-Bulletin 15: 7 ff.

Meyer, H. (1990), Wissenschaftspolitik, Intelligenzpolitik - Das Personal für Wissenschaft, Forschung und Technik in der DDR, in: Ders. (Hg.), Intelligenz, Wissenschaft und Forschung in der DDR, Berlin/New York: 1 ff.

Miethe, H. (1987), Sozialpolitische Aspekte der Entwicklung und rationellen Nutzung des gesellschaftlichen Arbeitsvermögens, in: Wissenschaftlicher Rat für die wirtschaftswissenschaftliche Forschung (Hg.), Theoretische und praktische Probleme der Nutzung des gesellschaftlichen Arbeitsvermögens bei der umfassenden Intensivierung in Kombinaten und Betrieben unter besonderer Berücksichtigung der Erfahrungen des VEB Mansfeld Kombinat Wilhelm Pieck, Berlin: 75 ff.

Mills, St.C. (1986), Preface, in: F. Adler u.a. (Hg.), Automation and Industrial Workers. A Cross-National Comparison of Fifteen Countries, Vol. 2, Part 1, Oxford u.a.O.: VII ff.

Mühler, K./M. Häder/I. Zierke (1990), Gibt es eine Krise der Soziologie, Neues Deutschland 21: 5.

Müller, K. u.a. (1988), Soziologische Aspekte der dialektischen Einheit von Intensivierung und Umweltgestaltung. Zu Aufgaben und Verantwortung sozialistischer Ingenieure, Informationen zur soziologischen Forschung in der DDR 1: 62 ff.

Müller, H. (1991), Lebenswerte und nationale Identität, in: W. Friedrich/H. Griese (Hg.), Jugend und Jugendforschung in der DDR, Opladen: 124 ff.

Nickel, H.M. (1987), Technikakzeptanz bei weiblichen Werktätigen - Theoretische Ausgangspositionen und erste Hypothesen zu einem Projekt, Informationen zur soziologischen Forschung in der DDR 5: 60 ff.

Nickel, H.M. (1990a), Frauen in der DDR, Aus Politik und Zeitgeschichte B 16-17: 39 ff.

Nickel, H.-M. (1990b), ... kommt an den Herd, Sonntag 8: 10.

o.V. (1989a), 98 Prozent gegen die Funktionäre. SPIEGEL/ZDF-Umfrage in der DDR, Der Spiegel 51: 86 ff.

o.V. (1989b), VEB in Privateigentum. SPIEGEL/ZDF-Umfrage in der DDR (II), Der Spiegel 52: 72 ff.

o.V. (1991a), Zehn Jahre bis zum Wohlstand? Spiegel-Umfrage über die Einstellung der Ost- und Westdeutschen zueinander (II), Der Spiegel 31: 41 ff.

o.V. (1991b), Allein die Statistik im Griff, Der Spiegel 37: 80 ff.

Pfuhl, B. (1986), Technikoptimismus durch konservative Hochschulpolitik? Aspekte zur imperialistischen Bewältigungsstrategie des wissenschaftlich-technischen Fortschritts in der BRD, in: Wissenschaftliche Zeitschrift der Hochschule für Verkehrswesen "Friedrich List" (Sonderheft 28), Weltanschauung - Leistung - Ingenieurstudent, Dresden: 91 ff.

Pietrzynski, I. (1985), Erwartungen der DDR-Bevölkerung an Informationen der Massenmedien über den wissenschaftlich-technischen Fortschritt, in: R. Stollberg (Hg.), Wissenschaftlich-technischer Fortschritt, Arbeitsinhalte und -bedingungen, Verhältnis zur Arbeit, Halle: 17 f.

Prager, E. (1983^3), Wissenschaftlich-technische Revolution, in: G. Aßmann u.a. (Hg.), Wörterbuch der marxistisch-leninistischen Soziologie, Berlin: 739 ff.

Priller, E. (1988), Aus der Arbeit der Multilateralen Problemkommission (MPK) 3 auf dem Gebiet der Erforschung der öffentlichen Meinung, in: Jahrbuch für Soziologie und Sozialpolitik 1988, Berlin: 558 f.

Priller, E. (1989a), Methodologische und methodische Probleme soziologischer Informationsgewinnung (Thesen zur Dissertation B), Informationen zur soziologischen Forschung in der DDR 1: 12 ff.

Priller, E. (1989b), Ein Katalog empirisch-soziologischer Untersuchungen - ein Schritt zur Förderung von Sekundäranalysen, in: D. Kusior/W. Reymann (Hg.), Mathematik und EDV in den Gesellschaftswissenschaften. Katalog empirischer, rechnergestützter Projekte in der Soziologie, Materialien zum 5. Soziologenkongreß der DDR, Berlin: 70 ff.

Probst, A. (1984), Mensch und Technik (hg. von der Hanns-Seidel-Stiftung e.V.), München.

Richert, E. (1966), Die neue Gesellschaft in Ost und West, Gütersloh.

Rochlitz, M. (1990), Empirie von Technikstudenten in der DDR, in: Technische Universität Dresden/Sektion Gesellschaftswissenschaften (Hg.), Ingenieurstudenten im Wandel - Aspekte ihrer Sozialisation, Dresden: 24 ff.

Scheler, W. (1979), Wissenschaft in der Welt von heute, Einheit 4: 390 ff.

Schellenberger, G. (1980), Technische Neuerungen - sozialer Fortschritt, Berlin.

Schellenberger, G. (1983), Soziologische Forschung zum wissenschaftlich-technischen Fortschritt, in: Jahrbuch für Soziologie und Sozialpolitik 1983, Berlin: 68 ff.

Schirmer, G. (1986), Wissenschaftlich-technischer und geistig-kultureller Fortschritt, Deutsche Zeitschrift für Philosophie 1: 1 ff.

Schirmer, G. (1990), Wissenschaft in der heutigen Welt, Wissenschaftliche Zeitschrift der Humboldt-Universität zu Berlin, Reihe Gesellschaftswissenschaften 2: 168 ff.

Schmidt, E./U. Dittmann (1984), Entwicklung und Wirkung sozialistischer Moral im Arbeitsprozeß unter Bedingungen der beschleunigten Durchsetzung des wissenschaftlich-technischen Fortschritts, Deutsche Zeitschrift für Philosophie 4: 301 ff.

Schmidt, H. (1991), Wertewandel in einheimischen und westlichen Lebenswelten. Sozialphilosophische Nachforschungen, in: R. Reißig/G.-J. Glaeßner (Hg.), Das Ende eines Experiments, Berlin: 243 ff.

Sieger, K. (1990), Opinion Research in East Germany. A Challenge to Professional Standards, International Journal of Public Opinion Research 4: 323 ff.

Simon, D. (1991), "Ihr habt viele niedergemäht" (Spiegel-Gespräch), Der Spiegel 27: 40 ff.

Spitzky, N. (1988), Faktoren schöpferischer Arbeit Jugendlicher in der Bewegung der Messe der Meister von Morgen (MMM), Informationen zur soziologischen Forschung in der DDR 3: 30 ff.

Stollberg, R. (1970), Die Einstellung der Werktätigen zur Automatisierung im sozialistischen Industriebetrieb, Informationen zur soziologischen Forschung in der DDR 2: 9 f.

Stollberg, R. (1985), Wechselbeziehungen zwischen wissenschaftlich-technischem Fortschritt und sozialistischem Verhältnis zur Arbeit, Wirtschaftswissenschaft 3: 336 ff.

Stollberg, R. (1986), Kollektivität und wissenschaftlich-technischer Fortschritt, Deutsche Zeitschrift für Philosophie 3: 201 ff.

Stollberg, R. (1987a), Die Einstellung zum wissenschaftlich-technischen Fortschritt und ihre Determinanten, Sozialistische Arbeitswissenschaft 3: 226 ff.

Stollberg, R. (1987b), Die Einstellung zum wissenschaftlich-technischen Fortschritt und ihre Determinanten, in: Wissenschaftlicher Rat für die wirtschaftswissenschaftliche Forschung (Hg.), Theoretische und praktische Probleme der Nutzung des gesellschaftlichen Arbeitsvermögens bei der umfassenden Intensivierung in Kombinaten und Betrieben unter besonderer Berücksichtigung der Erfahrungen des VEB Mansfeld Kombinat Wilhelm Pieck, Berlin: 61 ff.

Stollberg, R. (1988), Soziologie der Arbeit, Berlin.

Verlagsgruppe Bauer (o.J.) (Hg.), Neue Bundesbürger. Neue Leser. Neue Konsumenten. Die neuen Bundesländer im Spiegel der Statistik und der AWA '90/'91-Ost, Hamburg.

Volprich, E./M. Rochlitz (1989), Weltanschauung - Leistung - Ingenieurstudent, in: Wissenschaftliche Zeitschrift der Hochschule für Verkehrswesen "Friedrich List" (Sonderheft 53), Weltanschauung - Leistung - Ingenieurstudent, Dresden: 3 ff.

Volprich, E. (1990a), Umweltbewußtsein als konstruktive Alternative zum Zerfall alter Wertorientierungen, in: Technische Universität Dresden/Sektion Gesellschaftswissenschaften (Hg.), Ingenieurstudenten im Wandel - Aspekte ihrer Sozialisation, Dresden: 5 ff.

Volprich, E. (1990b), Aspekte der politischen Sozialisation - dargestellt an Untersuchungen bei Ingenieurstudenten, in: Technische Universität Dresden/Institut für Soziologie (Hg.), Ingenieurstudent und Ingenieurstudium im Wandel, Dresden: 5 ff.

Waltenberg, Ch. (1990), Frauen in der DDR-Wissenschaft - eine kritische Betrachtung, in: H. Meyer (Hg.), Intelligenz, Wissenschaft und Forschung in der DDR, Berlin/New York: 75 ff.

Weidig, R. (1986), Soziologische Forschung in der DDR - eine Bilanz, Deutsche Zeitschrift für Philosophie 7: 577 ff.

Welskopf, R. (1988), Zur Dialektik wissenschaftlich-technischer, ökonomischer und sozialer Zielstellungen und Fortschritte in der intensiv erweiterten Reproduktion im Sozialismus, in: Institut für Soziologie und Sozialpolitik (Hg.), Wirtschaftswachstum und Soziologie, Berlin: 104 ff.

Welskopf, R. (1989), Driving Forces and Characteristics of Creative Behaviour in the Science-Technology-Production System (S-T-P System), in: Institute for Philosophy and Sociology/Institute for Sociology and Social Policy (Hg.), The Intensification of

Social Development and the Social Driving Forces of Scientific and Technological progress, Berlin/Prag: 31 ff.

Winkler, G. (1978), Zu sozialen Aspekten des wissenschaftlich-technischen Fortschritts, Wirtschaftswissenschaft 4: 447 ff.

Zimmerli, W.Ch. (1990a), Goldene Hühner in der Schußlinie, Süddeutsche Zeitung (Wochenendbeilage) 225: XIV.

Zimmerli, W.Ch. (1990b), Zwischen Skylla und Charybdis, Frankfurter Allgemeine Zeitung 227: 29.

Zimmermann, H. (1976), Politische Aspekte in der Herausbildung, dem Wandel und der Verwendung des Konzepts 'Wissenschaftlich-technische Revolution' in der DDR, in: Deutschland Archiv (Sonderheft), Wissenschaftlich-technische Revolution und industrieller Arbeitsprozeß. Neunte Tagung zum Stand der DDR-Forschung in der Bundesrepublik, Köln: 17 ff.

Technikambivalenz in der Ost-Wissenschaft
Ein kurzer Rückblick auf techniksoziologische Untersuchungen im Bereich wissenschaftlicher Tätigkeiten - Konsequenzen für die Leistungssituation und -motivation der Ostwissenschaftler

Klaus Meier

1. Vorbemerkungen

Der sich gegenwärtig vollziehende Umbruch in der Forschungslandschaft Deutschlands fordert die Selbstreflexivität der Wissenschaft geradezu heraus. Wissenschaftsforschung hat diesen Transformationsprozeß zum Gegenstand und erlebt selbst z.T. dramatisch seine Auswirkungen. Für Deutschland ist dieser Umbruchprozeß eine große Herausforderung und Bewährung. Unsere Nachbarn in Ost und West sehen im deutschen Einigungsprozeß einen unter besonders guten Konditionen stehenden - weil im Rahmen einer Nation und mit Hilfe der großen Wirtschaftskraft der Bundesrepublik - sich vollziehenden Testfall für das künftige erweiterte Europa. Dieser Testfall Deutschland bezieht sich aber nicht nur auf die Transformation eines zentralistischen ökonomischen Systems in eine funktionierende, effiziente Marktwirtschaft. Es geht vor allem um Sozialverträglichkeit und um die Kultur dieses Integrationsprozesses.

Für die empirische Sozialforschung sind diese aufregenden Monate und Jahre geradezu Hochkonjunktur, was die vielfältigen Anforderungen und die Frequenz repräsentativer Untersuchungen betrifft. Aber auch im grundlagentheoretischen Bereich, beim Orientierungs- und Interpretationswissen, ist Neuland zu betreten. Hinzu kommen soziologisch zu begründende, zu untersuchende und zu überwindende Verständigungsprobleme. Denn bislang konnten wirklich nur erste Verkrustungen im wechselseitigen Verstehen und im Umgang mit den Befindlichkeiten der Bürger in den alten und neuen Bundesländern abgetragen werden, sind viele alte Vorurteile geblieben und neue hinzugekommen.

Wie verhält sich nun die Wissenschaftsforschung in dieser aufregenden Zeit mit ihren einmaligen Forschungsherausforderungen. Gegenwärtig lassen sich zwei Tendenzen erkennen: Zum einen vollzieht sich unter dem Druck von rascher Anpassung, Evaluation und Selektion nach im wesentlichen durch Vertreter der alten Bundesländer bestimmten Maßstäben und Interessen ein Rückzug der Ostwissenschaftler in scheinbar gesicherte und akzeptierte Forschungsfelder. Dies äußert sich auch in einer deutlichen Zurückhaltung und Vermeidung direkter Bezugnahmen auf die sich gegenwärtig vollziehenden Realprozesse. Hier wird man an Verhaltensweisen erinnert, die *Wolfgang Krohn* in einem anderen Zusammenhang für die noch junge Scientific Community im von Revolution und Bürgerkriegen geschüttelten England der zweiten Hälfte des 17. Jahrhunderts konstatierte: "Insbesondere in England ist es das Interesse vieler Wissenschaftler nach dem Zusammenbruch der Republik Chromwells, die politische und religiöse Harmlosigkeit der von ihnen betriebenen Wissenschaft darzustellen" (Krohn 1976: 22).

Eine andere Richtung innerhalb der Wissenschaftsforschung/Wissenschaftssoziologie hat sich mit viel Engagement der sozialwissenschaftlichen Begleitforschung der sich vollziehenden Transformationsprozesse verschrieben.

Sie kann dabei auch an bestimmte Traditionslinien empirischer Sozialforschung in der ehemaligen DDR anknüpfen.

Das in einer Reihe von Vorträgen und in der Diskussion zurecht vielfach beschworene demokratische Potential empirischer Sozialforschung hatte auch in der DDR in den zurückliegenden Jahrzehnten ein sehr ambivalentes und differenziertes Verhältnis der Sozialwissenschaften zur Politik zur Folge. Der Umgang mit dem latenten sozialkritischen Potential gestaltete sich vielfach zu einem Drahtseilakt. Von seiten der Sozialwissenschaften konnte man in den ohnehin kaum zugänglichen bzw. auf die unmittelbare Community beschränkten Öffentlichkeiten allenfalls vorsichtig durchblicken lassen, welche Abgründe sich in so machen empirischen Befunden auftaten. Ein wenig mehr, und es wurde kräftig am Seil gerüttelt, oder zuweilen auch gleich das Seil gekappt. Sicher gab es in solcher Situation vielleicht noch mehr als in anderen Zeiten überzogene Selbstzensur, vorauseilenden Gehorsam und systembuhlenden Karrierismus.

Was wir aber jetzt im sozialen Bereich des deutschen Einigungsprozesses, und in unserem ureigensten Feld, der Wissenschaft, erleben, ist jedoch mehr - es ist eine nachträgliche Sühne der Schuld ertragener und mitgetragener Unfreiheit. Oder um eine andere Metapher zu bemühen: eine aktuelle Version des von *Robert K. Merton* in die Wissenschaftssoziologie eingeführten Matthäus-Effekt.

"Denn wer da hat, dem wird gegeben werden, und er wird die Fülle haben; wer aber nicht hat, dem wird auch, was er hat, genommen werden."

Weniger bekannt dürfte indes der folgende Vers 30 des Evangeliums des Matthäus sein, der noch viel treffender auf aktuelle Befindlichkeiten der Wissenschaftler in den neuen Bundesländern Anwendung finden könnte. "Und den unnützen Knecht werft in die Finsternis hinaus, da wird sein Heulen und Zähneklappern".

2. Zur forschungstechnischen Situation in der Ost-Wissenschaft

Ausgangspunkt dieses Beitrages ist die inzwischen weithin - wenn auch sehr undifferenziert - reflektierte Tatsache der überwiegend unzureichenden und veralteten Ausstattung der Wissenschaftseinrichtungen auf dem Gebiet der ehemaligen DDR mit moderner und leistungsfähiger Forschungstechnik und die sich daraus ergebenden Folgen für Motivation und Leistungsfähigkeit der Ostwissenschaftler.

Beginnen möchte ich diese Ausführungen mit einem Rückblick auf die Mitte der siebziger Jahre, als am Institut für Theorie, Geschichte und Organisation der Wissenschaft der Akademie der Wissenschaften wissenschaftssoziologische Untersuchungen aufgenommen wurden. Zu dieser Zeit fand sich am genannten Institut eine kleine Gruppe unter der wissenschaftlichen Ägide von *Hansgünter Meyer* zusammen und machte sich daran, wissenschaftssoziologische Untersuchungen im Rahmen institutionalisierter Wissenschaftsforschung in Gang zu setzen. Eher mißtrauisch begleitet als großzügig gefördert, bereitete diese Gruppe eine große empirisch-statistische Erhebung in Forschungseinrichtungen der Industrie, des Hochschulwesens und der Akademie der Wissenschaften vor. Bei dieser Unternehmung mit dem politisch unverfänglichen Titel 'Arbeits- und Lebensbedingungen in der Wissenschaft (EAF 1)' oblag mir das Feld der Techniknutzung und Technikambivalenz im wissenschaftlichen Arbeitsprozeß. Unser damaliger Informationsstand über Forschungsstand und Tendenzen westlicher Soziologie und Wissenschaftsforschung war eher punktuell als systematisch zu nennen. Zumindest aber lagen uns im Institut zwei wichtige Arbeiten zur Thematik vor. Zum einen das von *D. C. Pelz* und *F. M. Andrews* herausgegebene Buch 'Scientists in Organizations' (1966) und die Arbeit von *M. v. Engelhardt* und *R.-W. Hoffmann* 'Wissenschaftlich-technische Intelligenz im Forschungsgroßbetrieb' (1974). Und in beiden Arbeiten tauchten im empirischen Teil, wenn auch an untergeordneter Stelle, Fragen zur Arbeit mit Forschungstechnik als zu erfassendes relevantes Tätigkeitsmerkmal auf. Daran anknüpfend und unter Einbeziehung neuerer naturwissenschaftlich-technischer und erkenntnistheoretisch-methodologischer Ansätze zur Charakterisierung der Stellung und Funktion von Forschungstechnik im modernen Forschungsprozeß wurde ein spezieller Fragekomplex zur Techniknutzung erarbeitet. Er erfaßte nicht nur den Grad sowie die Art der Techniknutzung; darüber hinaus wurden auch technikbezogene Informationen zu Beschaffenheit, Alter, Niveau, Auslastung und kooperativer Nutzung von Forschungstechnik erhoben (vgl. Meier 1982). Das waren für die soziologische Forschung bis dahin eher untypische Fragestellungen.

Stellvertretend für die in der genannten Erhebung erzielten Befunde soll auf zwei Problemkomplexe verwiesen werden. Aus heutiger Sicht geht es dabei weniger um die rein statistische Seite der Befunde, sondern vielmehr um die Frage nach den Spielräumen und Grenzen wissenschaftssoziologischer Untersuchungen in der ehemaligen DDR. Die *Abbildung 1* zeigt den ermittelten Grad der Angewiesenheit der Wissenschaftler auf Forschungstechnik, differenziert nach Wissenschaftsdisziplinen. Im Durchschnitt waren im Erhebungszeitraum (1979/80) knapp 83 v.H. der insgesamt erfaßten 1941 Wissenschaftler, Ingenieure und wissenschaftlich-technischen Hilfskräfte in ihrer Arbeit unmitelbar auf die Nutzung von Forschungstechnik angewiesen. Von diesen arbeiteten 58 v.H. kontinuierlich, 36 v.H. in bestimmten Arbeitsphasen und nur 6 v.H. gelegentlich mit Forschungsgeräten. Forschungstechnik gehörte somit - unabhängig vom Niveau der verfügbaren Geräte - zu den prägenden Momenten des wissenschaftlichen Arbeitsprozesses (vgl. Meier 1986).

In der DDR, als einer stark ideologiegesteuerten Gesellschaft, fand diese so offensichtliche Tatsache in ihren wissenschaftspraktischen und wissenschaftspolitischen Konsequenzen bis zum Schluß nie die erforderliche Berücksichtigung.

Abbildung 1: Berufsstruktur/Nutzung Forschungstechnik. Angaben in v.H.

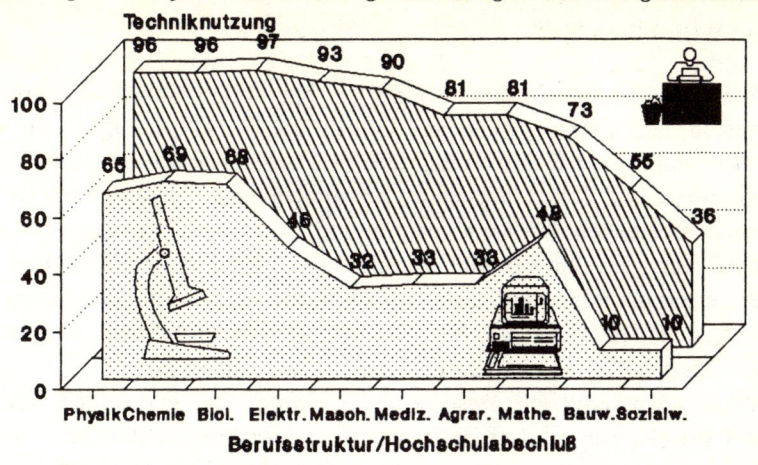

Quelle: EAF (1979/80), ITW (der AdW).

Abbildung 2: Zusammenhang zwischen Ausstattungs- und Leistungsniveau von Forschungsgruppen.

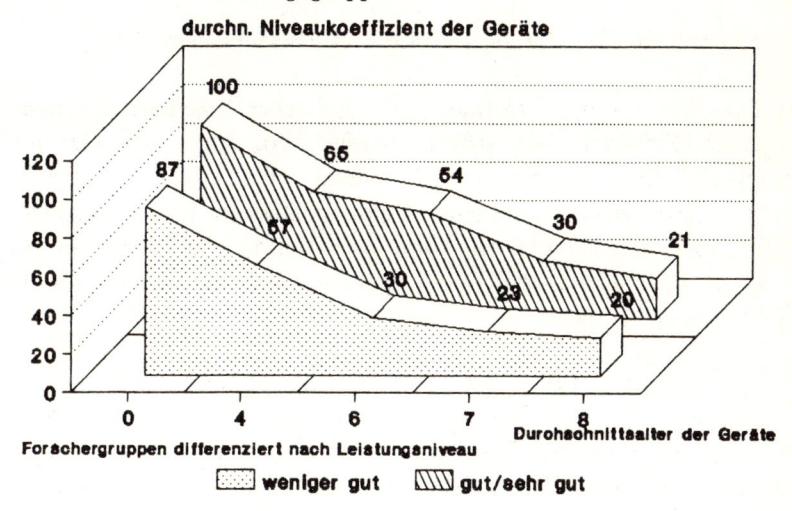

Quelle: EAF (1979/80), ITW (der AdW).

3. Kritische Niveaueinschätzungen zur verfügbaren Forschungstechnik

Auch wir waren bei dieser 1979/80 durchgeführten Befragung zunächst überrascht, daß überhaupt und wie kritisch die Leistungsfähigkeit der verfügbaren Forschungstechnik eingeschätzt wurde. Nur knapp 10 v.H. der untersuchten 215 Forschungsteams bewerteten ihre Gerätetechnik als auf dem internationalen Spitzenniveau befindlich. Etwas mehr als 42 v.H. räumten ein, daß ihre Geräte zumindest in wichtigen technischen Parametern mit dem internationalen Niveau mithalten können. Aber immerhin schon fast die Hälfte der befragten Forschungsgruppen beklagte einen deutlichen Leistungsabstand in der verfügbaren Geräteausstattung.

Wissenschaftspolitisch umso wichtiger waren die vorgelegten statistischen Hinweise zum Einfluß des Niveaus der Geräteausstattung auf das wissenschaftliche Leistungsvermögen der untersuchten Forschungsgruppen. In der *Abbildung 2* erkennt man, daß, wenn die Geräte bereits zum Zeitpunkt ihrer Anschaffung im internationalen Vergleich weitgehend veraltet waren, diese Chancenungleichheit auch durch verstärktes Forschungsengagement kaum noch wettzumachen war.

4. Vertraulichkeit - die sichere Öffentlichkeitsschwelle

Der Schlüssel für die Genehmigung empirischer Erhebungen gerade im Wissenschaftsbereich war, daß bestimmte Prozeduren und Geheimnisschutzvorschriften eingehalten werden mußten. Und allem, was dem Ansehen bzw. dem offiziell verordenten Bild der DDR auch nur irgendwie abträglich hätte werden können, wurde ein Vertraulichkeitsstempel aufgedrückt. Im Falle wissenschaftssoziologischer Erhebungen hieß er im Regelfall schlicht und einfach

Nur für den Dienstgebrauch.

Und das war die 'unterste Stufe' der Geheimhaltungshierarchie. Dieser Hinweis reichte aus, jede Öffentlichkeit über die unmittelbar in Kooperation befindliche wissenschaftliche Gemeinschaft hinaus auszugrenzen. 'Nur für den Dienstgebrauch' findet sich auf fast allen einschlägigen Arbeiten aus dieser

Zeit und erklärt, warum es zu keinem breiten öffentlichen Diskurs kommen konnte. Dies auch dann nicht, als sich in den Achtziger Jahren die Situation in der Wissenschaft weiter zuspitzte.

5. Wissenschaft in der Isolierung

Anfang der Achtziger Jahre verstärkten sich die restriktiven Bedingungen gerade im Bereich der Forschungstechnik. Nach Afghanistan wurde der Hightech-Export in die osteuropäischen Länder stark gedrosselt. Finanzielle Engpässe und die falsche Orientierung auf wirtschaftliche Autarkie veranlaßten die damalige Parteiführung und Regierung in der DDR zu einer drastischen Reduzierung des Imports von Forschungstechnik aus westlichen Ländern. Bis auf Ausnahmen, z.T. in Hintergehung von Exportbeschränkungen, ging die Einfuhr leistungsfähiger Forschungstechnik aus dem Westen fast auf Null zurück. Resultat: Auch in der Forschung mußte im großen Umfang auf Selbstversorgung übergegangen werden. Der forschungseigene Gerätebau expandierte und erfaßte z.B. Ende der Achtziger Jahre in den Instituten der Akademie der Wissenschaften der DDR etwa 3,5 Tausend Mitarbeiter, die sich ausschließlich und etwa 7 Tausend Mitarbeiter, die sich zu einem erheblichen Teil mit der Entwicklung, Fertigung und Reparatur von Forschungstechnik beschäftigten.

Im Zeitalter hochgradiger internationaler Arbeitsteilung und Kooperation konnte die Selbstversorgungsstrategie der DDR allerdings nicht aufgehen, und in den Achtziger Jahren verstärkte sich dann die ohnehin evidente Differenzierung des west- und ostdeutschen Wissenschaftssystems - allein schon von der zunehmenden forschungstechnischen Chancenungleichheit her - noch weiter. Auch hier wieder die Bestätigung des Matthäus-Effekts. Aber selbst innerhalb der DDR wirkte dieser Effekt; dort galt die Devise: Alle noch verfügbaren Mittel auf die Prestige-Projekte der Partei- und Staatsführung. Bekanntestes Beispiel dafür ist die Mikroelektronik. Doch die Katastrophe war bereits Mitte der Achtziger Jahre in vielen Bereichen abzusehen. Was den Wissenschaftssektor betrifft, möchte ich auf Ergebnisse einer weiteren empirischen Erhebung der Gruppe um *Hansgünter Meyer* aus dem Jahre 1985/86 (EAF 2) verweisen. In dieser Befragung wurden 520 junge WissenschaftlerInnen aus Akademieinstituten im Alter bis zu 35 Jahren erfaßt, die von ihren Instituten als besonders leistungsstark eingeschätzt wurden, darunter immerhin 111 Wissenschaftlerinnen.

Die Selbsteinschätzung der erfaßten jungen WissenschaftlerInnen gibt ein sehr aufschlußreiches Bild zur Frage der Leistungsmotivation unter überwiegend sehr restriktiven Bedingungen. Nach dem von G. *Groß* erarbeiteten Fragenensemble ergab sich ein eklatanter Widerspruch zwischen der Identifikation sowie der Leistungseinstellung auf der einen und der Bewertung der Leistungsbedingungen auf der anderen Seite. Nicht einmal 10 v.H. hielten ihre Forschungssituation bezüglich der Entwicklung zu führenden Wissenschaftlern (in der damaligen Terminologie zu sogenannten Spitzenkadern) für günstig. Jeweils mehr als 40 v.H. hielten die Bedingungen eher für mittelmäßig bzw. ausgesprochen ungünstig. Als einer der Hauptfaktoren dafür wurde wiederum die forschungstechnische Ausstattung angegeben. Die Unzufriedenheit mit und die forschungsseitigen Konsequenzen aus den restriktiven Reise- und Kontaktmöglichkeiten konnten verständlicherweise nicht erfaßt werden.

Das Ergebnis zum Niveau der verfügbaren Forschungstechnik fiel allerdings noch kritischer aus als bei der Untersuchung Ende der Siebziger Jahre. Lediglich 9 der 520 Befragten (also nicht einmal mehr 2 v.H.) gaben an, daß sie in ihrer Gruppe über Forschungstechnik der Spitzenklasse verfügen. Demgegenüber bescheinigten rund zwei Drittel, daß ihre Forschungstechnik hoffnungslos veraltet sei (vgl. Meier/Parthey 1987).

6. Drei Thesen zur Leistungsmotivation

Zusammenfassend lassen sich, auch Bezug nehmend auf die Diskussion in Ladenburg, drei Thesen formulieren:

These 1: Das eigentliche Problem der Ostwissenschaftler liegt nicht in einem geringeren, sondern in einem anders strukturierten, d.h. nicht ohne weiteres paßfähigen Qualifikationsniveau.

Aufgrund der Selbstversorgungsstrategie und weitgehender Abschottung nach Außen war der Großteil der Ostwissenschaftler gezwungen, auf einem viel breiteren Feld über entwickelte Grundkenntnisse und Fertigkeiten zu verfügen, um überhaupt forschungsfähig zu sein. Das ging vielfach zu Lasten der Orientierung auf enger abgegrenzte Spezialgebiete. Gerade aber jene hochspezialisierten Fachleute finden jetzt am ehesten einen neuen Arbeitsplatz. Für den überwiegenden Teil besteht nach Auflösung der vorhandenen Forschungsstrukturen in den nächsten zwei Jahren kaum eine Chance einer Neueinstellung im Bereich wissenschaftlicher Tätigkeiten. Oftmals wäre aber nur ein relativ geringer Fort- und Umschulungsaufwand vonnöten, um fehlende Spezialqualifikationen bei einem insgesamt hohen und breiten Grundniveau aufzustocken und die kritische Zeit der nächsten zwei Jahre zu überbrücken.

These 2: Selbst in Zeiten gesellschaftlicher Stagnation und verbreiteter Resignation ist allenfalls die Leistungsbereitschaft, nicht aber die Leistungseinstellung signifikant zurückgegangen.

Diese These deckt sich weitgehend mit den Ergebnissen jüngster Meinungsumfragen, wonach den Ostdeutschen im hohen Maße Fleiß und Arbeitswillen bescheinigt werden (vgl. u.a. SPIEGEL SPEZIAL 1991). Obwohl Karrierebewußtsein gerade wegen der inneren Opposition gegenüber dem gesellschaftlichen System in der früheren DDR nicht zu den typischen Attributen der Generation der 25 bis 35jährigen gehörte, gaben von 520 befragten Wissenschaftlern immerhin fast 10 v.H. an, von ihrer Forschungsaufgabe 'geradezu besessen' zu sein. Weitere 32 v.H. fanden in ihrer Forschungsaufgabe im hohem Maße persönliche Erfüllung. Das sind zusammen 42 v.H. mit einer sehr stark ausgeprägten Identifikation und Leistungshaltung. Dazu kommen weitere 46 v.H., die sich insgesamt mit ihrer Forschungsaufgabe identifizierten, einschränkend aber angaben, daß sie dies allein nicht voll ausfüllt. Lediglich 7 v.H. sahen ihre Arbeit mehr im Sinne eines notwendigen Übels oder gaben Interessen auf ganz anderen Gebieten an. Solche Ergebnisse sollten die wissenschaftspolitisch Verantwortung Tragenden in ihren Bemühungen um die Sicherung und Qualifizierung des wissenschaftlichen Nachwuchses und des ebenfalls stark leistungsmotivierten Mittelbaus bestärken.

These 3: Für die Neustrukturierung und Selbstorganisation des leistungsfähigen und leistungsmotivierten Teils der sozialwissenschaftlichen Forschung in den neuen Bundesländern bedarf es eines Förderprogramms für die komplizierte Übergangssituation bis 1993/94 sowie neuer, organisatorisch-projektorientierter Innovationen.

Nun deutet sich aber auch für einen großen Teil der nichtkommerziellen empirischen Sozialforschung, z.B. im Bereich der ehemaligen Akademie-Institute, das Aus an. Die unselige Verquickung der projektorientierten Mittelbereitstellung mit der offenen institutionellen Zukunft macht eine selbstorganisierte Neustrukturierung der sozialwissenschaftlichen Forschung äußerst problematisch. Resultat war eine Gründungswelle von e.V.'s und GmbH's in einer ungeklärten Finanzierungs- und Fördersituation. Ohne öffentliche Programme ist die Zukunft dieses Gründungsbooms vorgezeichnet. Ein Teil wird sich ausschließlich auf kommerzielle Meinungs- und Marktforschung orientieren, der andere Teil ist zum Untergang verurteilt.

In dieser Situation schlagen wir für die sozialwissenschaftliche Forschung einen Modellversuch Projekt- und Bildungspark sozialwissenschaftlicher Forschung in solchen Zentren wie Berlin, Leipzig, Dresden u.a. vor. Dies sollten keine Reservate DDR-nostalgischer Vergangenheitsverklärung werden, sondern in unkonventioneller Art und Weise vielfältige, unabhängige, selbstorganisierte sozialwissenschaftliche Begleitforschung zum Transformationsprozeß ermöglichen, mit einer differenzierten Förderung durch öffentliche und private Quellen bei Sicherung der erforderlichen organisatorisch-strukturellen Rahmenbedingungen. Zugleich wäre auch eine Anbindung von ABM-Vorhaben möglich. Es gibt eine Vielzahl attraktiver und wichtiger Projekte kleinerer Gruppen, deren Realisierung bislang einzig an der institutionellen Anbindung und an der Freigabe von Mitteln für die neuen Bundesländer scheitert.

Literatur

Engelhardt, M. v./R.W. Hoffmann (1974), Wissenschaftlich-technische Intelligenz im Forschungsgroßbetrieb. Eine empirische Untersuchung zu Arbeit, Beruf und Bewußtsein, Frankfurt/Köln.

Krohn, W. (1976), Zur soziologischen Interpretation der neuzeitlichen Wissenschaft, in: E. Zilsel, Die Ursprünge der neuzeitlichen Wissenschaft, Frankfurt: 22 ff.

Meier, K. (1982), Forschungsgeräte im Forschungsprozeß unter den Bedingungen der Intensivierung wissenschaftlicher Arbeitsprozesse, in: Akademie der Wissenschaften der DDR, Institut für Theorie, Geschichte und Organisation der Wissenschaft (Hg.), Studien und Forschungsberichte, Berlin 13: Teil VI.

Meier, K. (1986), Forschungsgeräte im modernen Forschungsprozeß, in: Akademie der Wissenschaften der DDR, Institut für Theorie, Geschichte und Organisation der Wissenschaft (Hg.), Technik für die Wissenschaft, Studien und Forschungsberichte, Berlin 20: 129 ff.

Meier, K./H. Parthey (1987), Analyse der Forschungstechnik in den naturwissenschaftlichen Instituten der AdW der DDR und Anforderungen an ihre Entwicklung aus der Forschungskooperation, in: Akademie der Wissenschaften der DDR, Institut für Theorie, Geschichte und Organisation der Wissenschaft (Hg.), Ziele, Analysen und Schlußfolgerungen für die weitere Intensivierung der Wechselbeziehungen zwischen Wissenschaft und Produktion, Berlin: 51 ff., 73 ff. und Tabelle 7 ff.

Pelz, D.C./F.M.Andrews (1966), Scientists in Organizations. Productive Climates for Research and Development. New York/London.

SPIEGEL SPEZIAL (1991), Das Profil der Deutschen. Was sie vereint, was sie trennt, Nr. 1.

Technikeinstellungen im Wandel - Skizze zu Einstellungsänderungen bei Ingenieurstudenten

Elenor Volprich

Sieht man von bescheidenen Anfängen in den späten 60er Jahren ab, so ist der Beginn von Untersuchungen zu Technikeinstellungen Jugendlicher und Studierender in der ehemaligen DDR - sie waren stets Bestandteil komplexer sozialwissenschaftlicher Analysen - gegen Mitte/Ende der 70er Jahre zu datieren. Daß die Erkundung von Technikeinstellungen vor allem bei Jugendlichen und Studenten nicht nur interessant, sondern auch notwendig ist, muß dem Tatbestand geschuldet sein, daß die Sozialisationsbedingungen dieser sozialen Gruppen nicht nur in anderem Maße als die älterer Generationen durch Technik und wissenschaftlich-technischen Fortschritt geprägt sind, sondern daß der Modernisierungsschub, der auch in den neuen Bundesländern im Zuge des Strukturwandels beschleunigt zu erwarten ist, seinen Einfluß gerade auf Jugendliche und Studenten nicht verfehlen wird. Die Modernisierungsprozesse werden Einstellungsänderungen bewirken. Wenn im folgenden hauptsächlich der Wandel der Technikeinstellungen von Ingenieurstudenten seit Ende der 70er Jahre im Betrachtungsfeld liegt[1], dann stehen die meisten dieser Aussagen exemplarisch auch für andere soziale Gruppen.

Einer definitorischen Bestimmung von Technikeinstellungen liegt die Auffassung zugrunde, daß Technik vor allem ein genuin soziales Phänomen und der technische Fortschritt weniger Resultat der Eigendynamik technischer Artefakte ist, sondern als vorrangig sozial determinierter Prozeß begriffen wird. Bewertungskriterien für technische Systeme unterliegen selbstverständlich streng technikwissenschaftlichen Vorgaben. Technische

---

1 Das an der TU Dresden seit langem bearbeitete Forschungsthema 'Sozialisation von Ingenieurstudenten und -absolventen' erarbeitete in enger Kooperation mit dem ehemaligen Zentralinstitut für Jugendforschung Leipzig und der Hochschule für Verkehrswesen Dresden eine stattliche Anzahl von Forschungsberichten, auf die sich der vorliegende Beitrag stützt.

Entwicklungen werden stets am erreichten und erreichbaren Optimum von technischer Leistungsfähigkeit, Materialeinsatz, Energieverbrauch, Wartungsaufwand usw. gemessen. Da sie aber Mittel zur Befriedigung menschlicher Bedürfnisse sind, erhalten technische Systeme ihre letztliche Bewertung durch die Gesellschaft selbst. Die inhaltliche und formale Ausrichtung dieser Bewertung ist nicht nur u.a. von den in der Gesellschaft dominierenden Interessen, sondern vom Technisierungsgrad der gesellschaftlichen Arbeitstätigkeiten, vom Charakter relevanter gesellschaftlicher Beziehungen und von der kulturell-geistigen Dimensionierung des Technik-Gesellschafts-Verhältnisses abhängig.

Einstellungen zum wissenschaftlich-technischen Fortschritt (auch Technikeinstellungen benannt) sind stabile innere Wertbeziehungen der Persönlichkeit zu technischen Entwicklungen, vor allem ihrer sozialen Entstehungs- und Entwicklungsbedingungen sowie sozialen Zwecksetzungen. Diese Einstellungen sind mit anderen Verhaltensdispositionen der Persönlichkeit eng verflochten. Eine empirische Erfassung dieses komplexen Einstellungsbereiches stößt deshalb auf erhebliche, vor allem auch methodische Schwierigkeiten. Die in den Untersuchungen eingesetzten Indikatoren machen Einstellungsänderungen sichtbar, gestatten aber selbstverständlich nur punktuelle Aussagen zum Technikverständnis.

Die Genese der Technikeinstellungen (bei Studenten/Ingenieurstudenten) muß als Prozeß verstanden werden, der verschiedene Etappen durchlief, entsprechend veränderter Reflexion des Verhältnisses der Gesellschaft zur Technik. Den geschichtlichen Aspekt zu bemühen, ist sozialwissenschaftlichen respektive soziologischen Analysen dringend angeraten, sollen die gegenwärtig z.T. dramatisch verlaufenden Transformationsprozesse nicht als bloße Folge des unmittelbaren Staatsbankrotts der DDR-Gesellschaft von 1989 verkannt werden (vgl. hierzu Lepsius 1990).

Die erste Etappe ist aus den Untersuchungen gegen Ende der 70er Jahre abhebbar. Der Gegenstand 'Technikeinstellungen' wurde in dieser Zeit endgültig thematisiert. Das Grundaxiom der Forschung - Technik und Technikentwicklung sind vorwiegend sozial determiniert - wurde in den Untersuchungen in Gestalt sehr globaler und kompakter Indikatoren erfaßt[2]. Die

---

2   Die eingesetzten Indikatoren haben nur in einem bestimmten gesellschaftlichen Kontext ihre Gültigkeit. Es verbietet sich deshalb, empirische Ergebnisse auch gleichlautender Indikatoren, aber in unterschiedlichen gesellschaftlichen Strukturen angewendet, gleichwertig zu interpretieren bzw. oberflächliche Vergleiche anzustellen. Sowohl

eingesetzten Indikatoren zielten auf den weltanschaulichen Sinngehalt von Technik, auf die Fähigkeit der damaligen (sozialistischen) Gesellschaft, eine gesellschaftlichen Zwecken dienende und sozial beherrschbare Technikentwicklung zu garantieren, ab. Der Zweifel, inwieweit kapitalistische gesellschaftliche Verhältnisse zur sozialverträglichen Technikgestaltung imstande seien, gehörte zu den dominanten Aspekten der Technikeinstellungen von (Ingenieur)-Studenten und Jugendlichen.

Die empirischen Befunde bei Lehrlingen, Facharbeitern, Studenten und Absolventen ließen die Aussage zu, daß Technik und Technikentwicklung in der damaligen DDR als ein grundsätzlich sozial und technisch beherrschbarer und im Interesse der Gesellschaft gestaltbarer Prozeß gesehen wurde, zu dem man selbst eine persönliche Beziehung herauszubilden hatte. Technischer Fortschritt wurde als ein erstrangiges gesellschaftliches Anliegen begriffen, das verbindlicher individueller Identifikation und gesteigerter persönlicher Aktivität bedurfte. Ein nahezu ungebrochener Technikoptimismus war zunächst konstatierbar. An den möglichen Herrschaftsverlust der Gesellschaft über Technik glaubten nur wenige, vorherrschend war das Vertrauen in die Entwicklungsmöglichkeiten der Gesellschaft und ihres dominanten Fortschrittsfaktors, der Technik. 88 v.H. der Ingenieurstudenten verneinten in einer 1977 durchgeführten Untersuchung (SUS-TE), daß der Fall eintreten könne, wonach die menschliche Gesellschaft die Herrschaft/Kontrolle über die Technik verlieren könne, nur 4 v.H. bejahten dieses. In einer Erhebung von 1979 (Student 79) äußerten sich dazu 76 v.H. zweifelnd und 8 v.H. bestätigten diese These. Die nicht zu übersehenden regressiven Tendenzen ändern zwar nichts oder wenig an der Grundaussage, verweisen aber darauf, daß es stets einschränkendes Infragestellen von Technik und Technikentwicklung gab.

Gleiches ist aus Umfragen bei anderen sozialen Gruppen feststellbar. Umfangreiche Analysen, die Ende 1984 in Kombinaten und Betrieben des damaligen Bezirkes Dresden bei Angehörigen des wissenschaftlich-technischen Personals und Produktionsarbeitern über fördernde und hemmende Faktoren bei der Einführung neuer Technik angestellt wurden, bestätigen die große Aufgeschlossenheit und die hohe Erwartungshaltung dieser Beschäftigten dem wissenschaftlich-technischen Fortschritt gegenüber, den sie

---

der Interpretationsrahmen als auch das Interpretationsmaß und die Indikatorensemantik ist zu definieren.

als Beschleuniger gesellschaftlicher Prozesse in der ehemaligen DDR begrüßten (vgl. Dörrer 1986).

Bereits in dieser Phase der Technikakzeptanz wurde jedoch deutlich, daß diese 'Grobbefunde' Zeichen und Aufforderungen für/an eine differenziertere, genauere, tiefer auslotende und kritischere Analyse der Technikeinstellungen enthielten. Dennoch hielt eine Technikeuphorie, die nicht zuletzt bei Studenten auch mit gesellschaftsutopischen Vorstellungen verknüpft war, an, nunmehr gebremst und verhaltener. Hierzu scheint die relative Praxisdistanz der Studenten ihren Einfluß ausgeübt zu haben. Soziologische Forschungen bei Werktätigen ließen größere Konflikthaftigkeit technischer Entwicklung kundtun, bei prinzipiell gleicher technikoptimistischer Sicht (vgl. Kühnel 1989; Müller 1990).

Die durch die eingesetzten Indikatoren erworbenen Befunde unterstützen für diesen Zeitraum folgende Aussagen:
1. Technikeinstellungen sind als im Einstellungssystem übergreifende und vor allem politische und weltanschauliche Verhaltensdispositionen konstituierende Einstellungen zu verstehen.
2. Studenten der unterschiedlichsten Fachrichtungen (technische, natur- und gesellschaftswissenschaftliche, medizinische) und Jugendliche überhaupt (Schüler, Lehrlinge, junge Facharbeiter) artikulierten einen weitgehend einheitlichen Technikoptimismus. Musikstudenten problematisierten bereits diesen Sachverhalt. (Dies ist aber erstlinig ihrer professionellen Distanz zur Technik zuzuschreiben.)
3. Ein zu großer Teil der Jugendlichen und Studenten, einschließlich der Ingenieurstudenten, verfügte kaum über gesichertes Wissen zur Technik und Technikentwicklung sowie deren sozialen Implikationen (das traf oft auch auf deren Eltern und Lehrer zu.).
4. Unter dem Einfluß der Technikentwicklung und der sich ändernden gesellschaftlichen Bedingungen, in dem Maße, wie Technik viele Lebensbereiche erfaßte und Umweltgefahren erlebbar wurden, in Abhängigkeit von professionellen, territorialen und regionalen Faktoren wurden Anzeichen für Sensibilisierungen gegenüber Technikwirkungen signalisiert.
5. Eine Polarisierung bezüglich Technikakzeptanz konnte (noch) nicht nachgewiesen werden. Dennoch deuteten sich technikkritische Meinungen im sich ausdifferenzierenden sozialen Felde an: Kommunikations- und Kooperationsfähigkeit, Aufgeschlossenheit für das Studienfach und den Beruf und geistig-kultureller Horizont, Interessenspektrum und die

Ausprägung von Schöpfertum spalteten die Kompaktheit der positiven Technikakzeptanz auf.

Mit Beginn der 80er Jahre (bis Mitte dieses Jahrzehnts) deutete sich eine weitere Etappe der Veränderungen von Technikeinstellungen an. Die radikalen Umwälzungen der Technik, besonders die durch die Mikroelektronik hervorgerufenen neuen gesellschaftlichen Problemlagen - einschneidende Veränderungen in den Arbeits- und Lebensbedingungen bahnten sich an, neuartige Anforderungen an Disponibilität, Kreativität, Qualifikationen, Mobilität, an Selbstbestimmung demonstrierten die reale (nicht die illusorische) Notwendigkeit der Individuumszentriertheit der Gesellschaft - zwangen, die Technikthematik als Bewußtseinsphänomen jeder Globalität, Diffusheit und Undifferenziertheit zu entheben. Die soziale Implikation von Technik wurde über den Gesellschaftsbezug hinaus durch die explizite Benennung des Individuums erweitert.

Der theoretische und empirische Ansatz der Studentenintervalluntersuchung (SIL), die 1982 bei 4380 Studierenden unter der Leitung des Zentralinstitutes für Jugendforschung Leipzig in Forschungszentren der ehemaligen DDR begann und in der die Ingenieurstudenten die größte Untersuchungsgruppe darstellten, entsprach dem 'Zeitgeist'. Das in zwei Intervallen erzielte umfangreiche empirische Material verdeutlichte zum einen die Beibehaltung eines Technikoptimismus. Zum anderen wurden aber globale Menschheitsfragen (Krieg - Frieden, Umwelt) im Zusammenhang mit Technik reflektiert. Insgesamt wurden die sozialen Kosten der Technikentwicklung, das Pro und Contra eines technischen Fortschritts zunehmend bewußter aufgenommen und in bezug auf das eigene individuelle Leben bewertet. Die ambivalenten Wirkungen von Technik und die komplizierter gewordenen Verflechtungen von sozialen und technischen Prozessen, eine geringer gewordene Durchschaubarkeit der gesellschaftlichen Wirklichkeit erhöhten die Unsicherheiten in der Beurteilung des wissenschaftlich-technischen Fortschritts. Dennoch vertrat die Mehrheit der Studierenden die Meinung, daß Technik ein erstrangiger Fortschrittsfaktor ist. Die Ergebnisse des ersten Intervalls 1983 weisen das für 89 v.H. der Studierenden aller Fachrichtungen (Musikstudenten 66 v.H.) aus. Zwischen Technikentwicklung und Aufbau der damaligen sozialistischen Gesellschaft wird ein enger Zusammenhang konstatiert (91 v.H.) und am humanistischen Anliegen der damaligen Gesellschaft durch Technikentwicklung wird kaum Zweifel angemeldet.

Tabelle 1: "In der DDR wird der wissenschaftlich-technische Fortschritt zum Wohle des Menschen durchgesetzt.

Das entspricht meiner Auffassung (1 = vollkommen ... 6 = überhaupt nicht)".
Angaben in v.H.

Technikstudenten	1 + 2	(1)	5 + 6	(6)
SIL A 1982	90	(60)	0	
SIL B 1983	82	(46)	0	
SIL C 1985	84	(52)	1	(0)

Technikpessimismus war nicht charakteristisch. Der wissenschaftlich-technische Fortschritt wurde als Herausforderung an die Gesellschaft und den Einzelnen verstanden. Man erhoffte sich von der Beschleunigung dieses Prozesses eine Lösung zunehmend globaler und interner gesellschaftlicher Konflikte.

Die persönliche Verantwortung für den wissenschaftlich-technischen Fortschritt als Konsequenz aus seiner Akzeptanz war bei vielen Studenten vorhanden, jedoch nur bei einem kleinen Teil sehr ausgeprägt und zunehmend schwächer werdend.

Die fördernden Bedingungen für Technikentwicklung wurden mehr im objektiven Bereich gesehen, die hemmenden mehr im subjektiven.

Jeder zweite Student nennt solche Hindernisse für den wissenschaftlich-technischen Fortschritt wie mangelnder Leistungswille, Egoismus, Desinteresse, Verantwortungslosigkeit, Bürokratismus, ungenügende Arbeitsmoral. Gleiches ist auch der bereits erwähnten Untersuchung unter Werktätigen in ehemaligen Kombinaten und Betrieben im sächsischen Raum zu entnehmen. Ein Inbeziehungsetzen der subjektiven Hemmnisse mit den objektiven gesellschaftlichen Bedingungen wird noch nicht offenkundig, eine Fundamentalkritik an den gesellschaftlichen Grundlagen setzt (noch) nicht ein. Jedoch begreift sich die unbedingte Forderung, den wissenschaftlich-technischen Fortschritt durch die enge Zusammenarbeit mit kapitalistischen Ländern zu forcieren und der deutliche Zweifel an der Wirksamkeit gesellschaftsinterner Mechanismen für die Beschleunigung der Technikentwicklung als Anfang einer immer stärker werdenden Inakzeptanz der wirklichen, gesellschaftlichen Verhältnisse.

Tabelle 2: "Ich fühle mich persönlich mitverantwortlich für den wissenschaftlich-technischen Fortschritt

(1 = sehr stark ... 6 = überhaupt nicht)". Angaben in v.H.

Studierende/Gesamt	1 + 2	(1)	5 + 6	(6)
SIL A 1982	53	(14)	6	(2)
SIL B 1983	40	(9)	9	(3)
SIL C 1985	45	(13)	10	(3)
männlich	55	(16)		
weiblich	38	(9)		
Technik	59	(19)		
Medizin	44	(11)		
Wirtschaftswissenschaft[1)]	37	(9)		
Pädagogik[1)]	34	(5)		

Anmerkung:
1) In diesen Disziplinen war ein besonders hoher Anteil weiblicher Studierender.

Immer mehr wird die Einsicht artikuliert, daß der wissenschaftlich-technische Fortschritt mit dem Zentralismus kollidieren muß und daß es der Individualitätsentfaltung bedarf, um Wissenschaft und Technik zu befördern. Sehr diffus, mehr emotional als rational wird reflektiert, daß eine Gesellschaft nicht mehr hierarchisch zu organisieren ist, hat sie ein bestimmtes Komplexitätsniveau erreicht. So kollidierte in dieser Etappe Technikakzeptanz mit individueller Verantwortungsverweigerung für Technikentwicklung bzw. mit deformiertem individuellen Leistungs- und Lebensanspruch bei einem beträchtlichen Teil der Jugendlichen und Studenten.

Für nur wenige Studierende nahezu aller Fachrichtungen war es ein hoher Lebenswert, schöpferisch zu sein, etwas Neues entdecken bzw. eine Erfindung machen zu wollen. Nur 6 v.H. aller Untersuchten, auch der Ingenieurstudenten, besitzen 1985 ausgeprägte Motivation für Schöpfertum; das Wissen und die Kenntnisse über Technik und Technikentwicklung sind nicht adäquat vorhanden. Andererseits zeichnen sich schöpferisch hochbefähigte Studenten durch eine dem wissenschaftlich-technischen Fortschritt aufgeschlossene Haltung aus und fühlen sich auch persönlich stark für ihn verantwortlich (vgl. Lange 1986). Das Mißverhältnis zwischen Technikakzeptanz für den gesellschaftlichen Fortschritt, Individualisierungsansprüchen und eigener Individualitätsverwirklichung ist Mitte der 80er Jahre eklatant und zugleich absurd. Die Gesellschaft erweist sich als unfähig, Mechanismen ihrer eigenen Existenzsicherung hervorzubringen.

Spätestens mit dem Jahr 1987 sind die schon früher angezeigten Umbrüche im Gesellschaftsbild der Studierenden irreversibel. Distanz und Skepsis zur damaligen Gesellschaft und deren Wertvorstellungen kündigten das früher bekundete Vertrauen zu einer Politik, die mit dem Anspruch angetreten war, Humanismus zu befördern, auf. Auch Technikeinstellungen sind davon betroffen. Sie verloren ihren bisher lokalen, provinziellen Anstrich.

Durch den Bezug zu Umweltproblemen erhielten sie ab Mitte der 80er Jahre auch offenkundig eine neue Ausrichtung. Mit dem Durchbruch des Vernunftsgedankens in der Weltpolitik verringerte sich die Sorge um Aufrüstung und Kriegsgefahr. Beanspruchte diese im Problemkatalog nicht nur ausgewählter sozialer Gruppen bis etwa 1987 den ersten Platz und erwies sich noch Anfang der 80er Jahre die Umwelt als ein Problem unter anderen, so avancierte sie sehr schnell vom zweiten 1987 auf den ersten Platz am Ende des letzten Jahrzehntes. Die Bedrohung durch Umweltverschmutzung wird allgegenwärtig und durch alle sozialen Gruppen erlebt (vgl. Kasek 1990 und *Tabelle 3*). Die sehr kritische Haltung zur wachsenden Umweltbelastung erschütterte zwar das Vertrauen in Wissenschaft und Technik und zerstörte eine naive Technikgläubigkeit in welcher Form auch immer. Dennoch wird in moderner Technik ein wichtiges Mittel gesehen, Umweltschäden begrenzen, beheben bzw. verhindern zu können. Technikfeindlichkeit existiert nicht, technikpessimistische Stimmungen erhielten eine größere Öffentlichkeit, waren aber nicht vorherrschend, eine bestimmte Meinungspolarisierung konnte festgestellt werden.

1989 sahen zwei Drittel der Ingenieurstudenten im wissenschaftlichtechnischen Fortschritt die Chance für Natur- und Umweltschutz, 13 v.H. meldeten starke Skepsis an. Eine Intervalluntersuchung bei Studierenden der Fachrichtung Wasserwesen der Technischen Universität Dresden zwischen dem Sommer 1989 und 1990 offenbarte zunächst eine schärfere Technikkritik als obige Ergebnisse aussagen, räumte aber der Wissenschaft und Technik in Folge des gesellschaftlichen Umbruchs zunehmende Potenzen für die Umweltsanierung und Umwelterhaltung ein.

Tabelle 3: "Wie stark fühlen Sie sich persönlich bedroht? (1 = sehr stark ... 5 = überhaupt nicht)", (Rangplatz nach Position 1 und 2). "Ich fühle mich bedroht durch ...". Angaben in v.H.

	Bevölkerungs-stichprobe			Studenten			Ingenieur-studenten		
	1+2	(1)	Rgpl.	1+2	(1)	Rgpl.	1+2	(1)	Rgpl.
Verschmutzung und Vergiftung der Umwelt	84	(56)	1	68	(35)	1	72	(33)	1
Arbeitslosigkeit	48	(21)	3	48	(22)	2	38	(15)	3
Kriminalität	83	(47)	2	31	(8)	4	23	(5)	4
einen wirtschaftlichen Kollaps der DDR	46	(18)	4	46	(22)	3	41	(17)	2

Derzeit sind Technikeinstellungen nur im Konnex mit Umweltbewußtsein interpretierbar. Dieses erwies sich vor dem Zusammenbruch des gesellschaftlichen Systems in der DDR als Kristallisationspunkt vieler wahrgenommener gesellschaftlicher Konfliktfelder. Umweltbewußtsein entwickelte sich zum Indikator des Nichtmehrfunktionierens der alten Werte und damit ihrer Erosion, zugleich aber auch des Wirkens neuer. Es wurde zum Synonym für den Ausbruch aus erstarrter destruktiver Denkweise, die handlungsunfähig machte und für das Geltendmachen neuer Ansprüche, die an Individualisierung in erster Linie. In diesem Prozeß relativierten sich auch die Technikeinstellungen.

Technikakzeptanz bedarf der Handlung kompetenter Subjekte. Dieser Anspruch wurde durch die Gesellschaft nicht eingelöst. Die Thematisierung von Technik in der Gesellschaft wurde immer abstrakter, sie verselbständigte sich und verfiel letztlich in Technokratentum. Dessen Bündnis mit der die Demokratie ausschließenden politischen Autarkie kann als natürliches Produkt dieses Vorganges angesehen werden. Die Frage nach der Gestaltbarkeit des technischen Wandels erweist sich als Frage nach der Konsensfähigkeit einer Gesellschaft (vgl. Lompe 1990), ihrer demokratischen Potenzen, ihrer Fähigkeit zu Toleranz und Vernunft.

Forschungen zu Technikeinstellungen stehen zukünftig schwierigen theoretischen und methodischen Problemen gegenüber und bedürften interdisziplinärer Sichtweisen und größerer disziplinärer Strenge.

Literatur

Dörrer, H. (1986), Zur Wirksamkeit materieller und ideologischer Triebkräfte des ökonomischen Leistungsanstieges und der umfassenden Intensivierung, Forschungsbericht, Autorenkollektiv (Leitung Horst Dörrer), Technische Universität Dresden, unveröffentlicht.

Kasek, L. (1990), Umweltbewußtsein und Persönlichkeit, Materialien des 3. Interdisziplinären Colloquiums 'Ingenieurstudent und Ingenieurstudium im Wandel', Technische Universität Dresden: 53 ff.

Kühnel, W. (1989), Technikakzeptanz Jugendlicher beim Übergang von der Schule in den Beruf: Partizipationsbedingungen unterschiedlicher Gruppen der heranwachsenden Generation im Vergleich, Wissenschaftlich-technische Revolution und Persönlichkeit, Material des gemeinsamen Kolloquiums des Zentralinstituts für Jugendforschung Leipzig und der Hochschule für Verkehrswesen "Friedrich List" Dresdens am 12. und 13. Januar 1989 im VEB Kombinat Elektromotorenbau Dresden, Leipzig.

Lange, G. (1986), Zur Persönlichkeitsstruktur schöpferisch hochbefähigter Ingenieurstudenten, Leipzig, unveröffentlicht.

Lepsius, M.R. (1990), Zur generellen Situation der Sozialwissenschaften in der bisherigen DDR und im vereinten Deutschland, in: W. Zapf/G. Thurn (Hg.), Zur Lage der sozialwissenschaftlichen Forschung in der ehemaligen DDR: Wissenschaftliche Interessen, Forschungserfahrungen, Strukturprobleme, Kooperationswege, WZB-Paper P90-008, Berlin: 16 ff.

Lompe, K. (1990), Technischer Wandel und politische Verantwortung, Carola-Wilhelmina Mitteilungen der TU Braunschweig 1.

Müller, M. (1990), Emotionale Beziehungen der Werktätigen zur modernen Technik, Wissenschaftlich-technische Revolution und Persönlichkeit: 3.

V. Umfrageforschung nach der Wende -
Erfahrungen aus der Sicht der alten
Bundesländer

Umfragen in einer neuen Republik
Randbemerkungen zu Erhebungsproblemen im Deutschland der Neunziger Jahre

Peter Ph. Mohler

Folgt man der Umfrageforschung, dann gab es in den neuen Bundesländern, also Sachsen, Brandenburg und Co., im Jahr 1990 folgende Verteilung von Frauen und Männern (Angaben nur für den Frauenanteil): 1. 53 v.H., 2. 48 v.H., 3. 38 v.H. und 4. 57 v.H., so berichtet von *Michael Häder* in einem Arbeitspapier im Dezember 1990. Uns vorliegende Berichte zu den inhaltlichen Ergebnissen berücksichtigen diese dramatischen Unterschiede in der Populationsabbildung jedoch nicht und man fragt zum wiederholten mal: wie repräsentativ ist die Umfrageforschung, oder genauer gesagt: wen repräsentiert die Umfrageforschung?

In der Markt- und Meinungsforschung gab es zu dieser Frage offiziell nur eine Antwort: wenn die Ausschöpfung nur hoch genug sei, dann garantierten die etablierten Verfahren der Stichprobenziehung eine ausreichende Repräsentativität aller zur definierten Grundgesamtheit gehörenden Personen. Noch vor einem Blick auf das, was in der neuen Bundesrepublik möglich und notwendig sein wird, soll diese Antwort in ihre Bestandteile zerlegt und auf ihre Stimmigkeit hin geprüft werden.

Wer gehört zur Grundgesamtheit?

Das ADM-Stichprobendesign, Vorbild und Grundlage faktisch aller mehrstufigen Zufallsstichproben in der Bundesrepublik, ist *theoretisch* repräsentativ für die Wahlbevölkerung, die in Privathaushalten lebt. Das heißt, dieses Design ist nicht repräsentativ für: Stichproben, die Personen unter 18 Jahren, Ausländer oder Personen in Altersheimen, Kasernen und Kliniken miteinbeziehen. Anders gesagt, in einem strikten theoretischen Sinn ist das ADM-Design eigentlich nur für Wahlumfragen geeignet. Für alle anderen sozialwissenschaftlichen und vor allem auch Marketingumfragen ist es defizient. Das bedeutet allerdings nicht, daß man es in der Praxis nicht auch für andere als Wahlforschungszwecke nutzen kann. Es bedeutet nur, daß man sich mit diesem Design a priori einen unbekannten Fehler bei der Abbildungsqualität einkauft, den man dann, siehe oben, bei der Analyse tunlichst nicht vergessen sollte.

Wieviel ist eine hohe Ausschöpfung wert?

Gerichtsnotorisch gilt für Zufallsstichproben die 70 v.H. Marke als unterste Grenze dessen, was als 'ausreichend hohe Ausschöpfung' bezeichnet werden kann. Nach dem, was man heute wissen kann, ist dies eine rein magische Zahl. Jedes Stichprobendesign leidet unter Ausfällen, von daher wären 100 v.H. Ausschöpfung zu fordern. Wenn das in der Praxis nicht geht, dann könnte man sich vielleicht mit 5 bis 10 v.H. anfreunden. Geht man allerdings auf 70 v.H. herunter, dann ist die alleinige Angabe der Ausschöpfungsquote *nicht ausreichend*, um die Stichprobenqualität zu beschreiben. Vielmehr müssen jetzt Hilfskriterien herangezogen werden, wie zum Beispiel die Kompatibilität der erzielten Stichprobe mit großen Stichproben, wie dem Mikrozensus oder gar der Volkszählung. Diese Kompatibilität darf sich auch nicht alleine auf die Verteilung von Männern und Frauen erstrekken, sie muß auch andere Merkmale umfassen, insbesondere Alter, Berufstätigkeit, Ausbildung und Region. Es kann ja - und dies ist nur allzuoft der Fall - gut sein, daß man zwar den Männer- und Frauenanteil angemessen repräsentiert, aber viel zu wenig junge beruftstätige Männer in der Stichprobe hat usw.

Die magische Zahl 70 v.H. Ausschöpfungsquote ist aber noch in ganz anderer Weise eine Fiktion: Nur bei fest vorgegebenen Adressen und einem angemessenen Kontaktprotokoll kann relativ eindeutig festgestellt werden, wieviel Prozent der Ausgangsadressen (Brutto) tatsächlich in der Umfrage befragt wurden (Netto). Da heute in der Regel die Zielhaushalte oder -personen mit sogenannten Random-Route-Verfahren ausgewählt werden, bei denen der Interviewer schwer kontrollierbare Marschregeln einhalten soll, ist es sowohl für den Interviewer, wie für die Feldorganisation nicht unschwer, das Brutto im Verhältnis zum Netto zu 'schönen'. Und recht tun sie, solange die Abnehmer sich auf die 70 v.H. Marke konzentrieren, statt nach der tatsächlichen Stichprobenqualität zu fragen.

Wenn hier nichts über Quotastichproben gesagt wird, so hat das seinen Grund in der Tatsache, daß es keine verbindlichen Regeln zu Quotastichproben gibt. Von daher ist die Variation zwischen den einzelnen Stichproben und vor allem deren Implementation im Feld wahrscheinlich noch größer als bei den Zufallsstichproben à la ADM, was nicht heißen soll, solche verbindlichen Regeln wären nicht dringend notwendig.

Nun zu der Frage, was eine hohe Ausschöpfung wert sei. Die Antwort lautet, ohne zusätzliche Informationen 'wenig'. Denn es nutzt nichts, 100 ältere Männer mehr in der Stichprobe zu haben, wenn man dafür fast keine jungen berufstätigen Männer befragen konnte, aber das merkt man ja erst wenn man mehrdimensionale Kreuztabellen betrachtet und wer tut das schon?

Ein erstes Resüme

Aus dem bisher gesagten geht hervor, daß das ADM-Stichprobendesign eigentlich nur für die Wahlbevölkerung repräsentativ ist. Für andere Grundgesamtheiten müßten aus theoretischen Gründen andere Stichprobenpläne erstellt werden. Weiterhin kann die Qualität einer Umfrage nicht durch simple Arithmetik, wie sie der Ausschöpfungsquote zu Grunde liegt, sondern nur durch genaue Betrachtung des Feldablaufes und der erzielten Nettostichprobe festgestellt werden. Zu fragen ist, ob die Herausforderung an die Umfrageforschung durch die Vereinigung beider deutscher Staaten nicht auch die Forderung nach einem grundsätzlich neuen Stichprobendesign einschließt.

Umfragen im neuen Deutschland

Nachdem man endlich in Sachsen, Brandenburg und Co. Umfragen durchführen konnte, waren natürlich Ergebnisse wichtiger als deren Zuverlässigkeit. Nachdem diese erste wilde Phase der Datenerhebung vorbei ist, erscheint es an der Zeit, sich zu fragen, wie es denn weitergehen soll. Zwei Fragen stehen dabei im Vordergrund, erstens die nach einem gesamtbundesdeutschen Stichprobenplan und zweitens die nach einheitlichen Fragebögen im Westen und Osten der Bundesrepublik.

Ein gesamtbundesdeutscher Stichprobenplan

So verquer wie das Wort sich liest und spricht ist auch die Realität. Noch wird das ADM-Design 'Ost' ja erst erprobt, noch müssen Erfahrungen über Studien ja erst gesammelt werden. Dies mag sicher der Fall sein, es erscheint dennoch an der Zeit, jetzt schon an ein gesamtbundesdeutsches Design zu denken. Denn ein solches Design sollte ja nicht die o.a. Defizite des alten ADM-Designs haben, und es sollte darüber hinaus vielleicht auch noch in ein europaweites Design einbettbar sein.

Wirklich drängend wird die Frage nach nur einem Design für die ganze Bundesrepublik unter substanzwissenschaftlichen Fragestellungen: Bei zwei Designs und demgemäß zwei Stichproben müssen bei allen Aussagen über Gleichheit oder Ungleichheit in den beiden Regionen immer präzise Überlegungen zur Vergleichbarkeit der Stichprobenpläne und vor allem deren Realisation angestellt werden. Bei nur einem Design entfällt diese Betrachtung nicht ganz, sie wird aber in ihrer Komplexität wesentlich reduziert.

Allerdings sollte man auch sehen, daß bis auf weiteres, d.h. bis die regionalen Differenzen zwischen Ost und West ebenso marginal sind wie in vielen Fällen zwischen Hamburg und München, ein deutliches Oversampling im Osten der Bundesrepublik notwendig sein wird. Die sich daraus ergebenden Analyseprobleme sollten in ihrer Komplexität nicht unterschätzt werden.

Die Forderung nach einem neuen und gemeinsamen Stichprobenplan für alle Bundesländer und einem weiteren Spektrum an Grundgesamtheiten, d.h. eventuell mehrere Standardstichprobenpläne, sollte dennoch alsbald von den verschiedenen Beteiligten aufgegriffen und umgesetzt werden.

Ein gesamtbundesdeutscher Fragebogen

Nichts echauffiert Fragebogengestalter mehr als ein raffiniertes Design für die demographischen Fragen. Hier kann man ins Detail gehen, denn wer möchte schon einen Fehler bei der Kinderzahl in einem Haushalt machen: Sollen es die eigenen, will heißen entweder die leiblichen, die adoptierten, die in Pflege, die des Partners etc. sein? Sollen sie vom Haushalt finanziell abhängig sein, zu wieviel Prozent? Und erst die Bildung, Volksschule, Hauptschule, Realschule, Gymnasium, Lyzeum, technische Oberschule,

Wirtschaftsfachhochschule, 8, 9, 10, 13 Klassen und das alles kombiniert. Solche Feinheiten spiegeln nicht nur die Verliebtheit ins Detail von Fragebogengestaltern wider, vielmehr verweisen sie auf die Varianz der Realität, die wir für gewöhnlich in einem Drei- oder Vierklassen-Bildungsschema eliminieren. Die Varianz der Realität ist nun nicht nur eine Funktion der jeweils gegenwärtigen Variationen, sondern auch eine der Vergangenheit einer Gesellschaft: Wer heute über 70 ist und befragt wird, ob er/sie (wahrscheinlicher sie) die Hauptschule absolviert hat, muß diesen Begriff in das Bildungssystem der Weimarer Zeit übertragen und evaluieren, ob die acht Jahre Volksschule der heutigen Hauptschule entsprechen. Ständig werden bei der Demographie Äquivalenzbehauptungen dieser Art entweder vom Forscher qua Fragebogen unterstellt oder vom Befragten erzeugt. Damit ist jede normale Querschnittsbefragung zumindest in ihrem demographischen Teil eine interkulturell vergleichende Befragung: Bildungsabschlüsse und Berufsabschlüsse sowie Berufstätigkeit sind neben anderen Merkmalen im wesentlichen eben Funktionen vergangener sozialer und kultureller Systeme.

Nun kommt noch die Besonderheit hinzu, daß nicht nur die Kulturvielfalt der altbundesdeutschen Länder künftig abzubilden sein wird, sondern auch die besondere Sozialstruktur der ehemaligen DDR, deren Relikte wir für die nächsten 60 Jahre bei den Bildungsabschlüssen noch in den Umfragen auf die eine oder andere Weise mitschleppen werden. Für einen gesamtbundesdeutschen Fragebogen ergibt sich damit bis auf weiteres eine Verdoppelung solcher Fragesets, entweder als getrennte Fragen oder als zusätzliche Antwortalternativen. Und man wird wohl künftig auch die Frage stellen müssen, in welchem Bundesland man wann seinen Bildungsabschluß gemacht hat.

Verglichen mit den Problemen einer ordentlichen vergleichbaren Demographie für den Osten und Westen der Bundesrepublik, möglichst mit Anschluß an eine europaweite Demographie, sind die Äquivalenzprobleme bei Meinungsfragen verhältnismäßig einfach. Hier kann man durch einfache Vortests erfahren, ob ein Item im großen oder ganzen gleich verstanden wird und mit den Hilfsmitteln der Itemanalyse kann man später feststellen, ob es strukturelle Unterschiede in der Beantwortung im Osten oder Westen gibt. Dies gilt aber nur, solange eher oberflächliche Meinungen abgefragt werden. Denkt man an komplexere Meinungsbündel oder von einer bestimmten Kultur abhängige Fragen, dann sollte man tunlichst zuerst den Bedeutungshorizont erhellen. Ein Beispiel dafür wäre etwa die Frage nach der 'Links-Rechts'-Einstufung von Parteien bzw. der Selbstplazierung der Befragten. Ein kleiner Test zu dieser Frage ergab, daß bei einer offenen Abfrage nach der Bedeutung der Begriffe Links oder Rechts im Osten neben der Parteiendimension auch eine Dimension mit den Endpolen *Kommunismus - Arbeiter* auftaucht. Diese Polung ist aus vergleichbaren Umfragen im Westen nicht bekannt. Für die späteren Analysen dienen solche Ergebnisse als Hinweis auf die unterschiedlichen Bedeutungshorizonte und damit auch auf die unterschiedliche Funktion der Links-Rechts-Dimension im Osten der Bundesrepublik.

Da aus der ehemaligen DDR keine adäquaten Vergleichsdaten vorliegen, müssen jetzt solche Bedeutungstests für viele andere Standarditems der Umfrageforschung durchgeführt werden, will man nicht weiterhin vorziehen, kulturelle Unterschiede als Determinanten von Antwortverhalten und Antwortmustern zu negieren.

Fazit

Sicher werden wir nicht warten können, bis ein neuer Stichprobenplan erarbeitet ist oder bis alle Items ausgetestet sind. Andererseits kann die jetzt aus historischer Dringlichkeit notwendige Praxis nicht bestimmend für eine künftige Umfrageforschung in Deutschland und Europa sein. In der Vergangenheit wurden viel zu oft und viel zu viele 'schlechte Fragen' einfach wegen der Replikationszwänge in Umfragen mitgeschleppt. Es war halt und ist noch immer einfacher eine 'bewährt schlechte' Frage zu replizieren, als eine verbesserte Version und den dazugehörigen Umsteigeschlüssel zu produzieren. Hier nun endlich schlägt auch das Finanzargument durch: Solange es den Abnehmern unserer Daten nicht besonders wichtig ist, wie gut die Daten die Realität abbilden (Hauptsache die Umfrage war repräsentativ mit 70 v.H. Ausschöpfung), solange lohnt es sich finanziell nicht, bessere Daten zu produzieren. Umfragen im neuen Deutschland mit seinen vielfältigen Problemen, mit den bekannten Problemen der Datenerhebung sowohl im Westen als auch im Osten und mit den weitreichenden Folgerungen, die gerade in der heutigen labilen politischen Situation Umfrageergebnisse haben können, Umfragen in diesem Land bedürfen eines hohen qualitativen Standards, um diese Anforderungen erfüllen zu können. Die Profession der Umfrageforscher kann heute einen hohen Standard garantieren - nur die

Abnehmer müssen dafür auch entsprechende finanzielle Mittel bereitstellen. Wenn diese Überzeugung Platz greifen könnte, wäre es leichter zu sagen: gesamtbundesdeutsche Umfragen? Kein Problem!

Rückblick auf fast ein Jahr Marktforschung in Ostdeutschland

Hans-Peter Drews

1. Datenbeschaffung

1.1. Ausgangssituation

Ende 1989 öffneten sich die Grenzen zwischen den beiden Teilen Deutschlands. Sehr bald kamen die ersten noch vorsichtigen Anfragen, ob Umfragen in der damaligen DDR möglich seien. SAMPLE hat sich sehr früh entschieden, in Ostdeutschland einen eigenen Interviewerstab aufzubauen.

Gegen die Zusammenarbeit mit bestehenden DDR-Instituten sprachen neben der zu diesem Zeitpunkt noch ungeklärten politischen Situation vor allem folgende Gründe:
- fehlende Erfahrung der existierenden Institute mit reinen Marktforschungsstudien,
- zudem geringe Kapazität der vorhandenen Stäbe,
- keine direkten Eingriffsmöglichkeiten auf Auswahl, Schulung und Kontrolle der Interviewer sowie auf die generelle Arbeitsweise.

Der regelmäßige Einsatz von Westinterviewern im Osten kam allein schon aufgrund der extrem guten Auftragslage für die alten Bundesländer nicht in Betracht. Die Schwierigkeit der Realisierung von Wiederholungskontakten, 'Sprachprobleme' und natürlich auch die hohen variablen Kosten sprachen aber auch generell gegen die 'Verschickung' von westlichen Interviewern in den Osten.

Der schnelle Aufbau eines großen Stabes erfordert natürlich enorme Investitionen, ist u.E. auf lange Sicht aber die einzig mögliche Vorgehensweise.

1.2. Maßnahmen in der Anfangsphase

Die Interviewerrekrutierung lief zunächst über die 'Ostkontakte' unserer westdeutschen Interviewer. Dieses Vorgehen hatte den großen Vorteil, daß wir Bewerbungen von Personen bekamen, die sich unter der angestrebten Tätigkeit schon einiges vorstellen konnten. Zu nennen sind hier Frageninhalte, Zielpersonenauswahl, Zeitaufwand und natürlich auch Honorierung in DM.

Die hohe Zahl der qualifizierten Bewerbungen verteilte sich sehr gut über die damalige DDR. Über das Schneeballprinzip konnten wir weitere Bewerber gewinnen. Nach der nicht ganz leichten Auswahl (aus etwa 5.000 Bewerbungen) wurde mit knapp 2.000 Interviewern ein schriftlicher Vertrag abgeschlossen. Dieser große Stab war notwendig, um der enormen Nachfrage auch nach Untersuchungen mit großen Fallzahlen gerecht werden zu können.

Wir konnten natürlich nicht so schnell alle Interviewer persönlich schulen. Zunächst wurden aus jedem DDR-Bezirk zwei uns besonders geeignet erscheinende Interviewer gezielt im Institut geschult. Alle anderen bekamen ein detailliertes Interviewerhandbuch und spezifische Anweisungen für die einzelnen Studien.

Das enge Supervisornetz übernimmt auch Logistikaufgaben. Es kann eingesetzt werden, wenn der Versand von Befragungsmaterialien oder Institutsanweisungen per Post aus Zeitgründen nicht möglich ist. Vor allem aber stehen die Supervisoren aufgrund ihrer besonderen Schulung den Interviewern als Ansprechpartner zur Verfügung, wenn Probleme bei einer Befragung auftauchen. Der direkte Kontakt zwischen Interviewer und zentraler Feldabteilung war aus den bekannten Gründen selten möglich.

Aber nicht nur an die reibungslose Durchführung von Studien mußte gedacht werden. Es gab kaum Know-how über die DDR-Verhältnisse (Gesellschaft, wirtschaftliche Abläufe, Sprache) im Institut.

Die Zonenrandlage erleichtert es uns, Mitarbeiter aus der ehemaligen DDR zu beschäftigen. Jeder Fragebogen wird von einem Wissenschaftler aus dem Osten gecheckt und von unserer 'Facharbeiterin für Schreibtechnik' ins endgültige Layout gebracht. Gerade in dieser letzten Stufe gibt es noch viele nützliche Anregungen.

1.3. Untersuchungsanlage

Um eine möglichst breite Streuung der Interviews in Ostdeutschland zu erhalten, arbeiten wir hier auch mit 210 sample points je Netz bei Repräsentativbefragungen. Die vergleichsweise hohe Anzahl vermindert neben der Klumpung auch den Einfluß der einzelnen Interviews und die Verzerrungen durch ausgefallene sample points.

Mittlerweile liegen ADM-Stichprobennetze vor. In der Anfangsphase haben wir die Stichproben aus unserem eigenen Gemeinde-Datenband gezogen. Dieser Datensatz enthält Merkmale wie Gemeindekennziffer und Ortsgröße.

Die erste Stufe der Stichprobenziehung (einschließlich Vergabe der Startadressen) liegt somit ausschließlich beim Institut. Die Bestimmung der Zielhaushalte erfolgt in der Regel nach der random-route-Regel durch den Interviewer. Bei Bevölkerungsumfragen erfolgt die Auswahl der Zielpersonen in den Zielhaushalten nach einem Zufallsschlüssel (z. B. Geburtstagsschlüssel). Die Untersuchungsanlage entspricht somit weitestgehend dem Vorgehen in Westdeutschland (mehrstufiges, geschichtetes Verfahren).

1.4. Rücklauf

Die Interviewer arbeiten nach wie vor sehr gewissenhaft. Wir erzielen im Vergleich zum Westen noch immer überdurchschnittliche Ausschöpfungsquoten. Allerdings kam es im letzten Jahr gelegentlich zu Ausfällen von sample points innerhalb ganzer Bezirke. Das Interviewermaterial wurde dann von der Post so spät ausgeliefert, daß die Feldzeit für unsere Interviewer schon (fast) abgelaufen war. Eine Systematik war nicht zu erkennen. Diese Probleme tauchten mal in Leipzig, dann in Potsdam oder Erfurt auf. In fast allen Umfragen konnte die angestrebte Anzahl der Interviews ohne Nacheinsatz realisiert werden.

2. Einige Fallbeispiele

2.1. Messung des Konsumverhaltens

Innerhalb sehr kurzer Zeit hat sich das Warenangebot im Osten total geändert. Die Konfrontation mit vielen neuen Marken und Produkten führt beim Verbraucher zu einem vielfältigen Probierverhalten.

Ein reiner Vergleich der Hauptmarkenpenetration aus einer Marktforschungsstudie mit Abverkaufszahlen ist deshalb nicht zulässig; für den Osten auch bei Produkten mit einem relativ festen Preisgefüge nicht. Vielmehr ist eine detaillierte Abfrage der Konsumgewohnheiten (sonst noch regelmäßig oder gelegentlich verwendete Marken, Kauf- und Probierverhalten etc.) notwendig. Das durch die neuen Marken ausgelöste Kauf- und Probierverhalten verschiebt nicht nur die Markenpenetration. Es werden auch - zumindest kurzfristig - neue Verwender gewonnen.

Eine kontinuierliche Messung der Verwender- und Markenanteile ist gerade in dem noch nicht gefestigten neuen deutschen Markt unerläßlich.

2.2. Antwortverhalten bei Einstellungs- und Meinungsfragen

Die folgenden Beispiele beruhen auf repräsentativen Umfragen in Ost- und Westdeutschland bei jeweils 1.000 Personen ab 14 Jahren. Durchgeführt wurden die Untersuchungen im August 1990. Die unterschiedlichen Skalen wurden natürlich in separaten Umfragen getestet. Weitere Beispiele enthält der SAMPLE Workshop 4 'Zwischen Wende und Vereinigung'.

Neben der im Vergleich zum Westen sehr starken Extremwertbelegung im Osten, fällt auf, daß die neuen Bundesbürger die bei der 10er-Skala bestehenden Möglichkeiten zur Differenzierung nicht nutzen. Die Top-1-Werte entsprechen denen der 5-er Skala (vgl. dazu die *Darstellungen 1* und *2*).

Unsere Erfahrungen bei Meinungs- und Einstellungsfragen können wir wie folgt zusammenfassen:
- im Osten erhalten wir generell eine höhere Zustimmung bei Statements, die sozial erwünschtes Verhalten messen,
- der positiv definierte Extremwert wird im Osten sehr stark benutzt,

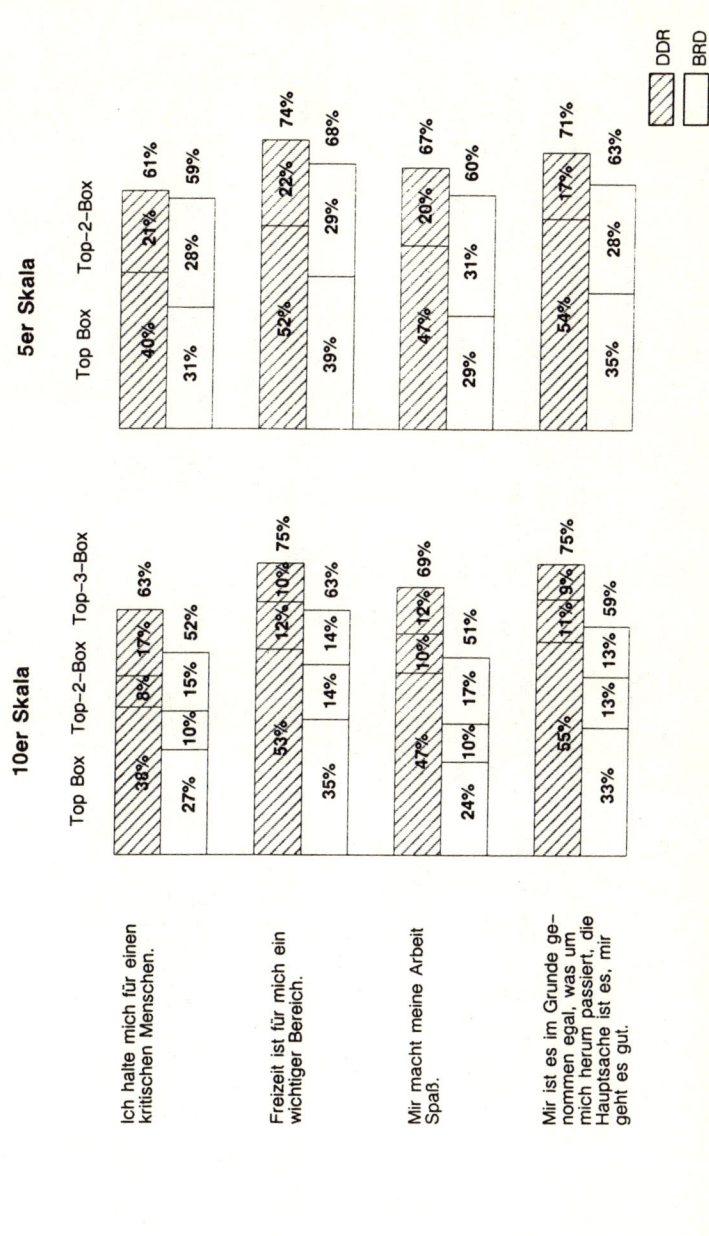

Darstellung 1: Antwortverhalten bei Einstellungs- und Meinungsfragen im Ost-West-Vergleich 1. Angaben in v.H.

10er Skala Top Box Top-2-Box Top-3-Box

5er Skala Top Box Top-2-Box

Ich halte mich für einen kritischen Menschen.
- 10er: DDR 38% / 8% / 17% = 63%; BRD 27% / 10% / 15% = 52%
- 5er: DDR 40% / 21% = 61%; BRD 31% / 28% = 59%

Freizeit ist für mich ein wichtiger Bereich.
- 10er: DDR 53% / 12% / 10% = 75%; BRD 35% / 14% / 14% = 63%
- 5er: DDR 52% / 22% = 74%; BRD 39% / 29% = 68%

Mir macht meine Arbeit Spaß.
- 10er: DDR 47% / 10% / 12% = 69%; BRD 24% / 17% / 10% = 51%
- 5er: DDR 47% / 20% = 67%; BRD 29% / 31% = 60%

Mir ist es im Grunde genommen egal, was um mich herum passiert, die Hauptsache ist es, mir geht es gut.
- 10er: DDR 55% / 11% / 9% = 75%; BRD 33% / 13% / 13% = 59%
- 5er: DDR 54% / 17% = 71%; BRD 35% / 28% = 63%

Legende: DDR (schraffiert), BRD (weiß)

Quelle: SAMPLE, Umfragen vom August 1990.

Darstellung 2: Antwortverhalten bei Einstellungs- und Meinungsfragen im Ost-West-Vergleich 2. Angaben in v.H.

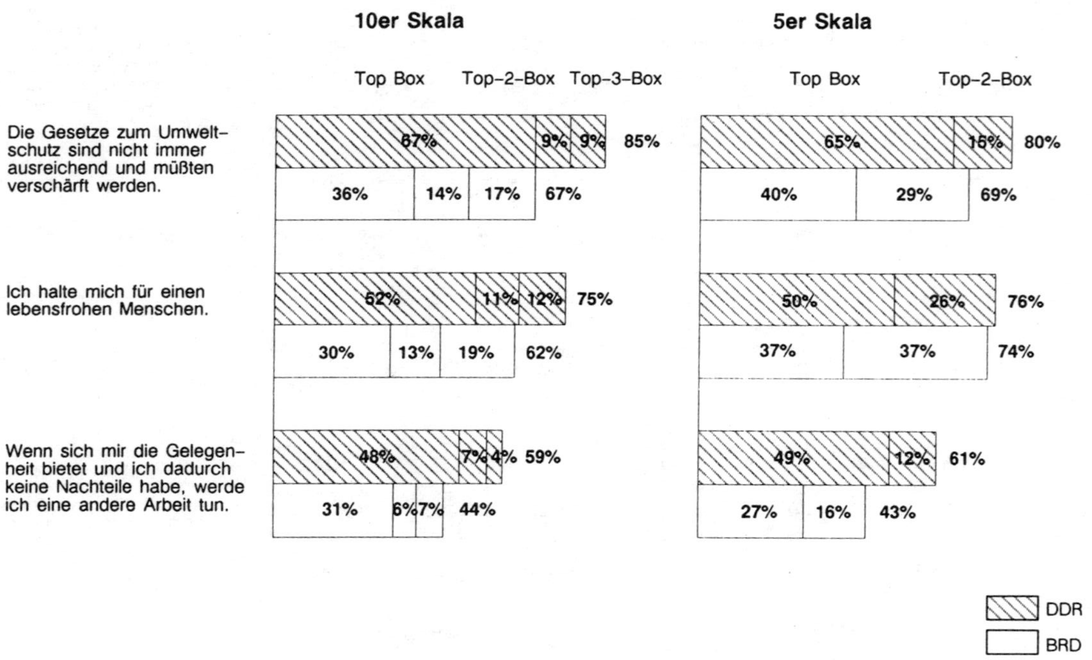

10er Skala

Aussage		Top Box	Top-2-Box	Top-3-Box
Die Gesetze zum Umweltschutz sind nicht immer ausreichend und müßten verschärft werden.	DDR	67%	9%	9% (85%)
	BRD	36%	14%	17% (67%)
Ich halte mich für einen lebensfrohen Menschen.	DDR	62%	11%	12% (75%)
	BRD	30%	13%	19% (62%)
Wenn sich mir die Gelegenheit bietet und ich dadurch keine Nachteile habe, werde ich eine andere Arbeit tun.	DDR	48%	7%	4% (59%)
	BRD	31%	6%	7% (44%)

5er Skala

	Top Box	Top-2-Box
DDR	65%	15% (80%)
BRD	40%	29% (69%)
DDR	50%	26% (76%)
BRD	37%	37% (74%)
DDR	49%	12% (61%)
BRD	27%	16% (43%)

DDR / BRD

Quelle: SAMPLE, Umfragen vom August 1990.

- diese Extremwertbelegung resultiert vor allem aus der vergleichsweise geringen Anzahl neutraler Nennungen. Die Anzahl und Verteilung der negativen Urteile unterscheiden sich in Ost und West nicht so sehr.

2.3. *Kurzlebigkeit von Umfrageergebnissen*

Das SAMPLE INSTITUT ermittelte im Rahmen seiner wöchentlich ins Feld gehenden Mehrthemenumfrage auch die Zukunftswünsche und -pläne in Ostdeutschland. Die Erhebung wurde im April 1990 das erste Mal durchgeführt und mit identischem Fragebogen im Dezember 1990 wiederholt. Befragt wurden jeweils 1.000 Personen ab 14 Jahren.
Persönliche Wünsche (vgl. *Darstellung 3*):
Der materielle Nachholbedarf scheint für's erste gesättigt zu sein. Die 'DDR-Bürger' äußern jetzt in erster Linie persönliche Wünsche. Im April 1990 gab nicht ganz jeder 2. Befragte (45 v.H.) ideelle Ziele an, im Dezember sind es schon 70 v.H.! Sozio-demographische Differenzen sind nicht festzustellen, diese Entwicklung betrifft sowohl Frauen und Männer als auch alle Altersgruppen gleichermaßen.

Besonders der Wunsch nach Gesundheit wird verstärkt geäußert (April = 20 v.H., Dezember = 44 v.H.), aber auch Glück und Zufriedenheit werden jetzt häufiger genannt (April = 6 v.H., Dezember = 14 v.H.).

10 v.H. der Befragten wünschen sich eine bessere Zukunft vor dem Hintergrund der Arbeitslosigkeit, von der sie mittel- oder unmittelbar betroffen sind. Männer äußern überdurchschnittlich (30 v.H.) die Hoffnung auf berufliche Zufriedenheit.

Die im Juli vollzogene Währungsunion trägt ihre Früchte: Nur noch 53 v.H. geben materielle Wünsche an - im April 1990 waren es noch 76 v.H.! Frauen (49 v.H.) äußern sich etwas zurückhaltender als Männer (56 v.H.). Überdurchschnittlich viele Jüngere (bis 34 Jahre = 61 v.H.), aber dafür wesentlich weniger Ältere (ab 55 Jahre = 39 v.H.) möchten sich in der Zukunft materielle Wünsche erfüllen.

Im Detail betrachtet, scheint bei den kleineren Anschaffungen (z.B. Wohnungseinrichtung) eine Sättigung nahezu erreicht (April = 31 v.H., Dezember = 4 v.H.) .Auf jeden Fall sind Fernseher, Kühlschränke etc. nicht mehr so bedeutend, daß ihre Anschaffung in den Zukunftsplänen berücksichtigt wird.

Darstellung 3: Pläne und Wünsche für die Zukunft - Einstellungswandel in Ostdeutschland 1. Angaben in v.H.

	April 1990	Dezember 1990
Basis	1.000	1.000
PERSÖNLICHE UND IDEELLE WÜNSCHE	45%	70%
Gesundheit	20%	44%
berufliche Zufriedenheit	25%	25%
mehr Freizeit	3%	1%
bessere Umwelt	4%	2%
spez. eigene Arbeitslosigkeit	–	10%
andere private Wünsche (Glück/Zufriedenheit)	6%	14%
PERSÖNLICHE UND MATERIELLE WÜNSCHE	76%	53%
Urlaub	50%	22%
berufliche Karriere	2%	7%
gesicherte Existenz	17%	22%
kleinere Anschaffungen (Wohnungseinrichtung)	31%	4%
neues Auto	18%	9%
neues Haus/neue Wohnung	18%	14%
Freizeitangebot	–	1%

Quellen: SAMPLE - Mehrthemenumfrage in Ostdeutschland (offene Abfrage; ohne Beschränkung der Anzahl der Nennungen).

Gleichermaßen haben die DDR-Bürger in den 8 Monaten zwischen den beiden Erhebungszeiträumen die Möglichkeit genutzt, in den Urlaub zu fahren: nur noch 22 v.H. der Befragten (April = 50 v.H.) geben eine Urlaubsreise als Wunsch an.

Erwartungsgemäß sinkt auch die Nachfrage nach neuen Autos. Wünschten sich im April noch 18 v.H. einen neuen Wagen, so äußert im Dezember nur noch annähernd jeder zehnte Befragte (9 v.H.) den Wunsch nach einem PKW. Es überrascht nicht, daß das überdurchschnittlich die Jüngeren sind (bis 34 Jahre, Dezember = 15 v.H.).

14 v.H. der DDR-Bürger wünschen sich eine neue Wohnung/ein neues Haus (April = 18 v.H.) - es zeigt sich, daß auf dem Wohnungssektor die Bedürfnisse nicht so schnell zu befriedigen sind. Besonders Jüngere (bis 34 Jahre) suchen weiterhin verstärkt nach einer neuen Wohnung.

Mehr Bedeutung gewonnen haben Ziele wie 'berufliche Karriere' (7 v.H.) und 'gesicherte Existenz' (22 v.H.), die im Vergleich zur April-Erhebung um jeweils 5 v.H. gestiegen sind. Eine berufliche Karriere wünschen sich mehr Männer als Frauen und überdurchschnittlich viele Jüngere (bis 34 Jahre, Dezember = 13 v.H.). Der Wunsch nach einer gesicherten Existenz ist tendenziell bei den 35-54jährigen stärker ausgeprägt.

Wünsche an die Wirtschaft (vgl. *Darstellung 4*):
Die Wünsche an die Wirtschaft sind in der Zeit von April (53 v.H.) bis Dezember 1990 (69 v.H.) deutlich gewachsen.

Mit der Einheit Deutschlands und der damit verbundenen neuen Wirtschaftsordnung wächst in den neuen Bundesländern die generelle Angst vor der Arbeitslosigkeit. Im April hatten nur 3 v.H. der erwachsenen Bevölkerung den Zukunftswunsch, daß im Lande keine Arbeitslosigkeit aufkommt, 8 Monate später 39 v.H.(!) der Befragten. Überdurchschnittlich viele Bürger im Alter von 35-54 Jahren sprachen diese Hoffnung aus.

5 v.H. der neuen Bundesbürger wünschen sich im Dezember eine Angleichung der Löhne an den westdeutschen Standard. Im April gab es diese Forderung noch nicht.

Den Abbau von Sozialleistungen befürchten auch im Dezember noch 21 v.H. (April = 24 v.H.). Überdurchschnittlich besorgt sind Ältere (ab 55 Jahre = 44 v.H.), aber auch etwas mehr die Frauen. Jüngere bis 34 Jahre haben dagegen in diesem Bereich wesentlich mehr Vertrauen gewonnen - nur noch 12 v.H. äußern Zukunftsängste (gegenüber April = 21 v.H.).

Angesichts neu eröffneter Supermärkte und Einzelhandelsketten ist das Bedürfnis nach einem besseren Warenangebot deutlich gesunken (April = 10 v.H., Dezember = 2 v.H.).

Wünsche an die Politik (vgl. *Darstellung 4*):
Im Dezember wie April 1990 hat jeder fünfte Befragte (21 v.H.) Wünsche an die Politik. Jüngere (bis 34 Jahre = 16 v.H.) erhoffen sich im

Darstellung 4: **Pläne und Wünsche für die Zukunft - Einstellungswandel in Ostdeutschland 2. Angaben in v.H.**

	April 1990	Dezember 1990
Basis	1.000	1.000
WÜNSCHE AN DIE WIRTSCHAFT	53%	69%
Währungsreform	14%	–
wirtschaftliche Stabilität	3%	5%
Marktwirtschaft	3%	3%
stabile Geldpolitik	4%	5%
keine Arbeitslosigkeit	3%	39%
keine Kürzung der Sozialleistungen	24%	21%
Wohnung/Mieten	10%	5%
Warenangebot	10%	2%
besseres Verkehrsnetz	1%	1%
weniger Abgaben/Steuern	–	0%
Angleichung der Löhne	–	5%
Ausbildung	8%	10%
WÜNSCHE AN DIE POLITIK	21%	21%
Wiedervereinigung	5%	–
keine Wiedervereinigung	0%	–
Demokratie	3%	3%
gute Politik	3%	1%
Freizügigkeit	4%	3%
allgemeinen Frieden	10%	14%
Bestrafung der Schuldigen	0%	1%
Abrüstung	1%	0%
keine Überwachung/Bevormundung	–	1%

Quellen: SAMPLE - Mehrwertthemenumfrage in Ostdeutschland (offene Abfrage; ohne Beschränkung der Anzahl der Nennungen).

Dezember weniger von der Politik und äußern unterdurchschnittlich Forderungen. Ältere (ab 55 Jahre = 27 v.H.) dagegen wünschen sich 8 Monate nach der ersten Studie überdurchschnittlich viel von den Politikern.

Die größte Bedeutung (10 v.H.) hat für die Menschen in der ehemaligen DDR die Bewahrung des Friedens. 4 v.H. mehr stellen dieses Ziel im Dezember in den Vordergrund, und zwar überdurchschnittlich viele Ältere (ab 55 Jahre = 20 v.H.). Jeder fünfte in dieser Altersgruppe äußert vor dem weltpolitischen Hintergrund (Golfkrise) die Angst vor einem drohenden Krieg.

3. Zusammenfassung

Das Durchführen von Umfragen in den neuen Bundesländern, die reine Feldarbeit, gehört mittlerweile zum Alltagsgeschäft. Die Interviewer haben ihre Erfahrungen gemacht.

Probleme bereiten noch die Postlaufzeiten. Deshalb ist ein größerer Zeitbedarf bei Umfragen im Osten erforderlich.

Bei der Konzeption und Analyse der Umfragen sollten DDR-spezifische Faktoren nicht vergessen werden. Die angeführten Beispiele zeigen Unterschiede beim (realen) Konsumverhalten, aber auch beim Antwortverhalten.

Auch sozio-demographische Unterschiede bestehen zwischen Ost und West. Für die ehemalige DDR trifft beispielsweise folgendes zu:
- bisher hoher Grad der Berufstätigkeit unter Frauen,
- die wahrscheinlich wachsende Arbeitslosigkeit,
- hoher Anteil der in kleinen Orten lebenden Personen,
- niedriges Einkommensniveau (wobei die Streuung der Haushaltseinkommen fast der im Westen entspricht).

In den neuen Bundesländern ist viel in Bewegung, deshalb erscheint uns eine kontinuierliche Beobachtung des Marktes, aus Kostengründen evtl. mit kompakten Fragenprogrammen, unerläßlich.

Von sozialistischem Methodenpluralismus zu marktwirtschaftlichem Einheitsbrei?
Einige Anmerkungen zur Entwicklung der Sozial-, Markt- und Meinungsforschung in der ehemaligen DDR seit der Wende

Helmut Jung

1. Vorbemerkungen

Eine Bestandsaufnahme der Entwicklung der Sozialforschung, sowie der Einstellungs-, Markt- und Meinungsforschung in der ehemaligen DDR seit der Wende kann 15 Monate nach dem Fall der Mauer und nur 5 Monate nach der Wiedervereinigung zwangsläufig keinen Anspruch auf Vollständigkeit erheben.

Dies ist zum einen deshalb nicht möglich, weil sich dieser Entwicklungsprozeß zum gegenwärtigen Zeitpunkt ebenso wie die wirtschaftliche und gesellschaftliche Angleichung beider Teile Deutschlands noch in einem Anfangsstadium befindet. Zum anderen hat die Rasanz der Entwicklung seit dem Fall der Mauer und die Einbindung west- und ostdeutscher Sozial-, Markt- und Meinungsforscher in die Dynamik dieses Prozesses als Akteure eine systematische Beobachtung zum Zweck einer Bestandsaufnahme nicht gerade gefördert. Hinzu kommt, daß der Verfasser aufgrund seiner westdeutschen Herkunft und seines beruflichen Hintergrunds als Leiter eines privatwirtschaftlich verfaßten Markt- und Meinungsforschungsinstituts die bisherige Entwicklung in der ehemaligen DDR aus einer spezifischen Perspektive erlebt hat und interpretiert.

Angesichts der Tatsache, daß sich zu dieser Thematik aber auch Kollegen aus der universitären Forschung und aus den neuen Bundesländern äussern, stellt die spezifische Perspektive, aus der der Verfasser die Entwicklung der Sozial-, Markt- und Meinungsforschung in der ehemaligen DDR erlebt hat, jedoch keinen Mangel dar. Aus den Beiträgen zu diesem Thema kann der interessierte Leser sicherlich ein fundiertes Urteil darüber ableiten, wie die Entwicklung bis zu dieser Bestandsaufnahme tatsächlich verlaufen ist.

2. Die Entwicklung seit der Wende

Für westdeutsche Markt- und Meinungsforschungsinstitute gab es nach dem Fall der Mauer teilweise sehr unterschiedliche Motivationen und Triebfedern für ein Sondieren des Terrains und für nachfolgende Aktivitäten in der ehemaligen DDR: Neugier, Begeisterung und Idealismus, Pioniergeist, neue Marktchancen, Streben nach mehr Umsatz und Gewinn, Nachfragedruck seitens der Kunden oder zumindest aber das Bestreben, sich bestehendes Geschäft zu erhalten.

Trotz großer Neugier und Begeisterung unterlag BASISRESEARCH glücklicherweise nicht dem Zwang, zu den allerersten Instituten zählen zu müssen, die in der ehemaligen DDR tätig wurden. Dies bot den Vorteil, vom Vorgehen und den Erfahrungen anderer Institute profitieren und einige Fehler vermeiden zu können. Dennoch war bereits zu Beginn des Jahres 1990 klar, daß die Auftraggeber bei etwa einem Viertel des bereits bestehenden Geschäfts von BASISRESEARCH beim nächsten Mal ein gesamtdeutsches Angebot erwarteten. Dies betraf ganz besonders die Themenbereiche Politik- und Sozialforschung, Mediaforschung sowie die Tourismusforschung. Der Zwang zum alsbaldigen Handeln war also angesagt, wenn man nicht bereits bestehendes Geschäft an Wettbewerber verlieren wollte.

Insgesamt läßt sich die gesamte Entwicklung seit der Wende aus der Perspektive von BASISRESEARCH recht gut in fünf Phasen aufteilen:

* Erkundung des Status Quo der Sozial-, Markt- und Meinungsforschung in der ehemaligen DDR
* Erprobung von Kooperationen mit Partnern in der ehemaligen DDR
* Aufbau einer Repräsentanz mit eigener Feldabteilung und eigenem Stichprobensystem in Dresden
* Probeumfrage und erste Untersuchungen im Kundenauftrag vor dem 03.10.1990
* Umwandlung der Repräsentanz in BASISRESEARCH Dresden nach dem 03.10.1990.

In der *Erkundungsphase* gab es einige Überraschungen. Auf den ersten Blick gab es auf der terra incognita DDR doch eine ganze Reihe von Institutionen, die sich mit Sozial-, Markt- und Meinungsforschung beschäftigten, eigentlich mehr, als viele Sozial-, Markt- und Meinungsforscher in den alten Bundesländern erwartet hatten. Obwohl Marktdaten und Marktforschung bis zur Wende kaum gefragt, sowie Meinungen und Meinungsforschung verpönt oder gar verboten gewesen zu sein schienen (vgl. Schöppner 1991: 94 f.), ließen sich nach dem Fall der Mauer von westdeutschen Kundschaftern relativ schnell einige Zentren der Markt-, Meinungs- und Sozialforschung in der ehemaligen DDR ausmachen.

In Sachen Marktforschung weckten besonders das Leipziger Institut für Marktforschung sowie die Medienforschungsabteilungen des Hörfunks und des Fernsehens der DDR das Interesse westlicher Institute. Die primär an Sozial- und Meinungsforschung Interessierten lenkten ihre Blicke in erster Linie auf das Leipziger Zentralinstitut für Jugendforschung, das Institut für Soziologie und Sozialpolitik an der Akademie der Wissenschaften in Ost-Berlin oder auf andere universitäre Forschungseinrichtungen in Berlin, Leipzig, Dresden, Halle und Jena.

Für die Institutsmarktforscher aus den alten Bundesländern waren vor allem diejenigen Forschungseinrichtungen in der ehemaligen DDR von besonderem Interesse, die über einen eigenen Interviewerstab und Erfahrungen bei der Durchführung qualitativer und vor allem auch quantitativer Untersuchungen auf der Basis großer Repräsentativ-Stichproben verfügten. Die damalige Rechtslage mit dem Verbot einer bundesrepublikanischen Mehrheitsbeteiligung an DDR-Unternehmen und prohibitive Steuersätze für Unternehmen in Privatbesitz machten diese Forschungsinstitutionen in der ehemaligen DDR mit eigener Feldabteilung nämlich zu begehrten Kooperationspartnern für etablierte bundesrepublikanische Markt- und Meinungsforschungsinstitute. Die eigenen Erfahrungen und die Erkenntnisse von Kolleginnen und Kollegen aus dieser Phase der Erkundung und Erprobung von Kooperationen lassen sich zusammenfassend folgendermaßen beschreiben: Es gab

* große Offenheit und hohe grundsätzliche Kooperationsbereitschaft
* teils geringe und sehr unterschiedliche Standards in Methoden und Erhebungstechniken
* hohe Spezialisierung bzw. einseitige Orientierung bei Forschungsthemen/Zielgruppen
* mangelnde Nachvollziehbarkeit von Stichprobenverfahren und deren konkreter Realisierung
* unterschiedliche Qualifikationen und einseitige Strukturen von Interviewerstäben
* zumindest anfangs mangelnde Flexibilität bei der Anpassung an die neuesten bzw. üblichen Standards

* Materialknappheit und daraus resultierende Fehlerquellen
* Kommunikationsprobleme aufgrund
  - schlechter technischer Rahmenbedingungen (Telefon, Postlaufzeiten)
  - von Mißverständnissen bei Nutzung vermeintlich eindeutiger Terminologie
* Kapazitätsengpässe aufgrund der Auftragsflut durch westdeutsche Institute.

Die Freude über die große Offenheit und die hohe grundsätzliche Kooperationsbereitschaft ostdeutscher Forschungsinstitutionen wurde allerdings etwas durch die Tatsache getrübt, daß sich die ostdeutschen Kolleginnen und Kollegen besonders in der Anfangsphase nahezu ausschließlich als Wissenschaftler betrachteten und den auch auf 'Geschäft' bedachten bundesrepublikanischen Markt- und Meinungsforschern mit einer gewissen Distanz begegneten (vgl. Schöppner 1991: 95). Dies führte z.B. dazu, daß Vorstellungen über die terminliche Abwicklung von Umfragen oftmals nur schwer miteinander in Einklang zu bringen waren.

Auch im Hinblick auf die Standards in Methoden und Erhebungstechniken sowie die Stichprobenverfahren und deren Realisierung gab es im Vorfeld sowie auch während und nach erfolgten Kooperationen Diskussionen. Interviewerstäbe, die ähnlich den amtlich bestellten Zählern für den bundesrepublikanischen Zensus nur temporär oder in großen zeitlichen Abständen eingesetzt wurden oder die sich fast ausschließlich aus Lehrern bzw. überdurchschnittlich vielen SED-Mitgliedern zusammensetzten, wurden von den westlichen Markt- und Meinungsforschern ebenso kritisch beurteilt wie Zufallsstichproben, bei denen lediglich für die Startadresse in den Sample-Points das Zufallsprinzip angewandt wurde.

Insgesamt wurde erkennbar, daß es in der DDR nicht nur an einem in der Profession allgemein und systematisch verbreiteten Wissen über die neuesten methodischen Fortschritte fehlte, weil man, von Ausnahmen abgesehen, vom Informationsfluß aus dem Westen abgeschnitten war, sondern auch an einer notwendigen Standardisierung der in der DDR angewandten Methoden. Die fehlende Transparenz über neueste Methoden und Stichprobenverfahren im Außen- und Innenverhältnis führte zu einer für westliche Markt- und Meinungsforscher teilweise verwirrenden Heterogenität, zumal es in der ehemaligen DDR auch niemals Beratungs-, Clearing- oder Koordinationsstellen für derartige Fragen gab, die analog zu ZUMA (vgl. zu den Aufgaben und zur Funktion Wildenmann/Kaase 1980 (Hg.)), dem ADM (zum Arbeitskreis Deutscher Marktforschungsinstitute vgl. ADM 1991 (Hg.)) oder dem ZAW (zum Zentralausschuß der Werbewirtschaft vgl. Bergler 1988; ZAW 1988 (Hg.)) Empfehlungen gegeben oder Richtlinien aufgestellt hatten.

Hinzu kam, daß ostdeutsche Kollegen aus durchaus verständlichen Gründen wie z.B. Angst vor Identitätsverlust und vor Majorisierung durch westdeutsche Markt- und Meinungsforscher sowie aufgrund anderer Erwartungen im Hinblick auf ein Fortbestehen der DDR die Bitten oder Forderungen bundesrepublikanischer Kooperationspartner nach Anwendung der in Westdeutschland üblichen Standards ablehnten. Sicher mag es dabei manchem unter Termindruck der Auftraggeber stehenden westlichen Institutsmarktforscher hier und da an der nötigen Feinfühligkeit oder an der Fähigkeit gefehlt haben, dem Kooperationspartner in der ehemaligen DDR zu verdeutlichen, daß man bei Stichprobenverfahren und Ausschöpfungsraten selbst keine Entscheidungsspielräume hatte, sondern an das ADM-Stichprobensystem (vgl. Arbeitskreis Deutscher Marktforschungsinstitute 1979 (Hg.)) bzw. die Richtlinien des ZAW (vgl. ZAW 1988 (Hg.)) gebunden war.

Nach Abwägung aller in der Erkundungs- und Erprobungsphase gemachten Erfahrungen entfielen für BASISRESEARCH als Entscheidungsalternativen die Zusammenarbeit mit einem oder mehreren bereits etablierten DDR-Kooperationspartnern sowie auch die Mitnutzung eines der zwischenzeitlich neugegründeten DDR-Institute mit westdeutschem Hintergrund als Trittbrettfahrer.

Für die erste Alternative war BASISRESEARCH zu klein und nicht finanzkräftig genug. Für die zweite Alternative war das Institut und sein Bedarf an kontinuierlicher Forschungstätigkeit in der ehemaligen DDR hingegen zu groß. Daher fiel die Entscheidung in diesem konkreten Fall dahingehend, über eine Repräsentanz (DIMO-Dresden) tätig zu werden, die der damals noch geltenden Gesetzeslage mit dem Verbot bundesrepublikanischer Mehrheitsbeteiligungen und dem Gebot der Nutzung von DDR-Instituten (Gesetz Meinungsumfragen vom 09.02.1990) Rechnung trug. Außerdem hatte diese Lösung den Vorteil, daß das Training der freien und festangestellten Mitarbeiter nach den Standards von BASISRESEARCH und auftretende methodische Probleme entsprechend den eigenen Vorstellungen gelöst werden konnten.

Andere renommierte Institute aus der Bundesrepublik beschritten in der Anfangsphase nach der Wende ähnliche Wege oder wählten eine völlig identische Vorgehensweise. Man prüfte Kooperationen, übernahm vereinzelt Interviewerstäbe oder Wissenschaftler oder baute mit Hilfe engagierter und motivierter ostdeutscher Mitarbeiter eine eigene Organisation in der ehemaligen DDR auf. Zu Übernahmen und Käufen ostdeutscher Institutionen durch bundesrepublikanische Institute kam es wegen der Vielzahl rechtlicher Probleme und vor allem auch wegen der eher pessimistischen mittel- bis langfristigen Beurteilung der Marktchancen in der ehemaligen DDR nicht. Schließlich zeichnete sich damals schon zunehmend stärker eine rasche Wiedervereinigung und damit das baldige Ableben eines eigenständigen Marktforschungsmarkts DDR ab. Außerdem wurde immer klarer, daß wegen des Zustands der DDR-Wirtschaft kaum in nennenswertem Umfang mit ostdeutschen Aufträgen für ostdeutsche Institute zu rechnen war.

3. Erfahrungen mit methodischen Problemen

In Verbindung mit der generellen Schilderung der Entwicklung der Sozial-, Markt- und Meinungsforschung in der ehemaligen DDR wurden mehrfach unterschiedliche Standards und Methoden und die daraus resultierenden Probleme bei Kooperationen angesprochen, ohne daß auf diese methodischen Probleme im Detail eingegangen wurde. Dies soll in dem nun folgenden Teil dieses Beitrags geschehen.

Stichprobe

Eines der methodischen Hauptprobleme für alle Institute war die *Entwicklung eines adäquaten Stichprobenverfahrens*. Eine relativ einfache, auf den ersten Blick unproblematische und schnell zu realisierende Lösung wäre die Bildung von Quoten-Stichproben auf der Basis mehr oder weniger zuverlässiger Daten über die Bevölkerungsstruktur in der DDR gewesen. Ohne den immer noch schwelenden Streit über die Vor- und Nachteile von Random- und Quota-Stichproben wieder aufleben zu lassen (vgl. Radtke/Zeh 1974: 124 ff.; Scheuch 1974: 16 ff. und 70 ff.), wurde im Frühjahr 1990 eine ganz pragmatische Entscheidung getroffen. Erste Umfragen in der ehemaligen DDR mit überproportionalen Anteilen von SED-Mitgliedern bei Interviewern und Befragten sowie der Wunsch von Auftraggebern nach identischen Methoden und Stichproben in beiden Teilen Deutschlands ließen als einzige Lösung nur die Zufallsstichprobe übrig.

Zum damaligen Zeitpunkt waren in der ehemaligen DDR aus der Sicht von Stichprobenfachleuten lediglich Zufallsstichproben auf der Basis von Meldeunterlagen die einzige methodisch unproblematische Variante eines Random Samples. Die Erwartung, daß der seinerzeit noch völlig ungehinderte Zugang zu den Meldeunterlagen sehr bald drastisch eingeschränkt werden würde und die Schwächen der anderen damals praktizierten Stichprobenverfahren im Hinblick auf ihre theoretischen Grundlagen oder ihre Realisierung, führten zu dem Entschluß, ein eigenes System zu entwickeln. Da Quoten-Stichproben als Zwischen- oder Behelfslösung aus den bereits geschilderten Gründen weder für BASISRESEARCH noch für die Auftraggeber in Betracht kamen, entwickelte das Institut analog zum ADM-Stichprobensystem eine mehrstufige, geschichtete Zufallsstichprobe (vgl. Arbeitskreis Deutscher Marktforschungsinstitute 1979 (Hg): 61 ff.).

Aus detaillierten, auf Magnetband verfügbaren Unterlagen der Staatlichen Zentralverwaltung für Statistik der DDR mit dem Stand vom 31.12.1989 wurden acht kompatible bzw. kumulierbare Stichprobennetze mit jeweils 210 Sample-Points gezogen. Aus der *Tabelle 1* ist die durchschnittliche Anzahl der Sample-Points pro Netz und aufaddiert für alle acht Netze für jeden der ehemaligen 15 Verwaltungsbezirke ersichtlich. Außerdem erfolgte bereits damals mit kleineren Ungenauigkeiten die Transformation der 15 Verwaltungsbezirke in die bis 1952 bestehende und nach dem 14. Oktober 1990 wieder aufgelebte Länderstruktur, so daß auch Teilstichproben durch Kumulierung einzelner Netze auf Länderebene gebildet werden konnten (vgl. *Tabelle 1*).

Das bedeutet pro Netz für die ehemalige DDR einen Sample-Point für jeweils 78.500 Einwohner, während bei gleicher Netzgröße in den alten Bundesländern jeweils ein Point auf ca. 290.500 Einwohner entfällt. Durch diese flächenmäßig wesentlich feinere Streuung der Stichprobe in der ehemaligen DDR wird verhindert, daß Ausfälle von Sample-Points, die wegen der extrem langen Postlaufzeiten und der deshalb nicht mehr möglichen Nacheinsätze auch auf absehbare Zeit noch nicht zu vermeiden sind, zu signifikanten Verzerrungen der Stichprobenstruktur führen (siehe hierzu die Beispielrechnungen in *Tabelle 2*).

Die 1991 vom 12er-Club fertig- und bereitgestellte ADM-Stichprobe für die neuen Bundesländer basiert exakt auf den gerade geschilderten Prinzipien und hat ebenfalls 210 Sample-Points pro Netz. Die Qualität dieser DDR-Stichproben ist wegen identischer Vorgehensweise dem ADM-Stich-

Tabelle 1: Die Struktur der BASISRESEARCH-DDR-Stichprobe nach ehemaligen Verwaltungsbezirken und Bundesländern.

Bezirke	n = Kreise	Stadtkreise	Landkreise	n = Gemeinden	Wohnbevölkerung 31.12.1989 in Tsd.	in %	Points ... pro Netz	insgesamt
Berlin	11	11	-	1	1279	7,8	16	128
Cottbus	15	1	14	569	876	5,3	11	88
Dresden	17	2	15	594	1713	10,4	22	176
Erfurt	15	2	13	719	1223	7,4	16	128
Frankfurt	12	3	9	438	706	4,3	9	72
Gera	13	2	11	528	728	4,4	9	72
Halle	23	3	20	684	1748	10,6	22	176
Chemnitz	24	3	21	601	1818	11,1	23	184
Leipzig	13	1	12	420	1333	8,1	17	136
Magdeburg	18	1	17	656	1238	7,5	16	128
Neubrandenburg	15	1	14	492	616	3,8	8	64
Potsdam	17	2	15	756	1111	6,8	14	112
Rostock	14	4	10	360	910	5,5	12	96
Schwerin	11	1	10	389	590	3,6	8	64
Suhl	9	1	8	358	545	3,3	7	56
DDR ingesamt	227	38	189	7565	16434	100,0	210	1680
Berlin	11	11	-	1	1279	7,8	16	128
Land Mecklenburg-Vorpommern	40	6	34	1241	2116	12,9	28	224
Land Brandenburg	44	6	38	1763	2693	16,4	34	272
Land Sachsen-Anhalt	41	4	37	1340	2986	18,2	38	304
Land Sachsen	54	6	48	1615	4864	29,6	62	496
Land Thüringen	37	5	32	1605	2496	15,1	32	256

Tabelle 2: Die Kompensation von ausgefallenen Sample-Points in der DDR-Stichprobe durch eine höhere Netzdichte.

	Fallzahlen: 1.000	1.500	2.000	2.500	3.000
Anzahl Netze	1	2	2/3	3/4	4/5
Anzahl Points	210	420	420/630	630/840	840/1050
15 v.H. ausgefallene Points	30	63	63/95	95/126	126/158
85 v.H. realisierte Points	180	357	357/535	535/714	714/892
zu realisierende Interviews pro Point	5,6	4,2	5,6/3,7	4,7/3,5	4,2/3,4
einzusetzende Adressen pro Point (70 v.H.)	8,0	6,0	8,0/5,5	6,7/5,0	6,0/4,8

probensystem für die alten Bundesländer absolut ebenbürtig. Das einzige Problem besteht in der Aktualität bzw. Genauigkeit der zugrundeliegenden bevölkerungsstatistischen Daten der ehemaligen DDR. Dieses Problem ist den Forschern in den alten Bundesländern jedoch schon seit längerem geläufig. Schließlich wurden in den alten Bundesländern Stichproben wegen fehlender aktueller Volkszählungsdaten jahrelang mit den alten Daten der Volkszählung 1980 oder relativ ungenauen Aktualisierungen durch Ergebnisse des Mikrozensus gewichtet oder hochgerechnet.

Interviewer

Ein weiterer wichtiger Aspekt war der Aufbau eines eigenen Interviewerstabes in der ehemaligen DDR. Versuche mit westdeutschen Interviewern waren aus der Sicht von BASISRESEARCH wenig überzeugend. Praktische Schwierigkeiten für westdeutsche Fulltimer in den neuen Bundesländern mangels Übernachtungsmöglichkeiten, Verständigungsprobleme und Mißtrauen gegenüber den 'smarten Wessis' führten zur Entscheidung, in den neuen Bundesländern nur mit dort ansässigen Interviewern zu arbeiten. Zwei Kleinanzeigen in überregionalen Zeitungen zum Gesamtpreis von DM 2.000,-- brachten uns tausend Bewerbungen und letztendlich 500 geschulte Interviewer. In den alten Bundesländern betragen für BASISRESEARCH die jährlichen Insertionskosten ca. DM 120.000,-- um ca. 200 neue Mitarbeiter in den Interviewerstab des Instituts übernehmen zu können.

Die bisherigen Erfahrungen und Erkenntnisse zum Thema Interviewer lassen sich nach dem heutigen Stand der Dinge wie folgt zusammenfassen:

* Der Einsatz westdeutscher Interviewer ist in den neuen Ländern vorerst nicht sinnvoll
* Umgekehrt ist der Einsatz ostdeutscher Interviewer in den alten Bundesländern ebenfalls noch problematisch
* Die Rekrutierung von Interviewern in den neuen Bundesländern ist vergleichsweise kostengünstiger, allerdings muß die Schulung intensiver erfolgen
* Aufgrund der derzeitigen Situation (Arbeitslosigkeit, Kurzarbeit, Doppelbelastung der Frau durch Beruf und Familie) melden sich in den neuen Ländern vergleichsweise mehr Männer und Personen mit höheren Bildungsabschlüssen
* Die ostdeutschen Interviewer arbeiten zuverlässiger und gewissenhafter
* Die ostdeutschen Interviewer arbeiten - mit allerdings abnehmender Tendenz - aber auch deutlich langsamer
* Es gibt keine Mobilitätsprobleme, alle ostdeutschen Interviewer sind PKW-Besitzer und haben aufgrund ihrer Bereitschaft zu längeren Fahrten vergleichsweise größere Einsatzradien
* Lange Postlaufzeiten sowie fehlende und schlechte Telefonverbindungen verursachen noch auf Jahre erhebliche Kommunikationsprobleme
* Fluktuationen wegen mangelnder Motivation oder Arbeitsqualität gibt es bisher so gut wie gar nicht, allerdings verursachen Strukturkrise und Arbeitslosigkeit in den neuen Ländern Fluktuationsprobleme.

Befragte und Erhebungsinstrumente

Selbstverständlich wäre dieser Erfahrungsbericht unvollständig, würde man nicht auch auf die Erfahrungen mit den Befragten und den Erhebungsinstrumenten in den neuen Ländern eingehen.

Die *Erfahrungen mit Verweigerungen* zeigten, daß kurz nach der Wende fast jede angesprochene Zielperson ein Interview gab, weil man Umfragen noch wie einen hoheitlichen Akt ansah, dem man sich zu unterwerfen hatte. Viele Antworten waren jedoch von Vorsicht und Verschleierungstaktik geprägt und nicht sehr brauchbar.

Inzwischen verweigern wie in den alten Ländern ca. 30 v.H. der Brutto-Stichprobe die Teilnahme an einem Interview (vgl.*Tabelle 3*). Diejenigen, die ein Interview geben, antworten jedoch sehr offen und wahrheitsgemäß, außerdem ausführlicher als westdeutsche Befragte und haben darüber hinaus auch das Bedürfnis, neue Aspekte zu einem Befragungsthema oder gar neue Themen in das Interview einzubringen. Das führt dazu, daß identische Interviews in den neuen Ländern oftmals eine deutlich längere durchschnittliche Interviewdauer aufweisen.

Relativ intime Fragen wie z.B. nach dem Haushaltseinkommen werden in den neuen Ländern seltener verweigert. Bei der gerade für den Studienkreis für Tourismus abgeschlossenen Reiseanalyse verweigerten in den alten Ländern z.B. 25 v.H. der Befragten die Antwort, während in den neuen Ländern nur 6 v.H. die Einkommensfrage nicht beantworteten (siehe *Tabelle 3*). Außerdem ist man in den neuen Ländern eher bereit, sich eventuell noch einmal befragen zu lassen: 'Auf alle Fälle' antworteten in der Reiseanalyse 1990 in Westdeutschland 35 v.H., in der ehemaligen DDR jedoch 54 v.H. Bemerkenswert ist in diesem Zusammenhang, daß die sozialstrukturellen Differenzierungen dieser Ergebnisse nach Bildung und Geschlecht trotz der Niveauunterschiede in den Prozentwerten zu ähnlichen Mustern in Ost- und Westdeutschland führen (vgl. *Tabelle 3*).

Ferner zeigen die bisherigen Erfahrungen mit Umfragen in den alten und neuen Bundesländern, daß die ostdeutschen Befragten nicht häufiger als westdeutsche Interviewpartner mit *Stereotypen* und sozial erwünschtem Antwortverhalten reagieren. Zudem gibt es auch *keine größeren allgemeinen Verständigungsschwierigkeiten*. Hierzu ebenfalls ein aktueller Wert aus der neuesten Reiseanalyse: Laut Intervieweinstufung hatten in Ost- und Westdeutschland jeweils 96 v.H. der Befragten keine Schwierigkeiten mit dem Interview (vgl. *Tabelle 3*).

Tabelle 3: Unterschiede und Gemeinsamkeiten bei Teilnahmebereitschaft und Antwortverhalten der Befragten in den alten (W) und neuen Bundesländern (O). Angaben in v.H.

		Insgesamt	Männer	Frauen	Haupts. 8 Kl.	Schulbildung: Mittl. R. 10 Kl.	Abit./Uni 12 Kl./Uni
Bereitschaft zur Teilnahme am Interview							
ohne weiteres	W	71	73	70	67	76	78
	O	74	72	75	65	75	81
zunächst ablehnend/ zuerst verweigert	W	29	27	30	33	24	22
	O	26	28	25	35	25	19
Frage nach Haushaltseinkommen ... nicht beantwortet	W	25	25	28	25	30	26
	O	6	4	6	5	3	6
Bereitschaft, sich wieder befragen zu lassen ... auf alle Fälle	W	35	36	33	31	39	39
	O	54	51	57	49	57	57
Durchführung der Befragung machte ... keine Schwierigkeiten	W	96	97	96	95	98	97
	O	96	98	95	91	99	99

Quelle: Reiseanalyse 1990, Feldarbeit BASISRESEARCH in Verbindung mit GFM-Getas im Auftrag des Studienkreises für Tourismus e.V. in Starnberg.

Ferner beobachteten wir, daß man in den neuen Ländern zunehmend häufiger bisher noch nicht geläufige *westdeutsche Terminologie* versteht. Dennoch sollte man hier noch Vorsicht walten lassen und nicht einfach darauf vertrauen, daß diese Terminologie generell und zudem völlig richtig verstanden wird. Dies gilt auch für Statistikfragen zu Ausbildung und Beruf, die auf absehbare Zeit in den neuen Bundesländern noch weiterhin die alte DDR-Terminologie berücksichtigen müssen.

Darüber hinaus gibt es auf den ersten Blick *wenig Schwierigkeiten mit westlichen Klassifikationsfragen oder -konstrukten,* wie z.B. den von BASISRESEARCH in der Werteforschung verwendeten Statements. Vergleicht man die Ergebnisse, die in den alten und den neuen Bundesländern mit einer Batterie von 21 Items zu grundlegenden Wertorientierungen ermittelt wurden, so ergeben sich in der Rangfolge der sechs wichtigsten Werteorientierungen zwischen beiden Teilen Deutschlands praktisch keine Unterschiede. Auffällig und generell beobachtbar ist jedoch, daß die Befragten in den neuen Bundesländern bei Skalen jedweder Art vergleichsweise stärker dazu tendieren, höhere bzw. extremere Skalenwerte zur Einstufung auszuwählen, während man in den alten Bundesländern eher zu Positionen in der Mitte einer Skala tendiert (vgl. *Tabelle 4*).

Bei intensiverer Analyse der Ergebnisse sind jedoch gewisse Zweifel anzumelden, ob z.B. die Operationalisierungen der Werte Leistung oder Gehorsam in den alten und neuen Bundesländern nicht doch unterschiedlich verstanden werden. Diese Beispiele legen zumindest nahe, nicht jedes Instrument kritiklos und ohne vorherige Überprüfung auf den historisch verschieden entwickelten kulturellen Kontext in den neuen Bundesländern zu übertragen. In diesem Zusammenhang sind bisher getroffene Anmerkungen zur Unterschiedlichkeit nationaler und regionaler politischer Kulturen und zu daraus resultierenden methodischen Problemen durchaus ernst zu nehmen (vgl. Kaase 1983: 144 ff.; Jung 1991: 65 ff.). Insofern gilt für die Übertragung komplexerer Instrumente und Konstrukte auf die neuen Bundesländer, daß es bei einer Reihe von Instrumenten doch einige noch nicht erkannte Validitätsprobleme geben könnte, die durch entsprechende Überprüfungen erst noch aufgespürt werden müssen. Als positives Beispiel ist in diesem Zusammenhang die vom Studienkreis für Tourismus in Starnberg durchgeführte Reiseanalyse 1990 zu nennen, bei der umfängliche Pretests und Validitätsprüfungen vorgenommen wurden, bevor man mit der Hauptuntersuchung in den neuen Bundesländern ins Feld ging (vgl. Lohmann/Mundt/Schmidt 1991 (Hg.)).

Tabelle 4: Globales Wertesystem: Vergleich alte versus neue Bundesländer.

	alte Länder Mittelwert	neue Länder	Differenz
Kontakt	6,2	6,7	- 0,5
Sicherheit	6,0	6,5	- 0,5
Verantwortung	6,0	6,2	- 0,2
Ästethik	5,9	6,2	- 0,3
Gehorsam/Pflichterfüllung	5,8	6,3	- 0,5
Geltung/Anerkennung	5,6	5,9	- 0,3
Kooperation	5,5	5,8	- 0,3
Selbstverwirklichung	5,5	5,7	- 0,2
Moral	5,5	5,5	± 0
Unabhängigkeit	5,5	5,5	± 0
Leistung	5,4	5,8	- 0,4
Daseinsgenuß	5,4	5,5	- 0,1
Toleranz	5,4	5,5	- 0,1
Altruismus	5,3	5,9	- 0,6
Erkenntnis	5,3	5,5	- 0,2
Kontemplation	5,1	5,2	- 0,1
Aktivität	4,8	5,1	- 0,3
Erwerb/Ökonomik	4,8	5,0	- 0,2
Abenteuer	4,4	4,4	± 0
Macht	4,2	4,1	+ 0,1
Religiosität	4,2	2,6	+ 1,6

Quellen: Neue Länder: DIMO-Umfrage 09/1990, n = 1.005; alte Länder: TREND-MONITOR 04/1990, n = 1.459.

Sicher ist aber in jedem Fall, daß *kompliziertere Fragen oder Befragungshilfen* auch in den neuen Ländern keine Probleme auslösen, wenn die Interviewer gut geschult sind, ihr Handwerk verstehen und nicht selber beim Befragen ins Schwimmen geraten. Hierfür ist das in den neuen Ländern von BASISRESEARCH bereits mehrfach eingesetzte Abfrageschema der Media-Analyse für Zeitschriften übrigens ein hervorragender Prüfstein. Interviewer, die dieses Abfrageschema bei der persönlichen Schulung und in den Probeinterviews vor ihrem ersten Einsatz im Kundenauftrag verstanden hatten und handhaben konnten, machten später in der Handhabung anderer komplizierter Instrumente so gut wie keine Fehler mehr.

Zum Thema *Erreichbarkeit* läßt sich noch nichts Endgültiges sagen. Derzeit sind in den neuen Ländern (noch) weniger Frauen wegen Berufstätigkeit tagsüber erreichbar. Umgekehrt gibt es mehr Schichtarbeiter und Schichtarbeiterinnen, die tagsüber ansprechbar sind. Es ist davon auszugehen, daß sich stabilere Erfahrungswerte erst dann einstellen werden, wenn die ökonomischen Strukturveränderungen und die daraus resultierenden individuellen Konsequenzen überwiegend abgeschlossen sind. Momentan und auch noch auf absehbare Zeit verfälschen die Arbeitsmarktsituation und die Wirtschaftslage noch das Bild über die Erreichbarkeit von Befragten in den neuen Ländern. Betrachtet man nur die Tageszeit, zu der das Interview realisiert wurde, so ergeben sich auf den ersten Blick jedenfalls keine gravierenden Unterschiede zwischen den alten und den neuen Bundesländern. Der einzig auffällige Befund besteht darin, daß in den neuen Bundesländern wegen der dort weitgehend üblichen früher beginnenden und endenden Tagesarbeitszeit mehr Interviews in den frühen Nachmittagsstunden zwischen 16.00 und 18.00 Uhr realisiert werden können (vgl. *Tabelle 5*).

4. Fazit

Aufgrund des überwiegend an methodischen Problemen ausgerichteten Erfahrungsberichts über die Entwicklung der Sozial-, Markt- und Meinungsforschung in der ehemaligen DDR seit der Wende läßt sich zusammenfassend folgendes festhalten:

In kürzester Zeit ist im Hinblick auf die Sozialforschung sowie die Markt- und Meinungsforschung in der ehemaligen DDR vieles mit einer nicht erwarteten Rasanz und Dynamik in Bewegung geraten. Methodische Fragen und Schwierigkeiten sind zum großen Teil bereits gelöst, wie das Stichprobenbeispiel zeigt. Die Situation im Hinblick auf die Interviewerqualität ist derzeit noch ebenso erfreulich wie die Teilnahmebereitschaft und das Antwortverhalten der Befragten. Dennoch ist trotz zunehmender sprachlicher Anpassung noch weiterhin Vorsicht vor einer unkritischen Übernahme komplexer Befragungsinstrumente in ostdeutsche Fragebögen zu warnen, da es u.U. bisher noch nicht erkannte Verständnis- und Validitätsprobleme geben kann. Dies gilt beispielsweise auch weiterhin für Statistik-

Tabelle 5: Zeitpunkt der Realisierung von Interviews in den alten (W) und neuen Bundesländern (O). Angaben in v.H.

		Insgesamt	Männer	Frauen	Haupts. 8 Kl.	Schulbildung: Mittl. R. 10 Kl.	Abit./Uni 12 Kl./Uni
Zeitpunkt des Interviews							
8 - 12 Uhr	W	19	19	20	21	20	17
	O	17	14	20	20	14	11
12 - 16 Uhr	W	37	35	38	42	32	36
	O	38	36	41	39	38	36
16 - 18 Uhr	W	25	27	23	26	26	24
	O	28	30	25	26	30	29
nach 18 Uhr	W	20	20	19	11	22	26
	O	19	22	16	17	21	24

Quelle: Wie in Tabelle 3.

fragen zu Beruf und Ausbildung, bei denen insbesonders ältere Befragte noch auf längere Zeit nicht mit der ungewohnten westlichen Terminologie vertraut sein werden.

Reflektiert man die hier geschilderte Entwicklung der Sozial-, Markt- und Meinungsforschung in der ehemaligen DDR seit der Wende nur oberflächlich, so könnte sich leicht der Verdacht aufdrängen, daß ein sozialistischer Forschungs- und Methodenpluralismus von einem marktwirtschaftlich-kapitalistischen Methoden-Einheitsbrei verdrängt wurde, den besonders die kommerziellen Markt- und Meinungsforschungsinstitute rücksichtslos in die 'Noch-DDR' in ihrem Bemühen um Erringung von Marktmacht exportiert haben.

Diese Sicht der Dinge dürfte bei einer fairen, auch Detailaspekte beachtenden Analyse der Entwicklung den Tatsachen jedoch nicht gerecht werden. Tatsache ist, daß es mehr an Forschungsaktivitäten und Forschungsinstitutionen gab, als die meisten Sozial-, Markt- und Meinungsforscher in den alten Bundesländern vermutet hatten. Tatsache ist aber auch, daß die Abschottung der Forschungsaktivitäten und Forschungsinstitutionen in der ehemaligen DDR nicht nur vor der eigenen Bevölkerung und vor dem Ausland erfolgte. Auch zwischen den einzelnen Institutionen gab es wenig oder gar keinen Austausch. Die Konsequenz für die Sozial-, Markt- und Meinungsforschung in der ehemaligen DDR bestand deshalb darin, daß man nicht nur in der für Forschungszwecke einzusetzenden Technologie, sondern auch bei den Methoden in einen zeitlichen Rückstand zu den alten Bundesländern geriet, den die verschiedensten Experten mit 10 bis 15 Jahren ansetzen. Das Fehlen eines DDR-internen Dialogs und von Instanzen für allgemein akzeptierte methodische Normen und Richtlinien ermöglichte somit weniger einen wünschenswerten Methodenpluralismus, sondern eher einen sinnlosen Wildwuchs an Methoden.

Die rasche Übertragung bundesrepublikanischer Standards und Methoden in die ehemalige DDR ist somit nicht als Fehlentwicklung oder Abtöten methodischer Kreativität in den neuen Bundesländern zu sehen. Sie hat vielmehr den Zwang für bisher weitgehend isoliert operierende Forschungsinstitutionen in der ehemaligen DDR beseitigt, unter methodischen Aspekten jeweils das Rad neu erfinden zu müssen. Wenn die so freigesetzte Kreativität für inhaltliche Überlegungen genutzt wird, ist dies in jedem Falle ein Fortschritt. Voraussetzung für diesen Fortschritt ist allerdings, daß das Fortbestehen der in diesem Zusammenhang relevanten Forschungsinstitutionen, deren Weiterbestehen im Evaluationsprozeß als sinnvoll angesehen wird, nicht nur kurzfristig gesichert ist.

Literatur

ADM (1991) (Hg.), Geschichte, Leistungsspektrum, Satzung, Geschäftsbedingungen, Arbeitsschwerpunkte der Mitglieder des Arbeitskreises, Mölln.
Arbeitskreis Deutscher Marktforschungsinstitute (1979) (Hg.), Muster-Stichproben-Pläne, München.
Bergler, R. (1988), Werbung als Untersuchungsgegenstand der empirischen Sozialforschung, Bonn.
Heck, B. (1974) (Hg.), Die Politische Meinung, Sonderheft April.

Jung, H. (1991), Regionale politische Kulturen und die Umfrageforschung: Offene Fragen, Lösungsmöglichkeiten und Grenzen, in: D. Oberndörfer/K. Schmitt (Hg.), Parteien und regionale politische Traditionen in der Bundesrepublik Deutschland, Berlin: 65 ff.

Kaase, M. (1983), Sinn und Unsinn des Konzepts 'Politische Kultur' für die vergleichende Politikforschung, oder auch: der Versuch einen Pudding an die Wand zu nageln, in: M. Kaase/H.-D. Klingemann (Hg.), Wahlen und politisches System. Analysen aus Anlaß der Bundestagswahl 1980, Opladen: 144 ff.

Kaase, M./H.-D. Klingemann (1983) (Hg.), Wahlen und politisches System. Analysen aus Anlaß der Bundestagswahl 1980, Opladen.

König, R. (1974[3]) (Hg.), Handbuch der empirischen Sozialforschung, Band 3a, Stuttgart.

Lohmann, M./J.W. Mundt/H. Schmidt (1991) (Hg.), Die Reisen der neuen Bundesbürger, Starnberg.

Oberndörfer, D./K. Schmitt (1991) (Hg.), Parteien und regionale politische Traditionen in der Bundesrepublik Deutschland, Berlin.

Radtke, G.D./J. Zeh (1974), Random oder Quota?, in: B. Heck (Hg.), Die Politische Meinung, Sonderheft April: 124 ff..

Scheuch, E.K. (1974[3]), Auswahlverfahren in der Sozialforschung, in: R. König (Hg.), Handbuch der empirischen Sozialforschung, Band 3a, Stuttgart: 1 ff.

Schöppner, K.-P. (1991), Warum der Westen siegte, SPIEGEL SPEZIAL, Das Profil der Deutschen. Was sie vereint, was sie trennt, Nr. 1: 94 f.

Wildenmann, R./M. Kaase (1980) (Hg.), ZUMA. Zentrum für Umfragen, Methoden und Analysen, Mannheim.

ZAW (1988) (Hg.), ZAW-Rahmenschema für Werbeträgeranalysen, Bonn.

Die deutsche Revolution
Das historische Experiment der Teilung und Wiedervereinigung einer Nation in Ergebnissen der Umfrageforschung

Elisabeth Noelle-Neumann

Die Wiedervereinigung einer Nation nach fast fünfzigjähriger Teilung, der Übergang von einer kommunistischen Staatsform zu einer Demokratie, von einer sozialistischen Planwirtschaft zu einer sozialen Marktwirtschaft, das Ganze eingebettet in die Auflösung eines Militärbündnisses und den Übergang zur Demokratie und Marktwirtschaft mehrerer östlicher Nachbarstaaten - dieses für Deutschland mit den Mitteln des survey research nachzuzeichnen, ist eine überwältigende Aufgabe. In dem folgenden Bericht wird versucht, wenigstens einen Anfang zu machen und einige Bereiche zu betrachten, die bis vor kurzem, vor 1989, für die Forschung gänzlich unzugänglich waren, und Entwicklungen zu verfolgen, die mit dem Spätsommer 1989 eingesetzt haben.

Datenquelle und Methode

Die Quellen der Daten bilden ausschließlich Umfragen des Instituts für Demoskopie Allensbach, das seit Ende Februar 1990 in der DDR Repräsentativumfragen gemacht hat. Bis zum Abschluß des vorliegenden Berichts waren 30 Umfragen mit insgesamt rund 32.000 Interviews durchgeführt. Die meisten dieser Umfragen stehen für wissenschaftliche Arbeiten zur Verfügung und werden auch im deutschen Bundesarchiv in Koblenz deponiert.

Die Umfragen stützen sich auf persönliche mündliche Interviews, die vorgenommen wurden von einem Stab von rund 600 nebenberuflich tätigen Interviewern, die an ihren Wohnorten in der DDR befragten. Sie waren überwiegend persönlich durch hauptberufliche Mitarbeiter des Allensbacher Instituts in der Zeit zwischen dem 15. Februar und 15. März ausgewählt worden. Später wurde die Interviewer-Organisation ergänzt durch zentrale Auswahl von Allensbach aus anhand von schriftlichem Testmaterial, wie es auch in Westdeutschland benutzt wird. Das Telefon wurde weder bei der Auswahl der Interviewer noch bei der Durchführung der Interviews benutzt, weil nur etwa 15 Prozent der Haushalte einen Anschluß besaßen, und zwar selektiv nach politischer Nähe zur SED-Staatspartei.

Durchschnittlich wurden den Interviewern vier Interviews pro Umfrage übertragen. Die Auswahl erfolgte mit Hilfe der Quotenmethode auf der Grundlage des 'Statistischen Jahrbuchs der Deutschen Demokratischen Republik 1989'.

Bei der Fragebogenformulierung wurden die westdeutschen Allensbacher Modelle wörtlich übernommen. Diese Entscheidung wurde getroffen nach offenen Pilot-Interviews im Februar 1990 durch hauptberufliche Mitarbeiter des Allensbacher Instituts, bei denen sich keine sprachlichen Schwierigkeiten zeigten.

Die Validität der Verfahren wurde nach drei Umfragen mit zusammen rund 2.500 Interviews getestet durch eine Wahlprognose zur ersten freien Wahl, der Volkskammerwahl am 18. März 1990, die am Wahlsonntag morgens in der Sonntagszeitung 'Welt am Sonntag' veröffentlicht wurde (vgl. *Schaubild 1*).

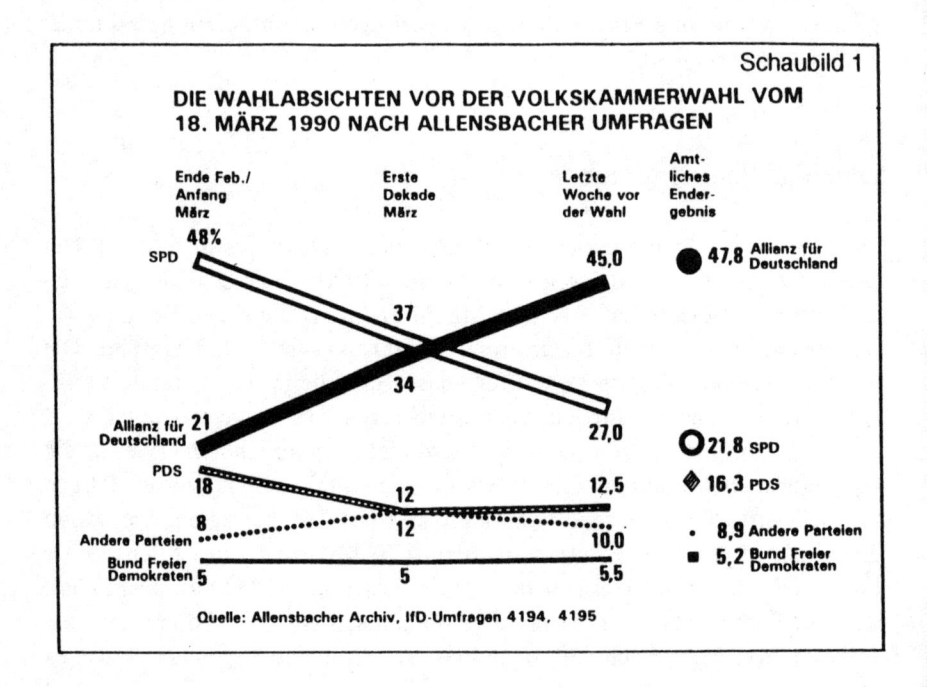

Schaubild 1

DIE WAHLABSICHTEN VOR DER VOLKSKAMMERWAHL VOM 18. MÄRZ 1990 NACH ALLENSBACHER UMFRAGEN

	Ende Feb./Anfang März	Erste Dekade März	Letzte Woche vor der Wahl	Amtliches Endergebnis
SPD	48%	37	45,0	
Allianz für Deutschland	21	34	27,0	47,8 Allianz für Deutschland
PDS	18	12	12,5	21,8 SPD
Andere Parteien	8	12	10,0	16,3 PDS
Bund Freier Demokraten	5	5	5,5	8,9 Andere Parteien
				5,2 Bund Freier Demokraten

Quelle: Allensbacher Archiv, IfD-Umfragen 4194, 4195

Zwei weitere, vor den jeweiligen Wahlen veröffentlichte Wahlprognosen, nämlich vor den Landtagswahlen in den neuen Bundesländern am 14. Oktober 1990 und der Bundestagswahl am 02. Dezember 1990[1], bestätigten die Funktionsfähigkeit der Umfragemethode auch nach fast sechs Jahrzehnten totalitärer Regierung.

Bei gleichem Fragebogen dauerten die Interviews in den neuen Bundesländern etwa ein Drittel länger als in der alten Bundesrepublik. Zum Teil erklärt sich das aus dem intensiveren Interesse der Befragten, die aus Kartenspielen und Listen meist mehr Antworten als zutreffend auswählen als im Westen. Interview-Fälschungen wurden in den ersten 12 Monaten im Osten weniger beobachtet als im Westen. Die Reaktionen der Befragten auf die Interviews waren im Osten und Westen überraschend ähnlich: Bei gleichem Fragebogen fanden 20 Prozent im Westen, 16 Prozent im Osten das Interview zu lang; 75 Prozent im Westen, 82 Prozent im Osten fanden das Interview interessant[2].

Vor der Revolution

Anfang März 1990 wandte sich der amerikanische Sozialwissenschaftler *Professor Timur Kuran*, University of Southern California, Los Angeles, der sich mit Revolutionsforschung beschäftigt, an das Allensbacher Institut mit der Frage, ob sich feststellen ließe, wieweit die Bevölkerung der DDR den Ausbruch der friedlichen Revolution vorausgesehen habe. Noch in die dritte der Umfragen (737 Interviews) vor dem 18. März 1990 wurden daraufhin zwei Fragen aufgenommen:
* "Wenn Sie einmal ein Jahr zurückschauen, haben Sie eigentlich eine solche Entwicklung, eine solche friedliche Revolution erwartet, oder kam das für Sie ganz überraschend?".

---

1 Die Prognosen wurden veröffentlicht im Rahmen der wöchentlichen Wahlberichterstattung des Instituts für Demoskopie Allensbach in der 'Frankfurter Allgemeinen Zeitung' in der Zeit vom 26. September bis 05. Dezember 1990 sowie im Fernsehsender SAT 1.
2 Allensbacher Archiv, IfD-Umfrage 5049, März 1991.

* "Würden Sie sagen, die Opposition zu der SED-Regierung wurde langsam immer stärker, oder konnte man das so eigentlich nicht erkennen?".

Rund drei Viertel der Bevölkerung (76 Prozent) sagte, die Entwicklung sei für sie völlig überraschend gekommen. 18 Prozent erklärten, sie hätten eine solche Entwicklung erwartet, aber nicht so rasch, 5 Prozent schließlich sagten: "Habe ich erwartet". - Mehr als die Hälfte der Bevölkerung (53 Prozent) sagte, die Opposition zur SED-Regierung sei spürbar stärker geworden.

Die Ostberliner sagten doppelt so oft wie der Durchschnitt, sie hätten den Ausbruch der friedlichen Revolution, so wie er kam, erwartet. Eigentümlicherweise spielt sonst aber die Ortsgröße für das Vorausahnen des Kommenden fast keine Rolle; übrigens auch nicht die Kirchennähe - überraschend, wenn man bedenkt, eine wie wichtige Rolle die Kirchen bei der Organisation dieser Revolution gespielt haben.

Die Spitzen des SED-Staates allerdings müssen eigentlich gewußt haben, was bevorstand; denn ihnen lagen geheime Umfrageergebnisse des Zentralinstituts für Jugendforschung in Leipzig unter Lehrlingen, Schülern der 8. bis 10. Klassen und Studenten aus der Zeit zwischen 1970 und Oktober 1989 vor (vgl. dazu auch die Beiträge von Friedrich, Förster und Six/Schlegel in diesem Band), die an Deutlichkeit nichts zu wünschen übrig ließen. Nach 1986, nach dem Einsetzen der Gorbatschow-Reformbewegung für Perestroika und Glasnost, verfiel die Bereitschaft der Jugend, sich mit der DDR und dem Marxismus-Leninismus zu identifizieren und an die Zukunft des Sozialismus zu glauben, in dramatischer Weise[3].

1985 stimmten bei einer Repräsentativumfrage unter Lehrlingen der DDR (vgl. für die folgenden Ergebnisse im Detail *Tabelle 1*) 51 Prozent dem Satz "Ich bin stolz, ein Bürger unseres sozialistischen Staates zu sein" uneingeschränkt zu; drei Jahre später, im Oktober 1988, sagten das nur noch 18 Prozent. Vom Marxismus-Leninismus distanzierte sich 1981 nur etwa ein Fünftel der Lehrlinge, im Mai 1989 waren es 56 Prozent und im Oktober, zur Zeit der 40-Jahre-Jubiläumsfeiern der DDR, sagten 62 Prozent, daß sie nicht an den Marxismus-Leninismus glaubten.

---

[3] Wir verdanken diese Daten Professor Dr. Walter Friedrich, dem Direktor des Zentralinstituts für Jugendforschung in Leipzig. Er beabsichtigt, sie im Zentralarchiv für empirische Sozialforschung der Universität zu Köln zu deponieren und der Forschung zugänglich zu machen.

Tabelle 1
DDR
Jugendliche

Identifikation von Lehrlingen mit der DDR und dem Marxismus-Leninismus nach Umfragen des Leipziger Zentralinstituts für Jugendforschung

Es stimmten dem Satz "Ich bin stolz, ein Bürger unseres sozialistischen Staates zu sein" (ab 1983 geänderte Formulierung: "Ich fühle mich mit der DDR eng verbunden") zu:

Grad der Identifikation:

	Lehrlinge						1988	1989
	1970	1975	1979	1983	1985	1986	Mai / Okt.	Sept.*) / Okt.
	%	%	%	%	%	%	%	%
Vollkommen	41	57	40	46	51	48	28 / 18	16 / 15
Mit Einschränkung	50	38	49	45	43	46	61 / 54	58 / 60
Kaum, überhaupt nicht	9	5	10	9	6	6	11 / 28	26 / 25
	100	100	100	100	100	100	100 / 100	100 / 100

Grad der Identifikation mit dem Marxismus-Leninismus:

	Lehrlinge				1989
	1975	1979	1981	1985	1988	Mai / Okt.
	%	%	%	%	%	%
Vollkommen	46	33	28	14	13	9 / 6
Mit Einschränkung	40	49	50	40	46	35 / 32
Kaum, überhaupt nicht	14	18	22	46	41	56 / 62
	100	100	100	100	100	100 / 100

Einstellung zur historischen Perspektive des Sozialismus

Es stimmten dem Satz "Der Sozialismus wird sich in der ganzen Welt durchsetzen" zu:

Grad der Zustimmung:

	Lehrlinge						Schüler 8.-10. Klasse	Studenten	
	1970	1975	1979	1983	1984	1988	1989 Okt.	1979	1988	1975	1989
	%	%	%	%	%	%	%	%	%	%	%
Vollkommen	46	63	50	47	50	10	3	45	9	78	15
Mit Einschränkung	36	28	35	45	42	32	27	40	31	20	39
Kaum, überhaupt nicht	18	9	15	8	8	58	70	15	60	2	46
	100	100	100	100	100	100	100	100	100	100	100

*) nur männliche Lehrlinge

QUELLE: Zentralinstitut für Jugendforschung, Leipzig

Daß der Sozialismus die Welt erobern werde, glaubte noch bis zur Mitte der achtziger Jahre die Mehrheit der Lehrlinge, aber schon 1988 nur noch 10 Prozent, und ganz ähnlich waren die Ergebnisse für Schüler und Studenten.

Eine andere Frage lautete: Hätte man den Willen der Deutschen zur Wiedervereinigung voraussehen können? In Westdeutschland und auch im Ausland vor 1989 wurde oft gehört: "Die deutsche Wiedervereinigung will doch niemand mehr, weder die Deutschen noch die Nachbarvölker".

Spätestens nach der Öffnung der Mauer wurde wohl allen klar, daß die Deutschen die Wiedervereinigung wollten, der Ruf von Leipzig "Wir sind das Volk! - Wir sind ein Volk!" auf den Demonstrationen der Hunderttausend war zu laut, um ihn zu überhören.

Der Sozialforschung war der Wunsch der Deutschen nach Wiedervereinigung, das Gefühl der Zusammengehörigkeit keine Überraschung, und die Befunde sind für die alte Bundesrepublik auch vor dem Herbst 1989 oft genug veröffentlicht worden (vgl. Noelle-Neumann 1983; Noelle-Neumann 1984; Noelle-Neumann 1987). Die Frage: "Einmal ganz allgemein gefragt: Sind Sie für oder gegen eine deutsche Wiedervereinigung?" wurde in Westdeutschland im Dezember 1986 nicht anders beantwortet als nach der Öffnung der Mauer Ende 1989 oder 1990. 1986 sagten 65 Prozent und 1990 68 Prozent, sie seien für die deutsche Wiedervereinigung. 11 Prozent sagten 1986 und ebenso 1990, sie seien dagegen. Zwischen einem Viertel und einem Fünftel blieben jeweils unentschieden (vgl. *Tabelle 2*).

Allerdings gab es genug Einwände gegen eine so einfache Art zu fragen. Die Antworten seien stereotyp, die lebendige Wirklichkeit eines weiter bestehenden deutschen Gefühls von Zusammengehörigkeit lasse sich damit nicht zeigen. In der Tat: Nach dem Abschluß der Ostverträge unter Kanzler Willy Brandt 1972 war die deutsche Teilung, die Existenz zweier deutscher Staaten unbestreitbare Realität. Unter solchen Umständen deutsche Zusammengehörigkeitsgefühle mit Umfrageforschung zu ermitteln, begegnete der bekannten Schwierigkeit von der 'normativen Kraft des Faktischen'.

In Allensbacher Umfragen wurde schon 1970 eine Frage erfunden, die die Schranken der Realitätsorientierung überwand durch eine gut vorstellbare Urlaubsszene. Die Frage lautete: "Stellen Sie sich bitte einmal vor, Sie machen Ferien irgendwo am Schwarzen Meer. Eines Tages lernen Sie dort einen anderen Deutschen kennen. Im Gespräch erfahren Sie, daß er aus der DDR kommt, in der DDR wohnt. Was denken Sie da wohl im ersten Moment, wenn Sie das erfahren? Sehen Sie doch bitte diese Karten einmal an:

Der Wunsch nach Wiedervereinigung war in Westdeutschland nie erloschen	Tabelle 2 Bundesrepublik mit West-Berlin Bevölkerung ab 16 Jahre

FRAGE: "Einmal ganz allgemein gefragt: Sind Sie für oder gegen eine deutsche Wiedervereinigung?"

	Dezember 1986 %	August 1987 %	Dezember 1989 %	Februar 1990 %	März 1990 %	Juni/Juli 1990 %
Dafür	65	66	62	69	68	74
Dagegen	11	13	17	11	14	11
Unentschieden	24	21	21	20	18	15
	100	100	100	100	100	100
n =	1088	967	1018	1109	2100	1026

QUELLE: Allensbacher Archiv, IfD-Umfragen 4083/II, 4093/I, 5030, 4193, 5032, 5037

Was davon träfe zu?". Dazu wurde den Befragten eine Reihe von Karten mit vorgeschlagenen Antworten überreicht; eine derartige Strukturierung ist erforderlich, wenn man über längere Zeit hinweg die Entwicklung von Einstellungen vergleichbar verfolgen will. Die vorgeschlagenen Antworten waren so ausgewählt, daß vier ein Gefühl nationaler Verbundenheit oder zumindest eine besondere Beteiligung anzeigten, fünf deuteten auf Entfremdung.

Die Ergebnisse (vgl. *Tabelle 3*) zeigten, daß unterhalb der Tagesaktualität ein Empfindungsstrom lief, der wie unberührt von der Zeitspanne der deutschen Teilung blieb. Zwölf Mal wurde diese Frage zwischen 1970 und 1989 an einen repräsentativen Bevölkerungsquerschnitt gerichtet. An der Spitze stand regelmäßig die Aussage: "Ich wäre neugierig, mich mit ihm zu unterhalten": 71 Prozent 1970, 71 Prozent 1989. Keine Spur von der oft vermuteten Interessen- und Teilnahmslosigkeit. "Ich würde mich freuen": 1970 61 Prozent, 1989 57 Prozent. - "Ich glaube, wir würden uns als Deutsche im Ausland gut verstehen": 1970 59 Prozent, 1989 54 Prozent. - "Ich würde vorschlagen, daß wir zusammen etwas trinken": 1970 45 Prozent,

	Tabelle 3 Bundesrepublik mit West-Berlin Bevölkerung ab 16 Jahre

Die Schwarzmeer-Frage

Ein Test zur Beobachtung des nationalen Zusammengehörigkeitsgefühls trotz Teilung

FRAGE: "Stellen Sie sich bitte einmal vor, Sie machen Ferien irgendwo am Schwarzen Meer. Eines Tages lernen Sie dort einen anderen Deutschen kennen. Im Gespräch erfahren Sie, daß er aus der DDR kommt, in der DDR wohnt. Was denken Sie da wohl im ersten Moment, wenn Sie das erfahren? Sehen Sie doch bitte diese Karten einmal an: Was davon träfe zu?"
(Vorlage eines Kartenspiels)

	Juli 1970 %	Januar 1989 %
Ich wäre neugierig, mich mit ihm zu unterhalten	71	71
Ich würde mich freuen	61	57
Ich glaube, wir würden uns als Deutsche im Ausland gut verstehen	59	54
Ich würde vorschlagen, daß wir zusammen etwas trinken	45	51
Seine wahre Meinung würde ich nicht erfahren, weil er sich nicht traut, sie zu sagen	40	36
Ich glaube, der würde mich als Westdeutsche(n) gar nicht so gern an seinem Tisch haben, weil er bestimmt ganz anders denkt als wir	13	13
Ich glaube, wir hätten uns wenig zu sagen	12	13
Ich glaube, das wäre ein Spitzel	6	5
Ich hätte Lust, mich von ihm zurückzuziehen	3	4
Ich wäre enttäuscht	2	2
Andere und keine Angaben	3	3
	315	309
n =	1993	2138

QUELLE: Allensbacher Archiv, IfD-Umfragen 2064, 5014

1989 51 Prozent. Keine der Aussagen, die auf Entfremdung deuteten, war zwischen 1970 und 1989 gestiegen (vgl. Noelle-Neumann 1990a).

Zwei Fragen zur nationalen Zusammengehörigkeit wurden im Januar 1989, d.h. lange vor Beginn der Revolution im Herbst, gestellt: "Wie ist Ihr Gefühl: Sind die Menschen in der DDR eher Landsleute oder eher Fremde?".

"Eher Landsleute" antworteten 71 Prozent, "Eher Fremde" 17 Prozent. Unter-30jährige: "Eher Landsleute" 56 Prozent, "Eher Fremde" 27 Prozent. "Wenn Sie an die Leute in der DDR denken: Sind das für Sie Deutsche, die nur in einem anderen Teil von Deutschland leben, oder sind das für Sie genauso Ausländer wie zum Beispiel Schweizer oder Österreicher?" - "Sind für mich Deutsche" sagten 79 Prozent, "Ausländer" 13 Prozent, unentschieden blieben 8 Prozent. Unter-30jährige: "Deutsche" 69 Prozent, "Ausländer" 21 Prozent (vgl. Noelle-Neumann 1989).

Es war ein in der Sozialforschung seltenes Erlebnis, als sich die Befunde dieser Frage im Herbst 1989 in den Umarmungen unter Deutschen aus Ost und West, die sich nie vorher gesehen hatten, in Realität verwandelten.

Im Januar 1990 wurde ein repräsentativer Querschnitt von Westdeutschen in einer Allensbacher Umfrage gefragt, ob sie seit der Öffnung der Mauer mit Menschen aus der DDR zusammengekommen seien, und ob es sich dabei um Bekannte von ihnen oder Unbekannte gehandelt habe. Falls 'Unbekannte' wurde weiter gefragt, welche Erfahrungen sie bei der Begegnung gemacht hätten, mit sieben positiven, sieben negativen und einer neutralen vorformulierten Antwort auf einer Liste. Die negativen Antworten wurden nahezu nicht gewählt, unter den positiven standen an der Spitze: "Wir haben uns gut verstanden", "Sie haben sich über unsere Hilfsbereitschaft gefreut", "Wir haben zusammen gefeiert", "Es gab ein richtiges Zusammengehörigkeitsgefühl zwischen Deutschen aus Ost und West", "Wir wollen uns wieder treffen"[4].

Warum fanden die jahrelang veröffentlichten Ergebnisse über das unverändert fortbestehende Gefühl nationaler Zusammengehörigkeit der Deutschen kein Echo - weder im In- noch im Ausland? Was das *Ausland* betrifft, so war das nicht allzu schwer zu erklären. Seit dem 17. Jahrhundert, seit *Richelieu*, Minister *Ludwigs des XIII*, galt für Frankreich - und wahrscheinlich auch andere Mächte -, daß ein geteiltes Deutschland besser als ein einiges Deutschland sei.

Für das Ausbleiben des *innerdeutschen* Echos gibt es zwei, untereinander zusammenhängende Motive: Nach dem Zusammenbruch von 1945 wurde die konservative Grundstimmung der Nazizeit abgelöst durch eine von vielen Journalisten des neubegründeten Mediensystems vertretene linke Grundstimmung, die ihr Ideal in einer sozialistischen Gesellschaftsordnung sah (vgl. Noelle-Neumann 1979; Noelle-Neumann1982). Wenn dieses Ideal aufgrund der Wahlergebnisse schon nicht in Westdeutschland zu verwirklichen war, so bestand die Hoffnung darin, daß die DDR als sozialistischer Staat auf deutschem Boden erfolgreich sein könnte. Die deutsche Zweistaatlichkeit wurde darum bejaht und gerechtfertigt, zum Teil noch unter-

---

4 Allensbacher Archiv, IfD-Umfrage 5031, Januar 1990.

stützt von der Überzeugung, die deutsche Teilung sei eine gerechte Strafe der Geschichte für die nationalsozialistischen Verbrechen. Die These, die Deutschen selbst hätten sich auseinandergelebt, die nationale Einheit sei ihnen gleichgültig geworden, wurde gepflegt, denn sie paßte zu diesen Überzeugungen.

Das Festhalten an sozialistischen Wirtschaftsidealen und die Reserve gegenüber der deutschen Wiedervereinigung kostete die SPD bei der ersten freien Wahl in der DDR am 18. März 1990 den Ende Februar 1990 schon sicher scheinenden Wahlsieg (vgl. *Schaubild 1*). Die letzten Umfragen vor der März-1990-Wahl zeigten, daß sowohl die erfolgreiche Wirtschaftspolitik in Westdeutschland wie auch die Idee der sozialen Marktwirtschaft und auch das Festhalten am Gedanken der deutschen Wiedervereinigung vor allem als Markenzeichen der CDU gesehen wurden.

Diese Ergebnisse müssen zusammen gesehen werden mit dem überwältigenden Wunsch der DDR-Bevölkerung im März 1990 sowohl nach deutscher Wiedervereinigung wie auch nach Einführung der sozialen Marktwirtschaft, Ziele, von denen sie im Laufe der Wahlkampagne vor der Volkskammerwahl zunehmend glaubte, daß sie mit Kanzler *Kohl* und der CDU eher als mit der SPD zu erreichen seien.

Der deutsche Historiker *Thomas Nipperdey* sagt, die nächsten Jahrzehnte werden geprägt sein durch den Abschied von der sozialistischen Utopie, und es spricht viel dafür, daß er Recht hat (vgl. Nipperdey 1991: 184 ff.). Aber so weit ist es noch lange nicht. Weder die Ostdeutschen noch die Westdeutschen - und insbesondere die junge Generation - haben sich wirklich vom Sozialismus verabschiedet. Auf die Frage: "Wenn Sie jetzt einmal an die Krise denken, die die DDR durchmacht: Hat der Sozialismus versagt, oder waren es unfähige Politiker, die den Sozialismus ruiniert haben?" (vgl. *Tabelle 4*) sagten 67 Prozent in der alten DDR, aber auch 45 Prozent in Westdeutschland, nur die unfähigen Politiker hätten die Idee ruiniert (vgl. Noelle-Neumann 1990b: 12 f.).

Umfrageergebnisse ergänzen und korrigieren Medientenor

Es ist außerordentlich schwer, sich aus den west- und ostdeutschen Medien ein Bild von den Gefühlen der Deutschen nach der Wiedervereinigung zu machen; denn das Weiterbestehen der Ideale der Gleichheitsutopie bestimmt

Nicht der Sozialismus hat versagt	Tabelle 4 Gesamtdeutschland Bevölkerung ab 16 Jahre

FRAGE: "Wenn Sie jetzt einmal an die Krise denken, die die DDR durchmacht: Hat der Sozialismus versagt, oder waren es unfähige Politiker, die den Sozialismus ruiniert haben?"

	DDR-Bürger Febr./März 1990 %	Bürger der Bundes- republik Deutschland Dezember 1989 %
Sozialismus hat versagt	20	41
Unfähige Politiker	67	45
Unentschieden	13	14
	100	100
n =	1394	1018

QUELLE: Allensbacher Archiv, IfD-Umfragen 4194, 5030

die Perspektive vieler Berichterstatter. Schon im Januar und Februar 1990 dominierten Beschreibungen, nach der Euphorie der Wiedervereinigung im November und Dezember 1990 herrsche jetzt im Westen wie Osten Katerstimmung (vgl. Kepplinger/Czaplicki 1991). Die Ergebnisse der Volkskammerwahl vom 18. März 1990 wurden vielfach interpretiert nicht als ein Votum für nationale Wiedervereinigung, sondern als Preisgabe sozialistischer Ideale um nackter materieller Vorteile willen: "Die Banane gewählt"[5]. Um so größer war das ganze Jahr 1990 und 1991 die Überraschung über das Resultat der Frage: "Ist die deutsche Wiedervereinigung für Sie eher Anlaß zur Freude oder eher zur Sorge?" (vgl. *Schaubild 2*).

Trotz der nicht abreißenden Kette von negativen Nachrichten blieb nicht nur in Ostdeutschland, sondern auch im Westen das Gefühl der Freude bei weitem dominierend. Erst nach einem schweren Stimmungseinbruch in Westdeutschland, der unmittelbar bei Ausbruch des Golfkriegs im Januar

---

5 Der SPD-Abgeordnete Otto Schily am Wahlsonntag im Rahmen der Wahlberichterstattung des deutschen Fernsehens.

Schaubild 2

ANLASS ZUR FREUDE

Frage: "Ist die deutsche Wiedervereinigung für Sie eher Anlaß zur Freude oder eher zur Sorge?"

| Neue Bundesländer |

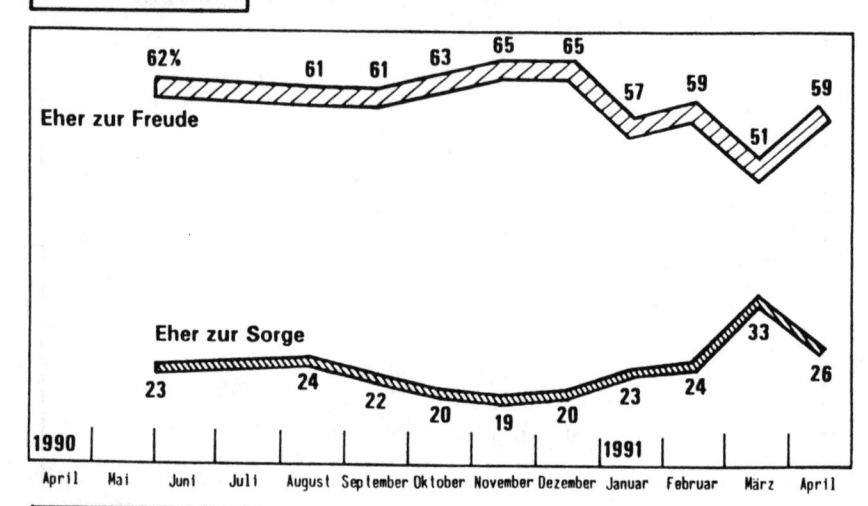

Eher zur Freude: 62% (April 1990), 61 (Mai), 61 (Juni), 63 (Juli), 65 (August), 65 (September), 57 (Oktober), 59 (November), 51 (Dezember/Januar 1991), 59 (April)

Eher zur Sorge: 23, 24, 22, 20, 19, 20, 23, 24, 33, 26

| Alte Bundesrepublik |

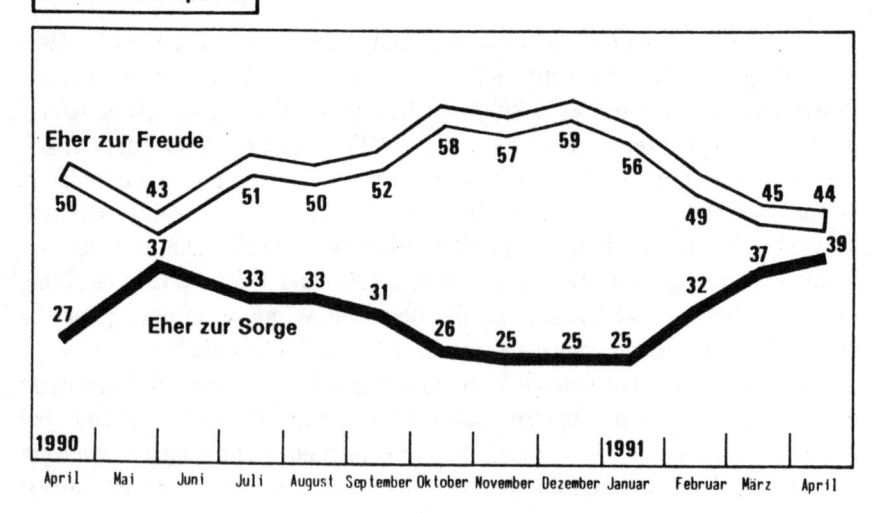

Eher zur Freude: 50, 43, 51, 50, 52, 58, 57, 59, 56, 49, 45, 44

Eher zur Sorge: 27, 37, 33, 33, 31, 26, 25, 25, 25, 32, 37, 39

Quelle: Allensbacher Archiv, IfD-Umfragen, Bevölkerung über 16 Jahre

1991 einsetzte, hat sich jetzt in Westdeutschland ein Klima durchgesetzt, in dem sich Freude und Sorge etwa die Waage halten. Der Demoskopie fällt seit der deutschen Wiedervereinigung die Aufgabe zu, das Stimmungsbild der Deutschen durch ganz einfache Fragen zu ver-deutlichen und damit das pessimistische Medienbild zu ergänzen. Immer stärker schob sich in den Medien das Thema in den Vordergrund: Die Mauer in Berlin ist gefallen, aber jetzt trennt die Deutschen Ost und West eine Mauer in den Köpfen. Es häuften sich Reportagen über Neid der Ost- auf die Westdeutschen, Ärger der West- über die Ostdeutschen, die nicht richtig arbeiten könnten oder wollten, Ausbruch von Spannungen. Aber mit den Mitteln der Umfrageforschung bestätigte sich die Gefahr von Spannungen nicht. In einer elf Mal wiederholten Serie wurde nach rund zwanzig Problemen gefragt, darunter auch nach der Sorge "daß es zu Spannungen zwischen Ost- und Westdeutschen kommt". Von September 1990 bis April 1991 blieb dieser Wert mit 8 bis 12 Prozent im Westen und 10 bis 24 Prozent im Osten eine der geringsten Sorgen, die die Deutschen beschäftigten[6].

Die Schwierigkeiten, die nach der raschen Einführung der Währungsunion (01. Juli 1990) und der deutschen staatlichen Einheit (03. Oktober 1990) zu überwinden sind, sind allerdings extrem groß und werden von der Bevölkerung weder im Westen noch im Osten verstanden. Die ostdeutsche Bevölkerung, für die es im Sozialismus keine Arbeitslosigkeit (vgl. dazu auch den Beitrag von Kistler/Strech in diesem Band) gab, ist beim Umbau der Planwirtschaft in eine Marktwirtschaft konfrontiert mit ständig steigender Arbeitslosigkeit (vgl. *Tabelle 5*), weil die Produkte vieler ostdeutscher Betriebe keine Märkte mehr finden. Etwa die Hälfte der Betriebe müssen geschlossen oder völlig umgestellt werden.

Schon bei den ersten Umfragen in der DDR vor der Volkskammerwahl im März 1990 hatte die Bevölkerung auf die Frage, welche Besonderheiten der DDR auch nach einer Wiedervereinigung beibehalten werden sollten, an die Spitze gestellt: "Daß es ein Recht auf Arbeit gibt, daß keiner arbeitslos ist"[7]. Und auch ein Jahr später, nach der deutschen Wiedervereinigung und nach der Bundestagswahl forderte der sozialdemokratische Ministerpräsi-

---

6   Allensbacher Archiv, IfD-Umfragen 5032, 5034, 5035, 5037, 5039/II - 5044, 5046 - 5050; 9003/II, 9004/II, 9005/II, 9006/II, 9007/II, 9009, 9011, 9012.

7   Allensbacher Archiv, IfD-Umfragen 4194 und 4195.

Tabelle 5
Neue Bundesländer
Bevölkerung ab 16 Jahre

Arbeitslosigkeit in den neuen Bundesländern

	1990								1991			
	Mai %	Juni %	September %	Oktober %	November %	Dezember %	Januar %	Februar %	März %	April %		
Ich selbst oder jemand aus dem Haushalt ist zur Zeit arbeitslos	3	5	13	16	16	16	22	20	27	21
Ich fürchte, ich oder jemand aus dem Haushalt könnte arbeitslos werden	53	57	51	45	44	43	42	40	37	39
Von Arbeitslosigkeit oder Sorge vor Arbeitslosigkeit nicht betroffen	44	38	36	39	40	41	36	40	36	40
	100	100	100	100	100	100	100	100	100	100
n =	1072	1113	2120	4081	4772	1088	1036	1260	474	1045
Arbeitslosenquote in Prozent der zivilen Erwerbspersonen	-	1,6	5,0	6,1	6,7	7,3	8,6	8,9	9,2	9,5

QUELLE: Allensbacher Archiv, IfD-Umfragen 9001, 9002, 9003, 9004/9005, 9006-9009, 9010, 9011, 9012/5048, 5049, 5050 Bundesanstalt für Arbeit, amtliche Arbeitslosenstatistik dent des Landes Brandenburg, *Manfred Stolpe*, der frühere Konsistorialpräsident der Evangelischen Kirche in Berlin-Brandenburg, im April 1991, es müßte in der zukünftigen gesamtdeutschen Verfassung "das Recht auf Arbeit" garantiert werden. Das Leben mit einer zusammenbrechenden Wirt-schaft und der Wunsch nach Marktwirtschaft ohne Verständnis von Marktwirtschaft ist bedrückend.

Die Bevölkerung ist konfrontiert mit steigenden Preisen für die im Sozialismus subventionierten Mieten, Verkehrsmittel und Grundnahrungsmittel. Zum Wiederaufbau der Wirtschaft sind große Kapitalinvestitionen erforderlich; aber weit über die Produktivität der ostdeutschen Wirtschaft hinaus sind innerhalb weniger Monate die Löhne und Gehälter durch Tarifabschlüsse von rund 30 auf 60 Prozent der westdeutschen angehoben worden. Einen Zusammenhang zwischen der Höhe der Löhne und Gehälter in Ostdeutschland und der Bereitschaft, privates Kapital in Ostdeutschland zu investieren, kann die ostdeutsche Bevölkerung nicht erkennen.

Auf eine offene Frage: "Sehen Sie einen Zusammenhang zwischen der Höhe der Löhne in der ehemaligen DDR und dem wirtschaftlichen Aufschwung, oder sehen Sie da keinen Zusammenhang?" und falls: "Ich sehe Zusammenhang": "Und können Sie mir vielleicht den Zusammenhang erklären?" gaben nur 9 Prozent die zutreffende Erklärung: "Die Wirtschaft ist bei niedrigerem Lohnniveau wettbewerbsfähiger, und dadurch werden Investitionen begünstigt". Wenn ein Zusammenhang überhaupt gesehen wurde, dann noch am ehesten in dem Sinne: "Bei höheren Löhnen können die Leute mehr kaufen, und das kurbelt die Wirtschaft an"[8].

Dafür besteht bei der Mehrheit der ostdeutschen Bevölkerung die Überzeugung, zwischen ost- und westdeutschen Einkommen dürfte es keinen Unterschied geben (vgl. *Tabelle 6*). Zusammenhänge zwischen Einkommen und Produktivität einer Wirtschaft müßten mit großem Aufklärungsprogramm verdeutlicht werden. Aber das geschieht nicht.

Entdeckungsreise nach Ostdeutschland

Der größte Teil der Umfragen, die vom Allensbacher Institut in den ersten zwölf Monaten nach Begründung der Interviewer-Organisation in der alten

---

[8] Allensbacher Archiv, IfD-Umfragen 4197 und 4197/II.

Was Ost- und Westdeutsche spaltet

Tabelle 6
Gesamtdeutschland
Bevölkerung ab 16 Jahre

FRAGE: "Hier unterhalten sich zwei über die unterschiedliche Höhe der Löhne in Ost und West. Wem von beiden stimmen Sie eher zu?"

Vorlage eines Bildblattes mit den Alternativen:

"Ich halte es für unzumutbar, daß die Arbeiter und Angestellten im Osten Deutschlands weniger als die Hälfte verdienen als diejenigen, die die gleiche Arbeit im Westen leisten. Deshalb muß es so bald wie möglich eine kräftige Lohnerhöhung geben."

"Solange sich die wirtschaftliche Lage im Osten nicht bessert, kann es nur geringe Lohnerhöhungen geben. Nur durch Löhne, die wirklich niedriger sind als im Westen, hat der Osten eine Aufbauchance. Wenn es jetzt gleich hohe Lohnforderungen gibt, wird kaum eine Firma im Osten investieren."

Oktober/November 1990

	Alte Bundesrepublik %	Neue Bundesländer %
"Ich halte es für unzumutbar, daß die Arbeiter und Angestellten im Osten Deutschlands weniger als die Hälfte verdienen als diejenigen, die die gleiche Arbeit im Westen leisten. Deshalb muß es so bald wie möglich eine kräftige Lohnerhöhung geben"	25	56
"Solange sich die wirtschaftliche Lage im Osten nicht bessert, kann es nur geringe Lohnerhöhungen geben. Nur durch Löhne, die wirklich niedriger sind als im Westen, hat der Osten eine Aufbauchance. Wenn es jetzt gleich hohe Lohnforderungen gibt, wird kaum eine Firma im Osten investieren"	60	32
Unentschieden	15	12
	100	100
n =	1108	1050

QUELLE: Allensbacher Archiv, IfD-Umfragen 5042/II, 9006/II

DDR durchgeführt wurden, hatte deskriptive Aufgaben: Gesundheitszustand und Lebensstandard der Bevölkerung sollten festgestellt werden; die Reichweite von Fernsehen, Hörfunk, Zeitungen, Zeitschriften; Lebensgewohnheiten, Interessengebiete, Freizeittätigkeiten.

Beispielhaft werden vier derartige Befunde mitgeteilt. Mehrere Monate stritten sich die Statistiker, wieviel kürzer die Lebenserwartung der Ostdeutschen, verglichen mit den Westdeutschen, sei. Noch immer sind es nur Schätzungen, die besagen, die Lebenserwartung der Ostdeutschen sei etwa

Schaubild 3
GESUNDHEITSBESCHWERDEN IN OST UND WEST

Frage: "Bei der heutigen Unruhe und Hast ist es kein Wunder, wenn die Gesundheit darunter leidet. Könnten Sie mir nach dieser Liste hier sagen, ob auch Sie unter irgend etwas davon manchmal oder häufiger leiden?"
(Listenvorlage)

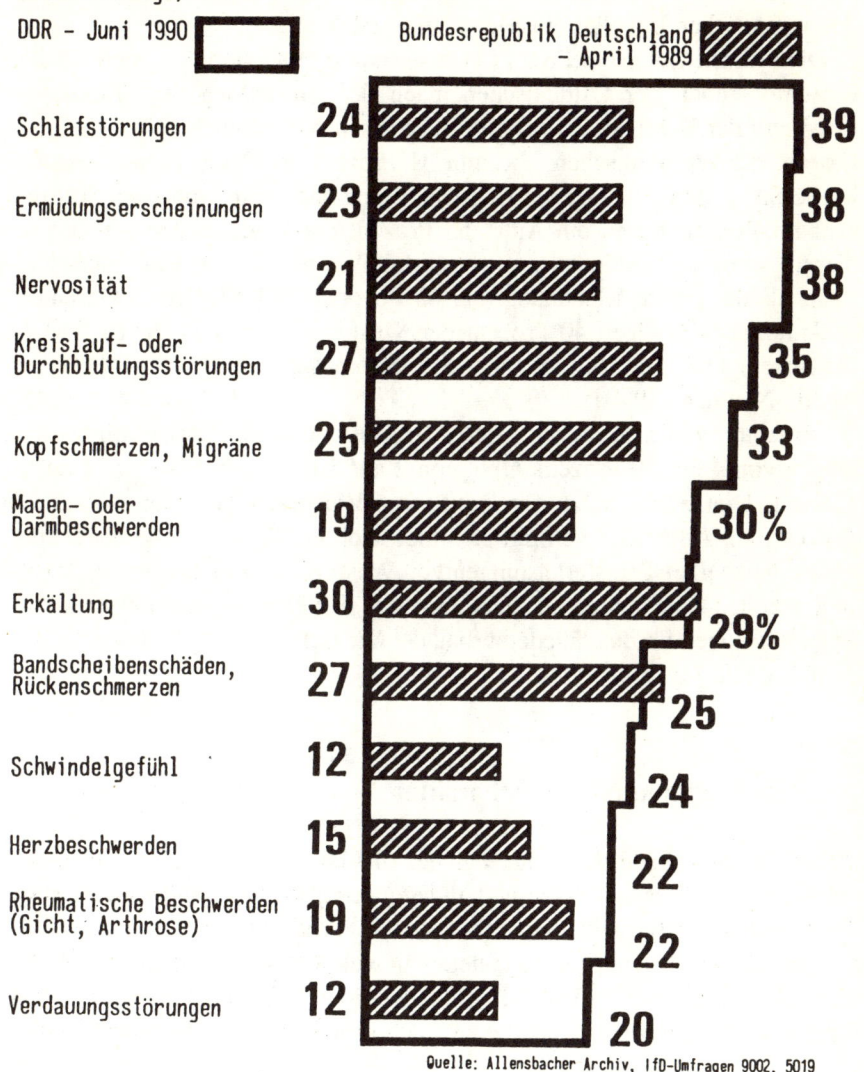

DDR – Juni 1990 ☐   Bundesrepublik Deutschland – April 1989 ▨

Beschwerden	DDR	BRD
Schlafstörungen	24	39
Ermüdungserscheinungen	23	38
Nervosität	21	38
Kreislauf- oder Durchblutungsstörungen	27	35
Kopfschmerzen, Migräne	25	33
Magen- oder Darmbeschwerden	19	30 %
Erkältung	30	29 %
Bandscheibenschäden, Rückenschmerzen	27	25
Schwindelgefühl	12	24
Herzbeschwerden	15	22
Rheumatische Beschwerden (Gicht, Arthrose)	19	22
Verdauungsstörungen	12	20

Quelle: Allensbacher Archiv, IfD-Umfragen 9002, 5019

fünf Jahre kürzer als die der Westdeutschen. Die subjektiven Aussagen über den Gesundheitszustand zeigen drastische Unterschiede (vgl. Schaubild 3).

Die großen Unterschiede bei Schlaflosigkeit, Müdigkeit und Nervosität sind wahrscheinlich ein Ausdruck der extremen psychischen Belastungen, die die Bevölkerung der alten DDR seit dem Herbst 1989 erfährt. Aber auch die organischen Beschwerden - Kreislauf, Herz, Magen und Darm - sind bei der ostdeutschen Bevölkerung viel weiter verbreitet.

Die krassen Unterschiede im Lebensstandard treten hervor, aber auch die Entschlossenheit der Ostdeutschen, nach der Umstellung der Währungsunion mit der D-Mark (01. Juli 1990) so rasch wie möglich aufzuholen. 54 Prozent der Westdeutschen, aber nur 31 Prozent der Ostdeutschen besaßen im Sommer 1990 ein eigenes Haus oder eine Eigentumswohnung. 80 Prozent im Westen hatten ein Auto, 55 Prozent der Ostdeutschen - aber von diesen Autos der Ostdeutschen waren drei Viertel älter als fünf Jahre und mehr als die Hälfte Kleinautos (bis 45 PS oder 33 KW). Einen Geschirrspülautomaten besaßen 40 Prozent der Westdeutschen, 1 Prozent der Ostdeutschen, und weit zurück blieben Stereomusik- und Videogeräte (vgl. Noelle-Neumann 1990a).

Innerhalb von acht Monaten stieg beispielsweise der Besitz von Volkswagen von 4 auf 10 Prozent, Opel von 2 auf 10 Prozent, Ford von 1 auf 6 Prozent. Dramatisch nahm der Besitz von Videorecordern, von 11 auf 27 Prozent, zu. Allerdings verbirgt sich hier auch ein Problem: Die beträchtlichen finanziellen Transferleistungen von West- nach Ostdeutschland gingen in den ersten zwölf Monaten überwiegend in den Konsum und viel zu wenig in Investitionen für den Wiederaufbau der Wirtschaft oder in Sparleistungen (vgl. *Tabelle 7* und *Schaubild 4*).

Sozialisation und Nationalcharakter

Einer der auffallendsten Unterschiede, die bei internationalen Umfragen zwischen den Westdeutschen und anderen europäischen Ländern oder auch Amerikanern festgestellt wurde, betraf das Verhältnis der Eltern- zur Kindergeneration. Die Frage dazu lautete: "In welchen Bereichen haben Sie und Ihre Eltern ähnliche Ansichten?". Dazu wurde eine Liste mit fünf Bereichen vorgelegt. In Westdeutschland zeigte sich eine Kluft zwischen den Genera-

	Tabelle 7 Gesamtdeutschland Bevölkerung ab 14 Jahre		

Videobesitz und -kauf

	Alte Bundesrepublik	Neue Bundesländer		
	1990	Juli/Aug. 1990	Nov./Dez. 1990	März/April 1991
	%	%	%	%
Videorecorder im Haushalt	44	11	19	27
Es leihen sich hin und wieder bespielte Video-Cassetten aus	26	8	16	22
In den letzten 12 Monaten gekauft:				
Unbespielte Video-Cassetten	27	8	15	18
Bespielte Video-Cassetten	5	4	11	12
n =	15.418	1.505	2.014	2.220

QUELLE: Allensbacher Archiv, AWA-West '90 und IfD-Umfragen 1441, 9008, 9013

	Tabelle 8 Europäische Länder, USA 18- bis 24jährige

Die westdeutsche Generationskluft

FRAGE: "In welchen Bereichen haben/hatten Sie und Ihre Eltern ähnliche Ansichten?" (Vorlage einer Liste)

18- bis 24jährige   1 9 8 1 / 8 2

	Bundesrepublik Deutschland	Großbritannien	Frankreich	Italien	USA
	%	%	%	%	%
Einstellungen gegenüber anderen Menschen	47	49	51	48	66
Moralvorstellungen	38	61	49	49	77
Politische Ansichten	33	42	32	33	47
Einstellung zur Sexualität	14	31	23	20	43
Einstellungen zur Religion	39	44	49	52	69
Übereinstimmung in keinem der fünf Bereiche genannt	22	19	25	27	9
	193	246	229	229	311
n =	337	350	289	374	501

QUELLE: Internationale Wertestudie 1981/82

Interessengebiete in der DDR und in der Bundesrepublik

Schaubild 4

DDR ☐
Bundesrepublik Deutschland ▨

"Interessiert mich ganz besonders" –

Wohnen und Einrichten
- 54%
- 36

Gastlichkeit zu Hause, Gästebewirtung
- 47
- 36

Kochen, Kochrezepte
- 40
- 33

Ergebnisse über Warentests, Untersuchungen über Preis und Qualität von Waren
- 40
- 23

Haushaltspflege
- 38
- 25

Autos, Autotests
- 30
- 17

Kabelfernsehen, Satellitenfernsehen
- 30
- 15

Bauen, Modernisieren, Renovieren
- 28
- 17

Schneidern, Stricken
- 24
- 16

Waschmittel für die Waschmaschine
- 22
- 17

Videogeräte, Videotechnik
- 16
- 10

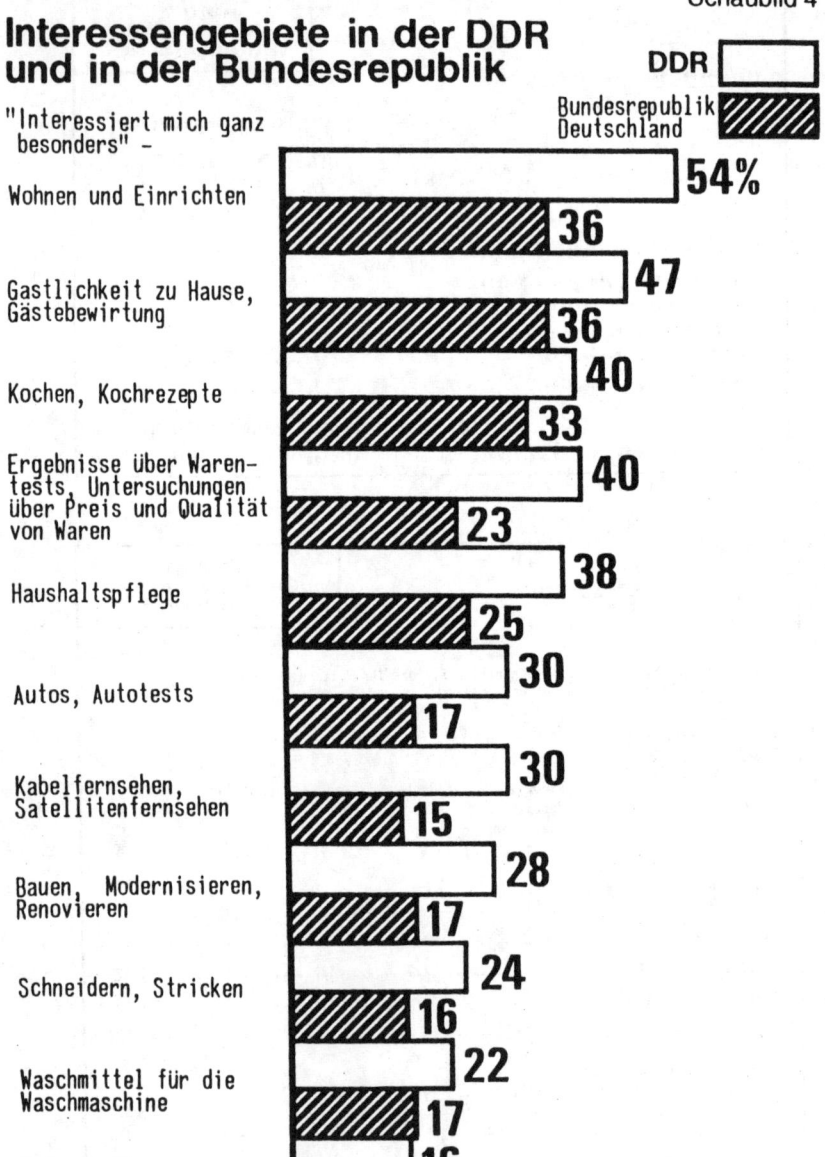

Quelle: Allensbacher Archiv, IfD-Umfragen 1441, AWA '90

tionen, wie sie sonst nicht gefunden wurde, und diese Kluft vergrößerte sich noch im Laufe der achtziger Jahre (vgl. *Tabelle 8*)

Die Versuche, die so auffallende Generationskluft in Westdeutschland aus deutschen Charakterzügen oder der Nazivergangenheit zu erklären, wurden widerlegt, als sich jetzt zeigte, daß Eltern- und Kindergeneration sich in Ostdeutschland genauso nahestanden wie in anderen europäischen Ländern oder den USA. Bis Ende der achtziger Jahre war in Westdeutschland der Anteil junger Leute, die in keinem der fünf Bereiche Übereinstimmung mit den Eltern empfanden, auf 30 Prozent gestiegen. Bei der jungen Generation in den neuen Bundesländern waren es nur 10 Prozent, die sich so von ihren Eltern distanzierten[9], nicht mehr als in den USA (vgl. Noelle-Neumann 1990b).

Damit verstärkte sich die Vermutung, daß die auffallende Generationskluft in Westdeutschland von Sozialisationsfaktoren wie Schulbüchern, Schulen und Medien bewirkt worden war.

An diesem Punkt stehen wir vor Befunden im Vergleich von West- und Ostdeutschland, die besonders schwer zu interpretieren sind. In Westdeutschland wurde mit Umfrageforschung seit Ende der sechziger Jahre ein Wertewandel beobachtet, der sich zunächst innerhalb von nur fünf Jahren, zwischen 1967 und 1971, der Zeit der Studentenunruhen, ereignete und besonders drastisch bei der jungen Generation Grundeinstellungen zum Leben veränderte. Die Auffassungen vom Sinn des Lebens verwandelten sich - die Einstellung zur Arbeit, Sexualität und Moral. Die Überzeugung von der Bedeutung der traditionellen bürgerlichen Tugenden, wie Fleiß, Höflichkeit, Pünktlichkeit, Sauberkeit, Sparsamkeit wurde abgebaut. Von der Mitte der siebziger Jahre an wurden manche dieser Einstellungen wieder restauriert, in anderen Bereichen setzte sich der Wertewandel verstärkt durch.

In der DDR - das zeigten jetzt die Umfragen - hat ein solcher Wertewandel praktisch nicht stattgefunden. Die Fragen nach den Auffassungen vom Leben - das Leben als Aufgabe oder als Genuß - , dem Rangplatz der Arbeit, der Bedeutung der traditionellen Tugenden wurden von der ostdeutschen Bevölkerung beantwortet wie von den Westdeutschen in den fünfziger Jahren (vgl. Noelle-Neumann 1990b).

Auf der anderen Seite war christlicher Glaube in Ostdeutschland, zu dem sich in Westdeutschland auch Anfang der neunziger Jahre etwa 90 Prozent der Bevölkerung bekennen, nur noch bei etwa 35 Prozent anzutreffen.

---

[9] Allensbacher Archiv, IfD-Umfragen 5019 und 4195.

Wertesysteme in Ost und West

Tabelle 9
DDR, Bundesrepublik Deutschland
Bevölkerung ab 16 Jahre

FRAGE: "Hier unterhalten sich zwei, was letzten Endes wohl wichtiger ist, Freiheit oder möglichst große Gleichheit - wenn Sie das bitte einmal lesen. Welcher von beiden sagt eher das, was auch Sie denken?" (Vorlage eines Bildblatts)

	DDR	Bundesrepublik Deutschland
	März 1990	Mai 1990
	%	%
"Ich finde Freiheit und möglichst große Gleichheit eigentlich beide gleich wichtig. Aber wenn ich mich für eines davon entscheiden müßte, fände ich eine möglichst große Gleichheit am wichtigsten, daß also niemand benachteiligt ist und die sozialen Unterschiede nicht so groß sind."	43	24
"Sicher sind Freiheit und möglichst große Gleichheit gleich wichtig. Aber wenn ich mich für eines davon entscheiden müßte, wäre mir die persönliche Freiheit am wichtigsten, daß also jeder in Freiheit leben und sich ungehindert entfalten kann."	46	64
Unentschieden	11	12
	100	100
n =	1098	1079

QUELLE: Allensbacher Archiv, IfD-Umfragen 4195, März 1990 und 5036, Mai 1990

Sowohl formelle Kirchenzugehörigkeit wie religiöse Gefühle - Glauben Sie an Gott? Ziehen Sie aus dem Glauben Trost und Kraft? - sind weitgehend zerstört.

Zugleich sind linke politische Ideale wie der Vorrang der Gleichheit und die Verpflichtung des Staates, für Gleichheit zu sorgen - nach 40 Jahren sozialistischer Herrschaft verständlich - sehr viel allgemeiner in der Bevölkerung vertreten als in Westdeutschland (vgl. *Tabelle 9*).

Auf diese Weise ergeben sich ganz verwirrende Cluster: In Westdeutschland gehören linke Positionen und 'Progressivität', Aufgabe traditioneller Werte zusammen, andererseits rechte Positionen, Religiosität und Konservatismus. In Ostdeutschland verbindet sich sozialistische Grundeinstellung mit einem ganz Ostdeutschland prägenden Wertkonservatismus, allerdings ohne Religiosität.

Diese verschiedenen Cluster der Wertorientierung zusammen mit dem verschiedenen Lebensstandard und dem anderen Nachkriegsschicksal - "Haben wir vielleicht allein den Krieg verloren?" lautet eine provokative Frage der Ostdeutschen - führt bei vielen Beobachtern zu der Vorstellung: Statt der alten Mauer, die gefallen ist, trennt nun Deutsche im Osten und im Westen eine 'Mauer in den Köpfen'. Die Popularität dieser Idee hängt zusammen mit der schon zuvor beschriebenen Anhänglichkeit an die untergegangene deutsche Zweistaatlichkeit. Aber es gibt viel mehr Verbindendes zwischen Ost- und Westdeutschen, als die meisten Medienberichte heute erkennen lassen. In allen Bereichen eines auf Anlage beruhenden Nationalcharakters - Temperament, Selbstbild, Lebensziele - ähneln sich die Deutschen im Osten und Westen wie Geschwister. Das war wohl die größte Überraschung bei den Umfragen nach der Wiedervereinigung. Und ebenso ähneln sie sich in ihrem Bild vom deutschen Nationalcharakter. Die Deutschen in Ost und West identifizieren sich mit der jahrhundertealten Symbolgestalt des Deutschen Michel, und wenn man fragt, was sie am Deutschen Michel so sympathisch finden, dann sagen sie im Westen und Osten ganz übereinstimmend: Er ist so ehrlich und treu, er ist fleißig, er ist gutmütig, er ist urgemütlich (vgl. Noelle-Neumann 1991: 8).

Das große soziale Experiment der Trennung einer Nation für mehr als vierzig Jahre, des Lebens in zwei verschiedenen Gesellschaftssystemen und dann einer Wiedervereinigung werden der Sozialforschung noch viel zu entdecken und viel zu analysieren geben.

Literatur

Kepplinger, H.M./A. Czaplicki (1991), Die deutsche Vereinigung im Fernsehen. Forschungsprojekt am Institut für Publizistik der Universität Mainz.

Nipperdey, T. (1991), Der Abschied von der Utopie wird die nächsten Jahrzehnte bestimmen. Interview mit Thomas Nipperdey von Adalbert Reif, Universitas 2: 184 ff.

Noelle-Neumann, E. (1979), Massenmedien und sozialer Wandel - Methodenkombination in der Wirkungsforschung, Zeitschrift für Soziologie 2: 164 ff.

Noelle-Neumann, E. (1982), Der Konflikt zwischen Wirkungsforschung und Journalisten. Ein wissenschaftsgeschichtliches Kapitel, Publizistik 1-2: 114 ff.

Noelle-Neumann, E. (1983), Eine demoskopische Deutschstunde, Zürich/Osnabrück.

Noelle-Neumann, E. (1984), Im Wartesaal der Geschichte. Bleibt das Bewußtsein der deutschen Geschichte lebendig?, Frankfurter Allgemeine Zeitung 63: 8.

Noelle-Neumann, E. (1987), The Kohl Administration After Five Years. A report by a public opinion analyst, German Comments 10: 16 ff.

Noelle-Neumann, E. (1989), Deutschlandpolitik als Bildungsaufgabe. Gespaltene Identität? Vortrag auf einer Tagung des Innerdeutschen Ministeriums am 15. Juni 1989 in Königswinter.

Noelle-Neumann, E. (1990a), Das erste Brevier für Marketing-Päpste, CAPITAL 11: 254 ff.

Noelle-Neumann, E. (1990b), Demoskopie und Propaganda. Erfahrungen mit Umfragen in der DDR, Die politische Meinung: 6 ff.

Noelle-Neumann, E. (1991), Das Deutschenbild der Deutschen. Typisches, Spannungen und nationale Gemeinsamkeiten, Frankfurter Allgemeine Zeitung 66: 8.

Go east!
Vom Pioniergeist in der Sozialforschung

Bernhard von Rosenbladt

Die Jahre 1990 und 1991 sind ein aufregendes Kapitel in der Entwicklung der deutschen Sozialforschung. Der Zusammenbruch der DDR, das Ende der jahrzehntelangen Abschottung zwischen den deutschen Teilstaaten, der fast übergangslose Systemwechsel im Osten vom Staatssozialismus zu Marktwirtschaft, Rechtsstaat und parlamentarischer Demokratie - dieser historische Umbruch gibt den Sozialwissenschaften viel zu tun. Packen wir's an, sei es aus der Vogel- oder der Froschperspektive.

Die akademische Forschung steht vor der Herausforderung, einen gesamtgesellschaftlichen Wandel, der sich wie in einem überdimensionalen Soziallabor abspielt, wissenschaftlich zu begleiten, zu beschreiben, zu analysieren. Die Auftragsforschung sieht sich einem akuten Informationsbedarf der Öffentlichkeit gegenüber, speziell der öffentlichen Verwaltung, der vielfach die Datengrundlagen zur Planung und Bewertung von Entscheidungen in den jeweiligen Politikfeldern fehlen.

Was hat sich bisher tatsächlich getan? Welche Potentiale und Perspektiven für die Sozialforschung zeichnen sich ab? Wie die übrigen Autoren dieser 'Abteilung', versuche ich eine erste Zwischenbilanz aus der eingeschränkten Sicht der eigenen Erfahrungen. Dazu muß ich das eigene Arbeitsfeld kurz vorstellen.

Ich bin Leiter der Infratest Sozialforschung GmbH, München, die zum europaweit tätigen Forschungsunternehmen Infratest Burke gehört. Die folgenden Ausführungen gelten teilweise auch für andere Arbeitsfelder der Institutsgruppe, also die Marktforschung, die Medienforschung, die Gesundheitsforschung - aber eben nur teilweise, denn auf jedem dieser Felder gibt es spezifische Bedingungen.

Im Bereich der Sozialforschung arbeiten wir sowohl als Partner akademischer Forschungsgruppen zur Realisierung von deren Projekten als auch in der Auftragsforschung für Ministerien und andere Stellen der öffentlichen Hand, Verbände usw. Beide Auftraggebergruppen sind mit wichtigen Projekten an der Entwicklung einer gesamtdeutschen Sozialforschung beteiligt. Der Beobachtungszeitraum dieser Bestandsaufnahme reicht dabei zeitlich über die Tagung in Ladenburg hinaus, nämlich bis in den Sommer 1991.

Westdeutsche DDR-Forschung bis 1989

Bevor ich auf die Entwicklung nach der Wende in der DDR eingehe, möchte ich kurz auf eine Forschungstradition in der alten Bundesrepublik hinweisen, die zum soziografisch-zeitgeschichtlichen Teil des Tagungsthemas gehörte, also zur Frage nach sozialwissenschaftlichen Datenbeständen über die alte DDR.

Wie die ostdeutschen Kollegen betont haben, war das Instrument der repräsentativen Bevölkerungsbefragung in der DDR politisch suspekt und daher nicht oder nur in sehr engen Grenzen zugelassen. Es gehört zu den Eigenheiten des deutsch-deutschen Nebeneinanders zweier antagonistischer Systeme, daß in der Bundesrepublik eine Art Ersatzforschung für fehlende Repräsentativbefragungen in der DDR entwickelt wurde.

Die entsprechenden Forschungsaktivitäten lagen bei dem Bundesministerium für innerdeutsche Beziehungen. Auf bundesrepublikanischer Seite entsprachen Anlage und Durchführung der Untersuchungen den üblichen Regeln. Für die damalige DDR stellte sich das Problem der Zugangsmöglichkeiten zur DDR-Bevölkerung.

Selbstverständlich waren seitens der Bundesrepublik keine Direktbefragungen möglich. Die Befragung von in der Bundesrepublik weilenden Besuchern aus der DDR wäre aus politischen und methodischen Gründen nicht vertretbar gewesen. Darüber hinaus stellten diese Besucher - in der Regel Rentner - eine atypische Personengruppe dar. Man behalf sich zunächst unter teilweise fast kriminalistischem Aufwand mit Sekundärauswertungen aus vorliegenden Materialien.

1968 entwickelte dann Infratest als zentrales Forschungsinstrumentarium ein Modell der Stellvertreter-Forschung, d.h. eine Form der indirekten Befragung von bundesdeutschen Besuchern der DDR. Diese referierten nicht nur ihre allgemeinen Eindrücke, sondern machten auch Angaben zu einem bestimmten Gesprächspartner in der DDR (Person X) in standardisierter Form, wobei auch die für die Analyse relevanten sozialstatistischen Merkmale der 'Person X' miterhoben wurden. Die Frageformulierung lautete:

"Wir wollen mit dieser Befragung auch feststellen, wie die Menschen drüben leben. Denken Sie doch nun bitte einmal an eine Person, mit der Sie sich drüben ausführlich über die Verhältnisse in der DDR unterhalten haben. Dabei interessiert uns natürlich nicht der Name der Person. Nennen wir sie einfach 'Person X'."

Die Besucherbefragungen waren Teil eines komplexeren methodischen Designs, das auch Dokumentationen, Expertengespräche, Gruppendiskussionen usw. umfaßte. Die standardisierten Besucherbefragungen wurden nach dem Quotenverfahren angelegt, wobei nach Regionen und (zurückliegendem) Zeitpunkt des DDR-Besuchs quotiert wurde. Anschließend wurden die Interviews an die Struktur der DDR-Bevölkerung per Gewichtung angepaßt. Aufeinanderfolgende Befragungswellen weisen daher - nach dieser Normierung - Ergebnisse aus, die miteinander vergleichbar sind.

Inhaltlich umfaßte diese Forschung Einstellungen, Meinungen, Erwartungen und Umfeldbedingungen sowie Verhaltensweisen der Bevölkerung in beiden Teilen Deutschlands. Im Hinblick auf die DDR wurde damit unter anderem ein Soll/Ist-Vergleich der sozialistischen Vorgaben des Regimes und deren Bewertung durch die DDR-Bevölkerung möglich, insbesondere im Hinblick auf die politischen und wirtschaftlichen Bereiche. Die Bundesregierung gewann auf diese Weise Informationen für die innerdeutsche Politik.

Dieses von Infratest seit 1968 kontinuierlich, d.h. jährlich durchgeführte Forschungsprogramm stellt weltweit die einzige verallgemeinerungsfähige Datensammlung zu Einstellungen, Meinungen und Verhaltensmustern der Bevölkerung in der DDR dar (vgl. Köhler 1991: 115 ff.).

Hierzu ein Beispiel: In jeder Umfrage wurde eine allgemeine Frage zur Bewertung der politischen Verhältnisse in der DDR durch die DDR-Bürger gestellt. Der Anteil derer, die meinen, die politischen Verhältnisse seien "schlechter geworden", erweist sich im Nachhinein geradezu als ein Seismograph der vorrevolutionären Entwicklung.

"Die politischen Verhältnisse sind schlechter geworden" meinten in v.H.:

1982	38
1983	32
1984	25
1985	21
1986	19
1987	17
1988	33

1989 Mai   47
1989 August   68.

Mit manchen interessanten Datenbeständen von Forschungseinrichtungen in der DDR teilte dieser Datenbestand das Schicksal, daß er einer wissenschaftlichen Öffentlichkeit nicht zugänglich war. Seine Aufarbeitung im Rahmen einer politik- und wissenschaftsgeschichtlichen Analyse der innerdeutschen Entwicklung bis 1989 bleibt eine zu leistende Aufgabe[1].

Sozialforschung in der DDR/den neuen Bundesländern ab 1990

Man muß sich die Situation zu Anfang des Jahres 1990 noch einmal vergegenwärtigen. Im Vorfeld der ersten freien Volkskammerwahlen im März 1990 gab es erste aktuelle Meinungsumfragen in der DDR - jede zunächst eine kleine Sensation, wenn auch die Ergebnisse instabil und die methodische Basis unklar waren.

Im Februar erreichte uns die erste Anfrage, ob bzw. wann eine Durchführung sozialwissenschaftlicher Umfragen nach westlichen methodischen Standards denkbar sei. Ins Auge gefaßt war eine Testerhebung für eine Art ALLBUS, aber in kleinerem Format. Diese Anfrage wurde dann allerdings - wie so vieles damals - vom Tempo der Entwicklung überrollt.

Im März tagte der Beirat für das Sozio-ökonomische Panel (SOEP), eine der anspruchsvollsten sozialwissenschaftlichen Erhebungen in der Bundesrepublik, durchgeführt für den Sonderforschungsbereich 3 und das Deutsche Institut für Wirtschaftsforschung (DIW) mit jährlichen Befragungen seit 1984 durch Infratest. Der Beirat empfahl, möglichst bald eine Parallel-Erhebung des SOEP im Ostteil Deutschlands zu etablieren und so die Chancen dieses Forschungsinstruments für die Analyse der sozialen Umbruchsituation in der DDR zu nützen.

Als wir signalisierten, daß wir uns zusammen mit unserem Partner in der DDR eine Realisierung dieser kühnen Idee zutrauen würden, ging dann alles unglaublich schnell: Der administrative Prozeß der Projekt- und Mittelbewilligung durch den BMFT, die inhaltliche Vorbereitung des Fragebogens durch eine Arbeitsgruppe aus DIW, WZB und dem Ostberliner ISS, Vorbe-

---

1   Auf Seiten von Infratest liegt die Verantwortung für diese DDR-Forschung vor 1989 bei Frau Dr. Anne Köhler, Geschäftsführerin der Infratest Kommunikationsforschung, seit 1990 auch Geschäftsführerin von Infratest Burke Berlin (IBB).

reitung und Durchführung der Erhebung durch Infratest und die Abteilung für soziologische Forschung des Rundfunks der DDR.

Ziel war, eine Random-Stichprobe von 2.000 Haushalten noch vor Inkrafttreten der Wirtschafts-, Währungs- und Sozialunion am 01.07.1990 zu befragen - und auf diese Weise noch die Ausgangslage für die zu erwartenden sozio-ökonomischen Entwicklungen abzubilden, also die DDR-Verhältnisse, die sehr bald der Vergangenheit angehören würden.

Vom Zeitdruck abgesehen, waren auch die methodischen Anforderungen hoch. Gefordert war:
- eine Zufallsstichprobe der privaten Haushalte in der DDR nach dem Standard der West-Stichprobe des SOEP (Random-Route-Verfahren auf Basis des ADM-Stichprobensystems),
- in den ausgewählten Haushalten eine mündlich-persönliche Befragung aller Haushaltsmitglieder ab 16 Jahren (Mehr-Personen-Befragung),
- eine Dokumentation der Befragung und der Befragten-Adressen, die unter Beachtung der datenschutzrechtlichen Vorkehrungen eine erneute Befragung aller Befragungsteilnehmer ein Jahr später ermöglichen würde (Panel-Welle 2).

Diese Ziele wurden realisiert. Am 01. Juli 1990 war - bis auf einzelne Nachzügler - die Feldarbeit beendet. Datenerfassung und Datenprüfung erfolgten in München. Eine personenbezogene Auswertung der Ergebnisse (4.453 Befragte) wurde Anfang Oktober 1990 vorgelegt (vgl. Wagner u.a. 1991 (Hg.)).

Um diesen Ablauf zu würdigen, muß man die entsprechenden Eckwerte aus Welle 1 des SOEP-West, aus dem Jahr 1984 in der Bundesrepublik, im Vergleich sehen. Die West-Stichprobe war zwar größer und komplexer (6.000 Haushalte mit knapp 12.000 befragten Personen, darunter Teilstichproben mit fünf verschiedenen Ausländernationalitäten). Für die Feldzeit wurden jedoch 8 Monate benötigt. Die erreichte Stichprobenausschöpfung bei deutschen Haushalten betrug 60%. Die Vergleichswerte für Welle 1 im SOEP-Ost: Feldzeit 5 Wochen, Stichprobenausschöpfung 70%.

Dabei war für die Interviewer praktisch alles an dieser Befragung neu: Das Auswahlverfahren für die Befragungshaushalte (Random-Route), die Mehr-Personen-Befragung in den Haushalten, das Thema der Befragung (vor allem Einkommen, Beschäftigung, subjektive Indikatoren), die aufwendige Fragebogengestaltung, die Dokumentationsanforderungen.

Heute, ein Jahr später, ist übrigens auch die Welle 2 des sozio-ökonomischen Panels (Ost) erfolgreich abgeschlossen. Von allen Teilnehmer-Haushalten der ersten Befragung konnten 90% erneut befragt werden.

Ich schildere diese Untersuchung so ausführlich, weil sie als ein Schlüsselprojekt gelten kann. Sie demonstrierte - wenige Monate nach dem Zusammenbruch des sozialforschungsfeindlichen SED-Regimes - die Machbarkeit anspruchsvoller sozialwissenschaftlicher Erhebungen mit westlichem Methodenstandard in der DDR bzw. den neuen Bundesländern. Einzelheiten sind an anderer Stelle genauer beschrieben (vgl. Schupp/Wagner 1991: 25 ff.).

Wie war dieser Erfolg möglich?

Es gibt projektbezogene und allgemeine Faktoren. Projektbezogen kann man sagen, daß diese Untersuchung in der Aufbruchstimmung des Frühsommers 1990 von Interviewern und Befragten einfach als wichtig und richtig empfunden wurde: Es ging um die soziale Lage der Haushalte in der DDR, um die Einbeziehung in eine gesamtdeutsche Untersuchung der Lebensbedingungen. Der bereits 1984 für die Befragungen im Westen gewählte Projekttitel "Leben in Deutschland" unterstützte diese Motivation in glücklicher Weise.

Daneben gibt es allgemeine Voraussetzungen. Als entscheidend kann man zwei Dinge ansehen:
- die Verbindung von westlicher Professionalität und Erfahrung mit hoher Einsatzbereitschaft der Mitarbeiter vor Ort, also im Osten und
- die rechtzeitige Schaffung eines institutionellen Rahmens für diese Kooperation.

Infratest hat sich bereits Anfang 1990 für eine feste Kooperation mit einem Partner in der DDR entschieden, und zwar mit der Abteilung für soziologische Forschung des Rundfunks der DDR. Es handelte sich hier um eine der wenigen Einrichtungen in der DDR, die in engen Grenzen Umfrageforschung betreiben konnten und über eine Infrastruktur dafür verfügten. Es gab ein Netzwerk von Interviewern, die in der Regel zweimal im Jahr für eine Befragung eingesetzt wurden. Es gab Verfahren der Stichprobenbildung, und zwar von Adressen-Stichproben aus dem zentralen Einwohnermelderegister der DDR - wenn auch mit den damals gegebenen Restriktionen, die ganze Bevölkerungsgruppen und Regionen aus den statistischen Quellen ausschlossen. Es gab einen Stamm von wissenschaftlichen Mitarbeitern, die methodisch ausgebildet und inhaltlich als Medienforscher erfahren waren.

Durch die Kooperation mit Infratest konnte ein schneller Transfer von Know-how und Ressourcen organisiert und eine Zukunftsperspektive für die Mitarbeiter eröffnet werden. Am 01. Juli 1990, dem Tag, als die Wirtschafts-, Währungs- und Sozialunion zwischen BRD und DDR in Kraft trat, wurde das neue Unternehmen Infratest Burke Berlin (IBB) gegründet, das die Forschungsabteilung des Rundfunks der DDR übernahm.

Als das Sozio-ökonomische Panel durchzuführen war (Juni 1990), waren wesentliche Modernisierungsschritte schon erfolgt oder eingeleitet. Bereits seit März stand ein gemeinsam entwickeltes DDR-Master-Sample zur Verfügung, das Stichprobenpläne nach ADM-Standards ermöglichte. Der Interviewerstab war umstrukturiert und erweitert worden, wobei ein Großteil der bisherigen Interviewer die höheren Anforderungen der neuen Aufträge nicht auf sich nehmen wollte und ausschied, während zugleich neue Interviewer rekrutiert und eine schnellere, zentrale Organisation des Interviewer-Einsatzes aufgebaut wurde. Seit März 1990 wurden regelmäßig Mehrthemenbefragungen ('Omnibus') mit einem Stichprobenumfang von 1.000 Befragten durchgeführt.

Seither wurden die Befragungen schrittweise auf nahezu alle thematischen Gebiete und alle methodischen Ansätze ausgeweitet, die auch im Westen die Arbeit eines großen Umfrageforschungsinstituts bestimmen. Eine Ausnahme bilden noch die telefonischen Befragungen, die wegen der weiterhin geringen Telefondichte bei den privaten Haushalten nicht möglich sind. Repräsentative Unternehmensbefragungen sind wegen der Schwierigkeiten der Stichprobenbildung noch erschwert; Infratest ist derzeit jedoch dabei, das im Westen seit langem bestehende Arbeitsstätten-Master-Sample auch in den neuen Ländern aufzubauen.

Wie selbstverständlich verlangen Auftraggeber von Sozial- und Marktforschungsprojekten heute bereits, daß die Untersuchungen gesamtdeutsch angelegt sind. Es gibt demnach auch relativ wenige Projekte, die ausschließlich auf die neuen Bundesländer bezogen sind.

Vielfach werden Ansätze der Sozialberichterstattung, die für die alte Bundesrepublik entwickelt wurden, gesamtdeutsch fortgeführt. Das ist sinnvoll, weil damit vergleichende Informationen für die westdeutschen und die ostdeutschen Länder erstellt werden. Es birgt natürlich ein wenig die Gefahr, daß die neuen Länder über den Leisten der alten geschlagen werden. So ist jede dieser Untersuchungen auch ein Balanceakt zwischen dem Ziel, Daten in vergleichbarer, d.h. möglichst identischer Form für beide Teile Deutschlands zu bekommen, und der notwendigen Berücksichtigung besonderer Gegebenheiten im Gebiet der vormaligen DDR.

Gesamtdeutsche Sozialforschungsprojekte dieser Art, die von Infratest derzeit durchgeführt oder vorbereitet werden, sind:
1. ALLBUS 1991 (Baseline-Studie mit ISSP-Teil),
   im Auftrag von ZUMA, Mannheim,
   3.000 Befragte (1.500 Ost, 1.500 West);
2. Berichtssystem Weiterbildung 1991,
   im Auftrag des Bundesministers für Bildung und Wissenschaft,
   7.000 Befragte (3.500 Ost, 3.500 West);
3. Hilfe- und pflegebedürftige Personen in privaten Haushalten ('Möglichkeiten und Grenzen selbständiger Lebensführung'),
   im Auftrag des Bundesministers für Familie und Senioren,
   mit einer geplanten Bevölkerungsstichprobe von 22.000 Befragten (15.000 West, 7.000 Ost) und einer Zusatzstichprobe älterer Menschen ab 70 Jahren (3.000 gesamt, davon 2.000 West und 1.000 Ost);
4. Beruf und Qualifikation (BiBB/IAB-Erhebung 1991/92),
   im Auftrag des Instituts für Arbeitsmarkt- und Berufsforschung der Bundesanstalt für Arbeit sowie des Bundesinstituts für Berufsbildung,
   mit einer Gesamtstichprobe von 34.000 Befragten (24.000 West, 10.000 Ost);
   an der Durchführung sind drei Institute beteiligt, darunter Infratest mit einer Stichprobe von 17.000 Befragten (12.000 West, 5.000 Ost).

Die gesamtdeutsche Ausweitung der Sozialforschungserhebungen hat offensichtlich die Tendenz zu größeren Stichproben verstärkt. Der Wunsch nach einer vergleichenden Analyse der Situation in beiden Teilen Deutschlands verlangt ausreichende Stichprobengrößen in beiden Teilen. Die neuen Länder sind in den Gesamtstichproben daher meist nicht entsprechend ihres Bevölkerungsanteils von 20%, sondern überproportional bis hin zu einem Verhältnis von 50:50 vertreten.

Daneben gibt es Projekte, die ganz spezifisch auf die Probleme im Osten Deutschlands begrenzt sind. Das wichtigste Infratest-Projekt dieser Art ist der 'Arbeitsmarkt Monitor für die neuen Bundesländer'. Eine Random-Stichprobe von 10.700 Personen im erwerbsfähigen Alter (0,1%-Stichprobe) dient als Grundlage für eine kontinuierliche Beobachtung der Arbeitsmarktentwicklung seit der Wende in der DDR. Auftraggeber ist das Institut für Arbeitsmarkt- und Berufsforschung der Bundesanstalt für Arbeit, finanzielle Unterstützung gewährten außerdem der Bundesminister für Arbeit und Sozialordnung und der Sozialfonds der EG.

Auch dies war ein Schlüsselprojekt, methodisch und inhaltlich. Anders als das Sozio-ökonomische Panel, dessen Nutzer primär die Sozialwissenschaften sind, war der Arbeitsmarkt Monitor das erste größere DDR-bezogene Projekt für die öffentliche Verwaltung.

Die Bonner Ministerien hielten sich in den ersten Monaten nach der Wende in der DDR mit Forschung zu Problemen der Umgestaltung im anderen Teil Deutschlands zurück. Zu unklar waren die Rahmenbedingungen, zu groß die Gefahr, daß jegliche Ergebnisse zum Zeitpunkt ihres Erscheinens überholt sein würden. Es ist also nicht etwa so, daß das große, alle Politikbereiche abdeckende Vertragswerk zur deutschen Einheit von sozialwissenschaftlicher Forschung begleitet oder gar vorbereitet wurde.

Nach Einführung der Wirtschafts-, Währungs- und Sozialunion begann der Problemdruck zu wachsen. Die Arbeitslosenzahlen stiegen - vorhersehbar - an. Es fehlte jedoch jegliches statistische Instrumentarium, um - über die Registrierung der Zahl der Arbeitslosen und der Personen in Förderungsmaßnahmen der Bundesanstalt für Arbeit hinaus - die Entwicklungen auf dem Arbeitsmarkt beobachten zu können.

Die in der DDR jährlich über die Betriebe vorgenommene Beschäftigtenerhebung wurde für Ende 1990 zwar noch einmal geplant, erwies sich später aber als nicht brauchbar. Eine Statistik der sozialversicherungspflichtigen Beschäftigten war auf längere Zeit noch nicht zu erwarten. Ein erster Mikrozensus war für April 1991 geplant, die Ergebnisse jedoch erst für Frühjahr 1992 in Aussicht gestellt.

Vor diesem Hintergrund machte Infratest im August 1990 den Vorschlag für den 'Arbeitsmarkt Monitor': ein Instrument für eine schnelle und kontinuierliche Berichterstattung auf hinreichend großer Stichprobenbasis.

Wie die ersten Gespräche zeigten, war als Stichprobenumfang eine Zahl von ca. 10.000 Personen im erwerbsfähigen Alter erforderlich. Schnelligkeit bedeutete zweierlei:
- eine möglichst kurze, dem Stichtagskonzept angenäherte Befragungszeit, und
- ein möglichst kurzer Zeitabstand zwischen Erhebung und Berichterstattung, also nicht mehr als zwei bis drei Monate.

Der Schlüssel, um diese Anforderungen zu erfüllen, lag in der Abkehr vom Hauptinstrument der empirischen Sozialforschung, wie es in der DDR gerade unter großen Anstrengungen aufgebaut wurde, also der mündlich-persönlichen Befragung durch Interviewerstäbe. Wer die logistischen Probleme des Einsatzes von Interviewerstäben in der Situation des Jahres 1990 kannte, wußte, daß damit ein so 'schnelles' Berichtssystem nicht zu realisieren sein würde.

Infratest riskierte damals den Vorschlag, mit der Methode der schriftlichen Befragung zu arbeiten - ein für Bevölkerungsbefragungen in der DDR damals unerprobtes Instrument.

Die für eine schriftliche Befragung erforderliche Voraussetzung - nämlich der Zugang zu einem Adressenregister der Grundgesamtheit, aus dem eine Zufallsstichprobe gezogen werden kann - war in der DDR wegen des zentralen Einwohnermelderegisters in Ost-Berlin gegeben. Da bei einer schriftlichen Befragung auch keine Klumpung der Stichprobe vorgesehen werden muß (wie bei Stichproben für Interviewereinsätze), konnte das Idealmodell einer Zufallsstichprobe verwirklicht werden: Ziehe mit einer Schrittweite von X jeden soundsovielten Einwohner der DDR.

Unbekannt war, wie die DDR-Bürger auf einen zugesandten Fragebogen reagieren würden und in welchem Umfang die Tücken der Postzustellung das Vorhaben behindern würden. Organisatorisch wurde ein Vorgehen gewählt, bei dem die Erstellung aller Instrumente und später die Datenerfassung, Datenprüfung, Stichprobengewichtung und Datenauswertung in München lag, der Fragebogenversand und der Rücklauf jedoch in Berlin (Ost).

Abgesehen von den nötigen organisatorischen Voraussetzungen konnte auch bei diesem Projekt wieder auf die Motivationswirkung der Untersuchungsziele selbst gesetzt werden. "Wie geht es weiter mit den Arbeitsplätzen?", das war und ist ein Thema, das den Menschen auf den Nägeln brennt. Ein entsprechendes Begleitschreiben des Präsidenten der Bundesanstalt für Arbeit war dem Ankündigungsbrief an die Befragten beigefügt.

Der Erfolg der Befragung übertraf sogar noch die hochgesteckten Ziele. In der ersten Novemberwoche 1990 wurden die Fragebogen an 15.000 Adressaten versandt. Fast 74% schickten den Fragebogen ausgefüllt zurück, die meisten davon innerhalb der ersten 14 Tage. Einen ersten 'Schnellbericht' mit inhaltlichen Ergebnissen konnte Infratest wie geplant am 22.1.1991 vorlegen.

Heute ist auch dieses Projekt schon fast Routine. Eine zweite Welle des Arbeitsmarkt Monitor wurde im März 1991, eine dritte im Juli/August 1991 durchgeführt, eine weitere wird für November 1991 vorbereitet. Die Hauptstichprobe der Personen von 16 bis 64 Jahren wurde durch eine Stichprobe von 15-18jährigen ergänzt, um in einer Zusatzbefragung Ausbildungspläne und die Versorgung mit Lehrstellen bei Jugendlichen zu untersuchen. Der Infratest-Bericht über die Basiserhebung im November 1990 wurde vom IAB veröffentlicht, für die Folgebefragungen ist dasselbe geplant (vgl. Bielenski/v. Rosenbladt 1991).

Einige Besonderheiten des Arbeitsmarkt Monitor sind hervorzuheben:
- Die kontinuierliche Berichterstattung ermöglicht eine Aktualisierung der wesentlichen Eckwerte des Arbeitsmarkts (Bestandszahlen) im Turnus von vier Monaten. Da die erneuten Befragungen aber bei denselben Personen erfolgen (Panel-Ansatz), können auch die individuellen Berufsverläufe in dieser Zeit des Umbruchs auf dem Arbeitsmarkt nachgezeichnet werden.
- In der Basisbefragung im November 1990 wurden in einem retrospektiven Fragebogenteil die beruflichen Strukturdaten für die Zeit 'vor einem Jahr', d.h. im November 1989, sowie die seitherigen beruflichen Veränderungen erfragt. Wie im Sozio-ökonomischen Panel konnte also auch hier ein Untersuchungsansatz realisiert werden, der noch die 'alten DDR-Verhältnisse' abbildet - als Ausgangspunkt der sozialen Wandlungsprozesse, die es sozialwissenschaftlich zu beschreiben und zu analysieren gilt.
- Die laufende Berichterstattung über berufliche Veränderungen ergibt Zahlen über Prozesse, also dynamische Größen des Arbeitsmarkts - Informationen, die der Arbeitsmarktforschung für den Westteil der Bundesrepublik weitgehend fehlen (vgl. v. Rosenbladt 1990: 373 ff.).
- Die Auswertungen erfolgen nicht nur in der üblichen Form der Angabe prozentualer Verteilungen. Die Ergebnisse werden in absoluten Zahlen hochgerechnet, und die Bundesanstalt für Arbeit erwartet hier ein hohes Maß an Genauigkeit und Konsistenz mit anderen statistischen Daten, soweit solche vorliegen. Diese Anforderungen - die über die übliche Nutzung von Sozialforschung hinausgehen und ihr eher eine Ersatzfunktion für die erst im Aufbau begriffene amtliche Statistik zuweisen - hat der Arbeitsmarkt Monitor in beeindruckender Weise erfüllen können.

Das Fazit für die diesem Buch zugrundeliegende Tagung mag etwas überraschend sein. So schwierig der Aufbau einer Infrastruktur für leistungsfähige Sozialforschung nach dem Ende der SED-Herrschaft im Ostteil Deutschlands war, so sind doch auch Chancen für Innovationen genutzt worden. In einzelnen Projekten wurden sehr früh westliche Methodenstandards erreicht - und teilweise sogar eine Leistungsfähigkeit, die über bisher gewohnte Standards in der Bundesrepublik hinausgeht.

Literatur

Bielenski, H./B. v. Rosenbladt (1991), Arbeitsmarkt Monitor für die neuen Bundesländer, Umfrage 11/90, (Institut für Arbeitsmarkt- und Berufsforschung der Bundesanstalt für Arbeit (Hg.), BeitrAB 148.1), Nürnberg.

Köhler, A. (1991), Die Umfrageforschung in der DDR - vor und nach der "Wende", in: K. Furmaniak/H. Kiock (Hg.), Programmforschung in der und über die (ehemalige) DDR, Werkstatt-Bericht 13 der Gesellschaft für Programmforschung in der öffentlichen Verwaltung, München: 115 ff.

Rosenbladt, B. v. (1990), Fachkräftemangel und Arbeitslosigkeit. Wann und wie wird Arbeitskräftenachfrage beschäftigungswirksam? Mitteilungen aus der Arbeitsmarkt- und Berufsforschung 3: 373 ff.

Schupp, J., G. Wagner (1991), Die Ost-Stichprobe des sozio-ökonomischen Panels - Konzept und Durchführung der "SOEP-Basiserhebung 1990" in der DDR, in: Projektgruppe Das sozio-ökonomische Panel (Hg.), Lebenslagen im Wandel: Basisdaten und -analysen zur Entwicklung in den Neuen Bundesländern, Frankfurt/New York: 25 ff.

Wagner, G., B. v. Rosenbladt/D. Blaschke (1990) (Hg.), An der Schwelle zur Sozialen Marktwirtschaft. Ergebnisse aus der Basiserhebung des sozio-ökonomischen Panels in der DDR im Juni 1990 (Institut für Arbeitsmarkt- und Berufsforschung der Bundesanstalt für Arbeit (Hg.), BeitrAB 143), Nürnberg.

Demoskopie in den fünf neuen Ländern
Zwischen-Bilanz ein Jahr nach Öffnung der Mauer

Klaus-Peter Schöppner

Nie zuvor war die Herausforderung in der Geschichte der deutschen Demoskopie größer als im Zuge der Vereinigung beider deutscher Staaten. Wie kein vergleichbares Land wies der Arbeiter- und Bauernstaat über 40 Jahre eine blütenweiße Demoskopie-Landkarte auf. Markt- und Meinungsforschungsergebnisse interessierten nicht - zumindest bis zum 09. November 1989 - und Meinungen, außer der einen vorgegebenen, waren verboten, so daß die wenigen, meistens aber geschönten Sozial- und Meinungsforschungsergebnisse als Herrschaftswissen der alten Genossen an den Schaltstellen der Macht nur zu wenig Ruhm und Ehren kamen. Für Privatpersonen und -institutionen waren sie unerreichbar. Und kein Stachanowsystem mahnte die DDR-Demoskopen aus verständlichen Gründen zu Überproduktion aus Parteitagsehre.

Selbst wenn es die Demoskopie in der ehemaligen DDR gab, sie war für kaum jemanden präsent.

Folgerichtig waren es dann auch die westlichen, nicht die östlichen Meinungsforscher, die - kaum wurde die Mauer löcherig - kamen, sahen und fragten. Ihre östlichen Kollegen zögerten zu lange, westliche Themen und Konventionen anzunehmen, oder die vorgeschalteten Behörden verkannten die Zeichen des Wandels. Es ist schon paradox: Gerade die Meinungsforscher, die bis zur Maueröffnung nur vage Kenntnis von System und Situation hatten, mitunter sogar noch nie in der ehemaligen DDR waren und kaum von der Existenz Glauchaus oder Eisenhüttenstadts wußten, führten nun vehement Bruchstück um Bruchstück zu einem demoskopischen Ostbild zusammmen.

So hat die demoskopische Landkarte 'Ostdeutschland' bereits ein Jahr nach der Maueröffnung eine beträchtliche Reihe von Farbtupfern erhalten, bis dato aber noch keine zusammenhängende Struktur. Doch auch diese wird es bald geben.

Im Jahr 1 nach der deutsch-deutschen Vereinigung sind 'Erkundungsuntersuchungen' an der Tagesordnung, z.B. die Studie 'Das Profil der Deutschen', die in der Übergangszeit zwischen Maueröffnung und 03. Oktober 1990 wohl umfangreichste demoskopische Untersuchung, die EMNID im Auftrage des SPIEGEL durchführte und die als die 'Eröffnungsbilanz' zum Tag 0 des neuen Deutschlands gilt.

Bislang aber ist noch nicht mal die halbe Strecke auf dem Weg zur demoskopischen Vereinigung zurückgelegt. Doch der Prozeß des Wandels, aber auch die Gleichheit der Durchführungsbedingungen, die natürlich eng mit der Infrastruktur in den fünf neuen Ländern einhergehen, ist absehbar und etwa für die Mitte der 90er Jahre terminierbar.

Ein Jahr nach der Grenzöffnung zeigt sich der Wandel aus EMNID-Sicht, dem Institut, das zusammen mit der Forschungsgruppe Wahlen bereits im November 1989 die erste Repräsentativuntersuchung eines westdeutschen Institutes auf dem Gebiet der ehemaligen DDR für westliche Auftraggeber durchführte, wie in *Darstellung 1* vorgestellt.

Demoskopische Erhebungen in Ost und West sind derzeit nicht ohne Probleme komparabel durchzuführen.

Nicht nur die unterschiedlichen infrastrukturellen Bedingungen diesseits und jenseits der Elbe lassen spezielle Untersuchungen, z.B. gesamtdeutsche Blitzbefragungen derzeit nicht zu. Auch unterschiedliche Motivationslagen bei Interviewern und Befragten, die vorwiegend westlichen Themenstrukturen, aber auch Schwierigkeiten, detaillierte statistische Unterlagen im Osten zu erhalten, bereiten Probleme.

Demoskopie Ost und Demoskopie West - das sind derzeit noch unterschiedlich geratene Brüder, die sich wohl erst im Alter immer ähnlicher werden.

Der Grad der Normalität zwischen Deutschland West und Deutschland Ost zeigt sich auch in der Art, wie gesamtdeutsche Umfragen konzipiert werden. War das Hauptaugenmerk in den ersten Monaten beinahe ausschließlich auf Datenerhebungen im Territorium der ehemaligen DDR gelegt, so folgte schnell das Stadium der Vergleichsuntersuchungen zwischen Ost und West, und danach vermehrt der Wunsch nach gesamtdeutschen Umfragen, bei denen dann ein besonderes Schwergewicht auf die Situation in den fünf neuen Bundesländern gelegt wurde.

Erfahrungen aus den ersten 30.000 EMNID-Interviews zwischen Elbe und Oder zeigen, daß sich zwei Ziele herauskristallisierten, die methodisch miteinander zu vereinbaren sind:

Darstellung 1: Stationen der demoskopischen Vereinigung.

	Vorgestern	Gestern	Heute	Morgen
	Maueröffnung bis Volkskammerwahl März 90	Volkskammerwahl bis Vereinigung		ab 1994
Befragungsmethode	schriftliche Korrespondentenbefragungen	Adaption westlicher face-to-face Methoden	westliche Methode face-to-face Telefon nicht möglich	vollständige Methoden identisch
Feld	Fremdfeld 'SED-Bias'	eigenes Feld mit 'DDR'-Interviewern im Aufbau	eigenständiges Ost-Feld	eigenständiges Ost-Feld Telefon?
Quantität	sehr beschränkt 'goodwill'	beschränkt	unbeschränkt soweit face-to-face	unbeschränkt
Stichprobe	unklare Quellen	ADM-Master-Sample ähnliche Eigenkonstruktion	ADM-Master-Sample ähnliche Eigenkonstruktion	allgemeinverständliches ADM-Master-Sample
Themen	Auswahl frei viele Themen unverständlich	Auswahl frei Themenadaption	fast identische FB bei einigen Themen divergistische Sicht	völlige Identität
Gesamtdeutsch	nur DDR	überwiegend DDR	überwiegend Gesamtdeutsch disproportional	Gesamtdeutsch proportional
Kompatibilität	nein	im Ansatz	überwiegend 'Blitz' noch nicht möglich	ja

Darstellung 2: Ost-West-Studien im Vergleich.

	Ost	West
Methoden		
- Face-to-face	Quota + Random: ohne Probleme	Quota + Random
- schriftlich	keine Erfahrung - Rücklaufquote? FB - Verständnis	schlechte Rücklaufquote
- Telefon	nicht möglich: keine Blitzbefragungen	ohne Probleme
	Problem bei gesamtdeutschem Methodenmix	
Interviewerqualität	sehr gewissenhaft aber mangelnde Flexibilität Feedback, 'Teamleiter-Modell'	mit Problemen
Auskunftsbereitschaft		
- Bevölkerung	zumeist sehr hohe Motivation: "angewandte Demokratie" noch vorhandene Stasi-Ängste 70%	mittlere Motivation 65%
- Opinion Leader	sehr interessiert	mittleres Interesse
Datenerhebungsmethodik		
- Random	geringe Soll-Ist-Abweichung relativ hohe Ausschöpfungsquote (65-70%)	höhere Soll-Ist-Abweichung niedrigere Ausschöpfungsquote (ca. 60-65%)
- Quota	problemlos	problemlos
Schnelligkeit	Durchführungszeit sehr kurz aber: lange Postlaufzeit kein Telefon	kurze Durchführungs- und Verarbeitungszeit
Themen	noch eingeschränkte Auswahl - Westadaption - Westerfahrung	keine Beschränkung
	Anpassungen (z.B. Demographie) erforderlich	
Gewichtung	mangelnde Datenqualität der amtlichen Statistik	relativ gute Datenqualität (nach VZ)
	Anpassungen bei Gesamtdeutsch erforderlich	
Bericht/Interpretation	noch zu geringe Erfahrung der West-Demoskopen mangelnde Kooperation	ohne Probleme

Darstellung 3: 'DDR' out - Gesamtdeutsch 'in'.

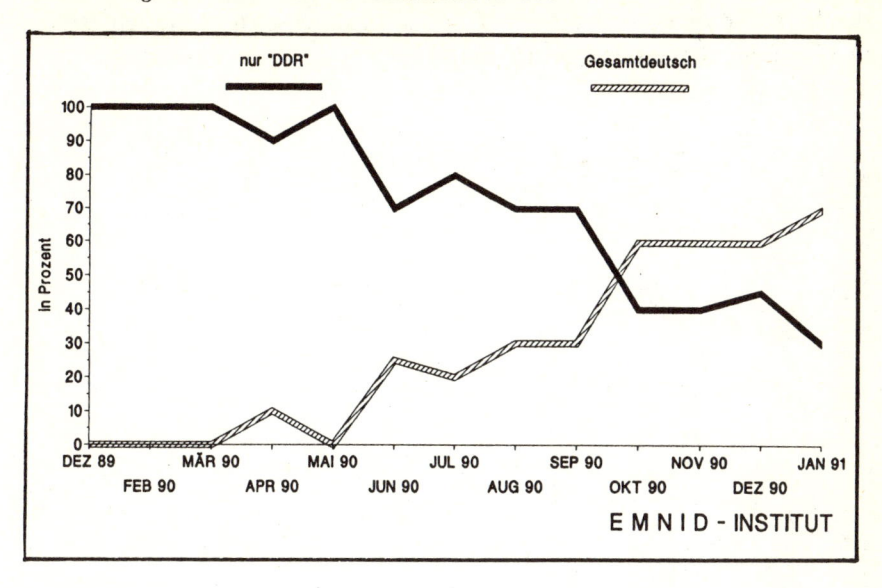

- Es wird eine gesamtdeutsche Repräsentativität, also für alle 16 Bundesländer, gefordert, wobei ein besonderes Analyse-Schwergewicht auf die neuen Länder gelegt wird;
- Es wird eine detaillierte demographische und situative Differenzierung auch innerhalb der beiden Gebiete Ost- und Westdeutschlands gefordert, die berücksichtigen muß, daß der Anteil der im Osten durchgeführten Interviews proportional nur 22 v.H. der Bevölkerung in Gesamtdeutschland entspricht.

Also liegt bisher der Königsweg in der Durchführung disproportionaler Untersuchungen. Derzeit werden häufig jeweils n = 1.000 Interviews in West- und Ostdeutschland erhoben. Dies läßt eine genügend genaue Differenzierung innerhalb der beiden mental und wirtschaftlich noch unterschiedlichen Teile Deutschlands zu. Mit Hilfe einer entsprechenden Faktorgewichtung ist es aber auch jederzeit kurzfristig möglich, die disproportional angelegten Stichproben in deutschland-repräsentative umzuwandeln.

Auch die Frage, wie lange dieser disproportionale Ansatz noch nötig sein wird, ist ein Indikator dafür, wie schnell das eine Deutschland zustande kommt. Je ähnlicher sich Deutsche Ost und Deutsche West in ihrer Motiv-,

Einstellungs- und Wertstruktur werden, desto eher werden disproportionale durch proportionale Ansätze ersetzt, desto häufiger wird es die repräsentative Umfrage für Gesamtdeutschland geben.

VI. Umfrageforschung in der DDR - vor und
    nach der Wende

Denken über Deutschland als Gegenstand der Meinungsforschung

Peter Förster

Von den vom ehemaligen Zentralinstitut für Jugendforschung (ZIJ) nach der Wende organisierten Meinungsumfragen war schon die Rede, Prof. *Walter Friedrich* hat in seinem Beitrag einen generellen Überblick gegeben. Ich möchte seine Ausführungen durch einige konkrete Forschungsergebnisse unterlegen, die zugleich die Spezifik unseres Vorgehens verdeutlichen sollen. Eine Besonderheit bestand darin, mit Hilfe eines standardisierten Instrumentariums *Entwicklungstrends* aufzudecken und nach verschiedenen sozialen und demographischen Gruppen differenziert zu analysieren. Von Anfang an ging es uns darum, den nach der Wende zu erwartenden erneuten Mentalitätswandel zu erfassen und zu dokumentieren. Großer Wert wurde vor allem darauf gelegt, zu den Ende 1989 absehbaren Wandlungsprozessen möglichst frühzeitig, in ihren Anfangsphasen, 'Nullmessungen' vorzunehmen und, auf diesen unwiederholbaren Messungen aufbauend, kontinuierlich und weitgehend vollständig *Zeitreihen* aufzustellen. In verschiedener Hinsicht ist uns das m.E. zumindest bis Ende 1990, bis zur Schließung des ZIJ, gut gelungen.

Als Gegenstand der Veranschaulichung dieses auf eine wissenschaftliche Begleitung längerfristiger gesellschaftlicher Prozesse orientierten Ansatzes greife ich das 'Denken über Deutschland' heraus. Es hat von der ersten Umfrage an eine zentrale Rolle gespielt und wird wie die Bürger 'hüben' und 'drüben' auch die Meinungsforscher noch geraume Zeit stark beschäftigen.

Im Rahmen eines kurzen Diskussionsbeitrages muß diese Darstellung zwangsläufig fragmentarisch bleiben. Ich verweise auf vorliegende Publikationen wie z.B. das 1990 erschienene Buch 'DDR zwischen Wende und Wahl. Meinungsforscher analysieren den Umbruch' (vgl Förster/Roski 1990) und das Sonderheft des Nachrichtenmagazins DER SPIEGEL in der Reihe 'SPIEGEL SPEZIAL' (1/1991) zum Thema: 'Das Profil der Deutschen. Was sie vereint, was sie trennt.'

Von der ersten Umfrage im November 1989 an zielte eine Standardfrage auf die Einstellung der Ex-DDR-Bürger zur Vereinigung von DDR und BRD. Die im Ergebnis von insgesamt 8 repräsentativen Untersuchungen bis zu diesem Ereignis entstandene Zeitreihe vermittelt einen originären Einblick in den Einstellungswandel zu 'Deutschland einig Vaterland' zwischen Wende und dem Tag der deutschen Einheit (vgl. *Tabelle 1*).

Im November 1989, wenige Wochen nach der Wende, standen sich Befürworter und Gegner der Einheit beider deutscher Staaten noch fast gleich stark gegenüber, bestand sogar ein leichtes Übergewicht der Einheitsgegner. Ende 1989/Anfang 1990 vollzogen sich geradezu sprunghafte Veränderungen in der Einstellung zur deutschen Einheit, Ausdruck der sich in diesem Zeitraum enorm zuspitzenden politischen und wirtschaftlichen Situation und der rapid wachsenden Hoffnungen und Forderungen vieler Bürger, endlich teilzuhaben an westlicher Lebensqualität und Freiheit. Unter dem Druck der Realität zerfielen in diesen Wochen die bei vielen DDR-Bürgern noch vorhandenen Illusionen von einem 'besseren, reformierbaren Sozialismus' bzw. einem 'dritten Weg'. Danach befragt, welchen Entwicklungsweg die DDR künftig gehen sollte, entschieden sich Ende November 1989 noch 86 v.H. für den 'Weg eines besseren, reformierten Sozialismus', 5 v.H. für einen 'kapitalistischen Weg' und 9 v.H. für einen 'anderen Weg'. Zu Jahresbeginn 1990 hatten sich die Relationen drastisch in Richtung auf den 'kapitalistischen Weg' vorschoben (vgl. *Tabelle 2*).

Veränderungen im Meinungsbild zeichneten sich auch im Hinblick auf die Art und Weise und das Tempo der Vereinigung ab. Die Vorstellungen vieler Bürger von einem vereinten Deutschland waren zumindest Anfang 1990 noch stark von den seit der Begegnung Kohl - Modrow im Dezember 1989 geführten Diskussionen um einen schrittweisen deutsch-deutschen Annäherungsprozeß beeinflußt. Von den Befürwortern der Einheit sprach sich Anfang Februar die reichliche Hälfte (54 v.H.) für eine Konföderation zwischen beiden Staaten aus. Diese stark verbreitete Tendenz zur Bejahung konföderativer Strukturen äußerte sich auch in der Tatsache, daß Ende Februar/Anfang März von den Befürwortern nur die knappe Hälfte (48 v.H.) für eine sofortige Einheit war, auf alle Bürger bezogen war das ein reichliches Drittel (40 v.H.).

In den Monaten nach der Volkskammerwahl äußerte ein beträchtlicher Teil der Bürger (insbesondere der Jugendlichen), daß ihnen das Vereinigungstempo zu schnell sei (vgl. *Tabelle 3*).

Tabelle 1: Einstellung zur Vereinigung von DDR und BRD - im Trend betrachtet. Angaben in v.H.

"Wie stehen Sie zur Vereinigung von DDR und BRD?"
1 = sehr dafür
2 = eher dafür als dagegen
3 = eher dagegen als dafür
4 = sehr dagegen

Zeitpunkt		1	2	(1+2)	3	4
DDR gesamt						
15 - 65 Jahre						
M 1	Nov. 89	14	31	(45)	30	25
M 2	Febr. 90	40	39	(79)	15	6
M 3	März 90	44	41	(85)	12	3
M 4	April 90	49	36	(85)	12	3
M 5	Juni 90	48	35	(83)	14	3
M 7	August 90	57	34	(91)	8	1
M 8	Sept. 90	50	38	(88)	10	2
männlich						
M 1		15	29	(44)	32	24
M 2		44	38	(82)	14	4
M 3		49	40	(89)	9	2
M 4		58	34	(92)	7	1
M 5		56	31	(87)	10	3
M 7		65	28	(93)	6	1
M 8		56	35	(91)	7	2
weiblich						
M 1		13	33	(46)	28	26
M 2		36	39	(75)	17	8
M 3		39	41	(80)	16	4
M 4		41	38	(79)	17	4
M 5		41	40	(81)	17	2
M 7		49	39	(88)	11	1
M 8		45	41	(86)	12	2
Jugendliche						
15-24 Jahre						
M 1		14	31	(45)	28	27
M 2		39	39	(78)	16	6
M 3		38	41	(79)	14	7
M 4		43	35	(78)	17	5
M 5		43	38	(81)	17	2
M 7	*(18-24 J.)*	42	40	(82)	16	2
M 8		39	43	(82)	14	4

Tabelle 2: Haltung zum künftigen Entwicklungsweg der DDR. Angaben in v.H.

"Welchen Entwicklungsweg sollte die DDR Ihrer Meinung nach künftig nehmen?"

1 = Den Weg eines besseren, reformierten Sozialismus
2 = einen kapitalistischen Weg
3 = einen anderen Weg

Zeitpunkt		1	2	3
M 1	Nov. 89	86	5	9
M 2	Febr. 90	56	31	13

Tabelle 3: Beurteilung des Tempos der Vereinigung. Angaben in v.H.

"Was meinen Sie zu dem Tempo, in dem die Vereinigung vor sich geht?"
Das Tempo ist mir ...
1 = zu langsam
2 = zu schnell
3 = gerade richtig
4 = dazu habe ich keine Meinung

Zeitpunkt		1	2	3	4
M 4	April 90	21	39	32	8
M 5	Juni 90	11	53	32	4
M 6	Juli 90	18	55	27	-
M 7	August 90	31	43	22	4

Als Vereinigungstermin hatten im April 41 v.H. und im Juni 1990 42 v.H. der befragten Bürger einen Zeitpunkt bis Ende 1990 vor Augen. Diese Orientierung eines beträchtlichen Teiles der Bürger auf ein weniger schnelles Tempo der deutschen Einheit stand in einem engen Zusammenhang mit den zunehmenden sozialen Verunsicherungen, insbesondere mit der sich ausbreitenden Angst vor möglicher eigener Arbeitslosigkeit. So empfanden im

Juni 1990 das Vereinigungstempo rund 70 v.H. jener Bürger als zu schnell, die starke Befürchtungen vor eigener Arbeitslosigkeit empfanden gegenüber rund 40 v.H. derer, die keine oder nur schwach ausgeprägte Befürchtungen in dieser existentiellen Frage hatten. Im Kern ging es darum, daß ein größerer Teil der Bürger befürchtete, bei der Einführung der Marktwirtschaft ins soziale Abseits zu geraten.

Ende September 1990, kurz vor dem Tag der deutschen Einheit, sprachen sich 88 v.H. der 15-65jährigen DDR-Bürger (15-75 Jahre: 89 v.H.) für die Vereinigung aus, darunter 50 v.H. einschränkungslos und weitere 38 v.H. mit der Einschränkung 'eher dafür als dagegen'. Die Vereinigung entsprach dem Willen der übergroßen Mehrheit des Volkes. Die Entwicklung zu diesem klaren Votum verlief jedoch in den verschiedenen Bevölkerungsgruppen keineswegs einheitlich, wie differenzierte Trendanalysen belegen. Auf einige spezifische Trendverläufe soll exemplarisch hingewiesen werden. In *Tabelle 1* sind bereits die entsprechenden Daten für die *Geschlechtergruppen* mit angeführt. Nach einer nahezu identischen Ausgangssituation im November 1989 - jeweils fast die Hälfte der männlichen bzw. der weiblichen Bürger zwischen 15 und 65 Jahren votierten für die Vereinigung - sprachen sich in der Folgezeit von den weiblichen Befragten zunächst tendenziell, ab März 1990 deutlich weniger (zwischen 10 und 17 v.H.) vorbehaltlos für die Vereinigung aus als von den männlichen. Kurz vor dem Ereignis betrug diese Differenz zugunsten der männlichen Bürger immerhin noch 11 v.H. Wie korrelationsstatistische Analysen belegen, hing das insbesondere damit zusammen, daß die weiblichen Befragten bestimmte Begleiterscheinungen des Vereinigungsprozesses wesentlich sorgenvoller reflektierten als männliche, z.B. ihre soziale Sicherheit perspektivisch weniger optimistisch sahen, häufiger eine zunehmende Verteuerung des Lebens und eigene Arbeitslosigkeit befürchteten.

Differenziert verlief die Entwicklung auch in den *Altersgruppen*. *Tabelle 1* informierte bereits über den spezifischen Trendverlauf in der Altersgruppe der 15 bis 24jährigen. In *Tabelle 4* stellen wir die Zeitreihen der verschiedenen Altersgruppen gegenüber.

Der Anteil der uneingeschränkten Befürworter der Vereinigung war vom Frühjahr 1990 an bei den *Jugendlichen* deutlich geringer als in den höheren Altersgruppen, insbesondere im Vergleich mit den über 45jährigen Bürgern. Der in der Gesamtbevölkerung ablesbare Zuwachs an uneingeschränkter Zustimmung nach den Volkskammerwahlen war fast ausschließlich auf die höheren Altersgruppen zurückzuführen. Bei den jungen Bürgern stagnierte

Tabelle 4: Anteil der Befürworter der Vereinigung von DDR und BRD - im Trend betrachtet und nach Altersgruppen differenziert. Angaben in v.H.

	Gesamtgruppe 15 bis 65 Jahre	15 bis 24 Jahre	25 bis 44 Jahre	45 bis 65 Jahre
M 1	45 (14)	45 (14)	43 (14)	48 (15)
M 2	79 (40)	78 (39)	80 (39)	79 (43)
M 3	85 (44)	79 (38)	85 (43)	87 (49)
M 4	85 (49)	78 (43)	84 (48)	90 (55)
M 5	83 (48)	81 (43)	83 (46)	86 (54)
M 7	91 (57)	82 (42)	91 (55)	93 (63)
M 8	88 (50)	82 (39)	88 (50)	93 (57)

Anmerkung:
Die Antwortpositionen 1 ('sehr dafür') und 2 ('eher dafür als dagegen') wurden zusammengefaßt, in Klammer nur Position 1.

der Anteil uneingeschränkter Befürwortung ab Frühjahr 1990, kurz vor der Vereinigung ging dieser Anteil sogar leicht zurück. Eine zusätzliche Differenzierung nach den Geschlechtergruppen bestätigt die bereits erwähnte generelle Tendenz: Von den weiblichen Jugendlichen traten deutlich weniger (zwischen 10 und 25 v.H.!) ohne Vorbehalte für die Einheit ein als von den männlichen.

Die erheblichen Unterschiede in der Einstellung zur deutschen Einheit zwischen den Altersgruppen gehen aus *Tabelle 5* hervor, die die Situation Ende September 1990 differenziert widerspiegelt.

Offensichtlich spielen die sehr unterschiedlichen Erfahrungen der verschiedenen Generationen mit der Teilung Deutschlands eine beträchtliche Rolle.

Als eine der entscheidenden subjektiven Determinanten der Einstellung zur Vereinigung erwies sich die *Parteipräferenz*, die Identifikation mit der Programmatik der verschiedenen Parteien im Hinblick auf die deutsche Vereinigung (vgl. *Tabelle 6*).

Tabelle 5: Einstellung zur Vereinigung von DDR und BRD kurz vor dem Tag der deutschen Einheit (M 8 - Ende September 1990). Angaben in v.H.

1 = sehr dafür
2 = eher dafür als dagegen
3 = eher dagegen als dafür
4 = sehr dagegen

	1	2	(1+2)	3	4
15 - 17 Jahre	33	46	(79)	17	4
18 - 24 Jahre	41	44	(85)	11	4
25 - 44 Jahre	50	38	(88)	11	1
45 - 65 Jahre	57	36	(93)	5	2
66 Jahre und älter	67	31	(98)	2	0
lernende/stud. Jugend	34	40	(74)	17	9
Rentner	66	29	(95)	4	1

Wie die sehr unterschiedlichen Zeitreihen deutlich werden lassen, sind die Sympathisanten der hier angeführten großen Parteien mit sehr differenzierten Einstellungen in das vereinte Deutschland eingetreten. Besonders markant ist der Trend bei den Wählern der CDU verlaufen, von denen sich im November 1989 noch 83 v.H. für einen 'besseren, reformierten Sozialismus' aussprachen, Anfang Februar 1990 dagegen nur 29 v.H. Die CDU, im November noch darauf orientiert, einen pluralistischen Sozialismus zu schaffen, vollzog bekanntlich auf ihrem Sonderparteitag Mitte Dezember 1989 den völligen Bruch mit dem Sozialismus. Auch rund zwei Drittel der PDS-Wähler votierten Ende September für die Einheit von DDR und BRD, die meisten allerdings mit Einschränkung.

Aufschlußreich sind differenzierte Trendanalysen, die den in jeder Untersuchung erkennbaren Zusammenhang zwischen den subjektiven, *psychischen Befindlichkeiten* der Befragten einerseits und ihrer Einstellung zur Vereinigung andererseits berücksichtigen. So war von Anfang an eine enge Wechselwirkung zwischen der Entwicklungsrichtung des *Zukunfsoptimismus* und dem Pro und Contra zur Vereinigung festzustellen: Während der

Tabelle 6: Einstellung zur Vereinigung von DDR und BRD - im Trend betrachtet nach unterschiedlichen Parteipräferenzen (Auswahl). Angaben in v.H.

1 = sehr dafür
2 = eher dafür als dagegen
3 = eher dagegen als dafür
4 = sehr dagegen

Wähler von	1	2	(1+2)	3	4
CDU					
M 1	25	41	(66)	23	11
M 2	74	24	(98)	2	0
M 3	73	26	(99)	1	0
M 4	81	17	(98)	2	0
M 5	81	17	(98)	2	0
M 7	83	16	(99)	1	0
M 8	78	20	(98)	2	0
SPD					
M 1	33	34	(67)	27	6
M 2	46	43	(89)	9	2
M 3	43	47	(90)	7	3
M 4	48	46	(94)	5	1
M 5	44	45	(89)	9	2
M 7	63	34	(97)	3	0
M 8	50	40	(90)	9	1
PDS					
M 1	5	14	(19)	28	53
M 2	5	31	(36)	29	35
M 3	8	46	(54)	36	10
M 4	11	41	(52)	37	11
M 5	12	37	(49)	39	12
M 7	15	46	(61)	34	5
M 8	20	45	(65)	28	7

Tabelle 7: Einstellung zur Vereinigung von DDR und BRD - im Trend betrachtet und differenziert nach der Stärke des Erlebens einer Bedrohung durch mögliche eigene Arbeitslosigkeit (Erwerbstätige; Extremgruppenvergleich). Angaben in v.H.

	1	2	(1+2)	3	4
Grad des Erlebens einer Bedrohung durch mögliche eigene Arbeitslosigkeit:					
Bedrohung ist schwach					
M 4 April 90	65	28	(93)	6	1
M 5 Juni 90	68	24	(92)	7	1
M 8 Sept. 90	64	28	(92)	7	1
Bedrohung ist stark					
M 4 April 90	36	37	(73)	21	6
M 5 Juni 90	36	40	(76)	20	4
M 8 Sept. 90	40	43	(83)	14	3

Anteil der Optimisten bei jenen Bürgern deutlich anwuchs, die für die deutsche Einheit plädierten (von 64 v.H. im Februar 1990 auf 76 v.H. im September), blieb er bei denen auf einem viel niedrigeren Niveau etwa gleich, die sich gegen die Vereinigung ausgesprochen hatten (46 v.H. im Februar, 41 v.H. im September). Einerseits hatte die Aussicht auf die Vereinigung und die erhoffte höhere Lebensqualität die optimistische Grundstimmung sehr vieler Bürger gefördert. Die Wahlversprechen der Allianzparteien und ihrer starken Partner in der BRD haben dazu zweifellos wesentlich beigetragen. Andererseits ist die Zukunftssicht bei den Gegnern der Vereinigung mehrheitlich pessimistisch geblieben.

Ein ähnlich differenzierter Entwicklungstrend der Einstellung zur Vereinigung zeigt sich auch im Zusammenhang mit den seit dem Frühjahr 1990 verstärkt auftretenden Ängsten vor möglicher *Arbeitslosigkeit* (vgl. *Tabelle 7*).

Zwar ist der Trend zur wachsenden Zustimmung zur Vereinigung auch bei den Erwerbstätigen erkennbar, die starke Angst vor Arbeitslosigkeit äussern (ihr Anteil war von 21 v.H. im April auf 33 v.H. im September 1990 gestiegen; insgesamt äußerten solche Ängste 48 v.H. im April und 60 v.H. im September!). Von ihnen sprachen sich jedoch erheblich weniger vorbehaltlos für die Vereinigung aus (40 v.H.) als von jenen, die zu diesem Zeitpunkt ihren Arbeitsplatz noch nicht bedroht sahen.

Damit brechen wir die Darstellung differenzierter Zeitreihen ab. Unsere Absicht war, den erst ganz am Anfang stehenden Einigungsprozeß, das Entstehen einheitlicher Lebensverhältnisse und der Einheit in den Köpfen und Herzen der Menschen auf lange Sicht wissenschaftlich zu begleiten, vor allem mit dem Blick auf die ostdeutsche Jugend. Die Schließung des ZIJ hat dieses Projekt zunächst gestoppt. Dessen ungeachtet werden wir uns bemühen, einen eigenen Beitrag zur wissenschaftlichen Begleitung und Analyse des Wandels im geeinten Deutschland zu leisten, die Untersuchungen fortzusetzen.

Literatur

Förster, P./Roski, G. (1990), DDR zwischen Wende und Wahl. Meinungsforscher analysieren den Umbruch, Berlin.

Friedrich, W. (1990), Mentalitätswandlungen der Jugend in der DDR, Aus Politik und Zeitgeschichte (Beilage zur Wochenzeitung Das Parlament) B 16-17: 25 ff.

SPIEGEL SPEZIAL (1991), Das Profil der Deutschen. Was sie vereint, was sie trennt, Nr. 1.

Bestandsaufnahme und Perspektiven der empirisch-sozialwissenschaftlichen Forschung aus der Sicht einer akademischen Einrichtung in Berlin (Mitte)

Michael Häder

Das 1978 an der Akademie der Wissenschaften der DDR in Berlin Mitte gegründete Institut für Soziologie und Sozialpolitik (ISS) bezieht seine Originalität vor allem dadurch, daß es zahlreiche wissenschaftliche Mitarbeiter aus sehr unterschiedlich orientierten Fachrichtungen beschäftigt. Entsprechend vielfältig waren die seither an diesem Institut bearbeiteten Themen. In ihrer Gesamtheit prägen sie das besondere und eigene Profil der Forschungen des ISS. So wurde Soziologie und Sozialpolitik unter Aspekten wie Frau und Familie, Demographie, Werteforschung, Ökologie, Altersforschung, Sozialberichterstattung, AIDS, Sozialstruktur, wissenschaftlich-technischer Fortschritt, Lebensweise, Freizeitforschung u.a. betrieben. Schließlich hatte die methodologische und methodische Forschung, stets unter dem Aspekt der Anwendung in diesen Feldern, ebenfalls hier ihren Platz.

Um eine Bestandsaufnahme der empirisch-sozialwissenschaftlichen Forschung geben zu können, bedarf es einer kurzen Darstellung der Gesamtsituation der soziologischen Forschung in der DDR vor dem Herbst 1989. Die wissenschaftliche Arbeit am ISS, wie auch die aller anderen soziologischen Institutionen der ehemaligen DDR, unterlag einer zentralen Koordinierung. Die Forschungsprojekte der einzelnen Einrichtungen sind von daher nur dann angemessen zu bewerten, wenn dieser Hintergrund ausreichend berücksichtigt wird. Der Wissenschaftliche Rat für die Soziologische Forschung in der DDR, der Abteilung Wissenschaft beim *Zentralkomitee* der SED unterstellt, steckte einen verbindlichen Rahmen für die Tätigkeit der Sozialwissenschaftler in der DDR ab und übte eine darauf aufbauende Kontrollfunktion aus. Um eine adäquate Einschätzung der empirischen Untersuchungsergebnisse zu ermöglichen, soll skizzenhaft die Situation geschildert werden unter der diese Forschungen stattfanden.

Die ideologische Funktion der Soziologie besaß verbindlichen Lehr- und Wörterbuchsetzungen zufolge das Primat. Diesem gegenüber mußte sich die empirische Forschung unterordnen. Dabei handelte es sich nicht nur um eine erkenntnistheoretische These, sondern um eine Prämisse mit weitreichender praktischer Bedeutung für die Forschungstätigkeit. Auf diese Weise war z.B. auch der (sekundäre) Stellenwert definiert, der prinzipiell den empirischen Daten bei der Theoriebildung eingeräumt werden durfte. Die Soziologie in der DDR konnte damit von ihrem *Grundcharakter* her erklärtermaßen *keine* empirische Wissenschaft sein. So wurde auch eine mit der empirischen Sozialforschung verknüpfte kritische Funktion als bürgerlicher, d.h. nichtmarxistischer Anspruch für die marxistisch-leninistische Soziologie der DDR strikt abgelehnt. Die Position, in der sich die empirische Forschung innerhalb der DDR-Soziologie befand, war eher randständig und könnte zusammenfassend als in wohl definierten Grenzen großzügig geduldet beschrieben werden.

Im Rahmen einer Aufarbeitung der Geschichte der DDR-Soziologie erscheint es wichtig zu zeigen, inwieweit es der empirischen Forschung (trotzdem) gelang, einen Bezug zur Wirklichkeit herzustellen und damit Material mit bleibendem wissenschaftlichen Wert zu liefern. Sicherlich hat die DDR-Soziologie insbesondere dann anerkennenswerte Leistungen vollbracht, wenn diese den ihr verbleibenden Freiraum nutzend und abseits ideologisch-dogmatischer Schrullen auf empirischem Material aufbaute. Hier ist nicht der Platz, um im Detail zu untersuchen, wo und in welchem Umfang dies gelungen ist. Dazu bedarf es eingehender Analysen nicht nur der einzelnen Forschungsdesigns der jeweiligen Untersuchungen, sondern nicht zuletzt auch der Intensionen derjenigen Stellen, die solche Studien in Auftrag gegeben und finanziert haben.

Leider ist zu befürchten, daß es aus verschiedenen Gründen nicht gelingt, daß eine solche Aufarbeitung von den ehemaligen DDR-Soziologen noch selbst vorgenommen werden kann. Sicher ist, daß eine wie auch immer undifferenzierte Beurteilung der DDR-Soziologie nicht angebracht ist. Es trifft weder zu, daß es sich um eine empirische und deshalb unbelastete Wissenschaft gehandelt hat, noch ist es richtig, daß die Soziologie in der DDR ausschließlich ideologisch orientiert und deshalb unbrauchbar war.

Erschwert wird die Bestandsaufnahme dadurch, daß eine einfache und eindeutige Trennung zwischen aus ideologischen Gründen veranlaßten (mit dem Ziel, die Wirklichkeit bewußt einseitig und damit falsch darzustellen) und wissenschaftlich motivierten Forschungsprojekten nicht möglich ist. Es wäre wiederum unzulässig, lediglich eine Dualität zwischen empirisch-wissenschaftlichen einerseits und ideologisch-eingefärbten Ergebnissen andererseits sehen zu wollen. Das Problem der Aufarbeitung und der Bestandsaufnahme von DDR-Sozialwisssenschaft ist weitaus komplizierter. Auch empirisch orientierte Projekte konnten aufgrund der geschilderten Situation nicht a priori frei von politisch-ideologischer Beeinflussung sein. So waren nicht nur die Auswahl der Thematik und der abzudeckende Untersuchungsbereich sondern z.B. auch die Formulierung der Fragebogenindikatoren und mitunter die konkreten Modalitäten der Forschungsorganisation Objekte zentraler Weisungen. Schließlich ist nicht auszuschließen, daß schwache Pseudowissenschaftlichkeit mit Hilfe der vermeintlichen Überzeugungskraft empirischer Daten aufgewertet werden sollte. Zu dieser von außen mehr oder weniger absichtlich vollzogenen Beeinflussung der empirischen Arbeit kamen natürlich, wie allgemein üblich, methodische Artefakte hinzu. Diese sind dem Erkenntnisstand und den Fähigkeiten der einzelnen Wissenschaftler geschuldet und haben mit ideologischer Beeinflussung direkt nichts zu tun. So sollte z.B. bei den aus dem Zentralinstitut für Jugendforschung in Leipzig von Herrn *Friedrich* und Herrn *Förster* geschilderten Ergebnissen über die bei der Jugend der DDR beobachtete Identifikation mit der DDR vor der Wende und deren Einstellung zur historischen Perspektive des Sozialismus folgendes beachtet werden: Es wird im vorgestellten Material (vgl. die Beiträge von Friedrich und Förster in diesem Band) zwar einmal gut deutlich, daß ab etwa Mitte der 80er Jahre der sozialistischen Gesellschaft in der DDR mit wachsender Distanz begegnet wird. Zum anderen sollte aber auch in Rechnung gestellt werden, daß mit den Daten gleichzeitig das gestiegene Selbstbewußtsein der Jugend dokumentiert wird, die eigene Meinung auch in Umfragen aufrichtig zu äußern. Das selbst heute noch nicht völlig aufgearbeitete Stasi(-Angst-)Syndrom dürfte ausreichendes Motiv gewesen sein, um die eigene, kritische Meinung selbst in anonymen schriftlichen Gruppenbefragungen nicht vorbehaltlos und ehrlich zu äußern.

Nach diesen eher prinzipiellen Bemerkungen soll auf die empirisch-sozialwissenschaftliche Ebene und auf die Forschungen am Institut für Soziologie und Sozialpolitik in Berlin Mitte zurückgekommen werden. Insgesamt wurden hier in den letzten 13 Jahren ca. 50 empirisch-sozialwissenschaftliche Studien in der eingangs genannten breiten Themenpalette bearbeitet. Bis zum Herbst 1989 konnten solche Untersuchungen jedoch lediglich auf Sub-Populationen innerhalb der DDR-Bevölkerung ausgerichtet werden. Die mit über 4100 Probanden umfangreichste Studie betraf Untersuchungspersonen im Alter zwischen 16 und 40 Jahren und zielte unter demographischen Vorzeichen auf das Problemfeld Kinderwunsch.

Für das Fehlen DDR-repräsentativer sozialwissenschaftlicher Forschungsprojekte waren unter methodischen Aspekten vor allem drei Gründe verantwortlich:

1. Es mangelte an administrativen Voraussetzungen, sowohl um repräsentative Stichproben zu ziehen als auch um die Ergebnisse realisierter Befragungen zu bewerten oder diese zu gewichten. Die dazu notwendigen Angaben der Staatlichen Zentralverwaltung für Statistik der DDR waren nicht zugänglich bzw. unvollständig bzw., wie sich später herausstellte, mitunter sogar falsch.
2. Ein nach westlichem Vorbild rekrutiertes und geschultes Interviewernetz fehlte. Zumeist waren nach einer kurzen Unterweisung Studenten oder die wissenschaftlichen Mitarbeiter des Instituts selbst bei den Erhebungen als Interviewer tätig.
3. Es mangelte der Sozialforschung in der DDR an Öffentlichkeit und damit sowohl an wissenschaftlicher Kritik als auch an entsprechender Anerkennung. Beides sind jedoch Voraussetzungen für eine qualifizierte Methodik.

Die Methodiker befanden sich in einer nicht einfachen Situation. So verfügten sie zwar über Informationen zu den in der damaligen Bundesrepublik veranstalteten sozialwissenschaftlichen Untersuchungen, insbesondere der ALLBUS, das Sozio-ökonomische Panel und der Wohlfahrtssurvey waren bekannt, die Umsetzung vergleichbarer eigener Konzepte gelang jedoch nicht. So wurde am ISS zwar etwa seit 1987 an Vorstellungen für DDR-repräsentative Bevölkerungsbefragungen gearbeitet, deren Realisierung erschien jedoch, falls überhaupt möglich, noch in weiter Ferne zu sein. Mit dem Herbst 1989 kam hier eine grundlegende Wende auch in den Möglichkeiten für die Sozialwissenschaften. Unter dem Bewußtsein der Einmaligkeit der Situation im Herbst 1989 wurde auf eine möglichst schnelle Umsetzung der bis dahin angedachten Konzepte orientiert. Dies gelang im Zeitraum zwischen Oktober und Dezember 1989, so daß eine erste eigene repräsentative Erhebung im Januar 1990 stattfinden konnte. Diese Befragung hatte mit allen eingangs genannten Problemen fertig zu werden. Mit dem Anspruch, damit ein empirisches Zeitzeugnis über einen einmaligen Abschnitt der deutschen Geschichte zu schaffen, wurde diese Aufgabe in Angriff genommen. Entsprechend des Profils des Instituts trug die Untersuchung von den integrierten Themen her Überblickscharakter. Sie enthielt Fragen z.B. zu Bereichen wie Umwelt, Kinderwunsch, soziales Wohlbefinden, Arbeit, Wohnen und Politik. Erklärtes Ziel war es, mit dieser sozialwissenschaftlichen Untersuchung über eine bloße Meinungsanalyse hinauszugehen.

Eine weitere Besonderheit der sozialwissenschaftlichen Forschung am ISS ist der Aufbau einer eigenen Feldabteilung, die über ein entsprechendes Interviewernetz verfügt. Abseits kommerzieller Interessen und ohne vergleichbares Korrelat in der alten Bundesrepublik wurde damit versucht, eine enge Verbindung zwischen methodischer Forschung und Feldarbeit zu erreichen. Gezielt rekrutierte und hoch motivierte Interviewer unterstützen diese Arbeit.

Gezwungen, eine eigene Stichprobenstrategie zu entwickeln, wurde ein zweistufiger Auswahlplan entworfen, der im Unterschied z.B. zum ADM-Sample, von der Wohnbevölkerung der damaligen DDR ausging. In der ersten Stufe sind 40 Kreise gezielt so selektiert worden, daß sie nach den Merkmalen Alter, Geschlecht, Wahlverhalten, Berufstätigen-Struktur und Urbanisierungsgrad, der in der gesamten ehemaligen DDR vorhandenen Verteilung entsprechen. Auf der zweiten Ebene wurden aus dem Einwohnerdatenspeicher Zufallsadressen von Personen gezogen, die in diesen Kreisen wohnen. Die Interviewer benutzen diese Adressen als Ausgangspunkte für das Random-Route Verfahren. Prinzipiell besteht die Möglichkeit, das Interviewernetz auch über die zunächst ausgewählten Kreise hinaus weiter auszudehnen.

Inzwischen hat das Zentralarchiv für empirische Sozialforschung in Köln die Ergebnisse von 'Leben DDR 1990' in einem Codebuch veröffentlicht und verfügt ebenfalls über den dazugehörenden Datensatz. Dieser DDR-repräsentativen Untersuchung sind am Institut für Soziologie und Sozialpolitik mittlerweile weitere gefolgt, so z.B. das International Social Survey Programme (ISSP) plus 1990 für Ostdeutschland. Im März 1991 wurde aus den Mitteln des Instituts die Befragung vom Januar 1990 repliziert.

Zum Abschluß sollen kurz, einem inhaltlichen Schwerpunkt dieses Buches entsprechend, zwei in unseren Untersuchungen auffällig gewordene Aspekte vorgetragen werden, die den Lebensbereich Arbeit betreffen.

1. Aspekt

Die Untersuchungen ergaben in den letzten Jahren einen starken Rückgang der allgemeinen Lebenszufriedenheit, nicht aber gleichzeitig auch eine Abnahme der Zufriedenheit mit der Arbeit.

Habich und *Landua* stellen fest: "Die Gesamtbevölkerung im Osten Deutschlands weist im Durchschnitt ein Niveau auf, das dem von Arbeitslosen, von alleinlebenden, einsamen Älteren, von in engen Verhältnissen lebenden, kinderreichen, von dauerhaft gesundheitlich Beeinträchtigten entspricht" (1991: 4).

Anders verhält es sich den Untersuchungen des ISS zufolge mit der Arbeitszufriedenheit. Der Bereich Arbeit gehört, z.B. neben der Partnerschaft, zu jenen Lebensbereichen, in denen die konkrete Zufriedenheit stärker ausgeprägt ist als die allgemeine Zufriedenheit mit dem Leben. Dies mag zunächst überraschen und verlangt nach einer Erklärung. Die hohe Zufriedenheit dürfte hier auf den hohen Wert der Arbeit für die individuelle Selbstbestätigung der Menschen hindeuten. Die registrierte hohe Arbeitszufriedenheit resultiert dann weniger aus der Realisierung eines bestimmten Anspruchsniveaus an die Arbeit, sondern aus der Tatsache, daß es sich hier um einen Lebensbereich mit hohem Prestige-Wert handelt. Die Angabe von Unzufriedenheit würde in einem solchen Bereich zu sehr auf eigenes Versagen hindeuten.

2. Aspekt

Die Wertorientierung 'Arbeit' bzw. die dem Lebensbereich Arbeit zugewiesene subjektive Bedeutung ist gegenüber anderen stark dominant. Sie liegt z.B. über der Bewertung der Freizeit (Arbeit ist wichtiger als Freizeit!) und entspricht in ihrem Niveau in etwa der Bedeutung, die der eigenen Gesundheit beigemessen wird. Im Unterschied zu anderen Wertorientierungen hat die Bewertung der Arbeit nach dem Oktober 1989 keine gravierende Umbewertung erfahren, es kann davon ausgegangen werden, daß deren Bedeutung in der Tendenz leicht gestiegen ist. Auch dieses Ergebnis deutet auf den zentralen Platz der Arbeit in den Lebensplänen der Menschen aus der ehemaligen DDR hin, deren Realisierung mit der sich ausbreitenden Arbeitslosigkeit jedoch stark in Frage gestellt ist.

Literatur

Habich, R./D. Landua (1991), Soziale Lage und Sozialstruktur in der früheren DDR - Erste Ergebnisse aus Erhebungen der Sozialberichterstattung. Wissenschaftszentrum Berlin für Sozialforschung, Berlin.

Institutsmarktforschung in der ehemaligen DDR - vor und nach der Wende

Herbert Koch

Obwohl ich mit meinem Statement einem Panel zugeordnet wurde, dessen Thema mit den Worten '... seit der Wende' abschließt, werde ich in Übereinstimmung mit den Organisatoren dieser Veranstaltung auch einen Rückblick auf die Zeit vor der Wende wagen. Meine Ausführungen sind, soweit es unser Institutsprofil betrifft, etwas einseitig - bewußt einseitig mit Blick auf Veranstalter und Teilnehmerkreis, sowie auch in Anbetracht der verfügbaren Zeit.

Unser Institut - das Institut für Marktforschung Leipzig (IM) - wurde im Jahre 1957 gegründet. Es ging aus der Handelshochschule Leipzig hervor. Unsere Herkunft blieb nicht ohne Einfluß darauf, daß wir trotz praxisnaher Arbeit immer nach Wissenschaftlichkeit strebten. Anfangs war es als Forschungseinrichtung für alle Handelsfragen konzipiert. Schon kurze Zeit später, am Beginn der 60er Jahre, hatte man die Idee, die Handelsforschung auf verschiedene Institutionen (Universitäten, Hochschulen, selbständige Institute) zu spezialisieren.

Seit Anfang der 60er Jahre bis kurz vor der Wende untersuchte unser Institut eine breite Palette von Problemen, die mit der Nachfrage der Bevölkerung nach Konsumgütern im Zusammenhang standen. Getreu der in der ehemaligen DDR vertretenen These, daß für die Versorgung der Handel verantwortlich sei, wurde unser Institut als selbständige Einrichtung dem Handelsministerium unterstellt. Auch das prägte in bestimmtem Maße das Profil des Instituts mit.

Ganz allgemein formuliert, bestand das frühere Aufgabenspektrum darin:
- grundlegende Zusammenhänge sowie Tendenzen der Entwicklung für die Konsumtion, für den gesamten Warenverbrauch sowie für Strukturverlagerungen innerhalb des Warenverbrauchs der Bevölkerung aufzudecken;
- aus der Entwicklung der Bedürfnisse und der Nettogeldeinnahmen der Bevölkerung die Größe der zu erwartenden Geldausgaben der Bevölke-

rung für Warenkäufe abzuleiten;
- jährlich für ca. 220 Positionen des zentralen Versorgungsplanes den Bedarf der Bevölkerung vorherzusagen;
- vertiefende Branchenstudien auszuarbeiten, die Aussagen über die Angebotsstruktur, Gebrauchseigenschaften der Konsumgüter und die auf diesem Gebiet zu erwartende Entwicklung enthalten;
- erzeugnisbezogene Marktstudien für einzelne Erzeugnisse im Auftrag von Kombinaten der Industrie auszuarbeiten

und vieles andere.

Sie erkennen aus dieser Übersicht, daß die Arbeit des IM nahezu ausschließlich volkswirtschaftlich ausgerichtet war. Wir betreiben Marktforschung als Entscheidungshilfe für zentrale Leitungsentscheidungen. Ich kann nur hoffen, daß man das Niveau der Forschungsleistung unseres Instituts nicht mit dem Ergebnis der DDR-Wirtschaftspolitik gleichsetzt.

Produkt- und unternehmensbezogene Marktforschung, wie sie unter marktwirtschaftlichen Bedingungen vorherrscht, war in der DDR nahezu unbekannt. Der Handel hatte abzunehmen und zu verkaufen, was die Industrie produzierte bzw. aus den ohnehin meist uneffektiven Außenhandelsgeschäften übrigblieb.

Aus obengenanntem Aufgabenspektrum wird deutlich, daß unsere Hauptarbeit in jährlichen und längerfristigen Vorhersagen der voraussichtlichen Entwicklung der Nachfrage der Bevölkerung nach Konsumgütern bestand. Methodologisch gelangten wir durch ein sogenanntes Analyse-Prognose-Verfahren zu unseren Vorhersagen.

Ausgangspunkt dazu war, ausreichende Informationen zu sammeln und zu analysieren. Das waren zunächst solche sekundärstatistischen Daten wie die Einkommen der Bevölkerung, die Entwicklung der Spareinlagen, der Anteil der Geldausgaben für Warenkäufe, die Geldausgabenstruktur aus der Haushaltbudgetstatistik, die Warenbewegung im Handel, die in der DDR statistisch erfaßt wurde und vieles andere.

Diese, sowie alle weiteren genutzten Informationen analysierten wir in der zeitlichen Entwicklung und hinsichtlich der Strukturbeziehungen. Dazu setzten wir das bei Ihnen bekannte mathematisch-statistische Instrumentarium ein.

Ein Kernpunkt unserer Forschung bestand darin, Ursachen für bestimmte Entwicklungen der Nachfrage aufzudecken. Dies immer aus dem Bestreben, aus Ursachen für Vergangenes und Gegenwärtiges, Anregungen für künftige Veränderungen ableiten zu können. Es versteht sich, daß es gerade dazu nicht genügte, sekundärstatistische Informationen einzusetzen, sondern es war notwendig, eigene Erhebungen - eine eigene Feldforschung - durchzuführen. Es ging dabei um vielfältige, zum Teil breit gefächerte Informationen über die Haushaltausstattung, Kaufwünsche, Kaufmotive bis hin zu Informationen, die objektive Bedingungen beschrieben oder Verhaltensweisen charakterisierten, aus denen wir glaubten, Erkenntnisse für Vorhersagen ableiten zu können.

Es war für jede Vorhersage, für jede Vorhersageposition, eine Vielfalt von Informationen zu verknüpfen und daraus die Vorhersage in der Art von Szenarien auszuarbeiten. Trendberechnungen, Regressionsberechnungen, Clusteranalysen usw. spielten dabei zwar eine beachtliche Rolle, wurden aber nicht einseitig, dominierend gehandhabt.

In unserem Institut gab es von Anbeginn an keinen Streit über den Vorrang quantitativer oder qualitativer Methoden, sondern wir strebten immer eine enge Verknüpfung vielfältigster Einzelmethoden an, die in Abhängigkeit von der zu lösenden Aufgabe variieren konnten.

Zur Beschaffung der benötigten Primärinformationen haben wir Anfang der 60er Jahre ein flächendeckendes Interviewernetz von über 600 nebenberuflichen Interviewern aufgebaut und Anfang der 70er Jahre mehrere nach Branchen gegliederte Einzelhandelspanels.

Beim Aufbau der Feldarbeit im IM - ich gehörte damals zu den wenigen Mitarbeitern, die diesen Aufbau vollzogen haben - hat uns Frau Professor *Noelle-Neumann* sehr geholfen. Alle Beteiligten hatten ihre Publikationen gelesen und mit Hochachtung von ihrer Leistung gesprochen. Als noch unerfahrene Anfänger haben wir uns sehr eng an ihr Wissen angelehnt.

Wir schufen das Interviewernetz nach Bezirken und 10 Ortsgrößenklassen repräsentativ über das gesamte Territorium der DDR, prüften Bewerber auf Eignung, arbeiteten Interviewranleitungen aus und schulten die Interviewer - alles immer in Anlehnung an Frau *Noelle-Neumann*. Wir vergewisserten uns, ob der von ihr vertretene Standpunkt zum Problem mündliche - schriftliche Befragungen auch für uns zutrifft, rangen um die Problematik offene Fragen - geschlossene Fragen, direkte Fragen - indirekte Fragen, zogen die Random-Stichproben aus amtlichen Unterlagen - das war für uns ja noch bis 02. Oktober 1990 möglich und so weiter.

Insgesamt möchte ich damit zum Ausdruck bringen, daß unser Institut Feldarbeit nicht anders betrieben haben dürfte als jedes andere seriöse Institut hier in den Alt-Bundesländern. In der Literatur haben wir die seitdem eingetretene Entwicklung weiterverfolgt.

Das alles hat uns nach den revolutionären Veränderungen in der DDR sehr geholfen. Wir brauchten zwar neue Auftraggeber mit neuen Aufgaben, aber wir beherrschten im Prinzip das methodische Instrumentarium.

Das vorige Jahr war für uns keine leichte Zeit - und das ist es auch heute noch nicht. Sie können unsere Lage in etwa erahnen, wenn Sie sich vorstellen, in welcher Situation sich ein etabliertes Institut der westlichen Bundesländer befindet, wenn es innerhalb von 6 Wochen sämtliche Auftraggeber verliert.

Die Landesregierungen der neuen Länder und oft sogar auch die Stadtverwaltungen haben sich noch nicht so gefestigt, daß sie als Auftraggeber für uns in Frage kommen, und die ehemals volkseigene Industrie tut sich außerordentlich schwer. Beim Aufbau eines neuen Kundenkreises kommt uns ein enormer Informationsbedarf aus den Alt-Bundesländern zugute, sowie die Tatsache, daß wir uns schon sehr zeitig bemüht haben, uns auf marktwirtschaftliche Erfordernisse einzustellen.

Das Leistungsprofil des Instituts hat sich beträchtlich gewandelt. An die Stelle der auf die Volkswirtschaft gerichteten Marktforschung ist die Marktforschung für die Branche, für das konkrete Produkt, für den konkreten Produzenten getreten.

Die Haupttätigkeitsgebiete unseres Instituts sind jetzt:
- Branchenmarktanalysen;
- Umfragen bei der Bevölkerung und in der Wirtschaft einschließlich qualitative Interviews, auch bei bestimmten Berufsgruppen wie Ärzte, Apotheker, Unternehmer u.a.;
- Ein Haushaltpanel von 2500 Haushalten zur Beobachtung von Verbrauchs- und Verhaltensänderungen;
- Gruppendiskussionen;
- Tests von Werbespots sowie von Produkten
  ° im Teststudio und
  ° über das Haushaltpanel;
- Regionalmarktforschung, insbesondere für regionale Strukturentscheidungen und Netzgestaltung;
- Osteuropamarktforschung.

Nach der Währungsunion waren wir in der Lage, in bemerkenswertem Umfang Rechen- und Vervielfältigungstechnik zu kaufen, was beachtliche Veränderungen im Arbeitsstil und der Repräsentationsgüte unserer Arbeiten ermöglichte. Um die Zeit der Wende herum haben wir uns mehr notgedrungen mit Fragen der Meinungsforschung beschäftigt - auch über Marktprobleme hinaus. Wir fanden dies so interessant, daß wir eine solche Richtung der Forschung im Auge behalten werden.

Der Interviewerstab wurde auf 1200 erweitert und den veränderten Anforderungen entsprechend geschult. Das war besonders auf dem Gebiet der Mediaforschung von Bedeutung.

Die neuen Interviewer erhalten eine zielgerichtete Anleitung zur Einarbeitung in das Aufgabengebiet. Geeignete Kontrollsysteme sorgen für seriöse Umfrageergebnisse. Die verwendeten Stichproben entsprechen den Anforderungen, die auch bisher schon in den alten Bundesländern gelten. Die Stichproben für Haushalts- und Personenbefragungen beruhen vorwiegend auf einer mehrstufig geschichteten Zufallsauswahl aus Stimmbezirken der Kommunalwahlen sowie international üblichen Auswahlverfahren innerhalb der Stimmbezirke (Random route, Schwedenschlüssel).

Wir sind in der Lage, in den neuen Bundesländern repräsentative Haushalts- und Personenbefragungen praktisch jedes gewünschten Umfanges an über 1000 Punkten gleichzeitig durchzuführen. Durch Splittung lassen sich aber auch gleichzeitig mehrere voneinander unabhängige Stichproben für Befragungen einsetzen. Es gehört einfach dazu, auch Umfragen nach Quotenvorgaben durchzuführen.

Gestatten Sie mir bitte, abschließend einige Beispiele jüngster Untersuchungen vorzustellen.

Dazu:
1. Einige Charts zu einer im November 1990 durchgeführten Umfrage zum Verbrauchsverhalten, und
2. Einige Charts zur Einstellung der Bevölkerung zu Produkten aus dem Territorium der ehemaligen DDR. Die Befragung dazu wurde im Dezember 1990 durchgeführt.

Das Aufgabenspektrum des IM vor der Wende

LEIPZIG

- Grundlegende Zusammenhänge sowie Tendenzen der Entwicklung für die Konsumtion, für den Warenverbrauch durch die Bevölkerung insgesamt sowie für Strukturverlagerungen innerhalb des gesamten Warenverbrauchs aufzudecken.

- Aus der Entwicklung der Nettogeldeinnahmen und der Bedürfnisse der Bevölkerung (auch unter Berücksichtigung des Sparverhaltens) die Größe der zu erwartenden Geldausgaben der Bevölkerung für Warenkäufe abzuleiten.

- Langfristige Tendenzen der Entwicklung des Warenverbrauchs aufzudecken und für 5-Jahres-Planzeiträume und länger die Nachfrage der Bevölkerung nach Konsumgütern zu prognostizieren.

- Jährlich für ca. 220 Positionen des zentralen Versorgungsplanes den Bedarf der Bevölkerung vorherzusagen.

- Vertiefende Branchenstudien auszuarbeiten, die Aussagen über die Angebotsstruktur, Gebrauchseigenschaften der Konsumgüter und die auf diesem Gebiet zu erwartende Entwicklung enthalten.

Copyright by IM 1991

Das Aufgabenspektrum des IM nach der Wende

LEIPZIG

- Marktanalyse

- Umfragen bei der Bevölkerung und in der Wirtschaft einschließlich qualitative Interviews auch bei bestimmten Berufsgruppen wie Ärzte, Apotheker, Unternehmer u.a.

- Ein Haushaltpanel von 2.500 Haushalten zur Beobachtung von Verbrauchs- und Verhaltensänderungen.

- Gruppendiskussionen

- Tests von Werbespots sowie von Produkten
  . im Teststudio
  . über das Haushaltpanel.

- Regionalmarktforschung insbesondere für regionale Strukturentscheidungen und Netzgestaltung.

- Osteuropamarktforschung

Copyright by IM 1991

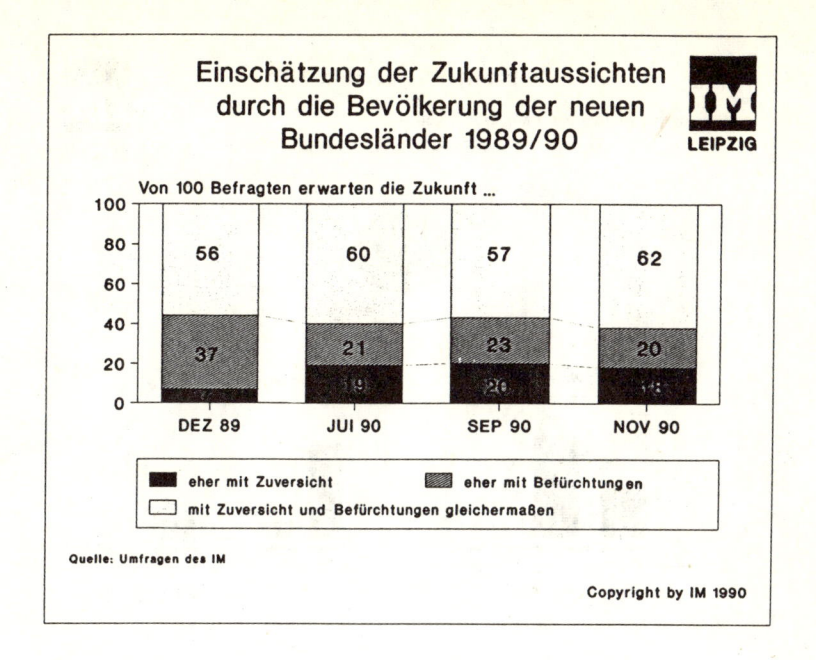

Einschätzung der Zukunftaussichten durch die Bevölkerung der neuen Bundesländer 1989/90

Von 100 Befragten erwarten die Zukunft ...

	DEZ 89	JUI 90	SEP 90	NOV 90
eher mit Zuversicht	7	19	20	18
mit Zuversicht und Befürchtungen gleichermaßen	56	60	57	62
eher mit Befürchtungen	37	21	23	20

Quelle: Umfragen des IM

Copyright by IM 1990

Einschätzung der Zukunftaussichten durch die Bevölkerung der neuen Bundesländer 1989/90

Von 100 Befragten gründen Befürchtungen bzw. Zuversicht auf ...

	Zuversicht	Befürchtungen
Entstehung neuer Betriebe u. Strukturen	77	23
Einkommens- u. Rentenentwicklung	60	40
Unterstützung durch alte Bundesländer	58	40
wirtschaftl. Entwicklung der neuen Länder	54	47
Übernahme Sozialgesetze d. alten Länder	49	51
Veränderungen Pacht und Steuern	17	80
Kenntnis neuer gesetzlicher Bestimmungen	13	87
Tarifentwicklung bei Dienstleistungen	11	89
Preisentwicklung bei Mieten u. Energie	8	92
Sicherheit Arbeitsplätze	7	93
Zunahme von Gewalt und Kriminalität		99

Quelle: Umfrage IM Nov. 1990

Copyright by IM 1990

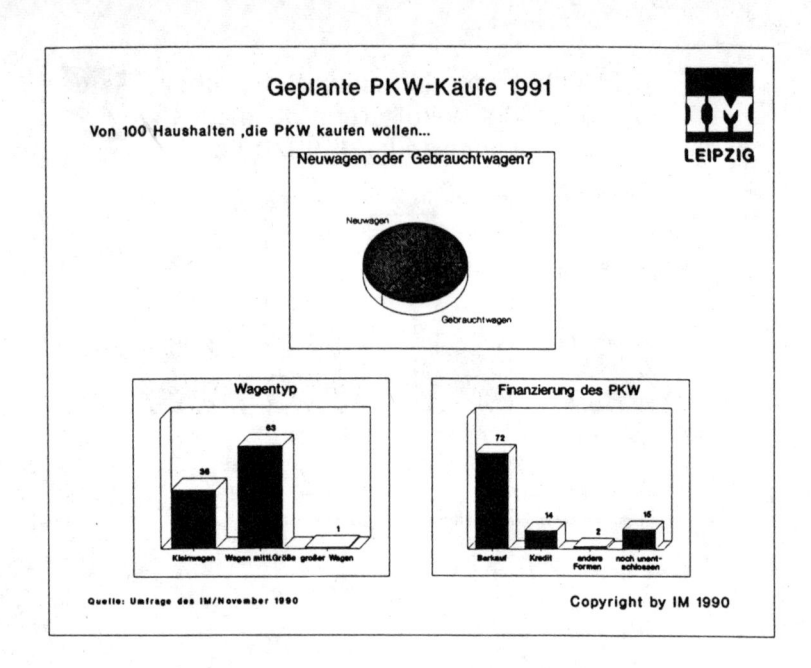

Geplante PKW-Käufe 1991

Von 100 Haushalten, die PKW kaufen wollen...

Neuwagen oder Gebrauchtwagen?

Wagentyp
- Kleinwagen: 36
- Wagen mittl. Größe: 63
- großer Wagen: 1

Finanzierung des PKW
- Barkauf: 72
- Kredit: 14
- andere Formen: 2
- noch unentschlossen: 15

Quelle: Umfrage des IM/November 1990

Copyright by IM 1990

IM LEIPZIG

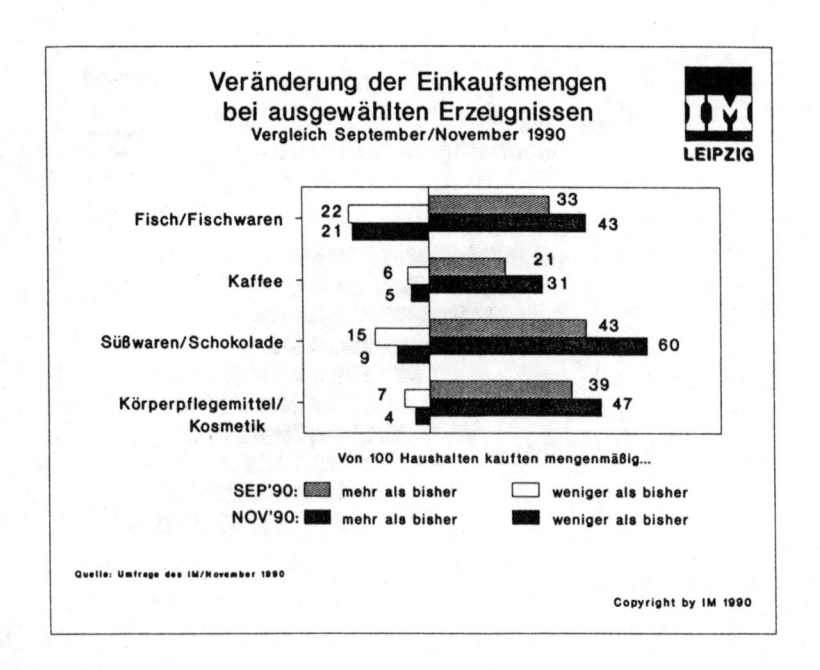

Veränderung der Einkaufsmengen bei ausgewählten Erzeugnissen
Vergleich September/November 1990

Erzeugnis	SEP'90 mehr	SEP'90 weniger	NOV'90 mehr	NOV'90 weniger
Fisch/Fischwaren	33	22	43	21
Kaffee	21	6	31	5
Süßwaren/Schokolade	43	15	60	9
Körperpflegemittel/Kosmetik	39	7	47	4

Von 100 Haushalten kauften mengenmäßig...

SEP'90: mehr als bisher / weniger als bisher
NOV'90: mehr als bisher / weniger als bisher

Quelle: Umfrage des IM/November 1990

Copyright by IM 1990

IM LEIPZIG

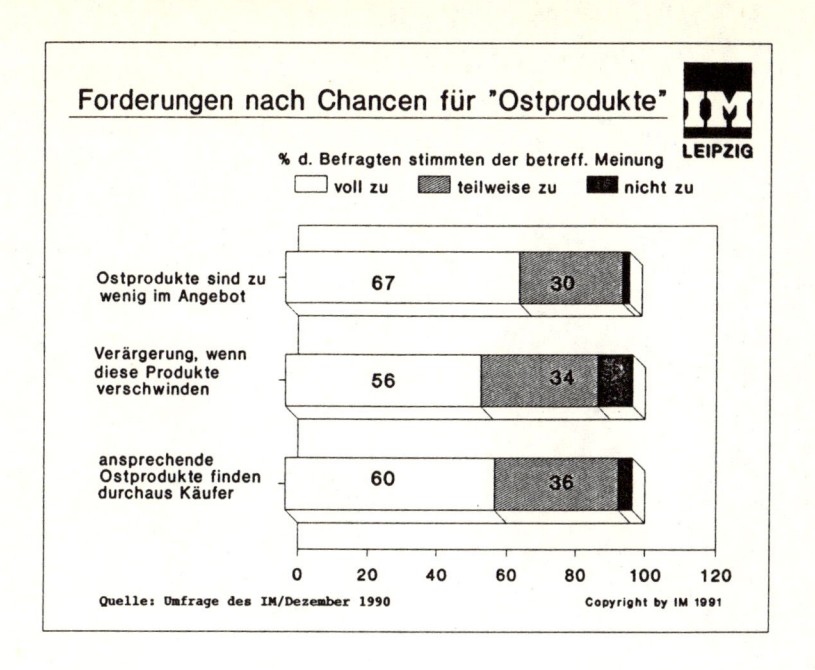

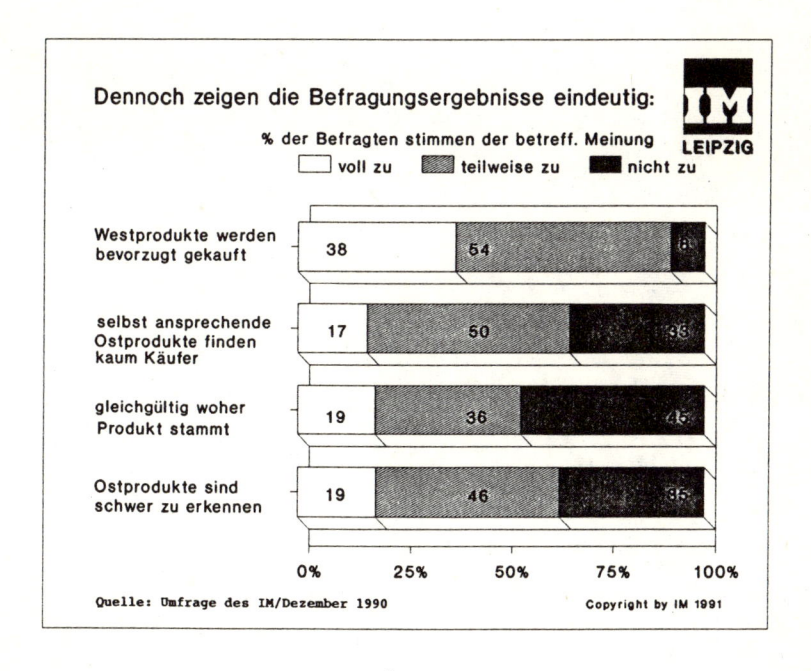

Forderungen nach Chancen für "Ostprodukte"

IM LEIPZIG

% d. Befragten stimmten der betreff. Meinung
☐ voll zu   ▨ teilweise zu   ■ nicht zu

- Ostprodukte sind zu wenig im Angebot: 67 | 30
- Verärgerung, wenn diese Produkte verschwinden: 56 | 34
- ansprechende Ostprodukte finden durchaus Käufer: 60 | 36

Quelle: Umfrage des IM/Dezember 1990   Copyright by IM 1991

Dennoch zeigen die Befragungsergebnisse eindeutig:

IM LEIPZIG

% der Befragten stimmen der betreff. Meinung
☐ voll zu   ▨ teilweise zu   ■ nicht zu

- Westprodukte werden bevorzugt gekauft: 38 | 54
- selbst ansprechende Ostprodukte finden kaum Käufer: 17 | 50 | 38
- gleichgültig woher Produkt stammt: 19 | 36 | 45
- Ostprodukte sind schwer zu erkennen: 19 | 46 | 35

Quelle: Umfrage des IM/Dezember 1990   Copyright by IM 1991

VII. Infrastrukturelle Probleme und Erfordernisse

Amtliche Statistik auf dem Gebiet der neuen Bundesländer und was sie der Markt- und Meinungsforschung bietet

Rudolf Janke

Vorbemerkung

Nach der Öffnung der Grenzen der ehemaligen DDR verlangte die Öffentlichkeit, so schnell wie möglich vergleichbare Daten für die beiden Teile Deutschlands zur Verfügung zu stellen. Im Zuge der Entwicklung kam später dann die Forderung nach einheitlichen statistischen Ergebnissen für das gesamte Deutschland hinzu. Diese beiden Forderungen prägten seit der politischen Wende in der ehemaligen DDR die Entwicklung der amtlichen Statistik in Deutschland.

Nachdem sich das Statistische Bundesamt zu einem sehr frühen Zeitpunkt des Vereinigungsprozesses dieser schwierigen Aufgabe gestellt hat - erste Vereinbarungen zwischen dem Statistischen Bundesamt und der damaligen Staatlichen Zentralverwaltung für Statistik der DDR wurden noch im Dezember 1989 getroffen - konnte bereits im März 1990 eine 'Arbeitsgruppe Deutsche Statistik' in der Zweigstelle des Statistischen Bundesamtes in West-Berlin installiert werden. Ein erstes Ziel war es, den Aufbau und die Organisation eines umfassenden Systems der amtlichen Statistik in der damaligen DDR zu unterstützen, also ein mit der Statistik der Bundesrepublik Deutschland sowie der supra- und internationalen Organisationen vergleichbares Statistiksystem zu erarbeiten, das den Anforderungen einer sozialen und ökologisch orientierten Marktwirtschaft gerecht wird und den Übergang von einer zentral geplanten 'Kommandowirtschaft' (vgl. Ministerrat 1990) auf die westliche Marktwirtschaft statistisch begleitet.

Das fachliche Programm

Mit dem ersten Staatsvertrag zwischen der Bundesrepublik Deutschland und der DDR, dem Vertrag über die Währungs-, Wirtschafts- und Sozialunion, der am 01. Juli 1990 in Kraft trat (vgl. vom Gesetz Mai 1990), wurden die fachlichen Prioritäten für das angestrebte vergleichbare Statistikprogramm festgelegt. Statistische Ergebnisse sollten vordringlich für die Bereiche Arbeitsmarkt, Preise, Produktion, Umsätze, Einzelhandel und Außenwirtschaft bereitgestellt werden. Aber auch Ergebnisse der Volkswirtschaftlichen Gesamtrechnung sollten möglichst umgehend nach dem methodischen Konzept der Vereinten Nationen (System of National Accounts, SNA) für die ehemalige DDR vorgelegt werden. Schon ab Juli 1990 wurden daraufhin für eine Reihe von Sachverhalten vergleichbare Ergebnisse vorgelegt. Angesichts der früheren Geheimhaltung von statistischen Ergebnissen in der ehemaligen DDR stand dabei die schnelle und möglichst umfassende Veröffentlichung im Vordergrund auch des öffentlichen Interesses, auch wenn nicht gleich in allen Fällen bundesdeutsche Konzepte realisiert werden konnten. Dazu war es häufig notwendig, vom bisherigen Statistiksystem der ehemaligen DDR ausgehend Ergebnisse vorzulegen, die noch nicht voll vergleichbar waren, zusammen mit entsprechenden Erläuterungen und gegebenenfalls Einschränkungen aber trotzdem für den Nutzer wichtige Informationen lieferten.

Auf diese Weise konnten bevölkerungs- und erwerbsstatistische Ergebnisse, einschließlich Daten über Verdienste und die Ausgabenstruktur der Haushalte zur Verfügung gestellt werden. Wichtige Ergebnisse der kurzfristigen Wirtschaftsstatistiken über Auftragseingänge, Umsätze, usw. wurden z.T. erstmalig in vergleichbarer Weise wie in der Bundesrepublik erhoben. Von herausragender Bedeutung dürfte auch gewesen sein, daß als Ergebnis des frühzeitigen Einsatzes der Experten des Statistischen Bundesamtes und aufgrund umfangreicher Voruntersuchungen bereits unmittelbar nach Schaffung der Wirtschafts- und Währungsunion erste Preisindizes für die Lebenshaltung veröffentlicht werden konnten. Wenn auch in Zeiten starken Strukturwandels Indexkonzepte generell als problematisch anzusehen sind, so deuten doch alle Hinweise darauf hin, daß die veröffentlichten Preisindizes ein brauchbares Abbild der realen Entwicklung widerspiegeln. Die vom Statistischen Bundesamt im Jahr 1990 speziell durchgeführten Verbraucherpreisvergleiche zwischen West- und Ost-Berlin bestätigen dies.

Übersicht zum Stand der Einführung wichtiger ausgewählter Bundesstatistiken in den fünf neuen Bundesländern

Statistik	Termine und erste Ergebnisse
Laufende Bevölkerungsstatistiken	Ausgangsmaterial für Ergebnisvergleiche bei geringfügigen methodischen Unterschieden ab sofort verfügbar (Problem: Wanderungsstatistik). Überführung der Bevölkerungsstatistiken in Länderverantwortung ab IV. Quartal 1990. Neue Organisation des Datenflusses notwendig.

Statistiken über die Erwerbstätigkeit, Arbeitsmarktindikatoren

Erwerbstätigenberechnung	Eine Gesamtzahl der Erwerbstätigen fehlt gegenwärtig noch wegen des X-Bereiches. Per 30.11.1990 wurde eine totale Beschäftigtenerhebung durchgeführt. Ergebnisse sind Mitte 1991 zu erwarten.
Beschäftigtenstatistik	Die Sozialversicherungsträger dürften auch für 1991 noch keine voll vergleichbaren Ergebnisse vorlegen können.
Mikrozensus (einschl. EG-Arbeitskräftestichprobe)	Einheitliche Durchführung bei unterschiedlicher Stichprobenauswahl für April 1991; das heißt vergleichbare Arbeitsmarktindikatoren ab Frühjahr 1992.
Statistik der Arbeitslosen, der offenen Stellen, der Kurzarbeiter	Die Bundesanstalt für Arbeit hält die monatlichen Ergebnisse ab Juni/Juli 1990 für weitgehend vergleichbar.

Konjunkturstatistiken verschiedener Wirtschaftsbereiche

Monatsbericht im Bergbau und Verarbeitenden Gewerbe	Ergebnisse für Auftragseingänge und Umsätze etc. ab Berichtsmonat Juli 1990 bei Unterschieden hinsichtlich der Berichtskreise und der Berichtseinheiten sowie der Definition der beschäftigungsbezogenen Merkmale (z.B. Begriff des Arbeiters und des Angestellten). Vergleichbare Ergebnisse ab Januar 1991.
Monatsbericht im Baugewerbe	Ab Januar 1991 endgültige Umstellung zur Herstellung voller Vergleichbarkeit. Abstimmung der Berichtskreise ab Juli 1990. Vergleichbare Ergebnisse nicht vor Januar 1991; gilt insbesondere für Beschäftigtenzahlen dieses Bereichs.

Statistik im Handel und Gastgewerbe	Erste (vergleichbare) Ergebnisse nicht vor April 1991. Berichtskreise müssen mit Hilfe der Totalerfassung per 30.09.1990 als Stichprobe ermittelt werden. Erhobene Einzelhandelsumsätze werden ab Juli 1990 in bundesdeutscher Systematik nachgewiesen (Umrechnung).
Produktionsstatistik, -indizes	Einführung des monatlichen Produktionsberichts ab Juli 1990 sowie der vierteljährlichen Produktionserhebung ab III. Quartal 1990. Berechnungen eines provisorischen Nettoproduktionsindex ab Januar 1991 auf Basis des zweiten Halbjahres 1990 (Problem: Wertschöpfungsstruktur).
Handwerksstatistik	Schaffung einer Auswahlgrundlage für eine Stichprobenerhebung auf der Grundlage der Handwerksstatistik per 30.06.90 bzw. 31.12.89. Vergleichbare Ergebnisse voraussichtlich im IV. Quartal 1991.
Preisstatistiken	
Verbraucherpreiserhebungen	Ab Mai 1990 wurden neue Preiserhebungen aufgebaut, ab Dezember 1990 erfolgte eine Angleichung der Erhebungskataloge. (Problem: Wägungsschemata aus bisherigen Wirtschaftsrechnungen der DDR abgeleitet).
Erzeugerpreiserhebungen	Aufbau der Erhebungen ab Juli 1990 nach der Währungsumstellung, Einführung einheitlicher Formulare und Verfahren ab 1991; Erfassung landwirtschaftlicher Erzeugerpreise ab Oktober 1990. Erste Preisindizes für industrielle und landwirtschaftliche Erzeugnisse sowie für Bauleistungen sind für 1991 zu erwarten.
Löhne und Gehälter	
Vierteljährliche Verdiensterhebungen	Weitgehend vergleichbare Bruttoverdienste der Arbeitnehmer liegen für Juli und Oktober 1990 vor. Beseitigung der Unterschiede hinsichtlich der Wirtschaftszweigzuordnung, des Begriffs der Arbeiter usw. erst ab Januar 1991 möglich.
Tariflohnstatistik	Die geplante Auswertung der neuen Tarifverträge läßt frühestens 1992 erste repräsentative Ergebnisse erwarten.
Außenhandelsstatistik	Einführung der Außenhandelsstatistik ab Juli 1990 bei abweichender Warensystematik und anderer methodischer Unterschiede. Vereinheitlichung und Nachweis voll vergleichbarer Ergebnisse ab Januar 1991.

Landwirtschaftsstatistik	Eine Verbesserung der durch viele Daten aber eingeschränkten Vergleichbarkeit der Ergebnisse gekennzeichneten Situation ist erst mit Durchführung von landwirtschaftlichen Großzählungen zu erreichen. (Problem: Erweiterung der Berichtskreise auch auf private Betriebe sowie private Bewirtschafter von Flächen und Halter von Viehbeständen).
Bruttoanlageinvestitionen	Ergebnisse der Erhebung für das IV. Quartal 1990 liegen im April 1991 vor. Für die Durchführung der vierteljährlichen Erhebung ab 1991 werden derzeit Rechtsvorschriften erarbeitet.
Kostenstrukturerhebungen	Ergebnisse aus Zusatzerhebungen im verarbeitenden Gewerbe, im Baugewerbe, im Verkehr, im Handel und Gastgewerbe für das III. Quartal 1990 liegen für die Volkswirtschaftliche Gesamtrechnungen vor. Die Erarbeitung der Ergebnisse für das II. Halbjahr 1990 wird voraussichtlich im III. Quartal 1991 abgeschlossen.
Laufende Wirtschaftsrechnungen	Ab 1991 Erhebung mit gleichen Methoden und Unterlagen. Erhebungseinheiten auf 2000 erhöht und Haushaltsgruppen angepaßt.
Volkswirtschaftliche Gesamtrechnungen	Erstmals vergleichbare vorläufige Ergebnisse für 1990 sollen im Laufe des Jahres 1991 vorliegen.

Quelle: Statistisches Bundesamt, Stand: Februar 1991.

Wesentlich beschleunigt wurde die Entwicklung einer einheitlichen amtlichen Statistik mit Beginn der dritten Phase der Zusammenarbeit zwischen amtlichen Statistikern aus Ost und West. Durch die im Einigungsvertrag (vgl. Gesetz vom August 1990) zwischen der Bundesrepublik Deutschland und der DDR getroffenen Vereinbarungen gelten ab 03. Oktober 1990 auch für das Gebiet der ehemaligen DDR die bundesdeutschen statistischen Rechtsvorschriften. Das Bundesstatistikgesetz und alle einzelstatistischen Gesetze und Verordnungen sind (bis auf eine Ausnahme) auch in den fünf neuen Bundesländern und in Ost-Berlin durchzuführen. Zusätzlich regelt der Einigungsvertrag die zeitlich eng befristete Fortführung einiger Statistiken der ehemaligen DDR, die noch im Juli 1990 - bereits weitgehend auf bundesdeutsche Konzepte abgestimmt - im Statistikgesetz der DDR angeordnet worden waren. Eine spezielle Statistikanpassungsverordnung, deren Verabschiedung für März 1991 erwartet werden darf, sieht darüberhinaus die aufgrund des Beitritts erforderlichen Anpassungen bisheriger bundesstatistischer Rechtsvorschriften vor. Hierbei handelt es sich insbesondere um Anpassungen der Berichtskreise, der Erhebungszeitpunkte und der Periodizitäten an die real veränderten Gegebenheiten und den um die fünf neuen Bundesländer erweiterten Informationsbedarf durch die Vereinigung.

Aufgrund der zusätzlichen Regelungen für das Gebiet der ehemaligen DDR können bereits demnächst weitere vergleichbare Ergebnisse, insbesondere der Volkswirtschaftlichen Gesamtrechnungen, bereitgestellt werden, die nach dem bisher üblichen Turnus der entsprechenden Erhebungen erst in ein bis zwei Jahren hätten vorgelegt werden können.

Zu den ergänzend durchzuführenden Erhebungen gehört vor allem eine umfassende Berufstätigenerhebung, die erstmals zuverlässig Aufschluß über die Gesamtzahl der Erwerbstätigen auf dem Gebiet der ehemaligen DDR geben soll. Ferner werden zur Angleichung der statistischen Voraussetzungen für Volkswirtschaftliche Gesamtrechnungen vierteljährlich Investitionserhebungen und diverse Kostenstrukturerhebungen in allen Wirtschaftsbereichen durchgeführt.

Zusätzliche Ergebnisse der laufenden Wirtschaftsrechnungen privater Haushalte nach den üblichen Haushaltstypen dienen sowohl zur Berechnung des privaten Verbrauchs als auch der Weiterentwicklung der Preisindizes für die Lebenshaltung, dürften insbesondere aber auch dem Informationsbedarf vieler Nutzer, u.a. aus Markt- und Meinungsforschung, entgegenkommen.

Die organisatorische Struktur

Die wirtschaftlichen und gesellschaftlichen Umwälzungen in der ehemaligen DDR hatten nicht nur einen völlig veränderten fachlichen Statistikbedarf zur Folge. Aufgrund der Änderungen der verfassungs- und verwaltungsrechtlichen Grundlagen für die Durchführung von amtlichen Statistiken ist es auch erforderlich, die gesamte Struktur der Erhebungs- und Aufbereitungsorganisation in Aufbau und Ablauf an die föderative Struktur und Aufgabenbewältigung anzupassen.

In den neuen Bundesländern wurde entsprechend begonnen, Statistische Landesämter aufzubauen und das Statistische Bundesamt unterstrich seine erweiterte Zuständigkeit mit der Errichtung einer neuen Zweigstelle am

Alexanderplatz in Ost-Berlin. Als Personal dieser Zweigstelle wurden aus der Zentrale des Statistischen Amtes der ehemaligen DDR die mit der Durchführung von bundesstatistischen Kompetenzen entsprechenden Aufgaben betrauten Mitarbeiter in den Dienst des Statistischen Bundesamtes übernommen. Alle anderen Mitarbeiter der Zentrale sowie in den ehemaligen Bezirks- und Kreisstellen und in dem Datenverarbeitungszentrum Statistik wurden, so wie es der Einigungsvertrag vorsah, in einem Gemeinsamen Statistischen Amt der Bundesländer Brandenburg, Mecklenburg-Vorpommern, Sachsen, Sachsen-Anhalt und Thüringen zusammengefaßt. Dieses gemeinsame Amt der fünf neuen Länder nimmt vorübergehend die den Ländern u.a. gemäß Bundesstatistikgesetz zugewiesenen Aufgaben der amtlichen Statistik, d.h. insbesondere die Durchführung der Erhebung und Aufbereitung aller dezentralen Bundesstatistiken, wahr. Das gemeinsame Amt soll zum frühestmöglichen Zeitpunkt, spätestens aber Ende 1992 durch entsprechende Einrichtungen in den neuen Bundesländern abgelöst werden. Es dürfte somit innerhalb des vorgegebenen Zeitraums so lange weitergeführt werden, bis alle Aufgaben von den fünf statistischen Landesämtern wahrgenommen werden.

Die Erfahrungen der letzten Monate zeigen, daß die Länder bestrebt sind, schnell eigene statistische Landesämter aufzubauen. Noch im Dezember 1990 wurde das erste neue Statistische Landesamt in Mecklenburg-Vorpommern mit Sitz in Schwerin gegründet. Die anderen Statistischen Landesämter in den Ländern Brandenburg, Sachsen, Sachsen-Anhalt und Thüringen befinden sich noch im Stadium des Aufbaus.

Die bisherigen Kreisämter, die auch im Hinblick auf die unzulängliche Kommunikationsinfrastruktur ein wichtiges Bindeglied zu den Befragten vor Ort waren, werden vor dem Hintergrund unterschiedlicher Planungen für die Zukunft in den einzelnen Bundesländern als Erhebungsstellen derzeit noch weitergeführt. Sie wurden z.T. aber auch schon aufgelöst und die weitere Tendenz zu einer stärkeren regionalen Konzentration der Personalkapazitäten ist abzusehen.

Es ist unschwer nachzuvollziehen, daß die Gesamtheit aller organisatorischen Veränderungen durch sukzessive Verlagerung der Aufgaben und Kompetenzen von der Zentral-, Bezirks- und Kreisebene auf die Landesebene einen immensen Qualifikationsbedarf bei dem Personal der zukünftigen statistischen Landesämter ausgelöst hat. Neben der Beratung der zukünftigen statistischen Landesämter durch die jeweiligen statistischen Landesämter der Partnerländer aus dem bisherigen Bundesgebiet haben sich zur

Bewältigung des Aus- und Weiterbildungsbedarfs die bereits im September 1990 gemeinsam vereinbarten fachlichen Unterstützungsmaßnahmen der Statistischen Ämter des Bundes und der alten Bundesländer u.a. durch massiven Personalinput hervorragend bewährt. Die bisherigen Anlaufschwierigkeiten haben zu keinen größeren Beeinträchtigungen der amtlichen Statistik geführt. Allerdings ist der Prozeß der Herausbildung der fünf statistischen Landesämter noch in keinem Fall abgeschlossen. Es bleibt abzuwarten, ob die endgültige Ausstattung der neuen statistischen Ämter den Anforderungen entspricht, die an die amtliche Statistik gestellt werden müssen, soll sie auch weiterhin - jetzt für Gesamtdeutschland - ihre Funktion erfüllen können.

Die derzeitige regionale Umverteilung der Aufgaben auf die zukünftigen statistischen Landesämter, ohne gegebenenfalls auf die entsprechende Mobilität des erforderlichen Personals zu stoßen (mit vielen Außenstellen in den ehemaligen Bezirken und Kreisen bei Problemen in der Infrastruktur), und - wie es sich z.T. abzeichnet - insgesamt eher unzureichender Ausstattung, insbesondere mit Personal, kann nicht ohne Auswirkungen auf die Durchführung der Statistiken bleiben. Es ist langjährige Erfahrung, daß amtliche Statistik im föderativen System einen relativ hohen Anteil an fixer Grundausstattung in allen Bundesländern erfordert, wenn die Erstellung der Gesamtergebnisse für das Bundesgebiet nicht empfindlich beeinträchtigt werden soll.

Die externen Faktoren

Anbieter statistischer Informationen sind darauf angewiesen, daß ihre Daten genutzt werden. Dies gilt im besonderen für die amtliche Statistik, die in der Regel nicht für einzelne Auftraggeber arbeitet, sondern ihre Leistung quasi als öffentliches Gut für einen breiten Nutzerkreis anbietet. Insgesamt war auch die Nachfrage nach statistischen Ergebnissen über die ehemalige DDR häufig größer als das jeweilige Angebot. Noch keine Aussage ist dabei darüber möglich, ob die Nachfrage aus dem östlichen Teil Deutschlands in den letzten Monaten schon die Erwartungen erfüllt. Das Statistische Bundesamt und hier insbesondere die Zweigstelle Berlin-Alexanderplatz ist jedenfalls bemüht, durch verstärkte Öffentlichkeitsarbeit auf das bestehende Angebot hinzuweisen und es sukzessive möglichst rasch - letzlich auch durch nachträgliche Berechnung vergleichbarer Zeitreihen - auszuweiten. Ein erster

Schritt besteht in einer monatlichen Zusammenstellung aktueller Daten für das Gebiet der ehemaligen DDR ab Berichtsmonat Januar 1991.

Von prioritärer Bedeutung ist für die amtliche aber auch die nicht-amtliche Statistik die Akzeptanz der vorgelegten statistischen Ergebnisse in der Öffentlichkeit und durch viele unterschiedliche Nutzer. Nach dem Selbstverständnis der amtlichen Statistik ist diese Akzeptanz durch strikte Einhaltung der Prinzipien der Objektivität, der Neutralität und der wissenschaftlichen Unabhängigkeit unter Wahrung der statistischen Geheimhaltung von Einzelangaben möglich. Eine Veröffentlichung erfolgt stets nur nach sorgfältiger Prüfung. Nur unter diesen Voraussetzungen ist das notwendige Vertrauensverhältnis auch zum Auskunftgebenden denkbar, aus dem heraus richtige und umfassende Angaben zu statistischen Erhebungen erwartet werden können.

Es ist eine gemeinsame Aufgabe auch und besonders in den neuen Bundesländern, die Akzeptanz statistischer Ergebnisse durch Erläuterungen und umfassende Information der Öffentlichkeit zu sichern. Nachlassender Auskunftsbereitschaft im Anschluß an das bisherige politische und wirtschaftliche System, die derzeit nur vereinzelt auftritt, muß durch Stärkung der Einsicht in die Notwendigkeit statistischer Informationen als Grundlage rationaler Politik begegnet werden. Dabei soll auf zwei häufige Standpunkte hingewiesen werden, die beide - aus unterschiedlichen Motiven - die Auskunftsbereitschaft verringern. Zum einen wird im Zuge der Einführung der Marktwirtschaft und der demokratischen Gesellschaft eine erhebliche Reduzierung statistischer Erhebungen erwartet. Daten wurden früher direkt dem Rechnungswesen der Betriebe entnommen, da Rechnungsführung und Statistik aus einem Guß waren, so daß die heutigen Befragungen eventuell stärker wahrgenommen werden.

Zum anderen scheint - wie im übrigen auch im bisherigen Bundesgebiet - z.T. nicht plausibel zu sein, warum die gleichen oder ähnliche Informationen in unterschiedlichem Zusammenhang oder von unterschiedlichen Stellen nochmal erfragt werden.

Die erwähnten Standpunkte weisen - zumindest für die amtliche Statistik, aber auch für die Markt- und Meinungsforschung - auf ein weiteres gemeinsames Betätigungsfeld in der Öffentlichkeit hin.

Die seit einigen Jahren stärker institutionalisierten Beziehungen zwischen Bundesstatistik und Marktforschung durch regelmäßige Arbeitskontakte, Kolloquien oder gemeinsame Projektarbeit über die Standarddemographie für die Bevölkerungsstatistik, das Mikrodatenfile für wissenschaftliche Zwecke oder die Anforderungen an eine faktische Anonymisierung könnten so in Akzeptanz- oder Qualitätsuntersuchungen eine Fortsetzung finden.

Zur Frage der Zusammenarbeit zwischen amtlicher Statistik und Markt- und Meinungsforschung bietet sich z.B. die Wohnungsqualität als ein Untersuchungsgegenstand für die Zukunft an. Hierzu fehlen derzeit Informationen. Das zu lösende Problem besteht darin, wie sich flächendeckend für das Gebiet der ehemaligen DDR statistische Informationen über die Qualität des Bauzustandes der Gebäude und Wohnungen gewinnen lassen. Da es hierbei gegebenenfalls um die Umsetzung von subjektiven Beurteilungen in objektive Beschreibungen geht, wäre ein Erfahrungsaustausch von großem Wert. Dabei sollte beiden beteiligten Seiten klar sein, daß es sich nicht um eine Konkurrenzbeziehung zur Erfassung subjektiver statt objektiver Daten in der amtlichen Statistik handelt, sondern daß ein entsprechendes subjektives Erhebungsmerkmal als sinnvolle und notwendige Ergänzung einer ansonsten auf objektiven Merkmalen aufbauenden Gebäude- und Wohnungsbestandsaufnahme verstanden werden muß. Es handelt sich hierbei somit um eine Konkretisierung des Aufeinander-Angewiesenseins von amtlicher Statistik und Markt- und Meinungsforschung. Eine Verschiebung des grundsätzlichen Arbeitsgebiets ist weder beabsichtigt noch sinnvoll, oder wie es der Präsident des Statistischen Bundesamtes einmal genannt hat: "Sie (Amtliche Statistik und Markt- und Meinungsforschung; Anm.d.Verf.) leben in einer Art Ehe, die gelegentliche Seitensprünge nicht gänzlich ausschließt, aber das wirtschaftliche Wohlergehen im Zusammenhalt und in der gegenseitigen Unterstützung begründet" (Hölder 1986).

Statistische Ergebnisse für Markt- und Meinungsforschung

Aus der Vielzahl der möglichen Ergebnisse, die beim Statistischen Bundesamt in Berlin oder auch, sofern nur einzelne Landesergebnisse benötigt werden, beim Gemeinsamen Statistischen Amt der fünf neuen Bundesländer bzw. den neuen Statistischen Landesämtern abgerufen werden können, soll das Augenmerk auf einige wenige - für Markt- und Meinungsforschung möglicherweise besonders interessante - ausgewählte Statistiken gelenkt werden.

Aufgrund der Regelung im Rahmen des Einigungsvertrages konnte auch nach Vollzug der deutschen Einheit und dem Inkrafttreten der bundesdeutschen Statistikgesetze die Berufstätigenerhebung 1990 (BTE) gemäß den mit dem Statistischen Bundesamt abgestimmten Planungen des Statistischen Amtes der ehemaligen DDR durchgeführt werden. Es handelt sich um eine Befragung aller Unternehmen und Betriebe nach ihrem wirtschaftlichen Schwerpunkt, den tätigen Personen in weiterer Untergliederung z.B. nach Stellung im Beruf oder Teilzeitbeschäftigung sowie der Bruttolohn- und gehaltsumme. Besondere Bedeutung kommt den Ergebnissen der BTE von daher zu, weil bisher ein Gesamtbild der Beschäftigungssituation für das Gebiet der ehemaligen DDR nicht vorlag. In allen bisher bereits veröffentlichten Zahlen war ein größerer Teil der Beschäftigten (wie z.B aus Polizei, Armee, Zoll, Parteien und gesellschaftlichen Organisationen) nicht enthalten. Nach dem derzeitigen Auswertungsstand ist mit Ergebnissen in tiefer regionaler Gliederung ab Juni 1991 zu rechnen. Dies führt letztlich in einer Zeit rascher wirtschaftlicher Entwicklung nicht direkt zu einem aktuellen Überblick über die Beschäftigtensituation. Im Vergleich zur Beschäftigtenstatistik auf der Basis der Sozialversicherungspflicht dürften die Ergebnisse der BTE trotzdem ca. ein bis eineinhalb Jahre früher zur Verfügung stehen. Dies ermöglicht - auf einer etwas anderen Basis als in den alten Bundesländern - entsprechend früher eine Erwerbstätigenschätzung, die letztlich der umfassendste Indikator für die Schaffung neuer Arbeitsplätze ist.

Kurzfristig dienen darüber hinaus alle im Zuge der BTE aufgefundenen wirtschaftenden Einheiten zur Aktualisierung der Unternehmensregister. Mit ihrer Hilfe kann damit die Vollständigkeit der Berichtskreise kurzfristiger Erhebungen der verschiedenen Wirtschaftsbereiche überprüft und die Qualität der laufenden Statistiken im Jahr 1991 gegebenenfalls nochmals erhöht werden.

Ein wichtiger Schritt zur Beschreibung der Situation und der Entwicklung der Bevölkerung und des Arbeitsmarktes ist die für April 1991 vorgesehene Mikrozensusstichprobe. Da eine der Situation in den alten Bundesländern entsprechende Auswahlgrundlage 'Volkszählung' nicht zur Verfügung steht, sieht der Stichprobenplan eine 1 v.H.-Auswahl aus dem Bevölkerungsregister vor. Als Randbemerkung sei vermerkt, daß im Falle des Mikrozensus ein höherer Auswahlsatz als im alten Bundesgebiet nicht für erforderlich gehalten wurde. In anderen Stichproben wie beispielsweise der Handels- oder Handwerksstatistik, der Preis- oder Lohnstatistik sowie der Kostenstrukturstatistik oder der laufenden Wirtschaftsrechnungen wird aufgrund der unterschiedlichen statistischen Ausgangslage und des raschen wirtschaftlichen Strukturwandels zur Erreichung einer vergleichbaren Ergebnisqualität ein vorübergehend höherer Auswahlsatz vorausgesetzt.

Ein letzter kurzer Blick soll die in den Jahren 1991 und 1992 auf dem Gebiet der ehemaligen DDR vorgesehene sog. Statistik des Haushaltsbudgets streifen. Über das Standardprogramm der Bundesstatistik hinaus und damit zusätzlich für die fünf neuen Bundesländer soll diese Erhebung als Teil der laufenden Wirtschaftsrechnungen über den im Einigungsvertrag vorgesehenen Zeitraum hinaus fortgeführt werden. Dies dürfte Markt- und Meinungsforscher freuen, die den Haushaltsbudgeterhebungen als wichtiger Informationsquelle für sozialökonomisch und sozialdemografisch differenzierte Untersuchungen von Verbrauchsprozessen einen hohen Stellenwert für die Lösung von Marktforschungsaufgaben beimessen. Auch zur Berechnung des privaten Verbrauchs im Rahmen der Volkswirtschaftlichen Gesamtrechnungen ist diese Statistik über Einnahmen und Ausgaben, das Wohnverhältnis und die Ausstattung mit langlebigen Gebrauchsgütern für verschiedene Haushaltstypen derzeit unverzichtbar.

Amtliche Statistik und Markt- und Sozialforschung sind als Teile eines dualen Systems der Statistikversorgung aufeinander angewiesen und sollten sich auch im Hinblick auf den erweiterten Markt für statistische Daten für gemeinsame Interessen einsetzen. Die Sicherung der öffentlichen Akzeptanz auch der Ergebnisse für die fünf neuen Bundesländer sowie des Vertrauensverhältnisses des Auskunftgebenden zur Statistik, indem seine Angst vor Mißbrauch seiner Auskünfte abgebaut wird, sollte ein gemeinsamer Schwerpunkt der zukünftigen Arbeit - nicht nur - auf dem Gebiet der ehemaligen DDR sein.

Literatur

1. Beiträge aus Schriftenreihen:

Hölder, E. (1986), Die amtliche Statistik als Partner der Markt- und Sozialforschung auf dem Weg in die Zukunft, Vortrag gehalten auf der Jahrestagung des Berufsverbandes Deutscher Markt- und Sozialforscher, in: Breuel u.a., Marktforschung morgen - Sind wir für die Zukunft gerüstet?, Schriftenreihe des BVM 12.

2. Rechtsgrundlagen:

Beschluß des Ministerrates der DDR vom 8. März 1990 über die Aufgaben und Rechte des Statistischen Amtes der DDR im Erneuerungsprozeß.

1. Staatsvertrag:
Gesetz zu dem Vertrag vom 18. Mai 1990 über die Schaffung einer Währungs-, Wirtschafts- und Sozialunion zwischen der Bundesrepublik Deutschland und der Deutschen Demokratischen Republik (Bundesgesetzblatt Nr. 20 Teil II, ausgegeben zu Bonn am 29. Juni 1990).

2. Staatsvertrag:
Gesetz zu dem Vertrag vom 31. August 1990 zwischen der Bundesrepublik Deutschland und der Deutschen Demokratischen Republik über die Herstellung der Einheit Deutschlands - Einigungsvertragsgesetz - und der Vereinbarung vom 18. September 1990 (vom 23. September 1990) (Bundesgesetzblatt Nr. 35 Teil II, ausgegeben zu Bonn am 28. September 1990).

Die unveröffentlichte Meinung: Zur Sicherung von Umfragen aus der DDR für Sekundäranalysen

Ekkehard Mochmann

Die Entwicklung der Bundesrepublik ist in sozialwissenschaftlichen Berichten und Daten vergleichsweise gut dokumentiert. Obwohl eine systematische Datenarchivierung, basierend auf Erhebungen aus unterschiedlichen Quellen, erst 1960 begann, liegen doch Originaldatensammlungen bis zurück in die Jahre der unmittelbaren Nachkriegszeit (vgl. Zentralarchiv für empirische Sozialforschung 1991 (Hg.)) vor. Neben vielen Einzelstudien sind besonders hervorzuheben die Reihe der Wahlstudien zu den Bundestagswahlen seit 1953 oder aus jüngerer Zeit die nationalen Bevölkerungsumfragen aus dem ZA/ZUMA-ALLBUS-Programm. Wichtig zur Beschreibung der Frühzeit der Bundesrepublik sind auch darüber hinaus die OMGUS-Studien (US Office of Military Government for Germany: 1945-49), die HICOG-Studien (US High Commission for Germany: 1950-55) und die EMBASSY-Studien (1955-1962), die eine systematische Begleitung des Demokratisierungsprozesses im Nachkriegsdeutschland bieten. Aus diesen Studien resultierten etwa 500 Forschungsberichte (vgl. Fischer/Bauske 1984; Fischer 1985; Merritt/Merritt 1980). Der überwiegende Teil befaßte sich mit allgemeinen Einstellungen zu tagespolitischen Themen (40%), knapp 7% mit der Befragung von DDR-Bürgern, die als Besucher oder Flüchtlinge in die Bundesrepublik kamen.

1. Zur Datenlage der Sozialforschung in der DDR

Trotz vielfacher Versuche, Transparenz zu gewinnen, war der weitergehende Blick auf die Datenbasis des anderen Deutschlands bis zur Öffnung der Mauer verstellt.

Der erste systematische Überblick über empirische Forschung befindet sich im Sonderheft "Soziologie der DDR" (vgl. Ludz 1964: 378 f.). Weitere

Hinweise auf empirische Studien resultierten aus dem Erfahrungsaustausch im Rahmen internationaler Konferenzen.

Bald nach Anlaufen des ersten Informations- und Dokumentations (IuD)-Programmes der Bundesregierung gab es eine erste internationale Konferenz zur europäischen Zusammenarbeit im Bereich der sozialwissenschaftlichen Information und Dokumentation 1977 in Moskau. Damals berichteten *Frommknecht* und *Wirkner* über den Stand und Ausbau des Informations- und Dokumentationssystems der DDR (vgl. Frommknecht/Wirkner 1977: 178 ff.). In der ausführlichen Schilderung des Informationssystems findet sich keinerlei Hinweis auf Datendokumentation, lediglich in einer Andeutung wird als Zukunftsaufgabe der Abschluß von Vereinbarungen mit den Zentralorganen gefordert, um sicherzustellen, daß notwendige Quellenmaterialien für Zwecke von Information und Dokumentation in den Sozialwissenschaften aufbereitet werden (vgl. Frommknecht/Wirkner 1977: 184).

Diese Konferenz gab die erste Gelegenheit zu einem systematischen Informationsaustausch mit Kollegen der damaligen DDR. In der gleichen Konferenz konnten wir ausführlich die Aktivitäten in der Literatur-, Forschungsprojekt- und Datendokumentation im Bereich der Sozialwissenschaften der Bundesrepublik darstellen (vgl. Mochmann/Stegemann/Volk 1977: 138 ff.). Damals mußten wir feststellen, daß mit Ausnahme weniger Koordinierungsversuche des Wiener Zentrums in osteuropäischen Ländern bis zum Zeitpunkt der Konferenz im Juni 1977 ein Informationsaustausch über Daten nicht stattgefunden hatte. Zur Förderung international vergleichender Forschung schlugen wir als ersten Schritt den Austausch von Informationen über vorliegende und frei zugängliche Umfragen vor. Dazu sollte das vom Zentralarchiv in Kooperation mit dem holländischen und dänischen Datenarchiv entwickelte Studienbeschreibungsschema (vgl. Klingemann/Mochmann 1975: 178; Lachenicht 1968/69) benutzt werden. Als weitere Schritte waren Standardisierung von Klassifikationsschemata zur Erfassung des Inhalts von Fragen, die Standardisierung der Datendokumentation und Datenaustauschformate sowie die Kooperation im Bereich der Benutzerschulung in modernen Methoden der Sekundäranalyse vorgesehen (vgl. Mochmann/Stegemann/Volk 1977: 138).

Der Moskauer Sommer erlaubte einige sehr offene Gespräche in den Konferenzpausen. Schon damals wurde deutlich gesagt, daß das Informationswesen der DDR auf gesetzlicher Grundlage auch die Sammlung und Dokumentation von Daten vorsehe. Ein Datenaustausch wurde als nicht möglich bezeichnet. In nachfolgenden ECSSID-Konferenzen, insbesondere zu Beginn der 80er Jahre in Athen, war dann das Fehlen eines Kulturabkommens der verbleibende Hinderungsgrund für einen deutsch-deutschen Datenaustausch.

In dieser Zeit entstand in Budapest unter Leitung von Tamas Kolosi das erste auch für uns zugängliche sozialwissenschaftliche Datenarchiv (TARKI) für osteuropäische Länder (vgl. Merkl 1991 (Hg.)). Mit *Oskar Vogel* gab es beim Wiener Zentrum einen aufgeschlossenen Partner für die Idee, in Moskau ein Trainingsseminar über Fragen der komparativen Forschung abzuhalten. Dies geschah 1987 (vgl. Mochmann/de Guchteneire 1988: 73). Bei dieser Konferenz wurde das Moskauer Archiv (ALL UNION Datenbank für Sozialwissenschaften) von Andreyenkov vorgestellt und auf ein Inventar der Bestände mittels Passport der Studien verwiesen (vgl. European Consortium for Political Research/Norwegian Social Science Data Services 1987: 27 f.). Dieser Passport war weitestgehend identisch mit dem von uns verwendeten Studienschreibungsschema.

Zwei Jahre später organisierte die International Federation of Data Organizations for the Social Sciences (IFDO) dann bei TARKI ein Trainingsseminar in Techniken der sozialwissenschaftlichen Sekundäranalyse (vgl. Mochmann 1988: 140). Ziel war es, Kollegen aus den osteuropäischen Ländern Methoden und Techniken der Datenarchivierung zu vermitteln und in einer Situation, in der spezielle Kooperationsvereinbarungen aussichtslos schienen, auf informellem Wege wenigstens Teile einer später eventuell vergleichbaren Datenbasis zu konsolidieren. Tatsächlich konnten mehrere Teilnehmer aus Polen, Ungarn und der DDR an dieser Tagung teilnehmen. Bei dieser Gelegenheit haben wir auch Codepläne und Fragebögen wichtiger Untersuchungen aus der Bundesrepublik, wie z.B. die Dokumentation des ALLBUS und Arbeitsmaterial aus anderen westeuropäischen Ländern zur Verfügung gestellt. Wie sich heute zeigt, hatten diese Aktivitäten einen damals nicht absehbaren Erfolg. Moskau und Budapest lehnten sich nicht nur voll an die entwickelten Archivierungsstandards an, sondern arbeiteten auch sehr bald aktiv im International Social Survey Program (ISSP) mit (vgl. Uher/Müller 1988: 6 ff.). In der DDR wurde mit explizitem Bezug auf unsere Arbeiten zur Methodologie der Sekundäranalyse (vgl. Klingemann/Mochmann 1975: 178) schließlich auch der Nutzen der Sekundäranalyse in einem methodischen Beitrag von *Eckhard Priller* (vgl. Priller 1989: 70 ff.) propagiert, der im Anhang einer Forschungsdatendokumentation vom Zentrum für gesellschaftswissenschaftliche Information (ZGI) veröffentlicht wurde. Diese Dokumentation wurde von *Dagmar Kusior* und

Wolfgang Reymann herausgegeben und von *Beate Zilz* bearbeitet (vgl. Kusior/Reymann 1989; vgl. dazu auch den Beitrag von Kusior in diesem Band).

Diesem Katalog rechnergestützter Projekte in der Soziologie verdanken wir eine Übersicht über rund 80 Projekte mit zugehörigen Datensätzen. Sie stammen schwerpunktmäßig aus der Arbeit des Instituts für Soziologie und Sozialpolitik (ISS; vgl. dazu auch die Beiträge von Berger und Häder in diesem Band) und weisen darüber hinaus aber auch verschiedene Projekte nach, die an Universitätsinstituten entstanden sind. Darüber hinaus findet sich eine Übersicht über die Dokumentation soziologischer Forschung des Rundfunks der DDR. Darin ist auch der Hinweis auf verschiedene Panelstudien im Rahmen der Hörerforschung enthalten. Weiterhin sind die Studien der davon unabhängigen Zuschauerforschung des DDR-Fernsehens zu berücksichtigen. Unklar ist allerdings, in welchem Maße Datensätze aus der Hörer- und Zuschauerforschung in archivierungswürdigem Zustand erhalten sind.

Neben diesen Datenquellen ist natürlich ein wichtiger Schwerpunkt die langjährige Reihe von Studien des Leipziger Jugend-Instituts (ZIJ; vgl. dazu auch die Beiträge von Friedrich, Förster und von Six in diesem Band). Der bisherige Informationsaustausch ergibt folgendes Bild:

Einzelne Studien hatte es schon früher gegeben, als offiziell anerkanntes Verfahren wurde empirische Sozialforschung in der DDR aber erst ab 1964 möglich. Diese erste Phase empirischer Sozialforschung dauerte bis etwa 1982. Von 1982 bis 1990 wurde die Sozialforschung intensiviert und in verschiedenen sozialwissenschaftlichen Instituten, so z.B. im Institut für Soziologie und Sozialpolitik der Akademie der Wissenschaften, aber auch in dem Institut für Soziologie der Geisteswissenschaftlichen Akademie beim ZK institutionalisiert. Studienberichte und Tabellen aus der ersten Phase liegen noch vor. Die Sicherung der Daten selbst ist aber nur unter erschwerten Bedingungen möglich, da diese in aller Regel nicht archivmäßig aufbereitet wurden oder aber nach Abschluß der Forschungsberichte vernichtet wurden.

Wesentlich besser ist der Zugang zu Datenbeständen aus der zweiten Phase organisiert. In den bisherigen Akquisitionskontakten wurden dem Zentralarchiv Studiendokumentationen zur Verfügung gestellt, die sich zum Teil bereits an den international gebräuchlichen Standards der Studienbeschreibung orientieren. Ein Teil dieser Daten liegt bei verschiedenen Instituten als SPSS-Files aufbereitet vor.

Großes Interesse gilt auch der Sicherung der Datenbestände, die nach den Wahlen im Frühjahr 1990 erhoben wurden. Hier bestehen insbesondere Akquisitionskontakte zu USUMA - Unabhängiger Service für Umfragen, Methoden und Analysen (*Kapelle, Reymann, Schwarz*), ISDA - Institut für Sozialdatenanalyse (*Wittich et al.*), ZIJ - Zentralinstitut für Jugendforschung (*Friedrich*), ISS - Institut für Soziologie und Sozialpolitik (*Häder, Kusior, Riedel*) und verschiedenen westdeutschen Auftraggebern und Erhebungsinstituten, die Studien in den neuen Bundesländern durchgeführt haben. Darunter sind auch zu nennen das Sozio-ökonomische Panel (SOEP) und die Abteilung 'Mikrodaten' bei ZUMA, die sich um die Akquisition amtlicher Daten aus der DDR-Statistik (vgl. dazu auch den Beitrag von Janke in diesem Band) bemüht hat.

In dieser dritten Phase der DDR-Sozialforschung nach dem März 1990 werden Datensammlungen unter Einbeziehung von Wissen und Methodenstandards westlicher Forschungsinstitute möglich. Diese gewinnen zunehmend an Einfluß und schaffen sich nach Öffnung der Grenzen z.T. durch Übernahme bestehender Interviewerstäbe, z.T. durch Rekrutierung neuer Interviewer sehr schnell eigene Feldorganisationen. Von daher kann die Datenlage für die Stunde Null des vereinten Deutschland als gut bezeichnet werden.

2. Sicherung und analysefähige Aufbereitung der Daten

Vorrangiges Ziel der Arbeiten ist die Sicherung und Zusammenführung der Bestände im Zentralarchiv. Insbesondere die Empirisch-methodische Arbeitsgruppe des Instituts für Soziologie und Sozialpolitik (EMMAG) der Akademie der Wissenschaften hat ihre Mithilfe bei der Identifizierung, Akquisition und Aufbereitung der Untersuchungen aus der Zeit der DDR angeboten. Der Wissenschaftsrat hat in seiner Stellungnahme zu den außeruniversitären Forschungseinrichtungen in den neuen Ländern und Berlin - Sektion Wirtschafts- und Sozialwissenschaften - den Transfer der Daten aus dem ISS an das Zentralarchiv empfohlen (vgl. Wissenschaftsrat 1991: 62).

Nach Abschätzung des Mengengerüstes sollen Projektanträge zur Sicherung der Datenbestände gestellt werden. In einem Folgeprojekt sollten aus-

gewählte Studien analysegerecht aufbereitet und dokumentiert werden. Ziel der Arbeiten ist die Erstellung von zwei Datenbanken:
- Datenbank zur Sozialgeschichte der DDR;
- Sozialer Wandel in den neuen Bundesländern nach der Wahl im März 1990.

Die Akquisition der Daten und die Aufbereitung für die Archivierung wird z. T. über Projektkooperationen z.B. mit dem Deutschen Jugendinstitut in München (DJI) und Leipzig (früher ZIJ) (vgl. dazu auch den Beitrag von Six in diesem Band), sowie der Methodischen Arbeitsgruppe des Instituts für Soziologie und Sozialpolitik, Berlin geleistet. Es wird geschätzt, daß etwa 400 bis 500 Studien aus früheren DDR-Projekten gesichert werden können, von denen sich etwa ein Drittel für die Aufnahme in die geplanten Datenbanken eignet.

3. Sicherung des Interpretationswissens und Indikatorenforschung

Diese Datenbestände weisen gegenüber den bisherigen Beständen des Zentralarchivs vielfältige Besonderheiten auf: Zu nennen sind hier besondere Kontrollen und Auflagen vom Studiendesign bis hin zur Fragengestaltung, Probleme der Antwortbereitschaft und des Antwortverhaltens unter Bedingungen der SED-Herrschaft. Darüber hinaus wissen wir aus der Semiotik, daß bestimmte sprachliche Codes zur Herrschaftsstabilisierung eingesetzt werden, sich die Bedeutung dieser Codes aber wandeln oder gar umkehren kann, wenn man die Umstände ändert, unter denen sie empfangen werden (Eco 1968: 440). Der Kampf um den Erhalt und der schließliche Zusammenbruch des SED-Regimes hat zu Formulierungen gezwungen, die wohl Involvierten, nicht aber Externen in ihrem eigentlichen Aussagewert einsichtig sind. Das hierfür erforderliche Interpretationswissen ist bei verschiedenen noch bestehenden, aber von Auflösung bedrohten Forschergruppen erhalten. Es gilt auch, dieses Interpretationswissen zu dokumentieren bzw. personell in die Beratung für Sekundäranalysen einzubringen. Nur so lassen sich die notwendigen Voraussetzungen für eine korrekte Interpretation der Daten auch unter neuen Fragestellungen schaffen.

Darüber hinaus ist durch Indikatorenprüfung und -bewertung auf dem Hintergrund dieses Wissens zu analysieren, ob ausgewählte Variablen oder

Variablenbündel als Indikator für bestimmte Sachverhalte geeignet sind und ob die vorliegenden Daten durch abgeleitete Variablen sinnvoll zu ergänzen sind.

4. Erschließung weiterer Forschungsoptionen durch die sozialwissenschaftliche Infrastruktur

Ich hatte eingangs bereits auf die Bedeutung der OMGUS-, HICOG- und EMBASSY-Studien für die Dokumentation des sozialen Verhaltens in der Frühphase der Bundesrepublik verwiesen. Für viele der dort dokumentierten Befunde sind die Daten heute nicht mehr verfügbar. Wie berichtet wird, sind die Lochkarten Opfer der Hochwasserfluten des Rheins geworden. In mancher Hinsicht zeigt sich auch hier eine Parallele zur Situation in der DDR. Das Informationszentrum Sozialwissenschaften ist dabei, eine Vielzahl von Berichten, die in den Panzerschränken schlummerten, nachzuweisen und zu erschließen. Auch hier ist zu erwarten, daß für die überwiegende Zahl der Berichte die empirischen Daten nicht mehr beschafft werden können.

Dies belegt, daß die Diskussion über organisatorische Fragen, wie sie vor 40 Jahren in Weinheim geführt wurde, zwar weitsichtig war, aber nicht die notwendigen institutionellen Voraussetzungen, um die damals angestellten Überlegungen effizient umzusetzen, bedacht hat. Die Diskussion entwickelte sich am § 2, Abs. 3 der Satzung der Arbeitsgemeinschaft Sozialwissenschaftlicher Institute (ASI): "im besonderen sollen die Mitglieder sich untereinander über ihre laufende Tätigkeit und deren Ergebnisse, soweit sie nicht veröffentlicht werden, unterrichten. Auch sollen sich die Mitglieder durch Auskunft und Bereitstellung von Material unterstützen". In diesem Zusammenhang forderte *Bornemann* wenigstens einmal eine Zusammenstellung, "... in welcher Richtung überhaupt Erhebungen angestellt worden seien, die das empirische Wissen der Sozialforschung bereichert hätten, und wo man das Material darüber bekommen könne" (Institut zur Förderung öffentlicher Angelegenheiten e.V. 1952 (Hg.): 231).

Heute verfügt die Bundesrepublik Deutschland mit der Gesellschaft Sozialwissenschaftlicher Infrastruktureinrichtungen e. V. (GESIS) und ihren Instituten (Informationszentrum Sozialwissenschaften (IZ), Bonn; Zentralarchiv für empirische Sozialforschung (ZA), Köln; Zentrum für Umfragen,

Methoden und Analysen (ZUMA), Mannheim) über eine umfassende Infrastruktur, die einen solchen Informations-, Erfahrungs- und Datenaustausch effizient unterstützt (vgl. Mochmann/Scheuch 1987 (Hg.); Scheuch 1990: 93 ff.). Dieses Dienstleistungsangebot wird ergänzt um Ausbildungsveranstaltungen und die Vermittlung von deutschen Wissenschaftlern zu den Ausbildungsprogrammen in England (ECPR, University of Essex) und Amerika (ICPSR, University of Michigan).

Bei der bereits zitierten Tagung über vergleichende Sozialforschung in Moskau konnten wir im April 1987 auf die Bedeutung einer kontinuierlichen Begleitung der Erforschung des Wandlungsprozesses hinweisen, um die Frage beantworten zu können, was über die Medienberichterstattung hinaus sich durch Perestroika und Glasnost tatsächlich in der Orientierung der Bevölkerung geändert hat und in welchem Maße neue politische Konzepte von Subgruppen der Bevölkerung akzeptiert worden sind (vgl. Mochmann/de Guchteneire 1988: 73).

Ein ähnlicher Gedanke findet sich in dem Band der Weinheimer Tagung: "In diesem Zusammenhang ein Blick in die jüngste Vergangenheit. Als das Ende des Hitler-Regimes absehbar wurde, gab es in allen Kreisen, die darüber nachdachten, was nachher kommen solle, eine große Ungewißheit: Niemand konnte halbwegs verbürgte Aussagen darüber machen, wie es eigentlich um die politische Mentalität der Deutschen bestellt sei. Durch Nebelwände von Heuchelei und Propaganda hindurch ließ es sich nicht mehr abschätzen, ob das System die Menschen wirklich verändert habe, ob, wie es die Phrase behauptete, die Jugend geschlossen hinter ihm stehe, oder - ob niemandes Seele auch nur geritzt worden sei" (Neumann 1952: 45). Natürlich können wir heute nicht oder noch nicht abschließend beantworten, ob und welche Änderungen die Systeme in der politischen Mentalität der Deutschen tatsächlich verursacht haben. Folgendes Schlaglicht aus dem ALLBUS 90 (Bundesrepublik, Frühjahr 1990) und dem ISSP (DDR, Dezember 1990) (vgl. ALLBUS 1990; ISSP PLUS 1990) gibt hier Anlaß, nachzudenken, ob in bezug auf die politische Mentalität der Deutschen tatsächlich niemandes Seele auch nur geritzt worden sei. Im Hinblick auf den kurz bevorstehenden Höhepunkt des Abends, erlaube ich mir die Interpretation: Nichts hat sich wirklich verändert, des Michels Zipfelmütze ist nur leicht verrutscht - oder doch? Die Daten und die Zukunft werden es zeigen.

Links-Rechts-Selbsteinstufung
Berechnungen nach:
ALLBUS 1990 und ISSP+ 1990

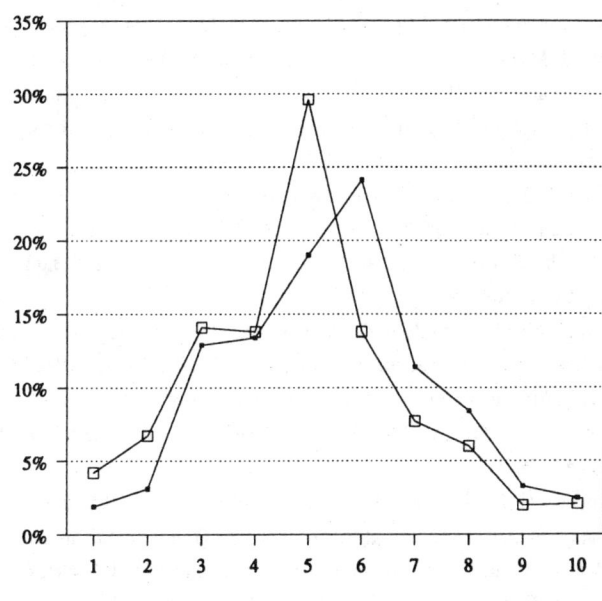

	1	2	3	4	5	6	7	8	9	10
ISSP+ 1990	4,2%	6,7%	14,1%	13,8%	29,6%	13,8%	7,7%	6%	2%	2,1%
ALLBUS 1990	1,9%	3,1%	12,9%	13,4%	19%	24,1%	11,4%	8,4%	3,3%	2,5%

—▫— ISSP+ 1990   —•— ALLBUS 1990

ISSP+ = Neue Bundesländer
ALLBUS = Alte Bundesländer
1 = links   10 = rechts

Literatur

ALLBUS (1990), Wissenschaftlicher Beirat: Klaus Allerbeck, Karl Ulrich Mayer, Walter Müller, Karl Dieter Opp, Franz Urban Pappi, Erwin K. Scheuch, Rolf Ziegler. Der ALLBUS (Allgemeine Bevölkerungsumfrage der Sozialwissenschaften) ist ein gemeinsames Projekt der GESIS-Institute: Zentralarchiv für empirische Sozialforschung (ZA) an der Universität zu Köln und Zentrum für Umfragen, Methoden und Analysen e.V. (ZUMA), Mannheim. Die Daten wurden von INFAS, Bonn, in der Zeit von März bis Mai 1990 auf dem Gebiet der "alten" Bundesrepublik Deutschland erhoben. Die Daten und das Codebuch sind im ZA archiviert (ZA Nr. 1800) und können von dort zu Zwekken der Sekundäranalyse angefordert werden.

Eco, U. (1968), La Struttura Assente, Milano.

European Consortium for Political Research/Norwegian Social Science Data Services (1987), The Soviet Union: The All-Union Sociological Data Bank AUSDB, European Political Data Newsletter 65: 29 f.

Fischer, H.H. (1985), Trends in German Public Opinion. Längsschnittstudien unter amerikanischer Leitung im Nachkriegsdeutschland, ZA-Information 16: 74 ff.

Fischer, H.H./F. Bauske (1984), Die Anfänge der empirischen Sozialforschung in Deutschland nach dem Kriege. "Die OMGUS-, HICOG- und EMBASSY-Studien", ZA-Information 14: 28 ff.

Frommknecht, H./E. Wirkner (1977), The Development Level of the System of Information and Documentation on Social Sciences in the GDR, in: European Coordination Centre for Research and Documentation in Social Sciences/ISSC/UNESCO, Papers of the International Conference on Information and Documentation in Social Sciences, Moscow: 178 ff.

Frommknecht, H./E. Wirkner (1977), The Development Level of the System of Information and Documentation on Social Sciences in the GDR, Aufgabe 12, in: European Coordination Centre for Research and Documentation in Social Sciences/ISSC/UNESCO, Papers of the International Conference on Information and Documentation in Social Sciences, Moscow: 184.

Institut zur Förderung öffentlicher Angelegenheiten e.V. (1952) (Hg.), Empirische Sozialforschung. Meinungs- und Marktforschung, Methoden und Probleme, Frankfurt am Main.

ISSP PLUS (1990), Projektleitung: Zentrum für Umfragen, Methoden und Analysen e.V. (ZUMA), Mannheim und Empirisch-methodische Arbeitsgruppe des Instituts für Soziologie und Sozialpolitik (EMMAG), Berlin. Die Daten wurden von EMMAG in der Zeit vom 03. bis 22. Dezember 1990 auf dem Gebiet der fünf neuen Bundesländer erhoben. Die Daten und das Codebuch sind im Zentralarchiv für empirische Sozialforschung

(ZA) an der Universität zu Köln archiviert (ZA Nr. 2003) und können von dort zu Zwecken der Sekundäranalyse angefordert werden.

Klingemann, H.-D./E. Mochmann (1975), Sekundäranalyse, in: J. v. Koolwijk/M. Wieken-Mayser (Hg.), Techniken der empirischen Sozialforschung, Bd. 2, München/Wien: 178 ff.

Kusior, D./W. Reymann (1989) (Hg.), Mathematik und EDV in den Gesellschaftswissenschaften. Katalog empirischer, rechnergestützter Projekte in der Soziologie, Materialien zum 5. Soziologiekongreß der DDR, Berlin.

Lachenicht, S. (1968/69), Das Schema zur Beschreibung von Umfragen: Ein Instrument für Archive und Umfrageforschung (Diplomarbeit), Köln.

Ludz, P.Chr. (1964), Soziologie und empirische Sozialforschung in der DDR, in: Ders. (Hg.), Studien und Materialien zur Soziologie der DDR, Kölner Zeitschrift für Soziologie und Sozialpsychologie, Sonderheft 8, Köln: 327 ff.

Merkl, I. (1991) (Hg.), SRIC Data Archive Catalogue & Information, Budapest.

Merritt, A.J./R.L. Merritt (1980) (Hg.), Public Opinion in Semisovereign Germany. The HICOG Surveys, 1949-1955, Urbana.

Mochmann, E. (1988), Bericht über das IFDO-Seminar "Organisation und Techniken des sozialwissenschaftlichen Datenservice" in Budapest vom 21. bis 23. April 1988, ZA-Information 22: 140 ff.

Mochmann E./H. Stegemann/O.K. Volk (1977), Documentation and Information in the Social Sciences in the Federal Republic of Germany, in: European Coordination Centre for Research and Documentation in Social Sciences/ISSC/UNESCO, Papers of the International Conference on Information and Documentation in Social Sciences, Moscow: 138 ff.

Mochmann, E./E.K. Scheuch (1987) (Hg.), Infrastruktur für die Sozialforschung, Köln.

Mochmann, E./P. de Guchteneire (1988), Data Services for the Social Sciences, in: L. Kiuzadjan/K. Thesen Saelen/G. Soloviev (Hg.), Information Needs, Problems and Possibilities. European Coordination Centre for Research and Documentation in Social Sciences, Vienna: 73 ff.

Neumann, E.P. (1952), Politische und soziale Meinungsforschung in Deutschland, in: Institut zur Förderung öffentlicher Angelegenheiten e.V. (Hg.), Empirische Sozialforschung, Meinungs- und Marktforschung. Methoden und Probleme, Frankfurt am Main: 45 ff.

Priller, E. (1989), Ein Katalog empirisch-soziologischer Untersuchungen - ein Schritt zur Förderung von Sekundäranalysen, in: D. Kusior/W. Reymann (Hg.), Mathematik und EDV in den Gesellschaftswissenschaften. Katalog empirischer, rechnergestützter Projekte in der Soziologie, Materialien zum 5. Soziologiekongreß der DDR, Berlin: 70 ff.

Scheuch, E. K. (1990), From a data archive to an infrastructure for the social sciences, International Social Science Journal 1: 93 ff.

Uher, R./I. Müller (1988), The Zentralarchiv serves as the "ISSP Archive", ZA-Information 23: 6 ff.

Wissenschaftsrat (1991), Drs. 93/91: Stellungnahme zu den außeruniversitären Forschungseinrichtungen in den neuen Ländern und in Berlin - Sektion Wirtschafts-und Sozialwissenschaften -, Mainz.

Zentralarchiv für empirische Sozialforschung (1991) (Hg.), Daten der empirischen Sozialforschung. Datenbestandskatalog des Zentralarchivs mit Beschreibungen von Daten der empirischen Sozialforschung von 1945 bis 1990 und Daten der historischen Sozialforschung, Frankfurt/New York.

Erfahrungen bei der Dokumentation und Archivierung sozialwissenschaftlicher Datensätze aus der ehemaligen DDR

Dagmar Kusior

Anschließend an die Ausführungen von *Ekkehard Mochmann* zur Datenarchivierung wendet sich dieser Beitrag vor allem den praktischen Aspekten der Datenakquisition in sozialwissenschaftlichen Instituten der ehemaligen DDR zu und beschreibt die Erfahrungen, die 'vor Ort' beim Versuch, solche Datensätze für das Zentralarchiv für empirische Sozialforschung in Köln aufzufinden, gemacht wurden.

Nur zu verständlich ist die oft und auch in diesem Band geäußerte Forderung der Sozialwissenschaftler in Deutschlands alten und neuen Bundesländern, jetzt endlich, 18 Monate nach Öffnung der Grenzen, in empirischem Datenmaterial aus der ehemaligen DDR recherchieren zu können. Damit würde sich für die Sozialwissenschaftler aus den alten Ländern die Chance bieten, ihre Kollegen aus der ehemaligen DDR anhand ihrer Arbeitsergebnisse kennenzulernen. Diese wiederum hätten somit die Gelegenheit, im Westteil Deutschlands bekannt zu werden. Auch die in der Zeit seit dem Herbst 1989 erhobenen Daten sind bisher noch nicht zentral erfaßt und dokumentiert. Umfassende und detaillierte Informationen über die Ergebnisse empirischer Forschungen dürften bis jetzt kaum verbreitet sein. Schließlich stellt die Öffentlichkeit eine wesentliche Kontroll- und Anerkennungsinstanz für die sozialwissenschaftlichen Untersuchungen dar, die bisher in der DDR aufgrund der strengen Geheimhaltungsregeln völlig fehlte. An diesen Aspekt, der die Offenlegung des eigenen methodischen Vorgehens gegenüber der wissenschaftlichen Öffentlichkeit bedeutet, gilt es immer wieder zu erinnern.

Ein erster Versuch, einer breiteren Öffentlichkeit einen umfassenden Überblick über empirisch soziologische Arbeiten der DDR zu geben, wurde im Februar 1990 auf dem 5. Soziologiekongreß in Form einer kleinen Broschüre vorgestellt (vgl. Kusior/Reymann 1989 (Hg.)). Diese Dokumentation enthält Studienbeschreibungen von 80 Erhebungen und wollte auf diese

Weise das Forschungsprofil der in der DDR auf dem Gebiet der Soziologie arbeitenden Institutionen charakterisieren. Sie erhebt jedoch keinerlei Anspruch auf Vollständigkeit, weder was die Themenauswahl, noch was die letztendlich einbezogenen Forschungsinstitute anbelangt. Aufgenommen wurden vor allem die Studienbeschreibungen der aus unserer Sicht wichtigsten und aktuellsten Erhebungen. Dazu wurden 23 Institute postalisch um ihre Unterstützung gebeten.

Die Gründe, die unter anderem zur Nichtbeantwortung unseres Anschreibens geführt haben, waren sicher unterschiedlich. Eine häufige Ursache liegt in der gesellschaftlichen Situation zum Zeitpunkt unserer Erhebung, es war September/Oktober 1989. Die sich verschärfende Krise in der Gesellschaft brachte eine noch größere Unsicherheit im Umgang mit empirischem Datenmaterial mit sich, als zuvor ohnehin schon vorhanden war. Monate zu spät für diese Publikation trafen, jetzt schon nach der 'Wende', noch Studienbeschreibungen ein. Dabei handelte es sich offenbar um solche, deren Urheber zuvor zu besonders strenger Geheimhaltung verpflichtet waren.

Von einer Reihe von Instituten gab es leider überhaupt keine Reaktionen auf unsere Bitte um Unterstützung; von den größeren Instituten zählten beispielsweise das Zentralinstitut für Jugendforschung/Leipzig (vgl. dazu die Beiträge von Friedrich und Förster in diesem Band) und das Institut für marxistisch-leninistische Soziologie an der Humboldt-Universität zu Berlin dazu.

Eine weitere Informationsmöglichkeit über empirische sozialwissenschaftliche Forschungsarbeiten besteht am Institut für Soziologie und Sozialpolitik/Berlin-Mitte der ehemaligen Akademie der Wissenschaften der DDR (vgl. dazu auch die Beiträge von Berger und Häder in diesem Band). Dort befindet sich eine seit etwa acht Jahren geführte Sammlung von ca. 200 Erhebungsinstrumenten (zumeist Fragebögen) nebst methodischen Informationen nahezu aller sozialwissenschaftlichen Forschungseinrichtungen der ehemaligen DDR. Da auch zahlreiche ältere Untersuchungen in dieser Sammlung enthalten sind, stellt dieser Speicher zugleich auch eine gute Quelle für die Betrachtung der nun abgeschlossenen Geschichte der DDR-Soziologie dar.

Aufbauend auf dieses bisher zusammengetragene Wissen wurde vor einigen Monaten in Zusammenarbeit mit dem Zentralarchiv für empirische Sozialforschung der Universität zu Köln mit einer systematischen Bestandsaufnahme der in den Forschungseinrichtungen vorhandenen Daten begonnen. Das bedeutet vorerst das Auffinden und die physische Sicherung aller zugänglichen Datenbestände. Diese Arbeiten stellen uns vor eine Reihe größerer Probleme, die im folgenden näher aufgezeigt werden sollen.

1. Sämtliche sozialwissenschaftliche Forschungseinrichtungen in den neuen Bundesländern sind bereits entweder aufgelöst oder stehen kurz davor; aus einem Teil der Institute sind neue Forschungsgruppen mit neuer Rechtsträgerschaft hervorgegangen. Das bringt mit sich, daß kompetente, über das jeweilige Projekt auskunftsfähige Wissenschaftler z.T. nicht mehr auffindbar sind.
2. Datenmaterial ist oft nur ungeordnet und auf verschiedensten Datenträgern (neben Disketten und Bändern auch Lochkarten und Lochstreifen!) auffindbar. Die Sichtung der Forschungsergebnisse erfordert einen immensen Zeit- und Arbeitsaufwand.
3. Die Eigentumsfragen sind offenbar weder bei der sogenannten Abwicklung, noch bei den zahlreichen Neugründungen von Einrichtungen geklärt worden. Die Bereitschaft zur Abgabe der Daten zwecks Aufnahme in die Bestände des Zentralarchivs Köln ist dadurch vorerst nicht immer zu erlangen. Dies ist in besonderem Maße verständlich, wenn aus einem aufgelösten Institut mehrere neue entstanden sind.
4. Die Rechenzentren, in denen ein Großteil der empirischen Daten gespeichert und gelagert wurde, sind oder werden ebenfalls aufgelöst, erhalten neue Eigentumsformen oder erneuern die Rechentechnik. So ist es vorgekommen, daß wenn Kunden im Verlauf dieser Veränderungen nicht mehr ausfindig gemacht werden konnten (neue Anschrift oder Telefonnummer usw.), dann die Dateien oft ohne Vorankündigung gelöscht wurden. Ein bis in die jüngste Vergangenheit reichender permanenter Mangel an Disketten und Magnetbändern hat zur turnusmäßigen Löschung vieler Studien beigetragen. Welchen Inhalts die aus den verschiedensten Gründen verschwundenen Dateien waren und welchen Umfang diese Vernichtungen angenommen haben, wird oft nicht mehr exakt aufzudecken sein. Wir konnten nicht verhindern, daß selbst in den letzten Wochen noch Material in Müllcontainern für immer verschwunden ist; wir haben selbst dort unsere Recherchen schon mit Erfolg fortgesetzt. Auch wird es nicht in jedem Fall gelingen, die Bereitschaft zur Weitergabe der Daten an das Zentralarchiv Köln zu erwirken. Die Daten sind im Verständnis einiger Wissenschaftler das Einzige, was ihnen nach Jahren der Arbeit bleibt und was sie vorerst ausschließlich einer eigenen Aufarbeitung unterziehen wollen.

5. Mitunter mangelte es an methodischer Sorgfalt, wenn es um die Fixierung der notwendigen Metainformationen über eine empirische Erhebung ging. Nach ersten Eindrücken ist dies jedoch kein DDR-spezifisches Problem.

Trotz der aufgezeigten Schwierigkeiten wurde uns von den ersten Ansprechpartnern große Aufgeschlossenheit gegenüber unserem Vorhaben entgegengebracht. Dies auch vor allem, weil mit einer Datenweitergabe an das Zentralarchiv für die Sozialwissenschaftler in den neuen Bundesländern die Möglichkeit besteht, eigene empirische Forschungsergebnisse umfassend einer breiten Öffentlichkeit zugänglich zu machen, nachdem dies bis zum Herbst 1989 aufgrund dubioser Geheimhaltungsregeln z.T. nicht einmal unter ebenfalls zur Geheimhaltung verpflichteten Kollegen des eigenen Instituts gestattet war.

Erste Ergebnisse unserer Akquisitionsbemühungen liegen inzwischen vor und werden schrittweise in die Bestände des Zentralarchivs integriert. Damit werden sich die Bestände des Zentralarchivs in Kürze um durchaus interessante, unwiederbringliche Dokumente des Denkens der Menschen, die im östlichen Teil Deutschlands gelebt haben, erweitern. Das Zahlenmaterial wird durch die aus den Erhebungen hervorgegangenen Publikationen, Forschungsberichte usw. ergänzt. Eine umfassende methodenkritische Aufarbeitung der Untersuchungen sowie die Beurteilung der politischen und ökonomischen Bedingungen zur Zeit der Datenerhebungen soll vorgenommen werden.

Literatur

Kusior, D./W. Reymann (1989) (Hg.), Mathematik und EDV in den Gesellschaftswissenschaften. Katalog empirischer, rechnergestützter Projekte in der Soziologie, Materialien zum 5. Soziologenkongreß der DDR, Berlin.

Datenbestände im Allensbacher Archiv

Elisabeth Noelle-Neumann

Der folgende Beitrag soll den Bericht von *Ekkehard Mochmann* vom Zentralarchiv für empirische Sozialforschung über Datenarchivierung ergänzen.

Über die Besatzungszeit 1947 bis 1949 und die Frühzeit der Bundesrepublik liegen systematische Datensammlungen vor, die sich auf 161 Allensbacher Repräsentativumfragen aus der Zeit zwischen 1947 und 1953 (zweite Bundestagswahl) stützen. Sie sind im Allensbacher Archiv unmittelbar zugänglich erfaßt, mit Fragebogen und Anlagen, Code-Plänen, Datenträgern, 120 Kurzberichten für die Bundesregierung, 82 Presseberichten und 80 ausführlichen Berichten.

Besonders wichtige Studien aus der Frühzeit sind die Jugendumfragen von 1947/48, drei Umfragen im Auftrag von *Ludwig Erhard*: "Währungsreform" (im Rahmen der damaligen Drei-Zonen-Wirtschaftsförderung), unmittelbar nach der Währungsreform eine Umfrage über Einstellungen zum Dritten Reich (1949), über Antisemitismus (1949), über "Die deutsche Situation im Anschluß an die erste Bundestagswahl 1949"; "Goethe" (1949) und die *Erich Reigrotzki*-Umfrage von 1953: "Soziale Verflechtungen in der Bundesrepublik".

Vier Buchveröffentlichungen über diese Zeit liegen vor:

* Erich Peter Neumann, Elisabeth Noelle: Antworten. Politik im Kraftfeld der öffentlichen Meinung, Allensbach 1954;
* Erich Peter Neumann, Elisabeth Noelle: Umfragen über Adenauer. Ein Porträt in Zahlen. Allensbach/Bonn 1961;
* Erich Reigrotzki: Soziale Verflechtungen in der Bundesrepublik. Elemente der sozialen Teilnahme in Kirche, Politik, Organisation und Freizeit, Tübingen 1955 (Institut für Sozialwissenschaften, Köln, UNESCO, Schriftenreihe Band 2);
* und das erste der inzwischen acht Bände umfassenden Allensbacher Jahrbücher der Demoskopie: Jahrbuch der öffentlichen Meinung 1947-

1955, hrsg. von Elisabeth Noelle und Erich Peter Neumann, Allensbach/Bonn 1955.
Dieses thematisch in fünf Kapitel gegliederte Jahrbuch dient auch mit seinen ca. 1200 Stichworten als Index, um zu den vorliegenden Daten aus bestimmten Bereichen hinzuführen. Die Originalformulierungen von Fragen und Antworten sowie Gesamtergebnisse nebst Trends und oft Vergleiche nach Bevölkerungsgruppen sind vom ersten Jahrbuch an erfaßt.

Da das Tagungsthema lautet: "Bestandsaufnahme und Perspektiven der Einstellungs-, Markt- und Meinungsforschung in einem vereinten Deutschland", soll im folgenden der Datenbestand im Allensbacher Archiv für die ehemalige DDR beziehungsweise die neuen deutschen Bundesländer beschrieben werden.

Mit einer von hauptberuflichen Mitarbeitern des Allensbacher Instituts in der zweiten Hälfte Februar und der ersten Hälfte März aufgebauten Organisation von ca. 500 Interviewern wurden von Ende Februar bis Mitte März vor der Volkskammerwahl vom 18. März 1990 drei Umfragen mit zusammen rund 2500 Interviews vorgenommen. Neben einer Darstellung in einem Textband sind die Ergebnisse aller damals gestellten Fragen zugänglich in Computerbänden, die nach 50 Untergruppen gegliedert sind. Ein ausführliches Inhaltsverzeichnis dieser Bände steht auf Anforderung zur Verfügung.

Zwischen April 1990 und September 1991 wurden in der ehemaligen DDR, dann in den neuen Bundesländern 32 Umfragen mit ca. 43.000 Interviews durchgeführt, viele davon unmittelbar vergleichbar mit Umfragen in der alten Bundesrepublik.

Die wichtigsten dieser Umfragen sind:

* Elf vergleichbare Umfragen vor der Bundestagswahl vom 02. Dezember 1990 mit je 1000 Interviews in West- und Ostdeutschland.
* Das nächste ist eine Panelbefragung zu Wahlverhalten und politischen Einstellungen - in der alten Bundesrepublik seit 1969 und, mit zwei Panelwellen 1990 durchgeführt, vergleichbar in den neuen Bundesländern Dezember 1990.
* Eine internationale Umfrage zum Wertesystem, die das erste Mal in der Bundesrepublik 1981, das zweite Mal 1990 durchgeführt wurde und vergleichbar in den neuen Bundesländern Dezember 1990/Januar 1991.

* Eine Umfrage zum Deutschenbild der Deutschen, zuerst in der Bundesrepublik durchgeführt im Januar 1989, wiederholt im Januar 1990, in den neuen Bundesländern November/Dezember 1990/Januar 1991.
* Eine Umfrage über die Verflechtung von sechs Lebensbereichen - Familie und Nachbarschaft, Arbeit und Freizeit, Religion und Politik - zuerst in der alten Bundesrepublik durchgeführt 1953 und 1979, im vereinten Deutschland September 1991.
* Eine Markt- und Media-Analyse, in der alten Bundesrepublik jährlich seit 1959, in der ehemaligen DDR vergleichbar zuerst im Juli/August 1990, Basis bis Juli 1991 für West- und Ostdeutschland insgesamt 20.000 Interviews.

Auf dieser Datengrundlage werden vergleichende sekundärstatistische Analysen durchgeführt, zum Beispiel für den "1. Alten-Bericht der Bundesregierung" ein Bericht: 'Alte Menschen in Ost- und Westdeutschland' vom Juli 1991.

Schließlich soll noch ein kurzer Überblick über die Gliederung des Allensbacher Archivs gegeben werden, um auch den Zugang dazu zu erleichtern. Monatlich werden etwa 150 von Außenstehenden eingehende Anfragen bearbeitet.

Die wichtigsten Abteilungen sind:

1. Eine Sichtkartei, in der rund 180.000 Fragen thematisch geordnet sind mit Angabe des Wortlautes der Fragen, der Antwortkategorien, Zeitpunkt der Befragung(en), Umfragenummern;
2. Fragebogenarchiv mit Originalfragebogen und Anlagen;
3. Code-Pläne mit eingetragenen Ergebnissen;
4. Ein etwa 4000 Bände umfassendes Berichtsarchiv, gegliedert nach Sachgebieten und zusätzlich eine chronologische Übersicht;
5. Sammlung der 1300 Berichte für das Bundespresseamt der Bundesregierung und Sammlung der 900 Presseberichte und 66 Dokumentationen wichtiger veröffentlichter Artikel in Tageszeitungen und Zeitschriften;
6. Sammlung der ca. 1500 Aufsätze, Artikel und Bücher, die in Fachzeitschriften oder wissenschaftlichen Publikationen von Mitarbeitern des Instituts veröffentlicht wurden;
7. Fragebogenexperimente (split-ballot), rund 1200 Fragebogenexperimente gegliedert in 56 Sachgruppen;

8. Eine auf empirische Sozialforschung, Demoskopie spezialisierte Fachbibliothek mit ca. 7000 Bänden.

Eine Bibliographie mit allen Titeln der erwähnten Veröffentlichungen:

* Die Jugendbefragungen 1947/48. Allensbach: Institut für Demoskopie, Oktober 1948 (Allensbacher Archiv, IfD-Bericht Nr. 7).
* Währungsreform I. Sonderumfrage: 26.-30. Juni 1948. Allensbach: Institut für Demoskopie, Juni 1948 (Allensbacher Archiv, IfD-Bericht Nr. 2).
* Währungsreform II. Sonderumfrage: 17.-22. Juli 1948. Allensbach: Institut für Demoskopie, Juli 1948 (Allensbacher Archiv, IfD-Bericht Nr. 3).
* Das Dritte Reich. Eine Studie über Nachwirkungen des Nationalsozialismus. Allensbach: Institut für Demoskopie, April 1949 (Allensbacher Archiv, IfD-Bericht Nr. 6).
* Ist Deutschland antisemitisch? Ein diagnostischer Beitrag zur Innenpolitik. Allensbach: Institut für Demoskopie, August 1949 (Allensbacher Archiv, IfD-Bericht Nr. 37).
* Bericht über die erste Umfrage der Wirtschaftspolitischen Gesellschaft von 1947 (WIPOG) über die deutsche Situation im Anschluß an die Bundestagswahl vom 14. August 1949. Allensbach: Institut für Demoskopie, August 1949 (Allensbacher Archiv, IfD-Bericht Nr. 35).
* Goethe 1949. Funkbearbeitung einer Massenumfrage in drei Teilen von Hans Georg Brenner, Erich Peter Neumann und Elisabeth Noelle. Allensbach: Institut für Demoskopie, Juli 1949 (Allensbacher Archiv, IfD-Bericht Nr. 29).
* Noelle-Neumann, Elisabeth: So fing es an - 12 Wochen vor der Bundestagswahl. Veröffentlichung in der FAZ vom 26. September 1990, S. 5, unter dem Titel: Die Bonner Koalition in ganz Deutschland vorn.
* Noelle-Neumann, Elisabeth: Karlsruhe berührt vorwiegend das linke Parteispektrum. Veröffentlichung in der FAZ vom 02./03. Oktober 1990, S. 7.
* Noelle-Neumann, Elisabeth: Die heimischen Kandidaten sind kaum bekannt. Veröffentlichung in der FAZ vom 10. Oktober 1990, S. 5.

* Noelle-Neumann, Elisabeth: In der historischen Woche ein Schub für die Koalition. Veröffentlichung in der FAZ vom 17. Oktober 1990, S. 5.
* Noelle-Neumann, Elisabeth: Kohl erreicht erstmals einen Kanzlerbonus. Veröffentlichung in der FAZ vom 24. Oktober 1990, S. 5.
* Noelle-Neumann, Elisabeth: Die Sozialdemokraten behalten ihren Kampfgeist. Veröffentlichung in der FAZ vom 31. Oktober 1990, S. 5.
* Noelle-Neumann, Elisabeth: Im Osten überwiegt die wirtschaftliche Skepsis. Veröffentlichung in der FAZ vom 07. November 1990, S. 5.
* Noelle-Neumann, Elisabeth: Könnte es zu einer "Wendung in letzter Minute" kommen? Veröffentlichung in der FAZ vom 14. November 1990, S. 5.
* Noelle-Neumann, Elisabeth: Für die Union ein Wahlkampf wie vor 25 Jahren. Veröffentlichung in der FAZ vom 20. November 1990, S. 5.
* Noelle-Neumann, Elisabeth: Kräfteverschiebungen innerhalb der beiden Lager. Veröffentlichung in der FAZ vom 28. November 1990, S. 5.
* Noelle-Neumann, Elisabeth: Wahlprognose: Keine Verschiebungen. Veröffentlichung in der FAZ vom 01. Dezember 1990, S. 5.
* Noelle-Neumann, Elisabeth: Der Optimismus hat gesiegt. Veröffentlichung in der FAZ vom 05. Dezember 1990, S. 5.
* Noelle-Neumann, Elisabeth: Aussichten für 1991. Veröffentlichung in der FAZ vom 31. Dezember 1990, S. 15, unter dem Titel: Die Deutschen gehen abermals mit großen Hoffnungen in das neue Jahr.
* Wählermeinung nicht geheim. Eine Dokumentation des ZDF. Herausgegeben vom Institut für Demoskopie Allensbach: Verlag für Demoskopie 1969.
* Noelle-Neumann, Elisabeth, Renate Köcher, Die verletzte Nation. Über den Versuch der Deutschen, ihren Charakter zu ändern. Stuttgart 1987.
* Repräsentativumfrage "Nation". Institut für Demoskopie Allensbach: Dezember 1988/Januar 1989 und Januar 1990 (Allensbacher Archiv, IfD-Berichte Nr. 3699 und 3858).
* Das Deutschenbild der Deutschen (Nation). Ergebnisse einer Repräsentativumfrage in den neuen Bundesländern. Institut für Demoskopie Allensbach: November/Dezember 1990 und Januar 1991.
* Noelle-Neumann, Elisabeth, Edgar Piel (Hrsg.): Eine Generation später. Bundesrepublik Deutschland 1953-1979. München: 1983. (Erweiterte Ausgabe von: Institut für Demoskopie Allensbach: Eine Generation später. Bundesrepublik Deutschland 1953-1979. Eine Allensbacher Langzeit-Studie. Allensbach: Mai 1981. Allensbacher Schriften Nr. 12).

* Institut für Demoskopie Allensbach: Allensbacher Werbeträger-Analyse AWA '90/91, West und Ost, August 1991.
* Alte Menschen in Ost- und Westdeutschland. Eine sekundärstatistische Analyse aus Allensbacher Repräsentativumfragen für die Sachverständigen-Kommission, Fortsetzung des Altenberichts der Bundesregierung. Institut für Demoskopie Allensbach: Juli 1991 (Allensbacher Archiv, IfD-Bericht Nr. 4061).

Zusammenfassung der Abschlußdiskussion und Ausblick

Dieter Jaufmann
Ernst Kistler
Klaus Meier
Karl-Heinz Strech

Die Referate und Diskussionen der Tagung in Ladenburg haben gezeigt, daß die besonderen Herausforderungen des Aufbaus einer Befragungsinfrastruktur in den neuen Bundesländern von den Umfrageinstituten aus Ost und West angenommen werden. Nach dem ersten Boom, in dem durchaus auch einiger methodischer Unsinn angestellt wurde (Stichworte: Telefonumfragen; face-to-face Interviews auf der Basis von Stichproben, die mittels Telefonbüchern gezogen wurden etc.), hat sich bei den renommierten Instituten die Praxis doch normalisiert. Insoweit ist offensichtlich das Durchführen von Meinungsumfragen oder Marktforschungsstudien in den neuen Ländern fast schon 'business as usual'. Noch bestehende Unterschiede dürften sich angleichen - die durch postalische Hemmnisse noch etwas größeren logistischen Probleme reduzieren sich erfreulicherweise; die 'abnormal' hohe Antwortbereitschaft im Osten wird sich - was nicht ganz so erfreulich ist - dem Niveau in der alten Bundesrepublik annähern usw. Die offensichtliche Tatsache, daß auch auf absehbare Zeit hin die deutsche Einigung eine besonders große Nachfrage nach Meinungs- und Marktforschungsergebnissen induziert (vom osteuropäischen 'Markt' ganz abgesehen), trägt in mancher Hinsicht zu einer solchen Routinisierung bei. Dies gilt ja auch hinsichtlich der in Deutschland, im Vergleich zu den USA, Japan oder Großbritannien, eher neuen Erscheinung, daß Meinungsumfragen im großen Maß allmählich auch von den Medien in Auftrag gegeben werden.

Business as usual? Darin liegen aber auch Gefahren. So wünschenswert, aber all zu häufig vernachlässigt, in der Umfrageforschung Replikationstreue ist, so notwendig ist andererseits auch die Veränderung des Instrumentariums. Fragen, Frageformulierungen und Antwortbatterien müssen sich auch veränderten Situationen und Fragestellungen anpassen. Für die

Beobachtung von Entwicklungen, für die Analyse von Trends wird dies zum Problem von Scylla und Charybdis. Für innerdeutsche Vergleiche stellt sich dieses Problem in noch breiterer Perspektive. *Leopold Rosenmayr's* (1989: 23) Hinweis "Es liegen fatale Zwänge im Vorhandensein des nun einmal Generierten und seiner Aufforderung zu mechanischer Replikation ohne theoretischen Vergleichsrahmen", gilt in diesem Kontext in mehrfacher Hinsicht. Besonders die Übernahme bisher in den alten Bundesländern verwendeter Fragen ohne kritische Überprüfung, ob sie von den Befragten in den neuen Ländern genauso verstanden werden, birgt hier Risiken.

Bestehen vielleicht doch im Verständnis von Begriffen wie 'Europa', 'Recht und Ordnung', 'Arbeit', gar bei einer Selbsteinstufung auf dem - unsinnigerweise immer noch oft benutzten - politischen 'Rechts-Links-Kontinuum' Unterschiede? Diese müssen zwischen Braunschweig und Magdeburg nicht größer sein als zwischen Flensburg und Berchtesgaden um Artefakte entstehen zu lassen, sie brauchen nur anders gelagert zu sein.

Zur Lösung solcher Schwierigkeiten ist Forschung genauso nötig wie zur eigentlichen Untersuchung der Veränderungen im vereinten Deutschland, ja sie ist eine unabdingbare Voraussetzung.

Um solche Fragestellungen drehte sich vor allem die Abschlußdiskussion in Ladenburg.

Peter Atteslander hielt einleitend die durch Sozialforschung erhärtete Tatsache für wichtig, daß soziales Verhalten nicht durch objektiv Wahres geleitet wird; vielmehr und eher durch das, was Menschen für objektiv wahr halten. Aus diesem Umstand beziehen Einstellungs- und Marktforschung auch einen Teil ihrer Legitimation. Unter Rückgriff auf die bekannte Differenzierung zwischen einer Überproduktion an Verfügungswissen und einem permanent als unzureichend empfundenen Orientierungswissen kennzeichnete er die Forschungssituation in den Sozialwissenschaften hinsichtlich der hier notwendig, ja zwingend werdenden Interpretationsvorgänge als defizitär. Mit Blick auf die in der ehemaligen DDR erhobenen Fakten und die daraus entstandenen Studien stellte er fest, daß sich die vorhandenen Daten nicht verändern, nicht verbessern lassen - ganz im Gegensatz zu den Interpretationsleistungen: Interpretationen früherer und künftiger Sozialwissenschaftler sind hinterfragbar. Wie können wir, wie dürfen wir interpretieren?

Im Zusammenhang von in den alten und in den neuen Bundesländern durchgeführten Erhebungen zum Wertewandel à la 'Materialismus - Postmaterialismus', erläuterte *Ludwig von Friedeburg* Hinweise auf gravierende Unterschiede in den vertieft nachgefragten aktuellen Wertvorstellungen.

Die Tatsache der Existenz von Unterschieden im Verhalten der Bürger in den alten und neuen Bundesländern wurde in der Diskussion wiederholt herausgestellt. *Georg Aßmann* verwies auf frühere Untersuchungen zur sozialen Differenziertheit und verglich sie mit neuen Erfahrungen der Bürger des Beitrittsgebietes etwa bei der betrieblichen Mitbestimmung, die eher mit negativen Akzenten wahrgenommen werden. Jedenfalls müßten starke, generalisierende Schlüsse aus Analysen von Erhebungsdaten mit großer Vorsicht gezogen, wenn nicht vermieden werden.

Horst Berger erläuterte exemplarisch, daß es in der Vorwendezeit in der DDR sehr wohl Gruppen gegeben hat, die in Bereichen der 'Schattenwirtschaft' zur Sicherung ihres spezifischen Lebensniveaus bereits marktwirtschaftliche Orientierungen lebten. Spezifische Verhaltensweisen waren durchaus nicht aus vereinfacht vorgestellten Determinationszusammenhängen zu erklären. So läßt sich das Demokratieproblem in der ehemaligen DDR - ihre relative Entwicklung auf einer 'unteren', zwischenmenschlichen Ebene stand im Widerspruch zur ständig als 'sozialistisch' proklamierten, dennoch nicht vorhandenen Demokratie in der Gesellschaft - nur bei genauer Betrachtung der erhobenen Daten erkennen. Deutlich werde dies dann auch in einer widersprüchlichen Beobachtung aus jüngerer Zeit: Aufbruch in die Demokratie - Rückzug aus ihr nach ersten gravierenden Enttäuschungen.

Für ein grundlagentheoretisch fundiertes und zugleich methoden-kritisches Vorgehen plädierte *Walter Friedrich*. Er stellte in Frage, wie lebensrelevant die derzeit für frühere DDR-Bürger in Erhebungen angewendeten Indikatoren seien. Seines Erachtens wären seitens der Soziologie zunächst derartige Probleme zu lösen, damit auch die vorliegenden Daten unter veränderter Sichtweise ausgewertet werden können. Diese Position unterstrich *Ekkehard Mochmann*, wenn er neben allen verfügbaren Daten eben auch den Bedarf an mehr Theorie anmeldete und begründete.

Mit Bezug zur Wertewandel-Diskussion erinnerte *Herbert Koch* an den Zusammenhang zwischen in der DDR zentral formulierten sozialökonomischen Orientierungen und den real erlebten Verhältnissen der Menschen in verschiedenen Zeiten. Bewertungen und Interpretationen der diesbezüglichen Erhebungen - etwa denen zur Arbeit - seien stets vor dem aktuellen Hintergrund der jeweiligen wirtschaftlichen Befindlichkeit der Menschen vorzunehmen. Wertewandel lasse sich aus den durchgeführten Untersuchungen der Vergangenheit durchaus herauslesen. *Peter Atteslander* wendete die Frage, indem er die Dimension der Verhaltenssicherheit, aus der Antworten resultieren, ansprach. So schlägt das Problem des Niveaus der Grundsicherung etwa in der individuellen Positionierung zu materiellen Werten in der und mit der Zeit durch. Gerade hierzu sei Interpretationswissen gefragt.

Karl-Heinz Strech unterstützte die Forderung nach verstärkten Forschungen zum Thema 'Interpretationswissen'. Auch der Bezug zu den zeitgeschichtlich konkreten gesellschaftlichen Kontexten läßt die Notwendigkeit differenzierten Vorgehens bei den Untersuchungen und in der Interpretationsphase sinnvoll erscheinen. Das legt auch ein Vergleich mit Interpretationsleistungen im Rahmen naturwissenschaftlicher Theorienbildung und Methodenanwendung nahe. Hier bleibt allerdings das grundlagentheoretische Problem der Übertragbarkeit naturwissenschaftlicher Erfahrung in der Methodenanwendung und Interpretation auf sozialwissenschaftlich interessante Zusammenhänge offen.

Ludwig von Friedeburg äußerte sich zum Problem der Verwendung korrekt erhobener und interpretierter Daten. In der Empirischen Sozialforschung werde davon ausgegangen, daß zwischen dem Denken, Fühlen und Handeln der Menschen und wie sie sich darüber äußern, ein Zusammenhang bestehe. Diese Grundannahme bleibt auch für die Untersuchungen in der ehemaligen DDR gültig. Das belegen ziemlich nachdrücklich die Untersuchungen, die unter Verwendung von Codierungen systematische Veränderungen im Bewußtsein der DDR-Bevölkerung aufgezeigt haben. Den allmählichen Verfall ehedem gewachsener Wertstrukturen, den zwischenzeitlich eingetretenen Bewußtseins-, Werte-, Zufriedenheitsverlust konnte *Walter Friedrich* bestätigen. *Helmut Jung* meldete dazu auch Zweifel an, ob die so oft in Begründungszusammenhänge gestellte ökonomische Lage der Menschen, die nachweislich deren Wahlverhalten beeinflussen kann, letztlich zum Zerfall eines ganzen politischen Systems führen könne.

Das Plädoyer für die Entwicklung einer offenen Gesellschaft war eindeutig: Die sich nun entwickelnde Bundesrepublik wird auf vielfältigen Traditionen aufbauen und fortschreiten, hinein in eine offene Zukunft. Sie wird nicht einfach das Ergebnis formaler Komponentenaddition sein können. Aber auch nicht einer koevolutiven Dominanzverteilung - hier war dieses besser, dort jenes - über inkommensurable gesellschaftliche Deutungsmuster. Solide angelegte sozialwissenschaftliche Untersuchungen - theoretisch fundierte und empirisch gestützte Forschungen - müssen diese

Transformationsprozesse begleiten, die ja auch im Kontext anderer Prozesse (Umbruch in anderen osteuropäischen Ländern, EG-Integration) zu sehen sind.

Um das neue zu erkennen und zu verstehen, benötigt die offene Gesellschaft ein Bild ihrer Quellen und Ursprünge. Dieses Bild zu gewinnen verlangt eben auch, die zu DDR-Zeiten erhobenen sozialwissenschaftlichen Daten und die darauf aufbauenden Studien zu sichern und zu sichten, ja mehr noch, sie zu analysieren und zu verstehen. Jedenfalls zum Ende der Diskussion wurde deutlich, über wie wenig Interpretationswissen über Daten und über soziale Widersprüche wir verfügen. *Peter Atteslander* erklärte zum Abschluß der Diskussion, es sei ganz deutlich geworden, daß wir nicht nur erhobene Daten interpretieren werden müssen, sondern eben auch die ihnen zugrundeliegenden, beziehungsweise die von ihnen repräsentierten Widersprüche, individuellen und sozialen Realitäten. Somit habe die von den Veranstaltern formulierte Ausgangsthese eine Bestätigung erhalten: Ohne bessere Kenntnisse über die wichtigen Einstellungen der Bürger in der früheren DDR lassen sich die Transformationsprozesse hin zur konkreten deutschen Einheit nicht gestalten. Jede Investition in Forschungen mit dieser Zielsetzung kann zur Gestaltung einer offenen Zukunft beitragen.

Dies gilt natürlich auch für Umfragen (und die sie hoffentlich jeweils begleitenden theoretischen und methodischen Arbeiten zur Beobachtung des Transformationsprozesses selbst). Dabei ist immer *Hermann Lübbes* sicherlich zutreffende Vermutung zu berücksichtigen, "daß die Exoterik der Demoskopie schwerlich von einem anderen Fach überboten werden dürfte" (Lübbe 1988: 32). Befunde, wie die von einer so großen Ähnlichkeit der nun vereinten Brüder und Schwestern (vgl. dazu den Hauptbeitrag von Noelle-Neumann in diesem Band) einerseits, oder die Feststellung von Emnid andererseits (vgl. o.V. 1991: 24 ff.), daß zwischen Herbst 1990 und Sommer 1991 eine Auseinanderentwicklung der Menschen in Ost und West stattgefunden habe - "Seit die Deutschen vereint sind, sind sie sich nicht nähergekommen, sondern fremder geworden" (ebenda: 25) -, eignen sich vorzüglich zur jeweiligen Vereinnahmung im politischen Meinungsstreit.

Um das Informationspotential wirklich erschließen zu können, das in den vielen laufend durchgeführten Umfragen steckt, um den theoretischen und methodischen Disput führen zu können, den die empirische Forschung so dringend braucht wie die Theoretiker die Empirie, müssen diese aber auch zugänglicher gemacht werden als dies bislang meist üblich ist. Dies gilt für öffentlich finanzierte Umfragen natürlich in erster Linie. Hier müssen die

Erhebungen mit allen Details schnellstmöglich der (Fach-)Öffentlichkeit und damit auch der Kritik zugänglich gemacht werden, gerade auch seitens von Institutionen wie dem Presse- und Informationsamt der Bundesregierung, die im Vergeben von Steuermitteln für Umfragen besonders aktiv sind. Dies gilt aber genauso für die von den Medien in Auftrag gegebenen Erhebungen, damit sich die Informationen nicht auf mehr oder weniger verkürzte (und damit der Manipulationsgefahr offene) Berichterstattungen beschränken.

Den frühen, in Weinheim 1951 sehr deutlich gemachten Einsichten kann nur zugestimmt werden, daß es gegen Methodenschwächen und Manipulationsgefahr bei Meinungsforschungsergebnissen vor allem zwei Mittel gibt:
- die offene Darlegung von Methoden und Befunden (vgl. die Mahnung von *Adorno* in: Institut zur Förderung öffentlicher Angelegenheiten 1952: 227) und
- die Konkurrenz von Umfrageergebnissen verschiedener Institute und Auftraggeber (vgl. Noelle 1940: 74 f.), die natürlich diese Offenheit bedingt.

Gleichermaßen gilt dies für die Unterlagen der vielen Erhebungen aus der früheren DDR. Auf der Konferenz in Ladenburg 1991 wurden in den Referaten und Diskussionen viele Einzelstudien angesprochen. Die Herausgeber haben im Rahmen ihrer Recherchen zu der Pilotstudie für den BMFT Kenntnis von vielen, auch älteren Untersuchungen erhalten; noch mehr, als - angesichts der unsinnigen Restriktionen in der Vergangenheit nicht verwunderlich - selbst so akribischen Beobachtern wie *Peter Christian Ludz* (1971^2; 1980: 183 ff.) bekannt wurden. Nicht alle von diesen Studien scheinen uns von Relevanz - auch unter retrospektiven Aspekten nicht. Vieles enthält aber doch Informationen, die auch für die Gestaltung des Transformationsprozesses von Bedeutung sein dürften/könnten.

Die verschiedenen existierenden Listen von Erhebungen aus der Vergangenheit - an die alten 'Genehmigungsunterlagen' sind wir bisher nicht herangekommen, wahrscheinlich existieren sie inzwischen gar nicht mehr - lassen den begründeten Schluß zu, daß im Rahmen des Umbruchprozesses einiges nicht nur weggeworfen, sondern durch 'Privatisierung' 'gerettet' wurde. Die betroffenen Sozialwissenschaftler, die ihre Forschungsergebnisse in der DDR nicht richtig publizieren und verwerten konnten, erklären dies damit, daß sie 'die Müllabfuhr kommen sahen'. Jetzt ist aber Offenheit angesagt. Das gilt auch für westliche Institutionen, die als Rechtsnachfolger, Abwickler etc. tätig wurden; sie müssen für einen schnellstmöglichen Zugang der Fachöffentlichkeit zu den Dingen sorgen, die sie sozusagen 'geerbt' haben.

Literatur

Institut zur Förderung öffentlicher Angelegenheiten e.V. (1952), Empirische Sozialforschung. Meinungs- und Marktforschung, Methoden und Probleme, Frankfurt.

Lübbe, H. (1988), Demoskopie als Aufklärung, in: Institut für Demoskopie Allensbach (Hg.), Demoskopie und Aufklärung. Ein Symposium, München u.a.O.: 32 ff.

Ludz, P.Ch. (1971^2), Soziologie und empirische Sozialforschung in der DDR, in: Ders. (Hg.), Studien und Materialien zur Soziologie der DDR, Kölner Zeitschrift für Soziologie und Sozialpsychologie, Sonderheft 8, Köln: 327 ff.

Ludz, P.Ch. (1980), Mechanismen der Herrschaftssicherung. Eine sprachpolitische Analyse gesellschaftlichen Wandels in der DDR, München/Wien.

Noelle, E. (1940), Amerikanische Massenbefragungen über Politik und Presse, Limburg an der Lahn.

o.V. (1991), Nur noch so beliebt wie die Russen, DER SPIEGEL 30: 24 ff.

Rosenmayr, L. (1989), Soziologie und Natur. Plädoyer für eine Neuorientierung, Soziale Welt 1/2: 12 ff

Aus unserem Programm

Dieter Jaufmann, Ernst Kistler, Günter Jänsch
Jugend und Technik

Wandel und Einstellungen im internationalen Vergleich
Mit einem Geleitwort von Heinz Riesenhuber
1990. 383 Seiten, mit 32 Abb. und 94 Tabellen

Es gibt trotz vielfach gegenteiliger Behauptungen, keine spezifisch deutsche, auffällig negative Einstellung zur Technik – weder im allgemeinen, noch zu einzelnen Technologien.

Dies ist das zentrale Ergebnis der breit angelegten Sekundäranalyse einer Vielzahl von repräsentativen demoskopischen Umfragen.

Das Buch, entstanden aus einer Studie für das Bundesministerium für Forschung und Technologie, zeigt unter anderem:
– Die deutsche Bevölkerung steht der Technik und dem technischen Fortschritt aufgeschlossen gegenüber.
– Die meisten Befragungen zeigen im Vergleich zur Gesamtbevölkerung eine positivere Einstellung der jungen Generation zum technischen Fortschritt.
– Die allgemeine Technikakzeptanz in der Bundesrepublik Deutschland ist bis 1982/83 gesunken. Seit dem Zeitpunkt nimmt sie wieder zu.
– Gemeinsam weisen die Umfragen auf eine hohe und weiter steigende Akzeptanz von Computern hin.

Die Untersuchung zeigt eine insgesamt positive Erwartungshaltung der Bevölkerung in den Industrienationen gegenüber den Chancen von Technik und Wissenschaft, die zugleich verbunden wird mit der Forderung, Risiken zu minimieren. Das Meinungsbild der deutschen Bevölkerung entspricht diesem international erhobenen Befund.

Campus Verlag • Frankfurt am Main

Aus unserem Programm

Dieter Jaufmann, Ernst Kistler (Hg.)
Einstellungen zum technischen Fortschritt

Technikakzeptanz im nationalen und internationalen Vergleich
1991. 191 Seiten

Technik, neue Technologien, Wissenschaft und die Einstellung der Bevölkerung dazu waren und sind unstrittig wichtige Determinanten, die die Entwicklung und den erreichten Stand eines Landes entscheidend mitgeprägt haben.

Probleme der Akzeptanz technischer Projekte und Entwicklungen mögen daneben auch eine Stellvertreterfunktion für tiefer- bzw. »querliegende« gesellschaftliche Konfliktlinien haben – sie sind dennoch wesentlich und bilden eine zunehmende gesellschaftliche und politische Herausforderung.

Das Buch bietet empirisch breit fundierte und interdisziplinär orientierte Voraussetzungen für diese künftig an Bedeutung gewinnenden Debatten. Die Beiträge des Buches gehen auf ein mehrtägiges öffentliches Seminar zurück, das vom Internationalen Institut für Empirische Sozialökonomie (INIFES) in Kooperation mit der Theodor-Heuss-Akademie veranstaltet wurde. Sie sind von: M. Dierkes (Berlin), J. Friedrichs (Köln), J. Hansen (Allensbach), D. Jaufmann (Augsburg), E. Kistler (Augsburg), L. Marz (Berlin), E. Noelle-Neumann (Allensbach), M. Pfaff (Augsburg), L. von Rosenstiel (München), R.P. Sieferle (Mannheim), B. Strümpel (Berlin).

Campus Verlag • Frankfurt am Main